普通高等教育“十一五”国家级规划教材

司法部全国法学教材与法学优秀科研成果奖

新编21世纪法学系列教材

总主编　曾宪义　王利明

物权法

第九版

杨立新 著

Real Right Law

中国人民大学出版社

·北京·

内容简介

本书初版于2004年，2020年出版第七版，2021年出版第八版。第九版修订中作者按照党的二十大精神和全面依法治国的要求，依照《民法典》物权编的规定和有关司法解释，结合司法实务，对本书进行了全面修订。

本书依照《民法典》物权编的结构，全面阐释物权法的基本原理和知识点，理论结合实际，体系合理，内容精炼，重点突出，便于物权法的教学使用。

作者简介

杨立新　教育部人文社会科学重点研究基地中国人民大学民商事法律科学研究中心研究员，中国人民大学法学院教授、博士研究生导师，广东财经大学特聘教授，全国人大常委会法制工作委员会立法专家委员会立法专家，最高人民检察院专家咨询委员会委员。曾任吉林省通化市中级人民法院副院长，最高人民法院民事审判庭审判员，最高人民检察院检察委员会委员、民事行政检察厅厅长。主要研究领域为民法总则、物权法、人格权法、侵权责任法等。参加了《物权法》《侵权责任法》等民事法律的立法工作，全程参与《民法典》立法。

总序

曾宪義

在人类文明与文化的发展中，中华民族曾作出过伟大的贡献，不仅最早开启了世界东方文明的大门，而且对人类法治、法学及法学教育的生成与发展进行了积极的探索与光辉的实践。

在我们祖先生存繁衍的土地上，自从摆脱动物生活、开始用双手去进行创造性的劳动、用人类特有的灵性去思考以后，我们人类在不断改造客观世界、创造辉煌的物质文明的同时，也在不断地探索人类的主观世界，逐渐形成了哲学思想、伦理道德、宗教信仰、风俗习惯等一系列维系道德人心、维持一定社会秩序的精神规范，更创造了博大精深、义理精微的法律制度。应该说，在人类所创造的诸种精神文化成果中，法律制度是一种极为奇特的社会现象。因为作为一项人类的精神成果，法律制度往往集中而突出地反映了人类在认识自身、调节社会、谋求发展的各个重要进程中的思想和行动。法律是现实社会的调节器，是人民权利的保障书，是通过国家的强制力来确认人的不同社会地位的有力杠杆，它来源于现实生活，而且真实地反映现实的要求。因而透过一个国家、一个民族、一个时代的法律制度，我们可以清楚地观察到当时人们关于人、社会、人与人的关系、社会组织以及哲学、宗教等诸多方面的思想与观点。同时，法律是一种具有国家强制力、约束力的社会规范，它以一种最明确的方式，对当时社会成员的言论或行动作出规范与要求，因而也清楚地反映了人类在各个历史发展阶段中对于不同的人所作出的种种具体要求和限制。因此，从法律制度的发展变迁中，同样可以看到人类自身不断发展、不断完善的历史轨迹。人类社会几千年的国家文明发展历史已经无可争辩地证明，法律制度乃是维系社会、调整各种社会关系、保持社会稳定的重要的工具。同时，法律制度的不断完善，也是人类社会文明进步的显著体现。

由于发展路径的不同、文化背景的差异，东方社会与西方世界对于法律的意义、底蕴的理解、阐释存有很大的差异，但是，在各自的发展过程中，都曾比较注重法律的制定与完善。中国古代虽然被看成是“礼治”的社会、“人治”的世界，被认为是“只有刑，没有法”的时代，但从《法经》到《唐律疏议》、《大清律例》等数十部优秀成文法典的存在，充分说明了成文制定法在中国古代社会中的突出地位，唯这些成文法制所体现出的精神旨趣与现代法律文明有较大不同而已。时至20世纪初叶，随着西风东渐、东西文化交流加快，中国社会开始由古代的、传统的社会体制向近现代文明过渡，建立健全的、符合现代理性精神的法律文明体系方成为现代社会的共识。正因为如此，近代以来的数百年间，在西方、东方各主要国家里，伴随着社会变革的潮起潮落，法律改革运动也一直呈方兴未艾之势。

从历史上看，法律的文明、进步，取决于诸多的社会因素。东西方法律发展的历史均充分证明，推动法律文明进步的动力，是现实的社会生活，是政治、经济和社会文化的变迁；同时，法律内容、法律技术的发展，往往依赖于一大批法律专家以及更多的受过法律教育的社会成员的研究和推动。从这个角度看，法学教育、法学研究的发展，对于法律文明的发展进步，也有着异常重要的意义。正因为如此，法学教育和法学研究在现代国家的国民教育体系和科学研究体系中，开始占有越来越重要的位置。

中国近代意义上的法学教育和法学研究，肇始于19世纪末的晚清时代。清光绪二十一年(公元1895年)开办的天津中西学堂，首次开设法科并招收学生，虽然规模较小，但仍可以视为中国最早的近代法学教育机构(天津中西学堂后改名为北洋大学，又发展为天津大学)。三年后，中国近代著名的思想家、有“维新骄子”之称的梁启超先生即在湖南《湘报》上发表题为《论中国宜讲求法律之学》的文章，用他惯有的富有感染力的激情文字，呼唤国人重视法学，发明法学，讲求法学。梁先生是清代末年一位开风气之先的思想巨子，在他的辉煌的学术生涯中，法学并非其专攻，但他仍以敏锐的眼光，预见到了新世纪中国法学研究和法学教育的发展。数年以后，清廷在内外压力之下，被迫宣布实施“新政”，推动变法修律。以修订法律大臣沈家本为代表的一批有识之士，在近十年的变法修律过程中，在大量翻译西方法学著作，引进西方法律观念，有限度地改造中国传统的法律体制的同时，也开始推动中国早期的法学教育和法学研究。20世纪初，中国最早设立的三所大学——北洋大学、京师大学堂、山西大学堂均设有法科或法律学科目，以期“端正方向，培养通才”。1906年，应修订法律大臣沈家本、伍廷芳等人的奏请，清政府在京师正式设立中国第一所专门的法政教育机构——京师法律学堂。次年，另一所法政学堂——直属清政府学部的京师法政学堂也正式招生。这些大学法科及法律、法政学堂的设立，应该是中国历史上近代意义上的正规专门法学教育的滥觞。

自清末以来，中国的法学教育作为法律事业的一个重要组成部分，随着中国社会的曲折发展，经历了极不平坦的发展历程。在20世纪的大部分时间里，中国社会一直充斥着各种矛盾和斗争。在外敌入侵、民族危亡的沉重压力之下，中国人民为寻找适合中国国情的发展道路而花费了无穷的心力，付出过沉重的代价。从客观上看，长期的社会骚动和频繁的政治变迁曾给中国的法治与法学带来过极大的消极影响。直至70年代末期，以“文化大革命”宣告结束为标志，中国社会开始用理性的目光重新审视中国的过去，规划国家和社会的未来，中国由此进入长期稳定、和平发展的大好时期，以这种大的社会环境为背景，中国的法学教育也获得了前所未有的发展机遇。

从宏观上看，实行改革开放以来，经过二十多年的努力，中国的法学教育事业所取得的成就是辉煌的。首先，经过“解放思想，实事求是”思想解放运动的洗礼，在中国法学界迅速清除了极左思潮及苏联法学模式的一些消极影响，根据本国国情建设社会主义法治国家已经成为国家民族的共识，这为中国法学教育和法学研究的发展奠定了稳固的思想基础。其次，随着法学禁区的不断被打破、法学研究的逐步深入，一个较为完善的法学学科体系已经建立起来。理论法学、部门法学各学科基本形成了比较系统和成熟的理论体系和学术框架，一些随着法学研究逐渐深入而出现的法学子学科、法学边缘学科也渐次成型。1997 年，国家教育主管部门和教育部高校法学学科教学指导委员会对原有专业目录进行了又一次大幅度调整，决定自 1999 年起法学类本科只设一个单一的法学专业，按照一个专业招生，从而使法学学科的布局更加科学和合理。同时，在充分论证的基础上，确定了法学专业本科教学的 14 门核心课程，加上其他必修、选修课程的配合，由此形成了一个传统与更新并重、能够适应国家和社会发展需要的教学体系。法学硕士和博士研究生及法律硕士专业学位研究生的专业设置、课程教学和培养体系也日臻完善。最后，法学教育的规模迅速扩大，层次日趋齐全，结构日臻合理。目前中国有六百余所普通高等院校设置了法律院系或法律本科专业，在校本科学生和研究生已达二十余万人。除本科生外，在一些全国知名的法律院校，法学硕士研究生、法律硕士专业学位研究生、法学博士研究生已经逐步成为培养的重点。

众所周知，法律的进步、法治的完善，是一项综合性的社会工程。一方面，现实社会关系的发展，国家政治、经济和社会生活的变化，为法律的进步、变迁提供动力，提供社会的土壤。另一方面，法学教育、法学研究的发展，直接推动法律进步的进程。同时，全民法律意识、法律素质的提高，则是实现法治国理想的关键的、决定性的因素。在社会发展、法学教育、法学研究等几个攸关法律进步的重要环节中，法学教育无疑处于核心的、基础的地位。中国法学教育过去二十多年所走过的历程令人激动，所取得的成就也足资我们自豪。随着国家的发展、社会的进步，在 21 世纪，我们面临着更严峻的挑战和更灿烂的前景。“建设世界一流法学教育”，任重道远。

首先，法律是建立在经济基础之上的上层建筑，以法治为研究对象的法学也就成为一门实践性很强的学科。社会生活的发展变化，势必要对法学教育、法学研究不断提出新的要求。经过二十多年的奋斗，中国改革开放的前期目标已顺利实现。但随着改革开放的逐步深入，国家和社会的一些深层次问题，比如说社会主义市场经济秩序的真正建立、国有企业制度的改革、政治体制的完善、全民道德价值的重建、环境保护和自然资源的合理利用等等，也已经开始浮现出来。这些复杂问题的解决，无疑最终都会归结到法律制度的完善上来。建立一套完善、合理的法律制度，构建理想的和谐社会，乃一项持久而庞大的社会工程，需要全民族的智慧和努力。其中的基础性工作，如理论的论证、框架的设计、具体规范的拟订、法律实施中的纠偏等等，则有赖于法学研究的不断深入，以及高素质人才特别是法律人才的养成，而培养法律人才的任务，则是法学教育的直接责任。

其次，21 世纪是一个多元化的世纪。20 世纪中叶发生的信息技术革命，正在极大地改变着我们的世界。现代科学技术，特别是计算机网络信息技术的发展，使传统的生活方式、思想观念发生了根本的改变，并由此引发许多人类从未面对过的问题。就法学教育而言，在21世纪所要面临的，不仅是教学内容、研究对象的多元化问题，而且还有培养对象、培养目标的多元化、教学方式的多元化等一系列问题，这些问题都需要法学界去思考、去探索。

中国人民大学法学院建立于1950年，是新中国诞生后创办的第一所正规高等法学教育机构。在半个多世纪的岁月中，中国人民大学法学院以其雄厚的学术力量、严谨求实的学风、高水平的教学质量以及丰硕的学术研究成果，在全国法学教育领域处于领先地位，并开始跻身于世界著名法学院之林。据初步统计，中国人民大学法学院已经为国家培养法学专业本科生、硕士生、博士生一万余人，培养各类成人法科学生三十余万人。经过多年的努力，中国人民大学法学院形成了较为明显的学术优势，在现职教师中，既有一批资深望重、在国内外享有盛誉的法学前辈，更有一大批在改革开放后成长起来的优秀中青年法学家。这些老中青法学专家多年来在勤奋研究法学理论的同时，也积极投身于国家的立法、司法实践，对国家法制建设贡献良多。

有鉴于此，中国人民大学法学院与中国人民大学出版社经过研究协商，决定结合中国人民大学法学院的学术优势和中国人民大学出版社的出版力量，出版一套“21世纪法学系列教材”。自1998年开始编写出版本科教材，包括按照教育部所确定的法学专业核心课程和其所颁布印发的《全国高等学校法学专业核心课程基本要求》而编写的14门核心课程教材，也包括法学各领域、各新兴学科教材及教学参考书和案例分析在内，到2000年12月3日在人民大会堂大礼堂召开举世瞩目的“21世纪世界百所著名大学法学院院长论坛暨中国人民大学法学院成立五十周年庆祝大会”之时，业已出版了50本作为50周年院庆献礼，到现在总共出版了80本。为了进一步适应高等法学教育发展的形势和教学改革的需要，最近中国人民大学法学院与中国人民大学出版社决定将这套教材扩大为四个系列，即：“本科生用书”、“法学研究生用书”、“法律硕士研究生用书”以及“司法考试用书”，总数将达二百多本。我们设想，本套教材的编写，将更加注意“高水准”与“适用性”的合理结合。首先，本套教材将由中国人民大学法学院具有全国影响的各学科的学术带头人领衔，约请全国高校优秀学者参加，形成学术实力强大的编写阵容。同时，在编写教材时，将注意吸收中国法学研究的最新的学术成果，注意国际学术发展的最新动向，力求使教材内容能够站在21世纪的学术前沿，反映各学科成熟的理论，体现中国法学的水平。其次，本套教材在编写时，将针对新时期学生特点，将思想性、学术性、新颖性、可读性有机结合起来，注意运用典型生动的案例、简明流畅的语言去阐释法律理论与法律制度。

我们期望并且相信，经过组织者、编写者、出版者的共同努力，这套法学教材将以其质量效应、规模效应，力求成为奉献给新世纪的精品教材，我们诚挚地祈望得到方家和广大读者的教正。

2006年7月1日

序言

法学教育是高等教育的重要组成部分，是建设社会主义法治国家、构建社会主义和谐社会的重要基础，并居于先导性的战略地位。在我国社会转型的新世纪、新阶段，法学教育不仅要为建设高素质的法律职业共同体服务，而且要面向全社会培养大批治理国家、管理社会、发展经济的高层次法律人才。近年来，法学教育取得了长足的进步，法科数量增长很快，教育质量稳步提高，培养层次日渐完善，目前已经形成了涵盖本科生、第二学士学位生、法学硕士研究生、法律硕士研究生、法学博士研究生的完整的法学人才培养体系，接受法科教育已经成为莘莘学子的优先选择之一。随着中国法治事业的迅速发展，我们有理由相信，中国法学教育的事业大有可为，中国法学教育的前途充满光明。

教育的基本功能在于育人，在于塑造德才兼备的高素质人才。法学教育的宗旨并非培养只会机械适用法律的“工匠”，而承载着培养追求正义、知法懂法、忠于法律、廉洁自律的法律人的任务。要完成法学教育的使命，首先必须认真抓好教材建设。我始终认为，教材是实现教育功能的重要工具和媒介，法学教材不仅仅是法学知识传承的载体，而且是规范教学内容、提高教学质量的关键，对法学教育的发展有着不可估量的作用。

第一，法学教材是传授法学基本知识的工具。初学法律，既要有好的老师，又要有好的教材。正如冯友兰先生所言：“学哲学的目的，是使人作为人能够成为人，而不是成为某种人。其他的学习(不是学哲学)是使人能够成为某种人，即有一定职业的人。”一套好的教材，能够高屋建瓴地展示法律的体系，能够准确简明地阐释法律的逻辑，能够深入浅出地叙述法律的精要，能够生动贴切地表达深奥的法理。所以，法学教材是学生学习法律的向导，是学生步入法律殿堂的阶梯。如果在入门之初教材就有偏颇之处，就可能误人子弟，学生日后还要花费大量时间与精力来修正已经形成的错误观念。

第二，法学教材是传播法律价值理念的载体。好的法学教材不仅要传授法学知识，更要传播法律的精神和法治的理念，例如对公平、正义的追求，尊重权利的观念。本科、研究生阶段的青年学子，正处在人生观、价值观形成的阶段，一套优秀的法学教材，对于他们价值观的塑造和健全人格的培养具有重要意义。

第三，法学教材是形成职业共同体的主要条件。建设社会主义法治国家，有赖于法律职业共同体的生成。一套好的法学教材，向法律研习者传授共同的知识，这对于培养一个接受共同的价值理念、共同的法律思维、共同的话语体系的法律共同体，具有重要的作用。

第四，法学教材是所有法律研习者的良师益友。没有好的教材，一个好的教师或可弥补教材的欠缺和不足，但对那些没有老师指导的自学者而言，教材就是老师，其重要作用是显而易见的。

长期以来，在我们的评价体系中，教材并没有获得应有的注重，对学术成果的形式优先考虑的往往是专著而非教材。在不少人的观念中，教材与创新、与学术精品甚至与学术无缘。其实，要真正写出一部好的教材，其难度之大、工作之艰辛、影响之深远，绝不低于一部优秀的专著，它甚至可以成为在几百年甚至更长的时间内发挥作用的传世之作。以查士丁尼的《法学阶梯》为例，所谓法学阶梯，即法学入门之义，就是一部教材。但它概括了罗马法的精髓，千百年来，一直是人们研习罗马法最基本的著述。日本著名学者我妻荣说过，大学教授有两大任务：一是写出自己熟悉的专业及学术领域的讲义乃至教科书；二是选择自己最有兴趣、最看重的题目，集中精力进行终生的研究。实际上，这两者是相辅相成的。写出一部好教材，必须要对相关领域形成一个完整的知识体系，还要能以深入浅出的语言将问题讲清楚、讲明白。没有编写教材的基本功，实际上也很难写出优秀的专著。当然，也只有对每一个专题都有一定研究，才能形成对这个学术领域的完整把握。

虽然近几年我国法学教育发展迅速，成绩显著，但是法学教育也面临许多挑战。各个学校的师资队伍和教学质量参差不齐，这就更需要推出更多的结构严谨、内容全面、角度各有侧重、能够适应不同需求的法学教材，为提高法学教学和人才培养质量、保障法学教育健康发展提供前提条件。

长期以来，中国人民大学法学院始终高度重视教材建设。作为新中国成立后建立的第一所正规的法学教育机构，中国人民大学法律系最早开设了社会主义法学教学课堂，编写了第一套社会主义法学讲义，培养了新中国第一批法学本科生和各学科的硕士生、博士生，产生了新中国最早的一批法学家和法律工作者。中国人民大学法律系因此被誉为“新中国法学教育的工作母机”。半个多世纪以来，中国人民大学法学院为社会主义法制建设培养了大批优秀的法律人才，并为法学事业的振兴和繁荣作出了卓越贡献，也因此成为引领中国法学教育的重镇、凝聚国内法律人才的平台和沟通中外法学交流的窗口，并在世界知名法学院行列中崭露头角。为了对中国法学教育事业作出更大的贡献，我们有义务也有责任出版一套体现我们最新研究成果的法学教材。

承蒙中国人民大学出版社的大力支持，我们组织编写了本套教材，其中包括本科生用书、法律硕士研究生用书、法学研究生用书和司法考试用书四大系列，分别面向不同层次法科教育需求。编写人员以中国人民大学法学院教师为主，反映了中国人民大学法学院整体的研究实力和学术视野。相信本套教材的出版，一定能够为新时期法学教育的繁荣发展发挥应有的作用。

是为序。

2006 年 7 月 10 日

第九版修订说明

本书第八版依据《民法典》和最高人民法院《关于适用〈中华人民共和国民法典〉物权编的解释（一）》，对我国物权法的规则进行精准、全面的阐释，受到高等院校法学专业的老师和同学的欢迎，也受到法律工作者和爱好民法的读者的好评。

2022年10月召开的党的第二十次全国代表大会，提出全面依法治国是国家治理的一场深刻革命，关系党执政兴国，关系人民幸福安康，关系党和国家长治久安，因此，应当弘扬社会主义法治精神，传承中华民族优秀传统法律文化，引导全体人民做社会主义法治的忠实崇尚者、自觉遵守者、坚定捍卫者。① 《民法典》在中国特色社会主义法律体系中具有重要地位，是一部固根本、稳预期、利长远的基础性法律，对推进全面依法治国、加强建设社会主义法治国家，对发展社会主义市场经济、巩固社会主义基本经济制度，对坚持以人民为中心的发展思想、依法维护人民权益、推进我国人权事业发展，对推进国家治理体系和治理能力现代化，都具有重大意义。② 我国物权法作为《民法典》的组成部分，同样具有这样的重大意义。

本书作者此次依照党的二十大上述精神的要求，进行了全面修订。一方面，全面阐释《民法典》规定的物权法体系和物权制度，对发展社会主义市场经济、巩固社会主义基本经济制度，对坚持以人民为中心的发展思想、依法维护人民权益的重要意义；另一方面，对内容进行了全面修订和补充，使之更能够展现《民法典》规定的物权体系，提供权利人行使物权、保护物权的基本方法，为发展社会主义市场经济，依法维护人民权益，提供精准的教学参考。

---

① 本书编写组．党的二十大报告学习辅导百问．北京：党建读物出版社，学习出版社，2022：30、31、32.

② 习近平．习近平著作选读：第2卷．北京：人民出版社，2023：313.

本书第九版面世时，恰逢本书出版已有 20 年。本次修订虽然比较从容、仔细，但是仍然会有不足之处，恳请读者和使用本书的老师、同学不吝赐教。

中国人民大学民商事法律科学研究中心研究员
中国人民大学法学院教授
杨立新

2024 年 1 月 20 日

编写说明

物权法是调整财产关系的基本法，是民商法的重要组成部分。在社会主义市场经济中，确定财产的归属和利用，对于鼓励创造财富、繁荣国家、富裕人民具有十分重要的作用。为了适应物权法教学的需要，我们合著了这部《物权法》教科书，作为中国人民大学出版社“21世纪法学系列教材”选修课之一。我国物权法正在制定当中，为了全面阐释我国物权法的基本精神和具体制度，我们根据物权法教学和司法实践的经验，广泛吸收物权法研究的最新成果，让它尽量贴近实践，符合法学本科教学的需要，并为其他读者学习物权法提供参考和指导。

本书主要参考正在制定的《中华人民共和国物权法（草案）》的体系和基本内容进行编写。全书共二十章，由杨立新、程啸和梅夏英共同撰写，朱呈义参加了全书的统稿和部分章节的修改工作。具体分工如下所示：

杨立新：第一章、第二章、第三章、第四章、第五章、第六章、第十九章。程啸：第十四章、第十五章、第十六章、第十七章、第十八章、第二十章。梅夏英：第七章、第八章、第十章、第十一章、第十二章、第十三章。第九章由杨立新和朱呈义合写。初稿完成后，由杨立新和朱呈义统稿。

由于能力、资料和时间所限，本书仍然存在不足之处，敬请批评指正。

著　者

2004年5月

目录

第一章

物权法概述

重点知识

1. 物权法的调整对象
2. 物的归属和利用
3. 物权法定原则
4. 公示公信原则
5. 一物一权原则

引读案例

乔某家的一只母羊领着三只小羊跑进薛某的庄稼地里。薛某以乔某的羊损坏了自己的庄稼为由，将该母羊牵回自己家中扣留。发生争执后，经村干部调解，薛某愿意将该羊送回，但主张须乔某先赔偿其损失。乔某向法院起诉，请求薛某返还财产。

第一节　物权法的概念和调整对象

一、物权法的概念

（一）物权法概念的起源和发展

物权法，是大陆法系特有的概念，是大陆法系民法典的主要内容之一，在中国，是《中华人民共和国民法典》第二编“物权”编。可见，《民法典》规定的物权法关于国家的经济发展，关乎民事主体的财产权利的行使和保护，故“实施好民法典是发展社会主义市场经济、巩固社会主义基本经济制度的必然要求”[①]。

有些学者认为，物权法的概念源于罗马法，在罗马法中就已经存在物权法和债权法

① 习近平．习近平著作选读：第2卷．北京：人民出版社，2023：314.

分离的现象，即罗马法关于对物法和对人法的区别。[①] 事实上，罗马法上物权法的概念和债权法的概念并没有出现，即使是查士丁尼在下令编写《法学阶梯》之时，也还是将物与用益物权、所有权、地役权等混淆在一起的，没有严格的物权及物权法的概念。法国制定民法典也没有使用物权法的概念，没有严格区分物与物权的概念，没有在此基础上建立完整的物权法[②]，而是使用“财产法”概念。

在德国，法学家极为注意物与财产的区别，注意物权与债权的区别。在18世纪制定的《巴伐利亚民法典》和《普鲁士普通法》就体现了这样的区别。在19世纪末制定《德国民法典》时，立法者采取了一个极为重要的立法方法，就是将物作为权利客体规定在总则中，另外专门建立了物权法体系，并将其作为独立的民法组成部分，与债权法、继承法相并列，称为三大财产法之一。正是从《德国民法典》开始，物权法才真正成为一个具有自身独立体系、内容完整的法律，成为民法的重要组成部分。因此，一般认为，物权法在学说上是由潘德克顿法学创立，在立法上则是由1896年《德国民法典》专设的物权编首创。[③]

大陆法系制定物权法，采用两种不同的模式。

1. 德国式的形式物权法模式

德国式的物权法模式源于罗马法的《学说汇纂》，并为德国学者所完善。其特点是民法典规定总则，其下分为物权编、债编、亲属编和继承编，区分债权与物权，以及财产法与身份法。因此，物权法成为民法的一项体系完整、相对独立的法律制度。因而，德国式的物权法是明确使用物权概念、规范各类物权的民法典。

2. 法国式的实质物权法模式

法国式的物权法模式也称罗马式，源于罗马法的《法学阶梯》。《法学阶梯》将民法分为人法、物法和诉讼法。《法国民法典》继承了这一形式，将民法典分为人法、财产法和取得财产的各种方法，删除了诉讼法的内容。罗马式的民法典不设总则，债权和物权的区分也不够严格，因此，物权法并没有成为民法典的独立组成部分，但是在学说上采用物权和物权法的概念，也有严格的物权法理论体系。所以，法国式的物权法模式可被称为实质物权法模式。

与大陆法系不同，英美法系没有物权法的概念，与之相对应的是财产法概念。英美法系的财产法尽管基本上包含了大陆法系物权法的基本内容，但同时也将租赁、赠与等债权法的内容包含在其中，使财产法的概念和体系较为庞杂。在我国制定民法典的过程中，有的学者提出不应当制定“物权”编而应当制定“财产”编的观点，是没有注意到大陆法系物权法和英美法系财产法的区别。如果制定民法典，就不能抛弃物权法的概念而采用财产法的概念，不能在民法典中出现一个英美法系传统的财产法制度。这是因为，物权法是大陆法系民法的概念。任何国家，只要采大陆法系的立法体例制定民法典，就必须采用物权法的概念，并且将物权法作为民法典的基本范畴。

---

① K. 茨威格特，H. 克茨．比较法总论．贵阳：贵州人民出版社，1992：269.

② 王利明．物权法论．北京：中国政法大学出版社，1998：67.

③ 陈华彬．物权法原理．北京：国家行政学院出版社，1998：25.

（二）物权法概念的比较

我国改革开放之后，最早在物权法专题研究中提出物权法概念的是钱明星教授。他在《物权法原理》这部著作中，认为“物权法是民法的重要组成部分，它是调整人（自然人、法人，特殊情况下可以是国家）对于物的支配关系的法律规范的总和”[①]，对物权法的概念作了最初的界定。

王利明教授将物权法分为广义的物权法和狭义的物权法。他认为，广义的物权法是指所有以调整人对物的支配关系为内容的法律规范，所以，广义的物权法通常也被称为实质意义上的物权法。狭义的物权法，是指民法典中关于物权的规定，因此也被称为形式意义上的物权法。[②]

梁慧星教授对物权法的定义也区分广义的物权法和狭义的物权法，认为广义的物权法，指财产归属法，即关于人对财产支配关系的全部法律规范。但是，民法上的财产概念所涵盖的范围甚广，除有体物（动产、不动产）外，还包括专利权、商标权等无形财产，以及租赁权等债权。物权法并不将上述内容全部纳入，仅以有体物（动产、不动产）的归属秩序为其规范范围，有时也及于某些特定权利，如权利质权。此即狭义的物权法。通常所说的物权法，指狭义的物权法。[③]

（三）物权法的基本概念

学说上对物权法进行界定，一般都分为广义物权法和狭义物权法。这种划分有助于掌握民法典关于物权的规定和特别法以及相关法律中关于物权关系规定之间的关系，便于更准确地理解和适用物权法。

狭义物权法，是指民法典关于物权的规定，通常表现为民法典的物权编，以及没有明确称为物权编的有关物权关系的专门规定。前者如《德国民法典》，后者如《法国民法典》。在我国，《民法典》之前的狭义物权法是《物权法》，《民法典》颁布后，其第二编“物权”是狭义物权法。

广义物权法，是指调整物权关系即人对物的支配关系的法律规范的总称，不仅包括狭义物权法即《民法典》“物权”编，还包括其他有关物权的单行法以及其他法律中关于物权的规定。

二、物权法的调整对象

《民法典》规范经济生活和经济活动赖以依存的财产关系交易关系，对坚持和完善社会主义基本经济制度，促进社会主义市场繁荣发展具有十分重要的意义。[④] 所以，物权法的调整对象，是研究物权法的基础性问题。明确了这个问题，才能对物权法的概念作出

---

① 钱明星．物权法原理．北京：北京大学出版社，1994：1.

② 王利明．物权法论．北京：中国政法大学出版社，1998：69.

③ 梁慧星．中国物权法研究：上．北京：法律出版社，1998：2.

④ 习近平．习近平著作选读：第2卷．北京：人民出版社，2023：314.

准确理解，也才能将物权法与民法的其他部门法予以区分，正确适用物权法和其他民法部门法。

在当前，关于物权法的调整对象，主要有以下几种不同学说。

一是“支配关系说”。认为物权法的调整对象是因直接占有、使用、收益、处分财产而发生的财产支配关系。① 凡是以人对物的支配关系为内容之法规范，均可称为物权法。②

二是“占有关系说”。认为物权法的调整对象是物的占有关系，物的占有关系是物质资料在特定的民事主体的掌握、控制、支配下而发生的财产关系。这种占有关系包括归属和利用。③

三是“占有和归属关系说”。认为物权法是调整因对物的占有、使用、收益和处分而发生的社会关系的法律规范的总称，其调整对象就是物质财富的占有和归属关系。④

四是“占有、利用、归属关系说”。认为物权法的调整对象是物的归属关系及主体因对物的占有、利用而发生的财产关系和归属关系。⑤

五是“静态财产关系说”。认为财产关系可分为动态财产关系和静态财产关系，物权法规定和调整财产关系的静态，物权法的重心在于保护所有权不受侵犯，旨在维护财产的“静的安全”⑥。

研究物权法的调整对象，主要目的是解决对物权法所调整的基本法律关系的认识问题。对此，历史上有三种不同的学说：一是“对物关系说”。这种学说最早为中世纪的注释法学派所创造，后来为德国民法学家邓伯格所倡导和完善，认为债权关系乃人与人的关系，物权关系乃人与物的关系，因而物权的定义就是人们直接就物享受其利益的财产权。物权的本质就是人与物的关系。二是“对人关系说”。历史法学派的首倡者萨维尼及其嫡传弟子、潘德克顿学派代表人物温德夏德则反其道而行之，鲜明地提出“对人关系说”的主张，认为一切法律关系均为人与人的关系，故物权的本质仍然是人与人之间的关系。三是“折中说”。这种学说折中了以上两种学说的对立，认为物权所调整的对象，包括对人、对物两个方面，其支配一物的方法和范围，不仅包含事实问题，也包含法定的法律关系。但仅有对物的关系，尚难确保权利的安全，故还必须使人对物负担一种不作为的消极义务，两者相辅相成，即可确保物权之效用。⑦

物权法调整的物权关系，并不是人与物的关系，而是人对物所产生的人与人之间的关系。人对物的支配关系，并不是单纯的人对物的支配，而是人基于对物的支配所形成的人与人之间的关系。“对人关系说”体现了物权的本质，人对物的支配关系体现的是就一个特定的物所形成的人对这个物的权利义务关系。

---

① 钱明星．物权法原理．北京：北京大学出版社，1994：2.

② 谢在全．民法物权论：上册．北京：中国政法大学出版社，1999：1.

③ 李开国．民法基本问题研究．北京：法律出版社，1997：264.

④ 王果纯，屈茂辉．现代物权法．长沙：湖南师范大学出版社，1993：2.

⑤ 王利明．物权法论．北京：中国政法大学出版社，1998：71.

⑥ 王家福，等．合同法．北京：中国社会科学出版社，1986：12. 王家福．中国民法学·民法债权．北京：中国政法大学出版社，1993：3.

⑦ 陈华彬．物权法原理．北京：国家行政学院出版社，1998：2-3.

基于这样的认识基础，本书认为，物权法的调整对象是人对物的支配关系，这种支配关系具体表现为人对物的归属和利用关系。《民法典》第205条关于“本编调整因物的归属和利用产生的民事关系”的规定，准确地界定了物权法的调整对象，是一个经典的规定。

首先，物权法所调整的对象，就是物权法律关系。从表面上看，这个物权法律关系好像是指人与物的关系，但是在实质上并不是指人与物的关系，而是人基于对物的支配所产生的人与人之间的关系。人对物的支配关系，并不是单纯的人对物的支配，而是人基于对物的支配所形成的人与人之间的关系。

其次，物权法律关系的内容，是人对物的支配关系，这种支配关系具体表现为人对物的归属和利用关系。对物的归属关系，是确定特定的物究竟归谁所有，谁享有绝对的支配权。对物的利用关系，是对一个具体的物，究竟谁有权对其进行利用，既包括所有权人对自己所有的物的利用，也包括他人对所有权人所有的物的合法利用。例如，对国家所有的土地，开发商可以取得建设用地使用权，进行开发建设，这是对国家所有的土地的利用关系。

第二节 物权法的性质和特征

一、物权法的性质

物权法的性质是私法。

（一）物权法的私法性质是基于民法的性质产生的

世界各国的法律通常划分为公法和私法。尽管关于公法和私法的划分标准众说纷纭，但是有一个已经达成共识的基本标准，即公法与私法的区别在于法主体的差异，因此，法的成立根据或法的规律之内容的差异，可以显示出公法与私法的大体倾向之不同。① 这就是，公法所调整的法主体，至少有一方是国家或者是由国家赋权的国家公权者；私法所规范的法主体，直接都是个人或非国家公权的法主体。②

在法律体系中，民法是私法，它规范的法主体就是个人和非国家公权的法主体，其调整的法律关系，是自然人、法人和非法人组织之间的法主体之间的私的法律关系，而不是国家之间，或者国家与个人之间的行政关系、诉讼关系等公法关系。因此，民法就是私法，物权编是民法典的组成部分，因而物权法的基本性质必须受民法基本性质的制约，即也是私法性质。

（二）物权法所调整的基本内容仍然是民事主体之间发生的民事法律关系

物权法所调整的基本内容，是人对物的支配关系，体现的是在物的面前人与人的社

---

① 美浓部达吉．公法与私法．黄冯明，译．上海：商务印书馆，1937：36.

② 同①34.

会关系。这样的法律关系，仍然是个人之间或者个人与非国家公权的法主体之间的民事法律关系。调整这种民事法律关系的法律当然是私法。很多学者在著述中，都强调物权法所具有的公共性特色①，以及物权法所包含的某些程序性的内容，如登记程序，关于取得土地使用权的审批程序等②，因而认为物权法具有一定的公法色彩。这些分析是对的。但是，物权法的基本内容所规范的是个人之间的，以及个人与作为非国家公权的法主体之间的民事法律关系，因而物权法本身性质仍然是私法。

二、物权法的基本特征

物权法具有以下法律特征。

（一）物权法是财产法

物权法是财产法，这是其区别于人格权法和亲属法的基本特征之一。

自罗马法以来，民法一直分为人法和财产法，由此形成民法的两大支柱：一是人身权利，二是财产权利。调整人身关系的民法规范被称为人法或者人身权法，调整财产关系的民法规范被称为财产法或者财产权法。物权法属于调整财产关系的法，因而属于财产法，其规范的是基于财产而发生的权利义务关系。

在民法中，规范财产关系的不仅有物权法，还有债权法、知识产权法和继承法。债权法是规范动态财产关系的民法部门法，知识产权法是调整既具有财产性质又具有人身性质的法律关系的法律，但是，其调整的主要方面是财产关系，因而被置于财产法的范畴，是关于无形财产的法律。继承法兼有财产法和身份法的性质，但是以财产法的性质为主，因而属于财产法。在这些法律中，物权法是最主要、最基本的财产法。

（二）物权法是强行法

物权法是强行法，这是物权法区别于债权法的显著特征之一。

从基本性质来看，民法是以任意法为主的私法，即民法规范的主要内容是任意法，对具体法律关系是否适用民法规范，由当事人的意志决定，因而属于示范性法。立法的规定只是给当事人设立民事法律关系的示范，而由当事人决定是否采用立法所标示的规范。但是，民法的任意性并不是绝对的，民法包含很多强制性的规范，因而具有一定的强行法性质。

民法的这种以任意性为主的特征，一方面表现在民法的基本内容上，即其主要内容是任意法，部分内容是强行法；另一方面表现为民法的某一部分的主要性质是任意法，而某一部分的主要性质是强行法。

例如，债权法的基本性质是任意法，其主要规范都是任意性而不是强制性的。而物权法的性质与债权法相反，其主要部分是强行法，主要内容不具有任意性而是强制性规

---

① 陈华彬．物权法原理．北京：国家行政学院出版社，1998：31.

② 王利明．物权法论．北京：中国政法大学出版社，1998：76－77.

范，因而具有强行法的特征。这是因为，物权不仅涉及当事人，而且涉及其他第三人，涉及国家和社会的公共利益，一旦准许当事人任意设定物权，这些利益就会受到损害，因此，物权法的很多规定都是强制性的，除少数例外之外，多数规定不许当事人任意变更，须绝对适用。例如物权法定原则、不动产物权变动的登记制度、取得时效制度等，都不能自由约定。因此，物权法的强行法特征，是在民法中，物权法区别于其他财产法的典型特征。当事人在适用物权法时，以及法官在审判物权纠纷案件时，对此必须予以重视。凡属于强制性法律规定的必须予以适用，不得由当事人自行选择；自行选择不适用物权法规定的为违法。

（三）物权法是民事普通法

物权法是民事普通法而不是民事特别法。这是物权法与民事特别法相区别的显著特征。强调这一点，是因为物权法是《民法典》的组成部分。

首先，民事普通法是指适用于全国范围、规定一般事项，并且无适用时间限制的民事法律。民事特别法则是指适用于特定的区域、规定特定事项，或者在适用时间上有特别限制的民事法律。[①] 物权法不是适用于特定区域、特定事项或者有特定时间限制的法律，而是适用于全国范围、规定一般事项、在时间上也没有特别限制的法律，因而是普通法而不是特别法。

其次，物权法是民法的组成部分，而不是民法特别法。在采民商合一立法体例的国家，民法典是民事普通法，公司法、票据法、保险法等法律是民事特别法。由于历史的原因，我国曾经采用单行立法制定《物权法》，这不是否定物权法为民事普通法的属性，而是类法典化的立法方法。现在，物权法成为《民法典》“物权”编，更加明确了其民事普通法的地位。

（四）物权法是固有法

固有法是指保留了较多的国家、民族、历史传统和国民性的法律，又称“土著法”。物权法是固有法，是物权法区别于债权法、知识产权法等普通法而具有的显著特征。

物权法的基本内容是物权制度，即体现一个国家的基本所有制以及在所有制的基础上建立的各项物权制度。由于一个特定的国家具有自己的发展历史和观念，物权法的发展具有浓厚的本国和本民族的特色，体现了与本国和本民族发展相一致的民法物权制度，因而不同国家的物权法规定的物权制度千差万别，都有自己的特点。在现代社会，各国的物权制度由于相互借鉴，在很多方面采用了相同的或者相似的内容，但是，与债权法和知识产权法等普通法相比较，物权法还是有很大的差异，具有固有性。

债权法规范的是交易行为，各国之间的交易行为必须遵守共同的交易规则，否则，交易将无法进行，即使能够进行交易也会有很多困难，甚至使一方当事人受到损害。正如清末修订法律大臣俞廉三、刘若曾在《民律前三编草案告成奏折》中称：斟酌瀛海交通，于今为盛。凡都邑巨阜，无一非商战之场。华侨在国外发生争端，要适用本国法。

---

① 王利明．物权法专题研究：上册．长春：吉林人民出版社，2001：8.

一旦构成讼争，彼执大同之成规，我守拘墟之旧习，利害相去，不可以道里计。因而凡能力之差异、买卖之规定，以及利率、时效等项，悉采用普通之制，以均彼我而保公平。[①] 如果一国的债法规定与别国的不同，该国就难以取得交易上的优势。

物权法正好相反，一个国家制定物权制度没有这样的要求，可以根据自己国家和民族的习惯与传统创制。例如典权制度，其他国家并没有类似制度，但是，中华民族有这样的传统，规定典权有其必要性，因此，物权法应当保留这样的制度，让这个古老的民族物权制度继续为中国人民服务。即使《民法典》对它没有规定，也难以阻止它在民间的适用。[②]

掌握物权法的这一特征，有助于在适用法律时对法律规定的准确理解。对中国固有的物权制度更要结合中国的发展来理解；对借鉴外国而建立的物权制度，既要结合国外同类的制度发展来理解，也要结合中国的实践，不能脱离中国的实践。

第三节　物权法的基本原则

一、物权法基本原则概述

（一）基本原则的含义

基本原则是一部法律贯穿始终的基本精神和基本理念。我国的立法和学理有确定一部法律基本原则的习惯。例如，《民法典》从第 3 条到第 9 条就确立了私权神圣原则、平等原则、自愿原则、公平原则、诚实信用原则、公序良俗原则和绿色原则（位于第一编“总则”第一章）。《民法典》分则各编也都规定了各自的基本原则。在学理上，研究一门法律，首先要从该法律的基本原则出发，继而延伸到全部法律规范。研究物权法同样应当如此。

（二）基本原则的功能

关于法律基本原则的功能，各有不同的解说。一般认为，法律的基本原则具有以下功能。

1. 作为制定该部法律时贯穿始终的基本精神

在制定法律时，有一个贯穿始终的基本精神，这个基本精神就是这部法律的基本原则。

2. 作为对法律条文理解的基准

既然基本原则是法律制定时应始终信守的基本精神，那么，在适用法律时，对法律条文进行理解就必须依据法律基本原则进行，离开基本原则的理解，是无效的理解。

---

① 张晋藩．清代民法综论．北京：中国政法大学出版社，1998：251.

② 据调查，福建省的一些地区有很多典权纠纷存在，法院必须受理这些纠纷案件并且作出判决。

3. 适用法律时的一般拘束力

基本原则具有一般拘束力，民事主体在实施民事行为、行使民事权利、履行民事义务时，必须接受基本原则的一般拘束。在一般情况下，基本原则在特定的法律中有具体条文的，适用这样的条文就是遵守了法律的基本原则。有的时候法律并没有规定这样的具体条文，而是在法律的全部规范中体现出某一原则，这就是“即使在法律文本中没有写明亦具有法律拘束力的法的一般原则”①。

根据基本原则的一般拘束力，在适用法律时，基本原则既是指导性原则，也与普通法律条文具有同样的作用。在法律缺乏具体规定时，基本原则有具体适用的作用。即使是那些没有条文表述的基本原则，在适用法律时也要遵守，不能违背。

（三）物权法基本原则与民法基本原则的关系

一般认为，物权法有四个基本原则，即平等保护原则、物权法定原则、一物一权原则和公示公信原则。

物权法的基本原则是在民法基本原则指导下应当遵守的原则，是民法基本原则在物权法中的具体化。物权法是民法的组成部分，因此，物权法必须接受民法基本原则的指导。物权法的基本原则不能违背民法基本原则，应当在民法基本原则的指导下，确定物权法的基本精神，将民法的基本原则贯穿到物权法中。

同样，物权法的基本原则又不能是民法基本原则的简单翻版，甚至直接照搬民法基本原则，而是要依据物权法的基本内容确定。只有这样，物权法的基本原则才有自己存在的必要。

因此，在适用法律时对物权法的理解，首先，应当遵守民法的基本原则，不能违背民法的基本原则；其次，要遵守物权法的基本原则，适用法律也不能违背物权法的基本原则。

二、平等保护原则

（一）平等保护原则的概念和内容

平等保护原则，是指不同民事主体享有的物权地位平等、适用规则平等和法律保护平等的物权法基本原则。《民法典》是“对生命健康、财产安全、交易便利、生活幸福、人格尊严等各方面权利平等保护”的法律②，故第 113 条明确规定：“民事主体的财产权利受法律平等保护。”第 207 条规定：“国家、集体、私人的物权和其他权利人的物权受法律平等保护，任何组织或者个人不得侵犯。”

平等保护原则的内容包括以下几点。

---

① 梁慧星．民法总论．北京：法律出版社，1996：39.

② 习近平．习近平著作选读：第 2 卷．北京：人民出版社，2023：313.

1. 所有物权一律平等

《民法典》规定平等保护原则的主要含义，是强调私人的物权和其他权利人的物权受到平等保护。我国《宪法》强调社会主义公有财产神圣不可侵犯，如果片面强调这个原则，私人的物权和其他权利人的物权的地位就会受到削弱。平等保护原则宣示的是，不论是国家物权、集体物权、私人物权还是其他权利人的物权，都是平等的，都平等地受到民法的保护，尤其是公有的物权不能凌驾在私人物权之上，侵害私人物权。

有的学者认为，平等保护原则的主要内容是所有的市场主体在物权法中都有平等的地位，这是我国《宪法》确认的法律面前人人平等原则的具体体现。[①] 平等保护原则所包含的地位平等，究竟是物权平等还是物权主体平等，值得研究。本书认为，平等保护原则并不是指物权的主体地位平等，而是指物权的地位平等。主体平等是宪法原则和民法基本原则的内容，物权平等才是物权法原则的内容。物权平等表现为不论是何种主体所享有的物权，都具有平等的法律地位，国家享有的物权或者集体享有的物权不得以是公有物权为由，而凌驾在私人物权或者其他权利人的物权之上，恣意侵害这些物权。这一点，在当前的中国社会中具有更为重要的意义。

2. 适用规则平等

由于物权的法律地位平等，因而对物权的取得、设定、移转和消灭，都适用共同的规则，体现法律规则的平等性。如果不同的物权在取得、设定、移转和消灭时适用不同的法律规则，则一定会造成物权的法律地位不平等，私人的物权就会受到侵害，得不到平等保护。在当前，对国有资产的转移设定了不同的规则，如需要进行评估和批准，因此，很多国有企业在与民营企业进行交易时，以其物权转移适用法律的特殊规则而违反交易规则为借口，侵害其他民事主体的权利，造成其他民事主体物权受损害。这是违反平等保护原则的做法。

3. 保护的平等

平等保护原则重在强调对物权法律保护的平等性。物权保护的平等性，主要表现物权出现争议时的保护平等性和物权受到侵害时的保护平等性。

物权出现争议时的保护平等性，是指对发生争议的物权，用相同的规则确定物权的权属，不得以大欺小，倚强凌弱。即使是国家与其他主体在物权的归属上发生争议，也必须平等地行使确权请求权，由法院依法裁决，而不是由国家行政机关作出决定。

物权受到侵害时的保护平等性，是指不同主体享有的物权受到侵害时，都平等地受到物权请求权和侵权请求权的保护，实行平等保护，不仅对公有的物权要予以保护，对私人的物权同样要予以保护，并且要将其置于与国家财产同样的地位。

（二）平等保护原则的价值

平等保护原则作为物权法的基本原则，是物权法基本目的的集中体现。它的价值表现在以下几个方面。

---

① 王利明．物权法研究：上卷．修订版．北京：中国人民大学出版社，2007：148.

1. 对物权平等保护是市场经济的必然要求

平等是市场经济的必然要求。市场是由无数重复发生的纷繁复杂的交易构成的，如果在这些交易中的物权是不平等的，国家所有权神圣不可侵犯，集体所有权也神圣不可侵犯，而私人的物权则是不神圣的，是可以侵犯的，在不平等的物权之间就无法进行交易，即使进行交易，也会出现不公平的结果。“国家实行社会主义市场经济，保障一切市场主体的平等法律地位和发展权利”[①]，不论是何种性质的物权，在市场经济中都是平等的。

2. 对物权平等保护是主体地位平等的必然反映

在市场经济中，市场主体的地位平等，决定了市场主体的物权平等，因而物权平等保护原则是市场主体平等地位的必然反映。如果市场主体的地位是平等的，物权保护却是不平等的，有的物权是神圣的，有的物权是不神圣的，物权就无法实现主体地位平等，也就无法进行正常的市场交易，地位平等就是一句空话。没有物权的平等保护，市场主体地位不可能平等。

3. 对物权平等保护是私人物权的正当诉求

物权平等保护是私人物权的正当诉求。在不平等的物权关系中，受到压制的必然是私人物权。我国是社会主义公有制国家，公有的物权似乎天然地具有优势地位。改革开放以后，私人物权得到伸张，主张对所有的物权平等保护，就是强烈要求对私人的物权和其他权利人的物权平等保护。《民法典》反映了私人物权的这种诉求，规定物权平等保护原则是完全正确的。

4. 对物权平等保护是促进社会财富增长的客观需要

“有恒产者有恒心”，对物权的平等保护是鼓励人民创造财富的根本动力。如果私人物权地位和其他权利人的物权地位不平等，不能得到平等保护，甚至任意被剥夺物权，人们就没有创造财富的动力，社会财富就不会持续增长。实行对物权的平等保护原则，划清物权的界限，明确创造财富的归属，予以平等保护，才能鼓励人们创造财富，促进社会财富不断增长，使国家富强起来，使人民富裕起来。

（三）平等保护原则的法律适用

平等保护原则在法律适用中，主要体现在以下三个方面。

第一，把平等保护原则作为物权法适用的一般指导思想贯彻落实。不论是“抽象所有，一体保护”，还是“区别所有，平等保护”，都是指无论是对国家、集体还是对个人的物权，都要予以平等保护。在物权法适用中，必须贯彻这个基本指导思想，凡是违反平等保护原则的，就违反了物权法的基本原则，都是错误的。

第二，在司法实践中，当对物权规则出现争议时，应当依照平等保护原则进行解决。在具体适用中，应当依照物权法的立法目的，贯彻平等保护原则，平等保护各种物权，特别是保护好私人物权和其他权利主体的物权。

---

① 《民法典》第206条第3款。

第三，违反平等保护原则的，准许当事人寻求法律救济。在交易中，当事人应当遵循平等保护原则；发生争议时，法官的判决和裁定须遵循平等保护原则，正确适用法律。如果没有依据平等保护原则，具有优势地位的物权人恃强凌弱，或者法官违反平等保护原则进行裁判，应当准许当事人依照《民法典》和《民事诉讼法》的规定，寻求法律救济。

三、物权法定原则

（一）物权法定原则的概念

《民法典》第116条规定的是物权法定原则。

物权法定是物权法的基本原则之一，又称为物权法定主义，是物权法区别于合同法的重要标志，是指物权只能依据法律设定，禁止当事人自由创设物权，也不得变更物权的种类、内容、效力和公示方法。①

（二）物权法定原则的内容

物权法定原则的主要内容有以下两点。

1. 物权类型强制

物权法定的第一个内容是，物权的种类非经法律规定，当事人不得创设。这一内容也被称为物权的类型强制。

实行物权类型强制的要求是，当事人只能依照法律明确规定的物权类型和条件设立物权，不能超出法律的规定设立法定物权以外的物权类型。例如，法律只规定了动产质权，没有规定不动产质权，当事人违背法律的规定设定不动产质权就是无效的，不发生担保债权的预期后果。

2. 物权类型固定

物权法定的第二个内容是，物权的内容非经法律规定，当事人不得创设。这一内容被称为物权的类型固定。

物权类型固定的要求是，物权的具体内容也由法律规定，法律对一个具体物权的内容规定是什么就是什么，不得由当事人约定法定物权的具体内容。例如，法律规定质权要转移占有，当事人不能约定不转移占有的动产质权，约定了也是无效的。法律规定抵押权设定后不要求转移抵押财产的占有，约定以转移抵押财产的占有为抵押权成立要件的抵押合同无效。

实行物权类型强制和物权类型固定，要求物权立法和当事人实施设定物权的行为必须遵守以下规则。

第一，物权的类型必须由《民法典》规定。对于应当规定的，必须明确规定；对于不应当规定的，不能含糊，应当让民事主体在设定物权时有明确的法律依据。司法机关

---

① 王利明．物权法论．北京：中国政法大学出版社，1998：88.

在适用法律时，应当遵守类型强制的规则，严格按照法律规定的物权种类确定物权。

第二，法律规定物权的内容应当尽量全面。立法尽管难以穷尽社会现象，但是对物权的基本内容应当规定得清楚、明确，不能有歧义。民事主体在设定物权时应避免对该种物权的内容约定不清。在设定物权时，如果当事人约定的物权内容超出了法律规定的内容，法院应当确认其约定无效，按照法律规定的该种物权内容予以认定。

第三，当事人在设定物权行为时，应当遵守类型强制和类型固定规则的要求，按照法律的规定设定物权种类以及物权的内容，不能自行其是。应当明确，当事人意思自治原则对物权法不适用，任何违反物权法定原则约定物权的设立、变更、转移、消灭的行为都是无效的，不会发生预期的法律结果。

第四，《民法典》第 388 条第 1 款规定了“其他具有担保功能的合同”，对担保物权的物权法定有所缓和，认定其他具有担保功能的合同设立的非典型担保物权，不违反物权法定原则。①

（三）物权法定原则的理由

物权法定原则源于罗马法，是罗马法构造物权制度的重要基础之一。从历史上看，物权法定主义并不是始终如一的，其间有过放任主义（亦称自由主义）态度，但是，更多的立法例采用物权法定主义立场，认为放任主义不利于保护当事人的利益，徒增社会纠纷，严重损害交易安全，不利于维护一国经济秩序。②

确立物权法定原则的理由，主要有以下几点。

1. 确保物权的绝对性和支配性

物权与债权的基本区别，在于其绝对性和对物的支配性，以及排除他人干涉的排他性。对这种绝对性、支配性和排他性，物权法必须确保其完全实现，才能达到物权法的目的。对于具有这种性质的权利，必须使其具有法律规定上的严肃性，而不能使其徒有其名，更不能叠床架屋，使其混乱不堪，无法维持其体系的完整和内容的严谨；否则，必然害及物权的绝对性、支配性和排他性。而准许当事人自行约定物权种类和物权内容，会使这样的混乱不断出现。因此，要做到这一点，就必须在基本法律上进行规定，不得由当事人自行约定物权的种类和内容。只有这样，才能够确保物权的特性。

2. 整理旧物权，防止封建制物权的复活

封建制物权的主要特征，是物权制度与身份制度相结合，所有者准许他人对其所有之物进行用益或者生产，所有权人与利用人之间产生相应的身份关系，例如家长、领主、主人、师傅与家属、属民、婢仆、学徒之间，前者可以支配后者，使人也成为被支配的客体。因此，封建制物权不仅在同一土地上因各自身份特权的不同需求，成立重叠的所有权，且挟身份特权的威势，使物权变成对人的支配。在我国历史上存在的人质（以人质押借贷）、人典（典妻）等，也是支配人身的旧物权。这种情况为近代以来的人权思想

---

① 杨立新．“其他具有担保功能的合同”概念的实用功能，中国政法大学学报，2022（3）．

② 陈华彬．物权法原理．北京：国家行政学院出版社，1998：71．

所不容。因此，对旧物权制度必须加以整理，使物权脱离身份的支配，成为纯然的财产权，即所谓自由的所有权。[①] 清算了旧物权之后，对新物权用法律固定下来，不准许创设新的物权，就能够防止旧物权死灰复燃和复辟。

3. 确认和巩固社会经济制度，维护社会秩序

物权制度是一定社会所有制关系在法律上的反映，与其他法律制度相比，物权制度最直接地反映了社会基本经济制度，且是直接为特定社会关系的所有制服务的，所以物权是社会的基本财产权。只有法律明确规定了物权类型和内容，才能从法律上确认和巩固社会经济关系并维护正常的社会秩序。[②] 物权法定，实现了所有权对物的全面、永久的支配，确保其绝对地位，同时建立起完整、统一的物权体系，会更有力地保障社会经济制度，维护社会秩序。

4. 便于物权的公示，确保交易的安全和迅速

物权是绝对权，必须保证透明，使他人对权利的状况一目了然。采取物权法定原则，便于物权的公示，使他人知晓，以保证通过市场所取得的物权的真实性，防止对物权的侵害，也保证交易安全，防止因物权交易的不真实而损害他人的利益。物权法定使物权交易更为透明，一般人对财产的归属一目了然，交易双方无须对交易对象进行繁复的调查就可以获知有关内容，确保了交易的安全和便捷。

5. 确保完全的契约自由

契约自由必须以物权法定为前提，否则，契约自由就无法得到保证。其道理是，保障充分的契约自由，避免强行法对私的交易秩序的介入，有赖于预先确定作为交易标的的物权的内容。如果不是这样，在一物之上就可以任意地设定不相容的数个物权，就会使单个的契约从外部受到控制，从而使契约自由招致否定。因此，只有坚持物权法定原则，契约自由才能得到维持，也才有可能实现充分的契约自由。

（四）物权法定原则的缓和

物权法定原则的缓和，是指物权法定原则为适应社会实际生活变化所采取的适度灵活变化。物权法定原则固然希望确定的物权类型和内容永久符合社会需要，但是在事实上却存在理想和实践的差距问题。立法总是反映立法当时对社会规律的认识，存在历史的局限性；对于未曾发生的历史现象，立法永远存在实践的局限性；立法也是各个具体时代的产物，各个时代立法者具有自己的认识能力的局限性。这些局限性必然导致在法律上的缺漏，使法律不能穷尽社会生活现象。同时，社会总是在不断地发展，新的需求也在不断产生。在这样丰富多彩、日新月异的社会生活面前，物权法定原则受到严峻考验，需要进行检讨，不能过于僵化，需要缓和。这就是实行物权法定原则以后提出的物权法定原则的缓和问题。

怎样缓和物权法定原则？学者有不同主张：一是“物权法定无视说”，认为应根本无

---

① 谢在全．民法物权论：上册．北京：中国政法大学出版社，1999：41－42.

② 王利明．物权法论．北京：中国政法大学出版社，1998：92.

视物权法定主义的规定，而承认习惯物权的效力。这种观点由日本学者我妻荣所创，理由是物权法定主义确立的目的是整理旧物权，防止封建主义物权复辟，而习惯是在社会生活中自然产生的，不仅没有阻止的可能，如加以阻止干涉，反而将有害于社会的发展。况且存在保护土地利用人为物权法的趋势，自此立场，则亦应承认习惯法上的物权。[①] 二是“习惯法包含说”，认为按照民法规定，关于法令未规定事项所形成的习惯，与法律有同等效力，此等习惯应理解为由民法物权法定所称的“法”所包含，也就是说，立法在强调物权法定原则的同时，也承认习惯法上的物权的适法性。[②] 三是“习惯法物权有限承认说”，认为物权法定原则的“法”虽然不包括习惯法，但是从物权法定原则存在的理由看，在社会上所产生的物权不妨害物权体系的建立，且无碍于公示时，可以突破物权法定原则的拘束，直接承认该习惯性的物权为有效。[③] 四是“物权法定缓和说”，认为新生的物权如果不违反物权法定原则的立法旨趣，又有一定的公示方法，可根据物权法定内容从宽的方法，将其归为新种类的物权，盖此仅为物权内容得以变更的界限问题。[④]

对物权法定原则的缓和的争论焦点，集中在如何界定物权法定的“法”字上。如果将这个“法”字绝对化甚至僵化，物权法定就无法适应社会的变化以及物权发展的需求。物权法定原则的缓和，就在于在坚持物权法定的立场之上适当变通，对法定之“法”柔化，使其包含习惯法之“法”，使物权法定原则适应社会的发展和需要。其所缓和的就是物权法定原则的僵化，使物权法定原则对社会生活中新产生的又具有一定公示方法的物权采取承认的态度，并且适时将这些物权纳入物权法体系，使立法更为完善。因此，物权法定原则为“刚”，物权法定原则的缓和为“柔”，两者结合才能使物权法定原则紧跟社会变化，适应社会发展的需要。在我国原《物权法》的起草过程中，多有学者提出物权法定缓和的立法方案，都被否定了，编纂《民法典》增加规定了“其他具有担保功能的合同”，初步实现了物权法定缓和。[⑤]

（五）违反物权法定原则的效果

当事人违反物权法定原则的效果，包括以下几点。

1. 法律有特别规定的，依照法律特别规定

《民法典》对权利种类和内容作出明确规定的，应当按照特别规定处理。例如，《民法典》第 462 条第 2 款规定，占有人返还原物的请求权，自侵占发生之日起 1 年内未行使的，该请求权消灭。

2. 法律没有特别规定的，当事人不得自由设立

法律没有特别规定，当事人自由设立物权种类和内容，是违反法律的禁止性规定的。依照《民法典》第 153 条的规定，这种自由设立行为属于违反法律强制性规定的民事法

---

① 谢在全．民法物权论：上册．北京：中国政法大学出版社，1999：46.

② 陈华彬．物权法原理．北京：国家行政学院出版社，1998：75 - 76.

③ 同①76.

④ 同①47.

⑤ 杨立新．物权法定缓和的绝处逢生与继续完善：《民法典》规定“其他具有担保功能的合同”概念价值．上海政法学院学报（法治论丛），2021（1）.

律行为，无效。例如，超出法律规定，对不动产设定质权，是违反法律的行为，当然为无效。

3. 部分违反物权法定原则的内容，违反的部分无效

设定的物权的一部分违反禁止性规定，其他部分并不违反法律的规定的，可以成立，仅违反法律禁止性规定的部分无效，其余部分为有效。《民法典》第 332 条第 1 款规定："耕地的承包期为三十年。草地的承包期为三十年至五十年。林地的承包期为三十年至七十年。"这些期限均为法定期限。违反该期限的，其超过的部分无效，没有超过的部分自然有效。

4. 违反物权法定原则的行为效力不影响其他法律行为的效力

虽然违反物权法定原则的物权无效，但是其行为具备其他法律行为的要件的，具备要件的民事法律行为应当有效。例如，当事人约定承租人就租赁的房屋有物权效力的优先权的，虽然该约定不产生物权的效力，但出租人倘有违反的，仍应负债务不履行的损害赔偿责任。①

在审判实践中，法官要注意把握上述要点，正确区分当事人违反物权法定原则而作约定的具体情况，作出符合法律规定的裁断。

四、一物一权原则

（一）一物一权原则的概念

一物一权原则，也称物权客体特定主义，是物权法的基本原则之一，是指在一个物上仅能成立一个所有权，一个所有权的客体仅为一个物。②

（二）一物一权原则的内容

一物一权原则包括以下三方面的内容。

1. 一个物之上只能成立一个所有权

理解一物一权原则不能望文生义，关键在于掌握"物"和"权"的界定。一"物"，说的是一个独立的物权客体，是一个独立的有体物。一"权"，说的是所有权，而不是其他物权即他物权。两者合起来，是指在一个独立的有体物上只能设立一个所有权，绝不能设立两个或者两个以上的内容两立的所有权。

2. 一个物的部分不能成立独立的所有权

所有权只能存在于一个独立的有体物上，在物的成分或构成部分上不能成立所有权。这就是罗马法"所有权遍及全部，不得属于二人"的规则。也就是说，一物只能在整体上成立一个所有权，而一物的某一部分如尚未与该物完全分离，就不能成为单独所有权

---

① 谢在全．民法物权论：上册．北京：中国政法大学出版社，1999：45.

② 陈华彬．物权法原理．北京：国家行政学院出版社，1998：54.

的客体。[①] 在依附于主物的从物之上，不能单独成立所有权，在从物上设立所有权的行为无效。在20世纪50年代，有所谓“三条半驴腿”一说，这是因为“土改”分田地时，有几家合着分了一头驴，不过，那是共有，仍然是在一头驴身上只设立了一个所有权。“三条半驴腿”，是说共有人按份共有的份额，而不是在“三条半驴腿”和半条驴腿上各设立了一个所有权。

3. 集合物原则上不能成立所有权

在由数个物构成的一个集合物上，原则上不能成立一个所有权，只有在特别情况下，按照交易习惯认为集合物是一个独立物时，可以设定一个所有权。例如一群羊、一个图书馆、一批货物等，被视为一个物，可以成立一个所有权。故集合物构成的独立物，要成立一个所有权，应当具备三个要件：一是集合物全体与构成集合物的各个部分具有相同的利益；二是不悖于物权特定原则；三是合于物权公示原则。

一物一权原则并不排斥在一个物上设立几个他物权，因为这是充分利用物的价值创造社会财富的途径。对这种情况要注意的是，在一个物上所设立的他物权，是设立在所有权的基础上的，同时，这些他物权不能相互冲突、相互矛盾。

（三）确立一物一权原则的理由

自罗马法以来，一物一权原则就被严格遵守。在近世虽然该原则有所演化，但其基本精神没有变化，仍为各国物权法严格遵守。

确立一物一权原则的理由，有以下几点。

1. 明确权利的范围

所有权的基本属性是支配权，是对所有权客体——物的支配。如果所有权客体的范围不明确，就会形成所有权的界限不明晰的现象，形成权利的交叉，造成权利行使的困难，发生争议。一物一权，界限明确，权利边缘清晰，便于权利的行使，也便于对权利的保护。

2. 避免物权关系复杂化

一个独立的有体物只设立一个所有权，使物权关系简单、明确，不会产生复杂的物权关系，不会在一个物上形成权利重叠和冲突。至于在一个物上产生的他物权，则自有物权法规则来调整，不在此限。

3. 避免公示方法上的困难

所有权必须有其确定的公示方法，以便他人确认权属。一物一权，只能按照规定的公示方法进行公示，不会产生复杂的公示问题；相反，如果在一物之上设立多个所有权，绝不会有利于所有权的公示，必然会造成交易上的困难和麻烦。

---

① 王利明．物权法论．北京：中国政法大学出版社，1998：113.

（四）一物一权的确认

确认一物一权至关重要，对此要重点学习。

一物的“物”，应当依照社会交易中的通常观念为判断，是指法律观念上的一个物，可以是单一物或者合成物。此外，对物的理解还要考虑对物的认识的发展。在传统上，曾经认为土地所有权是对土地作纵向分割，上至天空，下至地心。随着对土地的利用以及分层地上权的发展，这一观念有了变化，对土地不仅作纵向分割，而且可以作横向分割，地上空间和地下空间都成为可以利用的物，也可以对其设立权利。建筑物的区分所有权人对被区分的空间也有所有权存在，该所有权被称为特别所有权，这样，在传统的一个“物”上，就有了几个所有权的存在。

一权的“权”，在理解上要注意两个问题：第一，在共有的情况下，两个或者两个以上的人对一物享有共有权，并不违反一物一权原则，两个或者两个以上的主体对一个物享有一个所有权，他们所共有的是一个所有权，而不是两个或者两个以上的所有权，这个所有权还是一个“权”。第二，这里的“权”虽然是指物权，但是仅指所有权，而不包括他物权。一物一权原则并不排斥在一个所有权之上设立几个他物权。

五、公示公信原则

公示公信原则也是物权法的基本原则。其按内容是两个原则，即物权公示原则和物权公信原则。这两个原则既有区别，又相联系，是相互依存的。《民法典》第 208 条规定：“不动产物权的设立、变更、转让和消灭，应当依照法律规定登记。动产物权的设立和转让，应当依照法律规定交付。”这一条文规定的就是物权的公示公信原则。

（一）物权公示原则

公示，即公开揭示，使之周知之意。物权公示，是指在物权变动时，须将物权变动的事实通过一定的公示方法向社会公开，使第三人知道物权变动的情况，以避免第三人遭受损害并保护交易的安全。[①] 物权公示原则是指物权的变动即物权产生、变更或者消灭，须通过特定的、可以从外部察知的方式即公示表现出来的物权法基本规则。

确立物权公示原则的理由有以下两点。

第一，物权是对世权，物权变动涉及的范围大，不公示不利于保护权利人。因此，需要确定物权支配客体的范围，使其支配的外部范围明确化。物权变动，需要明确区分物权和债权这两种财产权利形态，并将物权界定为直接支配一定的物并得以排斥他人干涉的权利。物权的这种对抗第三人的排他性，使物权的变动会对第三人的利益产生限制作用，这是为避免第三人遭受不虞之害，要求物权变动应当有一定的形式，使之可以让交易关系以外的第三人确知。[②]

---

① 王利明．物权法论．北京：中国政法大学出版社，1998：132.

② 王轶．物权变动论．北京：中国人民大学出版社，2001：115.

第二，物权变动直接关系到财产的归属和利用，对商品经济的正常发展有直接影响，不公示不足以确保商品交易的安全和有效。物须在流转和利用中才能发挥其最大的价值，在这些流转和利用物的关系中，须确保交易的物权的真实和有效，才能实现其增加财富、推动商品经济发展的目的。因此，只有按照公示原则进行物权变动，人们才能放心地根据法律确定的标准进行交易活动。

关于公示的范围，应当是除少数法定物权以外，其产生都以公示为条件，物权变动须符合法定的公示条件才能设立。例如，留置权是法定物权，不必约定，也不必经过公示就能产生。其他的物权的设立必须进行公示。

物权公示的方法，须依照法律规定的形式，也就是，不动产的物权变动必须经过登记，动产的物权变动则须交付。应当明确规定，除法律另有规定以外，不动产物权的设立、变更、转移和消灭应当登记，不登记不发生物权变动效力；动产所有权的转让以及动产质权的设立等，除法律另有规定或者当事人另有约定的以外，自交付时发生效力。另外也有特例，即土地、矿藏等自然资源是属于国家所有的不动产，可以不登记；船舶、飞行器和汽车是动产，但其物权的变动要经过登记，不登记不得对抗善意第三人。

（二）物权公信原则

公信，是指物权变动经过公示以后所产生的公信力。物权公信原则所着眼的，正是物权变动中公示形式所产生的这种公信力，是指按照法定方法公示物权变动后，不仅正常的物权变动产生公信后果，而且即使物的出让人事实上无权处分，善意受让人基于对公示的信赖，仍能取得物权。物权变动的公信原则并不特别着眼于前者而是后者。换言之，后者才是公信原则的重中之重。

因此，公信原则的内容是：第一，登记记载的权利人，在法律上只能被推定为真正的权利人。即使他不是真正的权利人，法律上也认为他是权利人。第二，任何人因为相信登记记载的权利人而与权利人从事了移转该权利交易的，该项交易应当受到法律保护。即使公示有瑕疵，善意受让人也不负返还义务。

确立物权公信原则的理由在于，商品交换要求及时、安全地将商品的物权移转给受让人，而受让人在事实上很难对出让人的处分权进行周详的了解，只要出让人以合法的方式证明自己有处分权，受让人即可信任其有处分权，而物权公示在一般情况下足以证明出让人有处分权。既然如此，按照法定公示方式转让物权的，善意受让人基于对公示的信赖，应当取得物权。否则，如果法定方式都无法保证出让人享有处分权，人们就不能安心地进行交换，社会经济也就无法正常发展。① 可见，公信原则与善意取得制度是一致的，其意义在于以牺牲真正权利人的利益来换取交易的动态安全。

实行公信原则，可能会使真正的权利人的利益在某种程度上受到损害。为了避免真正的权利人的利益受到损害，除完善登记程序外，可以采取事后的补救措施，对真正的权利人受到的损害给予补偿。其具体方法如下。

第一，动产占有人按照公示方法转让动产物权，受让人是善意的，一旦其取得了动

① 申卫星，傅穹，李建华．物权法．长春：吉林大学出版社，1999：82.

产标的物的占有，就取得了物权。对原所有权人受到的损害，只能由原所有权人向无权处分人请求损害赔偿，但不能要求新的物权人返还原物。受让人如果出于恶意，则不受公信力的保护。

第二，不动产经过登记而转让物权的，即使登记有瑕疵，受让人只要为善意的，登记后也即时取得物权。对原物权人损害的补救方法，是准许其要求有过错的出让人或者登记机关承担赔偿责任。

第三，受让人的善意，仅限于不知道且没有义务知道登记事项本身有瑕疵。登记事项之外的有关事实的瑕疵，则不受公信力的保护。

问题与思考

1. 引读案例思考

薛某以乔某的羊损坏了自己的庄稼为由，将乔某的母羊牵回自己家中扣留，主张先赔偿后送羊。请结合本章内容思考：(1) 乔某和薛某之间关于庄稼和羊的争议是物权法的调整对象吗？(2) 乔某对羊、薛某对庄稼，是人对物的何种支配关系？(3) 对这样的纠纷案件应当如何处理？

参考分析意见：

在本案中，乔某是母羊的所有权人，薛某是庄稼的所有权人，当他们对母羊和庄稼行使所有权时，就形成了他们是权利人，而其他所有的人都是义务人的这种法律关系：乔某是母羊的所有权人，乔某之外的其他任何人包括薛某都是乔某的义务人，都负有不得侵害其所有权的义务，构成了所有权法律关系；同样，薛某是庄稼的所有权人，其他任何人包括乔某都是薛某的义务人，都负有不得侵害的义务。从这两个所有权法律关系可以看出，物权关系不是人对物的关系，而是基于物而发生的人与人的权利义务关系。

在羊与庄稼的物权关系上，体现的是物的归属关系。《民法典》第 205 条规定，物权法调整的是物的归属和利用关系，而本案关于羊和庄稼的所有权关系属于支配关系，因此是物权法的调整对象。

乔某的羊损坏了薛某的庄稼，明显有过失，侵害了薛某的所有权。对侵害所有权的行为应当依法解决，对此，《民法典》第 233 条有明确规定。但薛某却采用强行扣押乔某所有的羊的方法，这当然是违法行为，侵害了乔某的所有权。乔某的羊损坏了薛某的庄稼，违反了对他人的所有权不得侵害的义务，乔某具有过失。而薛某的行为却属于恶意，是故意违反对他人的所有权不得侵害的义务。二者尽管都是违反法定义务的行为，但性质有所不同。

处理本案纠纷，按照《民法典》第 235 条和第 238 条的规定，薛某应当返还原物、赔偿损失，而乔某也应当对薛某的损失予以赔偿。

2. 重点题

(1) 物权法的概念应当如何界定？

(2) 物权法的性质是什么？具有哪些法律特征？

(3) 物权法定的内容是什么？物权法定的理由和缓和的理由是什么？

(4) 为什么要实行一物一权原则?

(5) 物权的公示方法是什么?什么是物权公示的公信力?

3. 法考题

物权法定原则。

4. 考研题

(1) 物权法定原则的意义。

(2) 物权法定原则缓和的意义。

(3) 物权公示公信原则。

(4) 试论未经公示的物权不得对抗善意第三人。

第二章
物权概述

重点知识

1. 物权：概念，特征
2. 物权的类型：自物权与他物权
3. 物权法律关系的客体：不动产和动产
4. 物权与债权的主要区别
5. 物权保护方法

引读案例

沈某经政府批准，自筹资金购买了节能变压器、高压铝芯线等价值29 950.91元的电力器材，自请民工，自付占地补偿费，架通一条自乡政府起至其居住村二组止长2.6千米的高压线路，解决了二组100户村民的生产生活用电问题。嗣后，县电力公司在进行农电网改造时，对沈某购买的电力器材予以接收，并列了清单，直接用于该村的农电网改造，但没有给予补偿。沈某要求县电力公司补偿被拒绝，遂诉至法院，请求判令县电力公司补偿其所有的电力资产的损失。

第一节　物权的概念与特征

一、物权的概念

（一）物权概念的发展

物权一词，起源于罗马法。罗马法曾经确认了所有权、役权、永佃权、抵押权、质权等物权形式，并创设了对物之诉的程序，以对物权进行保护。但是，罗马法没有明确规定物权概念，物权一词是由中世纪的注释法学家在注释罗马法时提出的，当时也没有明确界定物权的概念。

在法律上正式使用物权概念的是1811年《奥地利民法典》。此后，《德国民法典》接受了物权的概念，并且以“物权”作为第三编的编名，系统地规定了所有权、地上权、用益权、地役权、抵押权、质权等物权。自此以后，大陆法系各国在自己的民法典中，都规定了符合本国国情的物权制度。在我国《民法通则》虽然没有使用“物权”一词，但在第五章第一节中对“财产所有权和与财产所有权有关的财产权”的规定，初步构成了我国民法的物权制度。2007年《物权法》颁布，正式使用了物权概念。2020年《民法典》“物权”编继续使用物权概念。

（二）对物权概念的界定

尽管各国民事立法对物权制度差不多都作出了详尽规定，但是，大多数国家民法典都没有对物权概念作出明确规定。在民法理论上，对物权概念的界定有以下几种主要观点。

1. 对物关系说

这种观点为德国学者所创立，认为债权是人与人的关系，而物权则是人对物的关系，或者认为物权是人直接对物享受一定利益的权利，至于一般人对物负有的不可侵害义务，是对物的支配权产生的结果，并不构成物权本身的内容。

2. 对人关系说

这种观点也是德国学者创立的，认为无论是债权关系还是物权关系，事实上都是人与人的关系。正因为如此，物权也是人与人之间的关系，即物权作为对世权，可以对抗一般人，物权人有权排斥任何人对其权利的侵害。

3. 权利归属说

这种观点也是德国学者创立的，认为物权人对客体的直接支配以及物权保护性均来自物权的财货归属性，即法律将特定物归属于某权利主体，由其直接支配，享受其利益，并排除他人对此支配领域的侵害或干预，这正是物权本质之所在。①

上述三种观点从不同的角度揭示了物权的概念，都有一定的合理性。其中，物权的对物关系说是不可取的，因为其认为物权是对物关系，不符合物权的本质要求。

物权关系和其他法律关系一样，是一种人与人之间的具有权利义务内容的意志关系，因为只有有意志的人才能享有权利、承担义务，在彼此之间发生法律关系。而物没有意志，是不能与人发生法律关系的，尽管法律在给所有权和各种他物权下定义时，通常从人对物的支配角度出发进行表述，但不能因此把物权关系看作是人与物的关系。

物权是一种财产权，它与债权相对应，两者相互制约、相辅相成，在社会再生产过程中，如果说在生产领域中法律对人与人之间就财产的权利义务进行调整的法律制度表现为物权的话，在交换领域中，财产在不同主体之间转移的法律制度则表现为债权。没有生产就没有交换，同样，没有物权就不会有债权。正常的商品交换关系，首先要求主体对其交换的财物享有所有权，而交换的实现是财产所有权的转移，其结果是商品所有

---

① 王泽鉴．民法物权：通则·所有权．台北：三民书局，1992：31.

权的让渡，也就是一方失去对交换财产的所有权，同时，另一方则取得该项财产的所有权。因此，在物权与债权的关系中，物权是债权发生的基础和前提，债权是物权变动的方法。正确认识两者的区别，掌握物权的基本特征，对确认财产关系的法律性质，正确行使权利和履行义务，解决财产纠纷，均具有重要意义。

据此，本书认为，物权是指民事主体在法律规定的范围内直接支配一定的物，享受利益并排除他人干涉的权利，是人与人之间对物的归属和利用关系在法律上的体现。《民法典》第 114 条第 2 款规定："物权是权利人依法对特定的物享有直接支配和排他的权利，包括所有权、用益物权和担保物权。"

二、物权的法律特征

（一）物权是直接支配物的绝对权

绝对权又称对世权。绝对权是指无须义务人为积极行为进行协助，仅由权利人合法支配行为即能实现的权利。物权是权利主体对特定物进行管领、支配，享受其利益的权利，其直接表现就是权利人对物的直接支配权。所谓支配，是指对物进行占有、使用、收益和处分。物权人可以在法律规定范围内，以自己的意志和行为直接支配物，而无须借助他人的行为。物权一方面表现为物权人有权在法律规定范围内，按自己的意愿对物进行支配，包括对物进行占有、使用、收益和处分；另一方面表现为物权人有权排除他人对自己支配之物进行的侵害和对自己行使物权的行为造成的干涉和妨碍，因而物权主体以外的其他任何人都负有不得侵害和干涉物权，不得妨碍他人行使物权的义务。

（二）物权是直接支配特定的独立之物的权利

既然物权是权利主体对物进行直接支配的权利，那么物权的客体就是特定的物。而其他权利的客体如行为、精神财富等不能作为物权的客体，这是物权与债权、知识产权、人身权相区别的显著特征。物权的客体是特定的，因为物权是对物的支配权，如果其客体不特定，当事人就无从支配，所以，"所有权不得未确定"就是物权的基本要求。此外，物只有独立，物权人才能对其完全行使直接支配的权利，对不独立的物无法确定其物权。

（三）物权是以对物的直接支配并享受其利益为内容的权利

直接支配作为物权客体的物，也表现为直接享受物的利益，这是物权的经济内容。对物进行支配，不是物权人的目的而是物权人的手段，物权人的目的在于通过对物的支配而取得物的利益。因而在民法保护下直接享受物的使用价值和交换价值带来的各种利益，是物权的本质和核心，是物权区别于其他财产权的最基本特征。

（四）物权是具有排他性的权利

物权排他性的含义有二：一是一物之上不得同时成立两个内容不相容的物权。就所有权来说，一物之上不能有两个所有权，如果某人对某物享有所有权，就排除其他任何人同时再对该物另有一个所有权。这就是一物一权原则。二是物权具有排除他人侵害、干涉、妨碍的性质。在物权中，一个人享有物权，其他任何人都是这个权利的义务主体，对该物权都负有不可侵害的义务。凡是侵害物权的行为，都在排除之列。因而在物权请求权中，返还原物和恢复原状等物权保护方法，是物权基于排他性所产生的物权保护方法。

第二节　物权法律关系

物权法律关系，是物权主体之间对特定主体支配的物所产生的权利义务关系。物权法律关系包含主体、内容和客体三个要素。

一、物权法律关系主体

（一）物权法律关系主体的概念和特征

物权的主体，是物权法律关系的权利人和义务人。

物权的主体既可以是自然人，也可以是法人，还可以是非法人组织。

物权法律关系主体的特征是，权利主体总是特定的，而义务主体总是不特定的。这是由物权的绝对权性质决定的。除权利主体之外的所有的其他不特定的人，相对于特定的物权人都是义务主体，都负有不得侵犯的义务。

（二）三种不同的物权主体

除此之外，在我国，物权的权利主体还存在性质上的差别，表现为国家作为物权主体、集体作为物权主体和私人作为物权主体。

1. 国家作为物权主体

国家作为物权主体，是指国家对国家所有的财产享有所有权。国家所有权是国家对全民所有的财产进行占有、使用、收益和处分的权利。《民法典》第 246 条第 1 款规定，“法律规定属于国家所有的财产，属于国家所有即全民所有”，从而确定了国家所有权的性质、地位和内容，表明国家所有权是全民所有制在法律上的表现。

2. 集体作为物权主体

集体作为物权主体，是集体经济组织作为集体所有权的主体。

集体所有权同国家所有权一样，是建立在生产资料公有制基础上的所有权法律制度，是我国所有权的重要类型之一。这种所有权法律关系的权利主体是集体经济组织。

3. 私人作为物权主体

私人作为物权主体，是私人作为所有权的权利主体。私人所有权，是指自然人个人对其所有的财产依法进行占有、使用、收益和处分的权利。自然人私人财产所有权是社会主义所有权制度中的重要组成部分，是我国自然人的基本财产权之一。《宪法》第 13 条明确规定“公民的合法的私有财产不受侵犯”，进一步明确了对个人私有财产所有权的尊重和保护。《民法典》第 266 条规定：“私人对其合法的收入、房屋、生活用品、生产工具、原材料等不动产和动产享有所有权。”

二、物权法律关系内容

物权法律关系的内容，是物权的权利主体所享有的权利和义务主体所负有的义务。因此，物权以占有和对物的事实支配作为内容。[①]

（一）权利

物权法律关系的权利，是权利人对物权客体的支配。物权是绝对权，是对物权客体的绝对支配，权利人行使物权，不受其他任何人的干涉和强制。《民法典》第 207 条规定：“国家、集体、私人的物权和其他权利人的物权受法律平等保护，任何组织或者个人不得侵犯。”故物权的权利是无须通过义务人实施一定的行为即可实现，并能对抗不特定人的绝对权。

物权的权利特点是：第一，物权权利的行使无须义务人的积极行为。从物权法律关系的义务人范围看，物权的义务人是不特定的任何人，权利人的权利行使无须义务人实施一定的行为即可实现。第二，物权的权利人只享有权利而不承担义务。物权的权利人享有权利，但是并没有相对应的义务；同时，义务人对权利人承担一定的义务，却不因此而享有权利。第三，物权权利具有排他性。物权在遭受损害时，权利人可以针对任何第三人提出主张和提起诉讼，保护自己的权利。第四，物权权利具有公开性。物权只有通过公示方式使第三人知道，才能产生对抗第三人的效力；同时由于物权的公开性，物权为权利人之外的一切人确立了不得侵害该权利的义务，从而起到行为规则的作用。

（二）义务

物权法律关系的义务，是对物权客体的不得侵犯。这种义务的特点是：第一，物权义务是法定义务。这种法定义务是法律直接规定的，是不以当事人的意志为转移的义务，不依当事人约定而改变。第二，物权义务是物权法律关系的义务主体承担的义务，而不是物权权利人承担的义务。在民事法律关系中，权利和义务相对应，通常是一个主体既享有权利又承担义务，但是，在物权法律关系中，义务人只承担义务，不享有权利。第三，物权义务是不作为义务。物权法律关系的义务人履行义务不必实施积极的行为，只需消极不作为，不侵害权利人的权利，就履行了义务。因此，物权义务是消极义务，而

---

① ［德］弗里德里希·卡尔·冯·萨维尼．当代罗马法体系：第 2 卷．朱虎，译．北京：中国人民大学出版社，2023：281.

不是积极义务。第四，物权义务人履行义务并不是为了实现义务人自己的自身利益，而是为了满足权利人的利益。第五，物权义务具有法律强制力。义务人必须履行其不作为义务，这是强制性的，义务人如果不履行其不作为义务而侵害物权权利人的权利，则应当承担民事责任。

三、物权法律关系客体

（一）物权客体的概念

物权法律关系的客体就是物，是指凡是存在于人身之外，能够为人力所支配和控制，能够满足人们某种需要的财产。《民法典》第115条规定："物包括不动产和动产。法律规定权利作为物权客体的，依照其规定。"

作为物权客体的物，其本身是不断发展的。在罗马法，物权的客体主要是土地。工业革命之后，随着工业化的发展和科学的进步，尤其是市场经济的不断繁荣，物的范围有了极大发展，使动产较之于不动产具有更为重要的价值。在当代，物的范围十分广泛，因为任何物在法律上都具有自己的归属，即使是无主物最终也会找到其归属。因此，无论是生产资料还是生活资料，无论是自然物还是劳动产品，无论是流通物还是限制流通物，都可以作为物权的客体。

（二）物权客体的特征

作为物权客体的物，必须是单一物、独立物、有体物、特定物。不过，随着社会的发展和科技的进步，物权客体的这些特征也都有了新的变化。

1. 物权的客体须是单一物

物的单一性，是指物在形态上能够单独地、个别地存在。单一物是相对于集合物而言的。集合物包括：事实上的集合物，即物件集合，是指出于当事人的意思和经济上的目的，多数单一物或合成物被集合成一体，例如图书馆中的全部书籍；法律上的集合物，即集合财产，是指多数物和权利在法律上被视为一体，如夫妻共同财产。而单一物分为人为的单一物（如一栋房屋）与天然的单一物（如树木、牛马等）。

单一物可以单独设立物权。传统民法认为集合物难以设立独立的物权。但是，随着市场经济的发展，各类物和权利都进入了交易领域，而以集合物作为交易的对象，可以减少交易成本，使交易更为简洁、方便和迅速，例如失踪人的财产、企业财产或者营业财产都可以作为一个整体的财产而为交易或者抵押。因此，集合物在特殊情况下可以成为物权的客体。

2. 物权的客体须是独立物

物的独立性，是指物在物理上、观念上或者法律上能够与其他的物相区别而独立存在的属性。传统民法认为，物必须具有物理上的独立性，才能成为独立物。但是，随着社会的发展，独立物的观念正在发生变化，一个物具有物理上的独立性，固然可以作为独立物而存在，但是，如果不具有物理上的独立性，也可以交易观念和法律规定作为标准，来确定某物的独立性。例如，在交易观念上，一块土地的某一部分可以通过确定四至的方法予以特定化，成为独立物；在法律规定上，通过登记的方法，可以将分割的数块土地公示于众，使之特定化而成为独立物。

3. 物权的客体主要是有体物

有体物是指具有一定的物质形体，能为人们所感觉到的物。相对于有体物而言的是无体物，是指权利，如地役权。德国法仅承认有体物为物权客体，法国法则承认有体物和无体物均为物权客体。一般认为，德国法的界定过于狭窄，而法国法的界定则过于宽泛。随着市场经济的发展，有体物的范围正在扩大，除了一般意义上的有体物，某些权利也可以成为物权的客体。应当注意的是：第一，所有权的客体一定是有体物，而不能是无体物；第二，无体物作为权利客体，只能是他物权的客体，而且作为他物权客体的无体物只能是债权以外的其他权利；第三，即使将权利作为他物权的客体，权利也只能作为财产或者财产利益而存在，而不能作为单纯的权利形态存在，否则就会出现权利的客体和权利本身的混淆，因而可以说，所谓的无体物不过是财产利益而已。在当代，物权的客体是有体物的观念已经被打破，电能、热能等自然力，网络虚拟财产等，都被视为可以产生物权的无体物。

4. 物权的客体须为特定物

特定物，就是相对于种类物的物，是指具有单独的特征，不能以其他物代替的物。而种类物是具有共同特征，可以用品种、规格或者数量加以确定的物。物权的客体必须是特定物，而不能是种类物，因为物权是权利人支配特定物的权利，标的物不经特定，则无法交付或者登记。种类物可以特定化，经过特定化的种类物，可以作为物权的客体。

第三节　物权的效力

物权的效力，是指物权所特有的功能和作用，物权的效力与物权的权能即占有、使用、收益、处分有关，物权的效力是物权的权能进一步发挥作用的结果。物权的本质在于对物的支配权和排他性，基于此，物权具有以下特殊的效力。

一、物权的排他效力

物权的排他效力，是指在同一物上不得成立两个所有权或成立两个在内容上相互矛盾的物权，即“一物不容二主”。

物权的排他效力主要表现为：第一，在同一标的物上，已有所有权存在的，不能另有其他所有权成立。如果一个人对某物依法取得所有权，则另一个人即使在事实上占有该物，也不能享有法律上的所有权。第二，在一个特定物上存在法律上的所有权，但是他人因取得时效或者善意取得制度而取得对该物的所有权时，则先前的所有权将因此而消灭，并不得对抗后一个所有权。第三，在同一标的物上，已有以占有为内容的用益物权存在的，不得另有同样性质的用益物权成立。

当然，物权的排他效力并不否认在同一物之上并存数个内容并不矛盾的物权，如所有权可以与其他任何一种他物权在同一物上并存，所有权人也可以在一物之上设定数个担保物权。

二、物权的优先效力

物权的优先效力，又称物权的优先性，其基本含义是，在同一标的物上有数个利益相互矛盾、相互冲突的权利并存时，具有较强效力的权利排斥或先于具有较弱效力的权利而实现。物权的这种优先效力仍源于物权的对物支配性和排他性，法律赋予物权以优先效力，有利于维护既存的财产占有关系，充分发挥物质财富的效用。物权的优先效力主要表现在以下两个方面。

（一）物权相互间的优先效力

根据物权的排他性原理，一物之上不得设立两个或两个以上的所有权，但在某些情况下，当事人可以在同一物上设立数个性质并不矛盾的物权。在多个物权并存的情况下，先设定的物权优先于后设定的物权。这种优先效力又可分为以下两种形态：一是优先享受其权利。如在同一不动产上设定抵押权后再设定抵押权的，以抵押权登记的先后确定优先效力，登记在先的抵押权优先受清偿。二是先成立的物权优先于后成立的物权。后成立的物权若对先成立的物权有影响，后成立的物权将在先成立的物权实现时被排斥或消灭。

（二）物权优先于债权的效力

在同一标的物上物权与债权并存时，物权有优先于债权的效力，其主要情形有以下两种。一是物已为债权的标的物的，如就该物再成立物权，则物权有优先的效力。如“一物数卖”：甲与乙约定将某项动产出卖给乙，乙则取得了请求甲交付该动产的债权，之后甲又将该标的物出卖给丙，并已交付给丙。丙虽为后买受人，但丙已取得了这一财产的所有权，其优先于乙的债权，因而乙只能要求甲承担债务不履行的违约责任。二是当担保物权与债权并存时，担保物权具有优先于债权的效力。如在债权人依破产程序或强制执行程序行使其债权时，在债务人的财产上成立的担保物权具有优先的效力。

三、物权的追及效力

物权的追及效力，是指物权的标的物不管辗转流通到何人手中，所有权人都可以依法向物的占有人索取，请求其返还原物。而任何人对此都负有不得妨碍权利人行使权利的义务，任何人非法取得所有权人的财产的，都负有返还的义务，否则就侵害了权利人的权利。即使是担保物权，也具有这种追及的效力。

当然，物权的追及效力并不是绝对的，因为在法律上确立善意取得制度后，物权的追及效力受到善意取得制度的阻碍。第三人如果取得该财产是善意、无过失的，则取得该物的所有权不受物权追及效力的拘束。

四、物上请求权

物权的权利人在其权利的实现上遇有某种妨害时，有权对造成妨害的人请求排除妨害，这种权利称为物上请求权，也叫作物权请求权。法律为保障物权人对物所享有的充分的支配权，赋予物权人以请求他人返还原物、排除妨害、恢复原状等权利。

物权人在其标的物受到损害时，有请求侵害人赔偿损失的权利，这是债权请求权。物上请求权的目的在于恢复权利人对物的支配权，而损害赔偿请求权的目的在于使权利人所受的损失得到及时补偿，两种方法都可以用来保护物权，但相对于损害赔偿的方法而言，物上请求权的方法更有利于及时保护物权人的利益。

第四节 物权的分类

为巩固社会的所有制关系，物权法实行物权法定原则。这种原则的确立，是由物权的性质决定的，因而与债权完全不同。债权实行契约自由原则，当事人在法律允许的范围内，可以自由地创设任何内容的债权，只要其内容不违背法律、法规和社会公共利益，法律就承认其效力。

根据物权法定原则，按照《民法典》和其他有关法律的规定，我国的物权包括所有权、建设用地使用权、土地承包经营权、宅基地使用权、地役权、居住权、抵押权、质权和留置权等。为了了解各种物权的性质和特征，应当对《民法典》规定的各种物权进行科学分类，从而加深对物权制度的认识。

按照不同的标准，对物权可以进行以下分类。

一、自物权与他物权

根据物权的权利主体是否是财产的所有权人，物权可以分为自物权与他物权。这种分类是对物权进行的最基本分类。

自物权，是指权利人依法对自己所有的物享有的占有、使用、收益、处分的权利。所有权是唯一的自物权类型，因此自物权就是所有权。他物权，是指非所有权人根据法律或合同的规定，对他人财产享有的物权，也称限制物权。所有权以外的其他物权都是他物权。

自物权与他物权的关系是，自物权是完全物权，是最主要、最基本的权利，是他物权的源泉。他物权是不完全物权，是以自物权的一定权能为内容而形成的独立权利，是自物权的派生物。从权利存在的期限上看，自物权是无期物权，他物权一般为有期物权。

二、用益物权与担保物权

根据设立的目的不同，他物权还可以进一步分为用益物权和担保物权。这种分类是对他物权的分类，而不是对物权进行的分类。

用益物权，是以物的使用、收益为目的而设立的他物权，如土地承包经营权、建设用地使用权、宅基地使用权等。担保物权，是以保证债务的履行、债权的实现为目的而设立的物权，如抵押权、质权、留置权等都是担保物权。

区分两者的意义在于，能够明确不同的他物权设立目的不同，权利内容也就不同。[①]

三、主物权与从物权

根据物权是否从属于其他物权而存在，物权可以分为主物权与从物权。

主物权，是指本身能单独存在，不需从属于其他权利的物权，如所有权、建设用地使用权等。从物权，是指从属于其他权利，并为所从属的权利服务的物权，如抵押权、留置权等。

区分两者的意义在于，主物权能够独立存在，从物权的存在则须以它所从属的权利的存在为前提，主物权消灭时，从物权也随之消灭。

四、动产物权与不动产物权

根据物权标的物是动产还是不动产，物权可以分为不动产物权和动产物权。

标的物是不动产的物权为不动产物权，如不动产所有权、地上权、地役权等。以动产作为标的物的物权是动产物权，如动产所有权、留置权、质权等。

区分两者的意义在于，两者的取得方法、成立要件和效力不同，动产物权一般以标的物的交付为成立要件，不动产物权则以依法登记为成立要件。

第五节 物权的保护

一、物权保护的意义和形式

所谓公正司法，就是受到侵害的权利一定会得到保护和救济。[②] 物权的保护，是指通过法律规定的方法和程序，保障所有权人在法律许可的范围内，对其所有的财产行使占有、使用、收益、处分权利的制度。这是物权法律制度必不可少的组成部分，也是保护

① 关于用益物权和担保物权的区别，本教材在第十二章有专门的说明。

② 习近平．论坚持全面依法治国．北京：中央文献出版社，2020：22.

和救济受到侵害的物权的必要手段。对物权的保护也是我国各法律部门的共同任务。每个法律部门都从各自的角度出发，运用不同的方法，对保护物权作出直接或间接的规定：《宪法》对保护物权作了原则性的规定；《刑法》是运用刑罚的手段惩罚犯罪，保护物权；行政法则利用行政措施和行政处罚的办法，同破坏、侵吞财产的行为作斗争；而民法对物权的保护具有其他法律不可替代的地位和作用。《民法典》“物权”编第一分编第三章专门规定了“物权的保护”，规定了物权的保护方法和程序。

物权的民法保护，以是否通过民事诉讼程序为标准，可分为两种：一是物权的自我保护，即自力救济，是指物权人在权利受到侵害时，依法自行行使其享有的请求权，如果侵害人依所有权人的请求实施了一定的行为，如停止侵害、返还原物、赔偿损失，所有权人的所有权就得到了保护的救济方法。因而，物权人行使请求权而保护其权利，是物权保护的一个重要方法。二是通过民事诉讼程序对物权进行保护，也称公力救济，是指物权人在其权利受到侵害时，有权向法院提起民事诉讼，请求法院予以保护，恢复物权人被侵害的合法权益。《民法典》第 233 条规定：“物权受到侵害的，权利人可以通过和解、调解、仲裁、诉讼等途径解决。”这一条规定包括了上述两种物权的民法保护。

从民法的意义上说，物权保护的基本方法就是物权本身的保护方法和债权保护方法。物权本身的保护方法就是物权请求权的保护方法，债权保护方法就是侵权损害赔偿请求权的保护方法。①

二、物权请求权的保护方法

（一）物权请求权的基本内容

我国《民法典》规定的物权的自身保护方法，是物权请求权的方法。

物权请求权也称物上请求权，包括广义和狭义两种。狭义的物权请求权是指基于物权而产生的请求权，即物权人在其物被侵害或有可能遭受侵害时，有权请求恢复物权的圆满状态或防止侵害。广义的物权请求权还包括占有人的占有保护请求权。

罗马法没有物权请求权制度，但是存在对物之诉，是保护所有权的制度，其中包括：一是所有权人可以提起请求非法占有其物的人返还原物的诉讼；二是当其他人对不动产主张存在役权时，所有权人可以提起的排除妨害之诉；三是以时效取得为基础的虚拟的所有物返还之诉，被称为普布利西安之诉。在制定《德国民法典》时，德国学者提出应当建立统一的物权保护请求权，将返还原物请求权和排除妨害请求权相并列，共同作为保护所有权的制度，因此，法典首次规定了物权请求权，即所有物返还请求权、所有权除去侵害请求权和不作为请求权，在他物权中也规定了准用所有权请求权的制度。在现代，一般认为物权请求权包括返还原物请求权、排除妨害请求权和消除危险请求权。

关于物权请求权的性质，主要有三种学说：一是物权作用说，认为物权请求权是根

---

① 对物权的保护方法，见杨立新．民法典对我国民事权利保护方法的成功改造．国家检察官学院学报，2022（4）。

据物权的作用产生的权利，是物权效力的具体体现，因而物权请求权与物权不可分离，而非独立的权利。二是债权说，认为物权请求权仍然是发生在特定当事人之间的请求为一定行为或者不为一定行为的权利，性质上仍然属于债权请求权。三是准债权说，认为物权请求权并非物权本身，而是一种独立的权利，就其仅能对特定相对人行使及仍以请求为权利内容而言，极类似于债权，因此是非纯粹的债权，为准债权。[①]

本书认为，物权请求权是基于绝对权而产生的请求权，既不同于债权请求权，也不同于物权本身，而是基于绝对权的支配权而产生的，为保护绝对权的支配权的圆满实现而存在的权利。因此，与物权请求权相似的，还存在人格权请求权、身份权请求权和知识产权请求权。这些请求权都属于绝对权请求权，物权请求权是其中一种。[②]

物权请求权包括返还原物请求权、恢复原状请求权、排除妨害请求权和消除危险请求权。这些请求权都是基于所有权而生的请求权，在他物权受到侵害或者存在侵害可能时，也可以适用。最高人民法院《关于适用〈中华人民共和国民法典〉物权编的解释(一)》[以下简称《物权编司法解释（一）》]第 8 条规定，依据《民法典》第 229 条至第 231 条的规定享有物权，但尚未完成动产交付或者不动产登记的权利人，依据《民法典》第 235 条至第 238 条的规定，请求保护其物权的，应予支持。

（二）物权请求权的种类

1. 确权请求权

因物权的归属和内容发生争议的，利害关系人享有确权请求权，可以请求人民法院确认权利，《民法典》第 234 条规定："因物权的归属、内容发生争议的，利害关系人可以请求确认权利。"《物权编司法解释（一）》第 2 条规定："当事人有证据证明不动产登记簿的记载与真实权利状态不符、其为该不动产物权的真实权利人，请求确认其享有物权的，应予支持。"行使物权的确权请求权的，应当证明不动产登记簿的记载与真实权利状态不符且自己是该不动产物权的真实权利人。符合这样的条件的，应当确认其为真实权利人。

2. 返还原物请求权

所有权人在其所有物被他人非法占用时，可以向非法占有人请求返还原物，或请求法院责令非法占有人返还原物。《民法典》第 235 条规定："无权占有不动产或者动产的，权利人可以请求返还原物。"适用返还原物这种保护方法，其前提必须是原物仍然存在，如果原物已经灭失，就只能请求赔偿损失。

财产所有权人只能向没有法律根据而侵犯其所有物的人，即非法占有人请求返还。如果非所有权人对所有权人的财产的占有是一种合法占有，在合法占有人占有期间，所有权人不能请求其返还原物。由于返还原物的目的是追回脱离所有权人占有的财产，因而要求返还的应当是特定物。如果被非法占有的是种类物，所有权人就不能要求返还原

---

① 王利明．物权法论．北京：中国政法大学出版社，1998：149.

② 杨立新，袁雪石．论人格权请求权．法学研究，2003（6）．人格权请求权和身份权请求权分别规定在《民法典》第 995 条和第 1001 条。

物，而只能要求赔偿损失，或者要求返还同种类及同质量的物。所有权人要求返还财产时，对由原物所生的孳息可以同时要求返还。

值得注意的是，《民法典》第 196 条规定，不动产物权和登记的动产物权的权利人请求返还财产，不适用诉讼时效的规定。这说明，返还财产请求权不都属于物权请求权，只有不动产物权和登记的动产物权的请求权，因其不受诉讼时效限制，才属于物权请求权；请求不经过登记的动产返还的权利，属于债权请求权即侵权请求权，适用诉讼时效的规定。

3. 排除妨害、消除危险请求权

由于他人的非法行为，妨碍财产所有权人行使其占有、使用、收益、处分的权能时，财产所有权人可以请求侵害人或者请求法院责令排除妨害，以保护财产所有权人充分行使其所有权的各项权能。《民法典》第 236 条规定："妨害物权或者可能妨害物权的，权利人可以请求排除妨害或者消除危险。"

采用排除妨害这种保护方法时，需要弄清事实真相，只有在妨害是客观存在的，而且这种违法行为也确实构成了对所有权人行使所有权的妨害时，才能运用排除妨害的方法来保护其所有权。其条件是：第一，被妨害的标的物仍然存在，且由所有权人占有；第二，妨害人以占有以外的方法妨害所有权人行使所有权，例如在他人的房屋边挖洞危及房屋安全、对他人财产非法利用、非法为所有权设定负担等；第三，妨害必须是非法的、不正当的，但并不要求妨害人必须具有故意或者过失。

消除危险是指在他人的非法行为足以使财产有遭受毁损、灭失的危险时，财产所有权人有权请求人民法院责令他人消除危险，以免造成实际的财产损失。采用消除危险这种保护方法时，需要查清事实真相，只有在危险是客观存在的，而且这种违法行为足以危及财产的安全时，才能运用消除危险的方法来保护其所有权。其条件，是根据社会一般观念确认危险有可能发生。危险的可能性主要针对将来而言，只要将来有可能发生危险，所有权人便可以行使此项请求权。对过去曾经发生危险但依事实将来不可能发生危险的，则不能行使消除危险请求权。

三、债权请求权的保护方法

1. 不登记的动产返还财产请求权

如前所述，对不登记的动产被侵占的返还财产请求权，适用诉讼时效的规定，其性质属于债权请求权，即侵权请求权。

2. 恢复原状请求权

所有权人的财产因受非法侵害而遭到损坏时，如果有恢复的可能，所有权人可以请求侵害人恢复财产原来的状态，或者请求法院责令侵害人恢复财产的原状。《民法典》第 237 条规定："造成不动产或者动产毁损的，权利人可以依法请求修理、重作、更换或者恢复原状。"恢复原状一般是通过修理或其他方法使财产在价值和使用价值上恢复到财产受损害前的状态。

确立恢复原状请求权的基础在于，如果被毁损的物是不可替代物，加害人应当负责修缮，不能通过金钱赔偿的方式而请求物权人让与该物的所有权。承认物权人对恢复原状或价格赔偿有选择权，其主动权在物权人，所有权失去保障的顾虑则根本不存在。[①] 不过，《民法典》在规定这一条文时增加了“依法”二字，显然是指恢复原状应当另有法律规定，即《民法典》“侵权责任”编的规定。因此，请求恢复原状的权利属于侵权请求权，这对保护物权也具有重要意义。

3. 损害赔偿请求权

损害赔偿请求权，是指在他人的非法行为造成了财产的毁损和灭失，侵害了权利人的物权时，权利人所享有的要求他人补偿其损失的请求权。《民法典》第 238 条规定：“侵害物权，造成权利人损害的，权利人可以依法请求损害赔偿，也可以依法请求承担其他民事责任。”至于这种损害赔偿请求权的性质究竟是物权请求权还是侵权请求权，学说上有争议。侵害物权的损害赔偿请求权属于侵权请求权，不属于物权请求权，因为《民法典》在本条文中也增加了“依法”二字。将其规定在这里，是要着重强调侵权损害赔偿请求权也是保护物权的方法。债权请求权的保护方法，是指按照《民法典》“侵权责任”编的规定，物权受到侵害后，具有过错和因果关系的，权利人可以依法行使侵权请求权。

四、物权保护与诉讼时效

对物权的保护，有物权请求权和债权请求权两种基本保护方法。不同的保护方法互相联系、互相补充。在实践中，可根据权利受到侵害的不同情况，采取其中的一种保护方法，或同时采取不同的保护方法，使物权得到切实保护。

《民法典》第 188 条规定：“向人民法院请求保护民事权利的诉讼时效期间为三年。”“诉讼时效期间自权利人知道或者应当知道权利受到损害以及义务人之日起计算。法律另有规定的，依照其规定。但是，自权利受到损害之日起超过二十年的，人民法院不予保护，有特殊情况的，人民法院可以根据权利人的申请决定延长。”

（一）诉讼时效期间完成的后果是产生抗辩权

《民法典》第 192 条第 1 款规定：“诉讼时效期间届满的，义务人可以提出不履行义务的抗辩。”诉讼时效期间完成的最终法律后果是产生永久抗辩权，享有该权利的当事人有权对对方当事人的请求权进行抗辩。如果一个请求权在诉讼时效期间内没有行使，当请求权人超过了诉讼时效期间后行使的，义务人有权依据诉讼时效已经超过法定期间为理由而进行抗辩。义务人正当行使该抗辩权，就可以对抗这个请求权，使请求权人的请求无效，免除义务人的义务。如果义务人不主张诉讼时效的抗辩权，则法院应当判决义务人履行该义务。

---

① 王泽鉴．民法学说与判例研究：第 6 册．北京：中国政法大学出版社，1998：26.

（二）物权保护的诉讼时效适用

权利人行使物权保护的请求权，是否受诉讼时效的限制，应当根据请求权的性质确定。

保护物权的债权请求权即侵权请求权，受诉讼时效的限制。行使这种请求权保护物权的，依照《民法典》“侵权责任”编的规定进行。

保护物权的物权请求权是否受诉讼时效拘束，应当依照《民法典》第196条的规定确定，即“下列请求权不适用诉讼时效的规定：（一）请求停止侵害、排除妨碍、消除危险；（二）不动产物权和登记的动产物权的权利人请求返还财产；（三）请求支付抚养费、赡养费或者扶养费；（四）依法不适用诉讼时效的其他请求权”。按照这一规定，停止侵害、排除妨碍、消除危险以及不动产和登记的动产物权返还财产请求权，不适用诉讼时效的规定；不登记的动产返还财产、恢复原状、损害赔偿请求权是侵权请求权，适用诉讼时效的规定。

问题与思考

1. 引读案例思考

沈某自费架设高压线路为同村农户造福，县电力公司无偿接收用于农电网改造，沈某要求补偿。请结合本章内容思考：(1) 沈某对其架设的高压线路享有何种民事权利？(2) 该种权利属于何种类型的物权？(3) 县电力公司无偿接收其电力器材行为的性质是什么？(4) 本案应当如何处理？

参考分析意见：

在本案中，沈某经批准后，自筹资金购买设备和电力器材，自请民工，自付占地补偿费，架通自乡政府起至其居住村二组止长2.6千米的高压线路，解决了二组100户村民的生产生活用电问题，是一件好事。在法律上，他对自己架设的高压线路享有权利，体现的是物权人对物的支配关系，应当依法予以保护。这种物权的权利人对其支配的物享有占有、使用、收益、处分的权利，属于所有权，是不受限制的自物权。其所有权主体是个人，因此是私人所有权。平等保护原则是《民法典》规定的一项基本原则，国家所有权、集体所有权和私人所有权应受平等保护，不同的所有权地位平等，不得歧视私人所有权。因此，私人对自己所拥有的物，享有完整的所有权，具有占有、使用、收益、处分的权能。县电力公司在进行农电网改造时，对沈某购买的电力器材予以接收，直接用于该村的农电网改造，使其成为国家农电网的组成部分，却没有给予任何补偿。依照《民法典》第243条规定，为了公共利益的需要，可以征收私人所有的不动产，但须给予足额补偿。尽管县电力公司接收沈某的电力线路不是征收，但确实是将私人所有的财产收归国家所有，因此应当参照这样的规定，予以足额补偿。未予补偿而接收，是国有企业公然侵占私人所有权的行为，构成侵权，违反《民法典》关于保护私人所有权的规定。对此，沈某要求县电力公司补偿损失，是完全有法律依据的。县电力公司不满足其请求，沈某诉至法院，请求判令县电力公司补偿其所有的电力资产的损失，法院应当支持其正当诉求，判决县电力公司承担补偿其损失的民事责任。

2. 重点题

（1）物权的概念是什么？具有哪些特征？

（2）物权法律关系的三要素是什么？物权客体的范围和特征是什么？

（3）物权具有哪些效力？

（4）把物权分为自物权和他物权的标准是什么？

（5）物权保护中的物权本身的保护方法和债权保护方法的区别及其意义是什么？

3. 法考题

物权的保护：物权请求权与债权请求权。

4. 考研题

（1）不动产的概念。

（2）他物权的概念和体系。

（3）物权和债权的区别。

（4）谈谈对我国法上的不动产的认识。

第三章

物权变动

重点知识

1. 物权变动与物权变动的区分原则
2. 物权行为与债权行为的关系
3. 公示方法：不动产登记，动产交付
4. 预告登记
5. 价值较大的特殊动产的物权变动规则：登记对抗主义

引读案例

李某将自己所有的房屋一套卖给易某，房价为38万元，交易费用和办理登记手续由买方承担。李某收到房款后，将房了和产权证一起交给易某，易某搬入居住，但一直未办理权属变更登记。时过三年，李某得知此情后，以不动产登记的权利人身份诉请法院判决该买卖房屋合同无效，退还房款、返还房屋。易某则以交付房款并占有房屋为由，要求驳回李某的请求。

第一节　物权变动模式和物权变动区分原则

一、物权变动概说

（一）物权变动的概念

物权变动，是指物权的动态现象，即物权发生、变更及消灭的运动形态。它是民事权利变更的一种具体现象，是物权法律关系运动的基本形式。物权变动的实质，就是人与人之间关于物权客体的归属和支配法律关系的变化。《民法典》“物权”编第二章“物权的设立、变更、转让和消灭”规定的就是物权变动规则。

（二）物权变动的基本形态

物权变动的基本形态包括：物权的发生，是指物权与特定主体相结合，也就是物权的取得。物权的变更，广义的变更是指主体的变更、客体的变更和内容的变更；狭义的变更是指物权的客体和内容的变更。物权的消灭，是指物权的丧失。《民法典》对物权变动的规定是"设立、变更、转让和消灭"，其中的转让，是变更的一种形式，应当放在物权的变更中研究。

物权变动的原因，一是法律行为，二是其他原因，三是某些公法上的原因。

物权变动可以由不同的原因引起，基本的原因为法律行为和非法律行为。法律行为引起的物权变动主要为基于合同产生的物权变动，是物权法研究物权变动的核心问题。

二、物权变动的模式选择

（一）物权变动的不同模式

物权变动是客观的、现实的，但是，对物权变动的原因在法律上作出怎样选择，则是这个问题争论的焦点。在各国的物权立法上，对如何处理物权变动的原因，都有不同的意见。

从民法的发展历史看，由于各国立法的历史和传统不同，民法规定物权变动的体例也有所不同。在各国现行民法立法体例上，关于物权变动的规则大致有以下四种学说。

1. 债权意思主义

法国法的"债权意思主义"，是指法律认定由债法上当事人的意思表示直接引起物权变动。《法国民法典》第1583条规定，物权随着当事人的意思表示而变动。《法国民法典》实施50年后，法国人认为确立这种体例对第三人的利益有所伤害，所以，又在1855年制定了《不动产登记法》，规定物权变动不登记不能对抗第三人。这种立法体例赋予不动产登记对抗的效力，而且规定其只针对不动产，其他财产的物权变动还是依据当事人的债权意思表示。

2. 登记对抗主义

日本法的物权变动模式是"登记对抗主义"。日本在19世纪末期制定民法典，借鉴了法国的做法，更进一步明确规定，把不动产登记扩大到动产领域。《日本民法典》第176条规定，物权变动以当事人的意思表示一致为生效；第178条规定，不动产不登记，动产不交付，不得对抗第三人。日本法的这一规定，创造了第二种物权变动的立法例，以登记作为对抗主义的要件，其实质还是债权意思主义。

3. 公示要件主义

奥地利法的物权变动模式被称作"公示要件主义"，是指物权因法律行为发生变动时，当事人之间除有债权合意外，尚须通过登记或者交付的法定方式进行公示，方发生物权变动的效力。采取这种立法例的，如《韩国民法典》第188条规定："在不动产场合，基于法律行为的不动产物权的取得、丧失及变更，非经登记，不生效力。关于动产物权之让与，非将动产交付，不生效力。”这一规定的立法理由书指出，物权基于债权契约和交付或者登记发生变动，这就是公示要件主义，也称为“债权形式主义”。

4. 物权形式主义

德国法的物权变动模式以物权意思表示作为本质，以登记作为外在形式，称为“物权形式主义”。从立法模式上看，德国的做法较为理想。因为债权意思主义是以债权的意思作为物权变动的根据，产生了物权与债权划分不清的弊端，也存在两种权利的本质划分不清的问题，登记对抗主义对此也解决得不好。物权形式主义即物权行为理论也称为“物权行为的无因性”，即物权行为的成立及有效不受债权行为的影响，具有无因性的特点，因此又被称为物权行为的无因构成。

（二）对物权行为理论的评价

1. 物权行为理论的起源

物权行为理论起源于德国17世纪的《实用法律汇编》。为了解决德国法制不统一的问题，学者在该书中提出所有权的有效转移应当具备两个条件：一是“权原”，即所有权转移的原因，如买卖、互易等；二是“态样”，是指物的实际交付或其他代替交付的履行行为。所有权转移的原则是“名义与形式相一致”，强调所有权的取得须有其合法的根据，形式不是脱离原因的独立法律行为，但是，同时也强调了所有权转移的原因和所有权转移的实际区别，认为它们是两个事实。此后在19世纪，胡果提出了法律行为的概念，海瑟赋予法律行为以意思表示的本质，建立起近现代民法学意义上的法律行为的概念和体系。在此基础上，萨维尼在《现代罗马法体系》一书中进一步将法律行为的概念和理论予以精致化，并创立了物权行为（物权契约）理论。

2. 物权行为理论的内容

德国物权法认为，转移财产所有权的行为事实上包括两个行为：一个是决定债权的合意，另一个是决定物权的合意。决定债权的合意是针对标的物的处分问题，决定物权的合意则是针对处分的物的所有权的处分问题。这两个问题有时候是结合在一起的，即那些即时清结的买卖合同，被德国学者称为物权行为无因性的相对性；有时候是分开的，则为一般的物权行为无因性。

物权行为与债权行为的关系表现为三种情况：第一种情况是，在一个合同中，只写明了债权的合意，物权的合意包含在债权的合意之中，物权的合意是在债权的合意中被推定的。第二种情况是，在债权合同中，规定了所有权转移的条款，这个所有权转移的条款就是物权行为，在这里，债权行为和物权行为是分开的，但在实际上是写在一个合同之中。例如，在所有权保留合同中，债权行为和物权行为的区分非常鲜明。第三种情况是，既有一份债权合同，又有一份物权合同，两份合同是分开的。这就是债权合意和物权合意的分立形式，不过在实践中，这样的情况较为少见。

物权行为理论的关键点在于，在转移所有权的买卖契约或者其他法律行为中，在债权行为之外，还有一个依转移所有权的契约而践行的交付，这个交付并不是单纯的事实行为，而是含有一项以转移所有权为目的的物权契约。物权行为理论认为，交付是一个独立的契约，交付中的意思表示是独立的意思表示，交付必须具备外在的形式。因此，在基于买卖契约而发生的物权交易中，同时包含了两个法律行为，即债权行为和物权行为，后者的效力不受前者的影响。

正是因为物权行为理论认为在基于买卖契约而发生的物权交易中，同时包含了债权行为和物权行为，所以，物权行为具有独立性和无因性。

物权行为的独立性也称分离原则，是指物权行为与债权行为相互分离，物权行为独立于债权行为之外，在发生物权变动时，物权变动的原因与物权变动的结果作为两个法律事实，它们的成立与生效依据不同的法律。分离原则的法理基础是请求权与支配权的区分，负担行为与处分行为的区分，债权关系变动与物权关系变动的区分。只是有时这种独立的情形不甚明显而已。

物权行为的无因性，又称抽象原则，是指物权行为独立于债权行为之外，就大多数情形而言，当事人之间之所以必须为物权行为，是因为债权行为的存在，故一方依据债权关系负有给付义务，即债权行为成为物权行为的原因。在形式主义的立法例下，物权行为的效力不受其原因即债权行为的影响，即该物权行为具有无因性。纵使债权行为无效或者被撤销，物权行为也不因此而无效或者不存在。无因主义与形式主义相互结合，才能各自发挥其功能。物权行为无因性的基本功能，就在于将物权行为的原因从影响物权行为效力的因素中排除，减少在后取得权利存在瑕疵的可能性，从而保护交易安全。例如，一旦买卖契约的交付行为实施，买受人已经取得交付的动产或者已经登记的不动产，物权行为就已经完成，权利即发生变动，即使债权行为无效，受让人取得的物权的效力也不受其影响。

3. 物权行为理论的优势和缺点

物权行为理论着重于物权行为的独立性和无因性的应用，使交易的法律关系明晰，有利于保护交易的动态安全。同时，它也为保护善意第三人提供了最切实的理论依据。因物权契约独立于作为其原因的债的关系，第三人获得物权只是依据物权契约而非依据其原因行为，物权转移时前手的法律行为原因不能影响后手，故原物主不能依据债的原因而从第三人处追夺物的所有权。①

物权行为理论也有不足之处。一是物权行为与债权行为完全分离，有时违背社会一般观念，简单的动产交易被分为一个债权行为、两个物权行为，比较令人费解。二是物权行为理论过于强调无因性，即强调保护交易的动态安全，而忽视了对交易的静态安全的保护，对保护原物主的权益不利。正是由于上述原因，德国学说和判例尽量限制物权行为独立性和无因性的适用范围，使其与债权行为相结合，从而使物权行为的独立性和无因性相对化②，以克服物权行为理论的弱点。

---

① 孙宪忠．德国当代物权法．北京：法律出版社，1997：70.

② 崔建远，等．物权法．北京：清华大学出版社，2008：62.

三、物权变动的区分原则

在起草《物权法》过程中，民法学界对物权变动的独立性和无因性原则进行了深入讨论，大多数人主张不采用物权行为独立性和无因性的理论，而是采用“物权变动与其原因行为的区分原则”，即物权变动的区分原则，认为物权变动的真正原因在于登记和交付，而不在于无因性。确立这种规则的基础是：原因行为是产生物权移转的债权合同；物权变动是物权的取得、变更、设定行为。我国《物权法》和《民法典》都采用了物权变动的原因与结果的区分原则，规定了物权变动应当具备债权的合意以及物权公示形式即交付或者登记的基本规则，其尽管没有完全采纳德国法的物权行为无因性原则，但在实际上还是承认了物权行为的概念。至于《民法典》“合同”编中关于所有权转移的规定，与区分原则是一致的。这既不同于德国民法的物权形式主义，也不同于法国民法的债权意思主义，而与奥地利民法的折中原则即债权形式主义相似。另外，我国再设立动产的善意取得、公信力原则、善意第三人制度加以配合，完善了物权变动的基本规则。

这种做法，实际上还是把债权行为和物权行为分开了，这也是区分原则的基本含义。在理解和掌握物权变动规则时应当注意这一点，把它作为物权变动的基本方法来理解。

（一）区分原则的概念

物权变动的区分原则，是指依据法律行为发生物权变动时，物权变动的原因与物权变动的结果作为两个法律事实，它们的成立和生效依据不同的法律根据的原则。[①] 这就是《民法典》第209条和第224条规定的基本精神。

在市场经济中，任何人要实施物权变动的交易行为，都离不开订立合同，交付标的物，都会通过订立合同并且实施履行行为，达到物权变动的目的。通过订立合同的法律效果和法律根据，以及履行合同的法律效果和法律根据，从而建立起物权变动的物权理论和裁判的基本原则。区分原则对买卖合同的成立、生效与所有权的转移之间的区分，并不是人为的拟制，而是客观的事实。无论物权变动的原因是什么，原因的成立与物权的变动都不是一个法律事实，而应区分为两个法律事实。在原因行为中，当事人享受债法上的权利，并承担债法上的义务；而在结果行为中，当事人完成物权的变动，使物权能够产生排他性的后果。[②] 区分原则的关键在于，债法上的意思表示不能引起物权的变动，只有按照物权法的规定行动，才能产生物权变动的效果。

（二）区分原则的基本含义

在物权变动上实行区分原则，其基本含义如下。

第一，在物权变动上，区分原则所要区分的，是物权变动的原因行为与结果行为（处分行为），物权变动的原因行为是债法上的意思表示即债权行为，它不直接引起物权

---

① 孙宪忠．中国物权法总论．北京：法律出版社，2009：248.

② 孙宪忠．德国当代物权法．北京：法律出版社，1997：61.

变动的结果，理由是原因行为发生时，物的处分行为还不存在，将来有可能不成就，但是无论如何，债权意思表示即合同是成立的。

第二，物权变动的原因行为的成立不以物权的变动为必要要件，而应根据该债权行为成立的自身要件予以判断，不能以物权变动是否成立为判断标准。因此，登记行为不是合同生效的要件，而是物权的公示要件。

第三，物权的变动以公示为基本表征，由法律规定的公示方式决定物权变动的效力，即以动产的交付和不动产的登记为必要条件，而不能认为基础关系或者原因关系的成立、生效就必然产生物权变动的结果。要产生物权变动的结果，必须进行物权变动的公示。物权变动的成就，只能发生在物权变动的公示之时。如果合同生效后未发生动产的交付和不动产的登记，则权利人取得的只是请求交付的权利，即债权法上的权利，没有取得对物的支配权。

（三）实行区分原则的公示效力

1. 物权公示的一般含义和方式

公示作为物权变动的基本原则，首先是指物权变动的基本程序须进行公示；同时，公示也作为物权变动的确认依据，物权的设立、变更、消灭均须进行公示。这样要求，是要使物权人对物权具有绝对性的支配效力。公示的方式与《民法典》规定的公示公信原则的要求是一样的，不动产须经过登记，动产须经过交付；占有也是动产物权的公示方式之一，具有权利推定的作用。

2. 公示的法律效力

公示有三个方面的效力：第一，决定物权变动能否生效的效力。仅有作为物权变动原因的债权行为，并不发生物权变动的效果，物权只有依照公示方式进行了变动，才能发生物权变动的效果。第二，推定权利的效力。不动产经过登记，就推定登记的不动产物权存在。在法律上，登记的权利与实际权利是一致的，但是，在客观上可能会存在不一致的情况，尽管如此，只要经过了登记，就确认了物权的真实性。动产经过交付，也发生物权变动，根据占有推定占有人对占有物享有物权，除非有相反的证据。第三，善意保护与风险告知的效力。受让人相信物权变动的公示而进行交易，即使相对人无权处分，只要受让人构成善意取得，也确认其取得所有权，这样可以更好地对善意第三人进行保护。

第二节　不动产登记

一、不动产登记的意义和性质

（一）不动产登记的概念和意义

不动产登记又称为不动产物权登记，是权利人申请国家职能部门将有关申请人的不动产物权的事项记载于不动产登记簿上的事实。[①]《民法典》第 209 条第 1 款规定："不动产物权的设立、变更、转让和消灭，经依法登记，发生效力；未经登记，不发生效力，但是法律另有规定的除外。"

不动产登记制度产生于欧洲。在古代，法律就强调不动产物权的存在或者变动要伴随某种客观的现象，以使其便于识别。近代以来，抵押权不断发展，立法采用公示原则以调和债权人之间的利益，同时，也充分利用不动产的担保价值，使公示方式显得极为重要，因此登记制度应运而生。最早出现的登记制度，是 1722 年的《普鲁士抵押与破产法》和 1783 年的《一般抵押法》，1795 年法国的《抵押法》，都规定了不动产抵押的登记制度，奠定了近代不动产登记制度的框架。随着经济的发展，不动产登记制度有了进一步的发展，不仅抵押权需要登记，而且所有权登记也显得极为必要，因为不动产所有权频繁地成为交易的对象，如果不动产作为资本的交易不伴随外形变动的客观形式，对于实现物权效力、保护交易安全都极为不利。因此，法律将抵押权登记制度予以扩展，适用于不动产所有权的变动领域，形成了现代不动产物权变动的登记制度。

确立不动产登记的意义，在于对不动产进行管理，确定产权，并以此作为课税的依据。在民法的意义上，不动产登记则为不动产物权变动的公示方法，具有物权设立的公示功能、物权变动的公示功能和权利正确性的推定功能。

（二）不动产登记的性质

各国立法采取的不动产登记制度，分为以下三种不同体例。

1. 契约登记制度

契约登记制度首创于法国，也称为法国登记制度，是指不动产物权的得失变更，经当事人订立契约，即已生效，但非经登记不得对抗第三人。登记机关在登记时，依据契约所载的内容予以登记。这种登记制度适用于物权变动采用债权意思主义的国家，因此，日本、意大利、比利时、西班牙等国都采此制。

这种不动产登记制度采用形式审查主义，登记机构并不过问实体内容，登记无公信力，登记与否并不受强制，登记方法采人的编成主义，同时也登记不动产物权变动的状态。

2. 权利登记制度

权利登记制度产生于德国，也称为德国登记制度，是指不动产物权的得失变更，仅有当事人意思表示一致尚不生效，须经过登记机关实质审查确定，并践行法定登记的形式才发生效力。这种登记制度，更强调对不动产物权的安全以及有关法律秩序的维护，因此，不仅确立了对一般权利人的登记强制的原则，还把不动产登记事务宣布为国家专门机构的职权范围。采用这种不动产登记制度的还有瑞士、荷兰、奥地利等国。

这种不动产登记制度采用实质审查主义，登记官对登记案的申请有实质审查权，证

---

① 孙宪忠．论不动产物权登记．中国法学，1996（5）．

明权利无误后方予登记。因此，登记具有公信力，并且采取强制主义，非经登记，不动产物权不发生变动的效力。登记以登记土地权利的静态为主，兼顾权利变动情形。

3. 托仑斯登记制度

托仑斯登记制度为托仑斯爵士于1858年在南澳洲所创，又称为澳洲登记制度，也叫作权利交付主义。这种登记制度与德国登记制度基本相同，不同的是，在初次登记不动产物权时，登记机关依一定的程序确定不动产的权利状态，制成地券。让与不动产时，当事人作成让与证书，连同地券一起交给登记机关，登记机关经审查以后，在登记簿上记载权利的移转，对受让人则交付新地券，或在原地券上记载权利的移转，从而使第三人能够根据该地券明确不动产权利的状态。这种登记制度被英国、爱尔兰、加拿大、菲律宾等国采用。

这种登记制度采用任意主义，并不强制一切土地必须向政府申请登记，而由当事人自行决定。但是，经过第一次申请登记后，日后所有的土地转移或变动，不经登记不生效力。登记采实质审查主义，具有公信力，同时颁发权利状书，如果土地有权利负担，则应为负担登记。同时，设立赔偿基金，真正权利人因为登记遗漏或者错误遭受损害的，登记机关承担赔偿责任。

在我国，不动产登记的性质是一种行政行为，所体现的是国家对不动产物权关系的干预，目的在于明晰各种不动产物权，依法保护不动产权利人的权利。不动产登记由统一的职能机关负责，改变了我国原来的分散登记状况，实现了《民法典》第210条第2款作出的规定："国家对不动产实行统一登记制度。统一登记的范围、登记机构和登记办法，由法律、行政法规规定。"统一登记的办法，是《不动产登记暂行条例》规定的不动产物权登记办法。

二、登记的类型

（一）实体权利登记和程序权利登记

1. 实体权利登记

实体权利登记也称为实体登记，是指对当事人享有的实体权利进行的登记。按照物权法定主义的规定，凡是应当纳入登记的物权，都应当进行实体登记。对应当进行实体登记的物权，一般都应当在法律上作出明文规定。应当进行实体登记的物权包括：所有权、建设用地使用权、土地承包经营权、地役权、抵押权等。

2. 程序权利登记

程序权利登记也叫作顺位登记，是指登记的权利在不动产法上的顺位，即依在一个不动产客体上成立的数个不动产物权产生的时间顺位，决定哪个权利先行使的登记。

在不动产之上，可以成立性质各不相同的多个不动产物权。这些不同的权利顺位，决定了权利行使的先后。这些权利人能否实现其权利或者能否全部实现其权利，取决于其权利所处的登记顺位。程序权利登记解决的就是这个权利的顺序问题。

（二）权利登记和表彰登记

1. 权利登记

权利登记是指对所有权和他物权的发生、转移、消灭、保存、处分限制等进行的登记。这种登记能够公示不动产物权的现状和变动，同时也是物权变动的形成条件或者对抗要件，具有形成力和对抗力。如果按照德国登记制度，则权利登记具有权利的形成力；如果按照法国登记制度，则权利登记具有权利的对抗力。我国采用的是德国登记制度，权利登记具有权利的形成力。

2. 表彰登记

表彰登记是指对土地、建筑物以及其他地上附着物的物权现状进行公示的登记。表彰登记将诸如土地的面积、用途或者建筑物的种类、用途、构造、面积等记载于物权登记簿中，以表彰权利的现状。

权利登记和表彰登记是不可分的，权利登记建立在表彰登记的基础之上。

（三）设权登记和宣示登记

设权登记和宣示登记是在物权形式主义的物权变动模式下实行的登记制度。

1. 设权登记

设权登记是指创设物权效力的登记。按照物权形式主义的规则，不动产物权变动，登记完成，形成效力。在这种制度下，不动产物权交易时，如果不进行物权登记，当事人之间即使有物权变动的事实，在法律上也绝对不发生物权变动的效力。设权登记的对象，是依法律行为而生变动的不动产物权。

2. 宣示登记

宣示登记，是指将已经成立的物权变动昭示于人的登记。这种登记并没有创设物权的效力，因为在登记之前，物权变动的效力已经发生，不过非经宣示登记，当事人不得处分其物权。因此，宣示登记的效力是相对的，而不是绝对的。宣示登记的目的在于贯彻不动产物权变动的公示规则，以维护交易安全。

（四）本登记和预备登记

本登记与预备登记的类型较为复杂，以下分别阐释。

1. 本登记

本登记是终局登记，是与预备登记相对应的一种登记，即将不动产物权的移转、设定、分割、合并、增减及消火记入登记簿中，有确定的、终局的效力，分为以下几种。

（1）总登记。总登记是指登记机构为确立不动产管理秩序，在对不动产进行清理的基础上进行的一种全面登记。因此，总登记又是第一次登记。这种登记表示的是某一不动产及整体不动产权利关系的总体面貌，以便对不动产物权获得一个概括的认识，从而实现和谐的不动产权利秩序。

（2）变动登记。变动登记也称为变更登记或者动态登记，是指登记机构就不动产物权变动进行的登记。在总登记完成后，某一个不动产物权由于买卖、赠与、权利设定等发生变动时，不动产上的权利就与既存登记的一部或者全部不同。如果对这种不同不进行变动登记，就物权交易而言，就会给交易第三人掌握某一不动产物权权利状态增加困难，甚至有害于交易。因此，不动产物权发生变动，须进行变动登记，真实记载不动产物权的权利状态，以维护交易秩序和交易安全。

（3）更正登记。更正登记既是对原登记权利的涂销登记，又是对真正权利的初始登记，是指已经完成的登记，由于当初登记手续的错误或者遗漏，致使登记与原始的实体权利关系不一致，为消除这种不一致的状态，对既存的登记内容进行修正补充的登记。因此，更正登记的目的是对不动产物权订正错误、补充遗漏。《民法典》第220条第1款规定："权利人、利害关系人认为不动产登记簿记载的事项错误的，可以申请更正登记。不动产登记簿记载的权利人书面同意更正或者有证据证明登记确有错误的，登记机构应当予以更正。"

更正登记以登记手续的错误和遗漏为修正对象。登记错误，是指虽然登记簿上有记载但是欠缺真实的记载，所记载的内容与不动产真实状态不一致。登记遗漏，是指因消极的行为而使记载的内容与不动产的现实内容发生抵触，而应当登记的内容未予登记。无论是登记错误还是登记遗漏，其实质都在于欠缺真实的记载，使登记不能反映不动产物权的实际状态。

更正登记可以由权利人或者利害关系人提出，也可以由登记机关自己依职权进行。登记完成后，登记机关如果发现登记有错误或者遗漏，应及时通知登记权利人和登记义务人，如果登记权利人或者登记义务人为多数人，则通知其中一人即可。

至于原登记的错误和遗漏形成的原因为何，是当事人的过错所致还是登记机关的过错所致，在所不问，都应当予以更正登记。登记机关如果登记之后立即发现了登记的错误，则不必进行更正登记，只要改正登记中的错误字句即可。

更正登记后，原权利人在异议登记期间对该不动产作出的处分，登记更正后的权利人未追认的，不发生效力。

（4）回复登记。回复登记是指当与实体权利义务关系一致的登记，因不当原因从登记簿上消灭后，对消灭的登记予以回复，以保持原有登记效力的登记。

回复登记以四复原有登记效力为目的，依原有登记消灭的原因分为灭失回复登记和涂销回复登记。

灭失回复登记是指在登记簿的全部或者一部因水灾、地震等原因而发生物理的灭失时，予以回复的登记。不动产物权登记发生灭失，回复登记将其重新保存，并不涉及新的权利关系的变动，原有的物权登记顺位不发生变动，还是按照原来的登记发生效果。

涂销回复登记，是指在登记的全部或者一部被不适法地涂销后，为使登记回复到涂销前的状态而为的一种登记，适用的对象是已经存在的被不适法地涂销的登记。造成登记被涂销的不适法原因，有实体法上的，如涂销登记的原因无效、被撤销等，也有程序法上的，如登记机关的过错导致的手续瑕疵等。无论是何种原因造成的涂销错误，都应当回复登记。涂销回复登记也是对原有登记的回复，因而也不涉及新的权利关系的变动，原有的物权登记顺位并不发生变动，还是按照原来的登记发生效果。

（5）涂销登记。涂销登记是指在既存的登记中，基于原始的或者后发的理由而致登记事项全部不适法，从而消灭这一登记的记载行为。因此，涂销登记是以消灭原有的登记事项为目的的登记。

涂销登记适用的对象是全部不适法的原有的登记事项，只有如此，才可以进行涂销登记。如果登记只是部分的不适法，则进行更正登记或者变动登记就可以解决，无须进行涂销登记。不适法的原因可以是原始的，也可以是后发的。无论是登记无效，还是登记原因被解除，最终均导致登记原因的不存在，因此，必须进行涂销登记。

2. 预备登记

预备登记是不动产登记法上与本登记相对应的登记制度，是为了保障登记请求权而为的一种登记。我国民法以往对登记制度并未给予足够的重视，在预备登记制度上尤显明显。因此，完善我国的预备登记制度是完善我国民法立法的重要一环。

（1）预告登记。

预告登记是指为了保全债权的实现、保全物权的顺位请求权等而进行的提前登记。预告登记与一般的不动产登记的区别在于：一般的不动产登记都是在不动产物权已经完成的状态下进行的登记，而预告登记则是为了保全将来发生的不动产物权变动而进行的登记。预告登记作出后，并不导致不动产物权的设立或者变动，而只是使登记申请人取得一种请求将来发生物权变动的权利。纳入预告登记的请求权，对后来发生的与该项请求权内容相同的不动产物权的处分行为，具有排他的效力，以确保将来只发生该请求权所期待的法律后果。

《民法典》第221条规定："当事人签订买卖房屋的协议或者签订其他不动产物权的协议，为保障将来实现物权，按照约定可以向登记机构申请预告登记。预告登记后，未经预告登记的权利人同意，处分该不动产的，不发生物权效力。""预告登记后，债权消灭或者自能够进行不动产登记之日起九十日内未申请登记的，预告登记失效。"当事人约定买卖期房或者转让其他不动产物权的，债权人为限制债务人处分该不动产，保障将来取得物权，可以申请预告登记。预告登记后，债务人未经债权人同意，不得处分该不动产。预告登记后，债权人自能够进行不动产登记之日起90日内未申请登记的，或者债权消灭的，预告登记失效。具有预告登记失效事由的，债务人有权申请注销预告登记。

《物权编司法解释（一）》第4条和第5条对预告登记失效的条件作出了具体规定："未经预告登记的权利人同意，转让不动产所有权等物权，或者设立建设用地使用权、居住权、地役权、抵押权等其他物权的，应当依照民法典第二百二十一条第一款的规定，认定其不发生物权效力。""预告登记的买卖不动产物权的协议被认定无效、被撤销，或者预告登记的权利人放弃债权的，应当认定为民法典第二百二十一条第二款所称的'债权消灭'。"这两条规定的规则如下。第一，未经登记的权利人同意而处分不动产的，不发生物权效力。处分不动产的具体情形是：其一，转移占有（必须要有转移物权的意思）；其二，设定建设用地使用权、地役权或者抵押权等其他物权。未经登记的权利人同意，具有上述两种情形之一的，不发生物权效力。第二，《民法典》第221条第2款规定的"债权消灭"的后果是预告登记失效，该债权消灭的情形包括：其一，买卖不动产物权的协议被认定为无效、被撤销、被解除；其二，预告登记的权利人放弃债权。发生这些情形之一的，债权消灭，其后果是预告登记失效。

（2）异议登记。

异议登记又称为异议抗辩登记，登记的目的在于对抗现实登记的权利的正确性，即中止不动产登记权利的正确性推定效力和公信力。《民法典》第220条第2款规定："不动产登记簿记载的权利人不同意更正的，利害关系人可以申请异议登记。登记机构予以异议登记，申请人自异议登记之日起十五日内不提起诉讼的，异议登记失效。异议登记不当，造成权利人损害的，权利人可以向申请人请求损害赔偿。"

在不动产登记中，会出现登记错误的事实，但是，对错误的登记，如果没有更正或者涂销，则发生登记的公信力，受到物权公示公信原则的保护。这样，受损害的是真正的权利人。异议登记就是为了解决这种问题，防止出现第三人介入而借登记的公信力取得受让利益。因此，异议登记是为了阻却登记的公信力而设的一种预防措施，借以排除第三人的公信力利益。

异议登记的申请程序，可以依据先行给付，也可以依据利害关系人的同意或者人民法院的裁定。符合异议登记要求的，登记机构应当将该异议记载于不动产登记簿上。但是，申请人应当对异议登记申请提供担保。

异议登记后，申请人应当在法定期限内起诉。逾期既不起诉也不申请更正登记的，异议登记失效。异议登记的起诉期限，是自异议登记之日起15日。异议登记因《民法典》第220条第2款规定的事由超过异议登记的有效期间而失效后，当事人提起民事诉讼，请求确认物权归属的，应当依法受理。异议登记失效不影响人民法院对案件的实体审理，不影响确权诉讼进行的，人民法院不能因为超过15天的异议期提出诉讼而不予实体审理。

权利人如果有证据证明异议登记不当，有权申请登记机构注销异议登记。异议登记造成权利人损害的，权利人可以向异议登记申请人请求损害赔偿。

在异议登记的情况下，不动产物权权利人仍然可以处分其权利，但是，如果与异议登记所保全的权利相抵触，在抵触的范围内其处分行为无效，第三人即使是善意，也不得援用不动产物权登记的公信力。如果异议登记不正当，则不动产物权登记仍然具有公信力。

异议登记本身并没有公信力，不受公信力的保护。

三、不动产物权登记程序

《不动产登记暂行条例》规定了不动产物权登记程序，主要的登记程序有以下几方面内容。

（一）不动产物权登记的范围

应当办理登记的不动产权利，包括集体土地所有权，房屋等建筑物、构筑物所有权，森林、林木所有权，耕地、林地、草地等土地承包经营权，建设用地使用权，宅基地使用权，居住权，海域使用权，地役权，抵押权，法律规定需要登记的其他不动产权利。

（二）不动产物权登记的申请

1. 因买卖、设定抵押权等申请不动产登记的，应当由当事人双方共同申请

属于下列情形之一的，可以由当事人单方申请：（1）尚未登记的不动产首次申请登记的；（2）继承、接受遗赠取得不动产权利的；（3）人民法院、仲裁委员会生效的法律文书或者人民政府生效的决定等设立、变更、转让、消灭不动产权利的；（4）权利人姓名、名称或者自然状况发生变化，申请变更登记的；（5）不动产灭失或者权利人放弃不动产权利，申请注销登记的；（6）申请更正登记或者异议登记的；（7）法律、行政法规规定可以由当事人单方申请的其他情形。

2. 申请人应当提交下列材料，并对申请材料的真实性负责

（1）登记申请书；（2）申请人、代理人身份证明材料、授权委托书；（3）相关的不动产权属来源证明材料、登记原因证明文件、不动产权属证书；（4）不动产界址、空间界限、面积等材料；（5）与他人利害关系的说明材料；（6）法律、行政法规以及《不动产登记暂行条例实施细则》规定的其他材料。

3. 不动产登记机构收到不动产登记申请材料，应当分别按照下列情况办理

（1）属于登记职责范围，申请材料齐全、符合法定形式，或者申请人按照要求提交全部补正申请材料的，应当受理并书面告知申请人；（2）申请材料存在可以当场更正的错误的，应当告知申请人当场更正，申请人当场更正后，应当受理并书面告知申请人；（3）申请材料不齐全或者不符合法定形式的，应当当场书面告知申请人不予受理并一次性告知需要补正的全部内容；（4）申请登记的不动产不属于本机构登记范围的，应当当场书面告知申请人不予受理并告知申请人向有登记权的机构申请。不动产登记机构未当场书面告知申请人不予受理的，视为受理。

（三）不动产物权登记申请的查验

不动产登记机构受理不动产登记申请的，应当按照下列要求进行查验：（1）不动产界址、空间界限、面积等材料与申请登记的不动产状况是否一致；（2）有关证明材料、文件与申请登记的内容是否一致；（3）登记申请是否违反法律、行政法规规定。

对房屋等建筑物、构筑物所有权进行首次登记，在建建筑物抵押权登记，因不动产灭失导致的注销登记，以及不动产登记机构认为需要实地查看的其他情形，不动产登记机构可以对申请登记的不动产进行实地查看；对可能存在权属争议，或者可能涉及他人利害关系的登记申请，可以向申请人、利害关系人或者有关单位进行调查。不动产登记机构进行实地查看或者调查时，申请人、被调查人应当予以配合。

（四）不动产物权登记

不动产登记机构应当自受理登记申请之日起 30 个工作日内办结不动产登记手续，法律另有规定的除外。登记事项自记载于不动产登记簿时完成登记。不动产登记机构完成登记，应当依法向申请人核发不动产权属证书或者登记证明。

对于违反法律、行政法规规定的，存在尚未解决的权属争议的，申请登记的不动产权利超过规定期限的，以及法律、行政法规规定不予登记的其他情形的登记申请，不动产登记机构应当不予登记，并书面告知申请人。

四、不动产物权登记的效力

（一）不动产物权登记的一般效力

《民法典》第 214 条规定："不动产物权的设立、变更、转让和消灭，依照法律规定应当登记的，自记载于不动产登记簿时发生效力。"第 216 条规定："不动产登记簿是物权归属和内容的根据。"这些规定确定了不动产物权登记的法律效力，具体包括以下几个方面。

1. 物权公示效力

登记首先发挥向社会展示当事人的物权变动的公示作用。这是不动产物权登记的形式效力，即公示效力。

2. 物权变动根据效力

不动产物权依法律行为取得、丧失及变更时，未经登记不生效力，唯有当事人的法律行为与国家的职能机关的登记相结合，才能实际发生物权变动的法律效果。

3. 权利正确性推定效力

这是指以不动产登记簿所记载的当事人的权利内容为正确的不动产权利内容的效力。物权登记簿记载的权利即使有错误，对善意第三人来说也应当是正确的登记，因此，登记是最具社会公信力的事实。

4. 善意保护效力

法律是为了保护善意第三人，才将不动产权利登记簿记载的权利视为真实，并赋予其社会公信力，从而在信赖登记的善意第三人取得登记的不动产物权时，其正当权利不会因错误的登记而被追夺，进而使正当的社会交易秩序得到维护。

5. 警示效力

不动产物权登记的主要任务之一，是反映不动产物权的详细法律信息，并在法律许可的范围内将其提供给社会，为不动产市场交易服务。这样能够为社会提供不动产风险警示，让社会尤其是不动产取得人了解不动产的全面情况，然后决定是否进行有关的法律行为。

不动产物权变动，非因法律行为而发生的，不以登记为生效要件。如因继承、没收、征收、法院判决、强制执行等而取得物权者，均不以登记为物权变动的生效要件。

（二）我国《民法典》规定的物权变动登记的具体效力

1. 物权变动登记的一般规则

我国《民法典》第209条规定的是物权变动的一般规则，即“不动产物权的设立、变更、转让和消灭，经依法登记，发生效力；未经登记，不发生效力，但是法律另有规定的除外”。

2. 作为生效要件的物权登记

（1）所有权部分。这一部分的特别规定有两个：第一，《民法典》第232条规定，“处分依照本节规定享有的不动产物权，依照法律规定需要办理登记的，未经登记，不发生物权效力”。第二，根据《民法典》第311条第1款第3项的规定，善意取得不动产的所有权，须经过登记才发生物权变动效力。

（2）用益物权部分。这一部分的特别规定有四个：第一，《民法典》第349条规定，设立建设用地使用权的，应当向登记机构申请建设用地使用权登记。第二，《民法典》第355条规定，建设用地使用权转让、互换、出资或者赠与的，应当向登记机构申请变更登记。第三，《民法典》第360条规定，建设用地使用权消灭的，出让人应当及时办理注销登记。第四，《民法典》第368条规定，设立居住权的，应当向登记机构申请居住权登记。居住权自登记时设立。

（3）担保物权部分。这一部分的特别规定有五个：第一，《民法典》第402条规定，以建筑物和其他土地附着物、建设用地使用权、海域使用权以及正在建造的建筑物抵押的，应当办理抵押登记。抵押权自登记时设立。第二，《民法典》第441条规定，以汇票、支票、本票、债券、存款单、仓单、提单出质没有权利凭证的，质权自有关部门办理出质登记时设立。第三，《民法典》第443条第1款规定，以基金份额、股权出质的，质权自办理出质登记时设立。第四，《民法典》第444条第1款规定，以注册商标专用权、专利权、著作权等知识产权中的财产权出质的，质权自办理出质登记时设立。第五，《民法典》第445条第1款规定，以应收账款出质的，质权自办理出质登记时设立。

3. 作为对抗要件的物权登记

（1）所有权部分。这一部分的特别规定有一个，即《民法典》第225条规定，“船舶、航空器和机动车等的物权的设立、变更、转让和消灭，未经登记，不得对抗善意第三人”。

（2）用益物权部分。这一部分的特别规定有六个：第一，《民法典》第333条规定，土地承包经营权自土地承包经营合同生效时设立。登记机构应当发放权利证书，登记造册，确认权利。第二，《民法典》第335条规定，土地承包经营权互换、转让的，当事人可以向登记机构申请登记；未经登记，不得对抗善意第三人。第三，《民法典》第341条规定，流转期限为5年以上的土地经营权，自流转合同生效时设立。当事人可以向登记机关申请土地经营权登记；未经登记，不得对抗善意第三人。第四，《民法典》第365条规定，已经登记的宅基地使用权转让或者消灭的，应当及时办理变更登记或者注销登记。

第五，《民法典》第 374 条规定，地役权自地役权合同生效时设立。当事人要求登记的，可以向登记机构申请地役权登记；未经登记，不得对抗善意第三人。第六，《民法典》第 385 条规定，已经登记的地役权变更、转让或者消灭的，应当及时办理变更登记或者注销登记。

(3) 担保物权部分。这一部分的特别规定有一个，即《民法典》第 403 条规定，以动产抵押的，抵押权自抵押合同生效时设立；未经登记，不得对抗善意第三人。这是《民法典》合并了原《物权法》第 188、189 条两个条文设计的新规则，将动产抵押的登记纳入这一个条文中。

4. 无须登记的物权变动

(1) 所有权部分。这一部分的特别规定有四个：第一，《民法典》第 209 条第 2 款规定，依法属于国家所有的自然资源，所有权可以不登记。第二，《民法典》第 229 条规定，因人民法院、仲裁机构的法律文书或者人民政府的征收决定等，导致物权设立、变更、转让或者消灭的，自法律文书或者征收决定等生效时发生效力。第三，《民法典》第 230 条规定，因继承取得物权的，自继承开始时发生效力。第四，《民法典》第 231 条规定，因合法建造、拆除房屋等事实行为设立或者消灭物权的，自事实行为成就时发生效力。这里规定的不动产物权的取得，都不必经过物权登记。

《物权编司法解释（一）》第 7 条对《民法典》第 229 条的规定作出进一步解释："人民法院、仲裁机构在分割共有不动产或者动产等案件中作出并依法生效的改变原有物权关系的判决书、裁决书、调解书，以及人民法院在执行程序中作出的拍卖成交裁定书、变卖成交裁定书、以物抵债裁定书，应当认定为民法典第二百二十九条所称导致物权设立、变更、转让或者消灭的人民法院、仲裁机构的法律文书。"这些判决书、裁决书、调解书等，都是该条规定的法律文书，都自法律文书生效时发生物权效力。

(2) 用益物权部分。这一部分的特别规定有一个，即按照《民法典》第 363 条的规定，宅基地使用权的取得、行使和转让，不必经过物权登记。

(3) 担保物权部分。这一部分的特别规定有两个：第一，《民法典》第 429 条规定，质权自出质人交付质押财产时设立。第二，《民法典》第 441 条规定，以汇票、支票、本票、债券、存款单、仓单、提单出质的，质权自权利凭证交付质权人时设立；没有权利凭证的，质权自办理出质登记时设立。

（三）登记错误的后果

1. 当事人登记错误的责任

当事人提供虚假的权属证书等证明材料申请登记，给他人造成损害的，应当承担损害赔偿责任；构成犯罪的，依法应当追究刑事责任。《民法典》第 222 条第 1 款规定："当事人提供虚假材料申请登记，造成他人损害的，应当承担赔偿责任。"

2. 登记机构错误登记的责任

因登记机构登记错误给他人造成损害的，登记机构应当承担赔偿责任。这种责任的性质是替代责任，在登记机构赔偿后，登记机构可以向造成登记错误的责任人追偿。《民法典》第 222 条第 2 款规定：“因登记错误，造成他人损害的，登记机构应当承担赔偿责任。登记机构赔偿后，可以向造成登记错误的人追偿。”

第三节　动产交付

一、动产交付概述

（一）动产交付的概念

动产物权变动的公示方法，是交付。

动产交付着眼于动态的动产物权变动，交付作为公示方法，公示物权的运动过程，其结果是转移占有和受让占有，最终的占有作为事实状态表示了交付的结果。《民法典》“物权”编第二章第二节对动产交付作了专门规定，其中第 224 条规定：“动产物权的设立和转让，自交付时发生效力，但是法律另有规定的除外。”第 225 条规定：“船舶、航空器和机动车等的物权的设立、变更、转让和消灭，未经登记，不得对抗善意第三人。”

（二）动产交付的发展

在人类早期的民法史上，动产物权变动的公示方法就是交付。不过，由于历史发展和当时的经济形态的限制，交付仅限于现实的转移占有这一种形式，并没有其他交付形式。罗马法和日耳曼法都是如此。

近代以来，交付形式受到了不动产登记制度的影响。不动产登记制度的迅速发展，促使一部分动产物权的变动也采用了登记制度，但是动产物权变动的整体制度并没有动摇。这是因为，动产物权及其交易方式远不及不动产物权及其交易方式那样丰富和复杂，而且动产物权的价值就在于其流通性和便捷性。因此，动产物权变动的公示方式必须简便明了，便于识别和方便交易。正是由于这个原因，动产物权变动的公示放弃交付的方式而采用登记的方式，是不可能和不现实的，主要的动产物权变动的公示方式仍然采用交付方式，只有少数动产物权变动采用登记作为公示方式。

法律确认交付行为为动产物权变动的公示方法，形成的后果就是交付和占有相辅相成地体现动产物权的变动关系。这就是，交付作为公示方式着眼于物权变动的动态形式，表现物权变动的过程，而占有则作为公示方式，体现动产物权变动的结果，表现的是动产物权变动的静态形式。交付与占有分别从动态和静态两个方面来表现动产物权关系。交付作为动态的物权变动形式，从行为的角度公示物权变动的运动过程，其结果就是转移占有和接受占有，表现动产物权变动的结果。因此，占有作为事实状态，是交付的结果，作为静态的结果，表现动产物权的现实状态及静止状态，也就形成了“占有之所在即为动产物权之所在”① 的规则。

---

① 谢在全．民法物权论：上册．北京：中国政法大学出版社，1999：58.

（三）动产物权交付的形态体系

当代物权法对动产物权交付制度的完善主要着眼于完善其交付的形态，因而形成了多种多样的动产交付形态，出现了多种简便快捷的交付方式，使动产交易大大地节省了时间和费用，促进了动产物权变动的快捷和便利，促进了动产物权交易的繁荣。

新出现的动产物权变动的交付形态，主要是占有现实转移之外的简易交付、指示交付和占有改定，由此形成了现实交付、简易交付、指示交付和占有改定四种基本的交付形态。

民法理论根据交付的不同形态的性质，将交付形态分为两种不同的类型，即现实交付和观念交付，由此构成动产物权变动的交付形态体系。

现实交付，是传统的动产物权交易的占有转移，动产物权变动须由物权让与人将其对动产的直接管领力现实地转移给受让人，使受让人实际接受动产并因此取得动产物权。而观念交付概括的是简易交付、指示交付和占有改定三种交付形态，这三种交付存在于观念上，而不是现实地转移占有，即法律为了实现交易的便捷，在特殊情形下采用变通的方法，以观念的占有转移代替现实的占有转移，实现动产物权的变动。因此，观念交付也称为替代交付。

二、动产交付的具体形态

（一）现实交付

现实交付是最传统的交付方式，是指对动产的事实管领力的移转，使受让人取得标的物的直接占有。动产因交付而取得直接占有，故动产的交付使受让人取得了对物的事实上的管领力。《民法典》第 224 条和第 225 条规定的主要内容，就是现实交付。

现实交付的基本特征，是现实表现出来的交付，也就是使动产标的物脱离出让人的支配管领范围，而进入买受人的支配管领领域，因而它不是观念形态的交付，而是可以被客观认知的现实形态，能够被人们所识别。动产物权因交付而实现变动，受让人实际取得对动产的现实占有，取得了该动产的所有权。

在市场经济的条件下，现实交付也出现了不同情况，出现了假借他人之手而进行的交付。主要有以下三种情况。

1. 经由占有辅助人为交付

经由占有辅助人为交付，是指不是在交易双方当事人之间进行，而是由占有辅助人执行交付行为的现实交付。例如，甲出售其汽车给乙，由甲的司机将汽车交付给乙的司机，完成交付行为。

2. 经由占有媒介关系为交付

经由占有媒介关系为交付，是指不是在交易双方当事人之间进行，而是由与当事人有占有媒介关系的人进行并完成交付行为的现实交付。例如，甲将其马寄托于乙，出售于丙，约定由甲将马交付给经营马场的丁，代为训练。当乙依甲的指示将该马交付给丁时，丁与丙之间成立占有媒介关系，丁为直接占有，丙为间接占有，由此完成交付。

3. 经由被指令人为交付

经由被指令人为交付，其形式是，关于甲与乙之间的让与，甲、乙指令丙为交付的受领人，关于乙与丙之间的让与，乙、丙亦指令丙为交付的受领人，故于甲将标的物交付丙时，在一个所谓的法学上的瞬间时点，由乙取得所有权，再移转于丙。[①] 例如，甲售A画给乙，乙转售给丙，乙请甲径行将该画交付于丙，甲允诺而为之。该种情况，并不是甲直接将所有权交付给丙，而是甲将该画交付给丙时，同时完成了对乙的交付，以及乙对丙的交付。

上述三种情况的特殊现实交付，必须具备三个要件：一是在让与人方面，须完全丧失其直接占有；二是在受让人方面，须取得直接占有或者与第三人成立间接占有关系；三是此项交付系依让与人的意思而做成。

《民法典》第225条规定：船舶、航空器和机动车等的物权的设立、变更、转让和消灭，因其为动产，可以不登记而实现物权变动，但未经登记，不得对抗善意第三人。《物权编司法解释（一）》第6条对此明确规定："转让人转让船舶、航空器和机动车等所有权，受让人已经支付合理价款并取得占有，虽未经登记，但转让人的债权人主张其为民法典第二百二十五条所称的'善意第三人'的，不予支持，法律另有规定的除外。"符合这一要求的，不属于善意第三人，未经登记不是不得对抗该第三人的要件。转让人的债权人包括：破产债权人、人身损害债权人、强制执行债权人和参与分配债权人。上述船舶、航空器和机动车物权转让人的债权人，在物权受让人已经支付合理价款并取得占有，只是没有过户登记时，不属于善意第三人，其主张自己是善意债权人而欲对抗该物权转移效力的，其理由不成立，不发生物权对抗效力。

（二）简易交付

简易交付，是指交易标的物已经为受让人占有，转让人无须进行现实交付的无形交付方式。《民法典》第226条规定："动产物权设立和转让前，权利人已经占有该动产的，物权自民事法律行为生效时发生效力。"这里规定的是简易交付。

简易交付须在受让人已经占有了动产的场合才能发生，因而仅需当事人之间就所有权让与达成合意，即产生物权变动的效力。这时，转让人仅须将自主占有的意思传递给受让人，使受让人从他主占有变为自主占有，以代替现实的交付行为，就实现了动产交付，实现了动产物权的变动。因此，简易交付就是以观念的方式授予占有的一种交付形态，免除了因现实交付而带来的手续上的麻烦，以达到简化交易程序、节省交易成本的目的。

（三）指示交付

指示交付又称为返还请求权让与，是指在交易标的物被第三人占有的场合，出让人

---

① 王泽鉴．民法物权：通则·所有权．北京：中国政法大学出版社，2001：135.

与受让人约定，出让人将其对占有人的返还请求权移转给受让人，由受让人向第三人行使，以代替现实交付的交付方式。《民法典》第 227 条规定：“动产物权设立和转让前，第三人占有该动产的，负有交付义务的人可以通过转让请求第三人返还原物的权利代替交付。”该条确认了指示交付这种观念交付形态。

指示交付也称为返还请求权代位，是说指示交付是在作为标的物的动产由第三人占有时，让与人将自己对第三人的返还请求权让与给受让人以代替交付的支付，实质上就是返还请求权的观念交付。

（四）占有改定

占有改定，是指在动产交易中出让人与受让人约定，由出让人继续直接占有动产，使受让人取得对动产的间接占有，并取得动产的所有权。这种交付方式是建立在将占有区分为直接占有和间接占有的基础上的交付方式。没有占有的这种区分，就无法确立占有改定这种交付形态。《民法典》第 228 条规定：“动产物权转让时，当事人又约定由出让人继续占有该动产的，物权自该约定生效时发生效力。”

占有改定属于观念交付，这与简易交付和指示交付是相同的。但是，一方面，占有改定与简易交付不同：虽然简易交付没有物的现实交付，而是以观念交付代替现实交付，但简易交付作为观念交付的前提，是出让人出让标的物时，就没有实际占有标的物，而是由受让人实际占有，其结果是交易的标的物已经实际被受让人占有，产生了交付的实际后果。而占有改定不论是交付的前提还是交付的结果，都是由出让人占有交易标的物，实际上并没有将标的物转由受让人占有，而只是实现了间接占有。另一方面，占有改定与指示交付也不同：虽然指示交付也是观念交付，但是交易的标的物既不由让与人占有，也不由受让人占有，而是由第三人占有，让与人交付的只是对第三人占有的标的物的返还请求权，让与人将该返还请求权交付给受让人，使受让人能够依据该返还请求权而取得交易的标的物。而虽然占有改定也是观念交付，但该标的物仍然由出让人占有，只是将出让人对标的物的直接占有改为受让人的间接占有而已。

占有改定应当具备以下三个要件。

1. 认可直接占有和间接占有的区分

这是成立占有改定的前提条件，没有对直接占有和间接占有的认可，就不能确立占有改定。直接占有是指占有人对物直接控制，间接占有是指占有人自己不直接占有物，但是基于一定的法律关系，对直接占有其物的人享有物的返还请求权。

2. 须因某种法律关系的存在使让与人有暂时占有让与物的必要性

占有改定应当具体化，只有抽象的占有改定的约定尚不能发生所有权的转移，法律规定只有在某种情况下，当事人在所有权让与契约之外约定，由让与人作为承租人、受寄人或者借用人等继续占有该动产的，所有权的转移才有效。例如，原所有权人出让动产给受让人，约定由出让人租赁该动产的，该动产所有权交付方式为占有改定，受让人改定为间接占有，取得所有权。

3. 须让与人对物已为直接或间接占有

这是占有改定的必要条件，如果让与人先前并没有就标的物取得任何形式的占有，则不能成立占有改定。例外的情况是，如果构成预定的占有改定，则让与人虽无直接或者间接占有，但是由于让与人对将来可能取得之物，已经有相当的把握，可以成立将来之物的占有改定。例如，在以占有改定的方法将仓库内堆存货物的所有权进行让与之际，当事人之间可以约定，受让人对让与人将来取得的货物，也保有其所有权，则当让与人将该项货物堆存于仓库之时，即为受让人取得所有权之时。①

问题与思考

1. 引读案例思考

李某将自己所有的房屋卖给易某后，易某未及时办理权属变更登记，因此，李某主张退钱、退房。请结合本章内容思考：(1) 李某和易某之间的房屋所有权转移了吗？(2) 如果房屋所有权没有转移，李某还有权请求退钱、退房吗？(3) 你如果作为本案的法官，会怎样处理这个纠纷案件呢？

参考分析意见：

在李某和易某的交易行为中，买卖房屋的合同是债权行为，即合同行为。而转移买卖房屋的所有权才是物权行为。原因行为是房屋买卖合同，法律后果是房屋所有权的转移。本案双方当事人意思表示一致，因而合同的效力没有问题。但是，李某将房屋和产权证都交给易某后，易某没有进行物权变更登记，而不动产的物权变动的公示方法是登记，没有登记就没有发生所有权转移的后果，易某尽管占有了房屋，并使用了3年，但他还是没有取得这栋房屋的所有权。李某之所以可以基于物权登记簿上的权利人的身份起诉，就是因为法律仍然承认其为该房屋的所有权人。

处理这个案件，还要看法官如何裁量。由于没有所有权的转移，可以让登记的权利人行使所有权，判决解除买卖合同；也可以责令易某进行登记，使其取得所有权。但有一点是明确的，那就是合同已经履行完毕，想要解除合同存在障碍；同时，李某的行为具有恶意，应当受到法律的谴责。因此，依照后一种思路裁判，更符合民法的基本精神。

2. 重点题

(1) 物权变动的区分原则的基本内容是什么？

(2) 物权公示的法律效力是什么？

(3) 不动产物权登记的性质和意义是什么？

(4) 简述不动产物权登记的各种类型及其意义。

(5) 动产交付有哪些不同形式？其基本含义和区别是什么？

3. 法考题

(1) 物权变动的区分原则。

(2) 物权行为与债权行为。

① 梅仲协．民法要义．北京：中国政法大学出版社，1998：520.

（3）预告登记。

（4）不动产物权登记的效力。

（5）拟制不动产（价值较大的动产）的物权变动规则。

4. 考研题

（1）不动产物权变动的要件。

（2）商品房预售登记的效力是预告登记吗？

（3）不动产登记。

（4）动产交付。

（5）预告登记。

（6）动产物权变动的生效要件。

第四章
所有权

重点知识

1. 所有权：概念、权能
2. 原始取得
3. 继受取得
4. 善意取得：概念、构成要件、效力
5. 所有权的主要形式：国家所有权、集体所有权、私人所有权
6. 无主财产处理规则：遗失物、埋藏物、隐藏物、漂流物

引读案例

甲村和乙村共同讼争狗熊岭土地及山林的所有权，但双方均没有有效的权利证书和登记证明，一审法院据此认定该土地和山林未确权，判决归甲村所有。乙村上诉后，丙村持该土地、山林的权属证明和历史档案，证明自己享有对该土地和山林的所有权，要求作为有独立请求权的第三人参加诉讼，主张权利。二审法院拒绝丙村参加诉讼，判决维持原判，驳回上诉，确认该山林产权归甲村所有。检察机关认为判决错误，提出抗诉。

第一节　所有权概述

一、所有权的概念和特征

（一）所有权的概念

所有权，是所有权人依法按照自己的意志，通过对其所有物进行占有、使用、收益和处分等方式，独占性支配，并排斥他人非法干涉的永久性物权。《民法典》第 240 条规定："所有权人对自己的不动产或者动产，依法享有占有、使用、收益和处分的权利。"

在民法理论上和司法实践中，通常在以下三种不同意义上使用所有权的概念。

1. 所有权法律制度

在这个意义上，所有权是指有关所有权法律规范的总和。所有权法律制度，不仅是物权法的基本制度，也是民法的基本制度之一。所有权不仅是发生其他财产权的前提，而且是发生其他财产权的结果。在我国现阶段，完善所有权法律制度，对促进社会主义市场经济体制的建立和发展，具有重要意义。

2. 所有权法律关系

在这个意义上，所有权是指法律确认的特定人与不特定人之间基于物的归属与支配而发生的权利义务关系。所有权法律关系作为一种民事法律关系，与其他民事法律关系一样，由主体、内容、客体三个要素构成。其中财产所有权人是所有权法律关系的权利主体，义务主体则为所有权人以外的不特定的任何人。所有权法律关系的内容，包括所有权人依法享有的对其所有物进行占有、使用、收益、处分的权利，以及非所有权人承担的对所有权人行使所有权不予干涉、妨碍的不作为义务。所有权法律关系的客体为有体物、特定物。

3. 所有权人对其所有物依法享有的权利

在这个意义上，所有权是指所有权法律关系内容中的权利。由于民法以权利为本位，多从规定权利主体的权利出发来调整平等主体间的财产关系和人身关系，因而，从罗马法到近现代民事立法及民法理论，在给所有权下定义时，通常都是在这一意义上使用所有权概念的。前面对所有权概念的界定，就是在这种意义上的定义。

在界定所有权概念时，有列举主义与概括主义之分。列举主义是具体列举出所有权的各项权能和作用，以此界定所有权。《民法典》第240条虽然不是对所有权概念所作的界定，但是，对所有权的权能的概括也还是采取列举主义方式。概括主义则不主张具体列举所有权的权能，而仅规定所有权的抽象作用。采用列举式规定所有权，容易为人们接受和理解，却无法清晰地表现所有权的规定性，而且混淆了所有权本身与所有权作用的界限。前述对所有权概念的定义，采用的是综合方式。

（二）所有权的特征

所有权是物权制度的基本形态，是其他各种物权的基础，所有权以外的物权都是由所有权派生出来的物权，因此，所有权是其他物权的源泉。所有权除具备物权的共性外，还具有以下特征。

1. 所有权具有完全性

所有权是典型的支配权，所有权人对所有物的支配，不仅包括对物的占有、使用、收益，还包括了对物最终予以处分。因而可以看出，所有权是所有权人对其所有物进行一般、全面支配的最完全、最充分的物权。所有权的完全性，使其成为他物权的基础，而他物权设定后，仅是就占有、使用、收益的某一特定方面对物直接支配的权利，它们只以所有权的部分权能为其基本内容。

2. 所有权具有原始物权性

所有权的原始物权性，是说所有权不是由其他财产权派生出来的，而是法律直接确认财产归属关系的结果。而他物权则是由所有权派生出来的，是所有权的权能与所有权分离的结果。因而对所有权而言，即使他物权成立，也不影响所有权的独立性；而他物权脱离了所有权，则不能单独存在。

3. 所有权具有弹力性

所有权内容可以自由伸缩，因为所有权人可以在某所有物上为他人设定他物权，将占有、使用、收益等权能交给他人行使，由此发生了所有权权能与所有权人部分分离的情况，但是，只要没有发生使所有权消灭的法律事实（如转让、赠与、所有物灭失），所有权人仍然保持对其所有物的支配权，所有权并不消灭。在所有物上设定的其他权利一旦消灭，所有权仍然恢复全面支配的圆满状态，分离出去的各项权能仍复归所有权人。所有权的这种独特弹力性，对所有权人充分发挥财产的社会效益有非常重要的作用。

4. 所有权具有永久存续性

对所有权不能预定其存续期间，其也不因时效而消灭，这就是所有权的永久存续性。所有权除因标的物灭失、转让、抛弃等法律事实而变更、消灭外，是无期限地存在的。而他物权以及知识产权都具有一定存续期间，期限届满，这些权利即失去其效力。

二、所有权与所有制的关系及其社会作用

（一）所有权与所有制的关系

所有制是人类社会存在的基础，是指生产资料归谁所有和生产资料在生产过程中如何被具体利用的经济制度。所有制包括两方面：一是生产资料的归属关系；二是生产资料在具体生产过程中的实际利用关系。例如，我国农村的集体所有制就包括两方面：一方面，土地归集体所有；另一方面，集体所有的土地通过承包交由承包者在生产中具体利用。这两个方面结合起来，就构成了我国农村当前的集体所有制。

所有权是属于上层建筑领域中的一项法律制度，所有权首先反映的是人们之间因对物的支配而形成的关系。由于所有制是一个包括生产资料归属关系和实际利用关系在内的双层关系，因而反映生产资料归谁所有和由所有者进行支配的所有权关系只是反映了所有制的一个方面，还应确立除所有权外的包括各种他物权在内的完整的物权制度，才能全面地反映和调整所有制关系。所有权的一般社会功能是确认和保护生产资料的归属关系，对生产资料在生产过程中的实际利用关系，特别是在非所有权人利用所有权人的生产资料进行生产经营活动时，所有权制度的法律调整就显得无能为力了，因此必须建立相应的他物权制度才能协调所有权人与利用人以及所有权人、利用人与第三人的物质利益关系。

长久以来，从观念上总是认为所有制是一种反映社会生产资料归谁所有、归谁支配的基本经济制度，所有制的法律表现就是所有权。这种理解，致使我们在较长时间内忽视了对公有生产资料在其运行过程中所产生的一系列物质利益关系的法律调整，只注重

所有权而忽视了他物权，致使各类民事主体的利益得不到保护，生产积极性受到挫伤，对公有财产漠不关心，其结果是阻碍了社会生产力的发展。因而，要在理论上认识所有权与所有制的关系，从立法上要加强对他物权制度的研究和完善。

（二）所有权的社会作用

所有权制度是调整财产的归属关系的物权法制度，而财产的归属关系，尤其是重要财产（如土地及其他重要生产资料）的归属关系如何，不仅直接决定一个国家的基本经济制度，也间接决定一个国家的政治制度。就个人而言，将一定财产归为己有供生产和生活之用，是维系其生存和发展的必要前提。因此，所有权制度一直是法律规定和调整的重要对象。在现代社会，法律对各种所有权形式的确认和保护，对稳定社会经济秩序，促进和保障社会主义公有制和市场经济发展，具有重要的社会作用。具体体现在以下三个方面。

1. 稳定和维护社会经济秩序

所有权是对物的独占支配权，从法律上充分体现了物对所有权人的最终归属，因而使财产关系特定化并趋于稳定。现代国家对生产手段与生产物的私有从立法上予以确认，从而各生产者可以自由地进行生产活动，生产出生产物，然后以货币为媒介，与他人的劳动成果即商品进行交易，这样，社会生产在持续地进行，社会成员的生存也获得了保障，从而实现社会经济秩序的稳定。

2. 发挥财产的效用，优化资源配置

由于所有权确认了所有权人对其所有物的独占支配权，因而所有权人就可以排除他人对其所有物的干涉，享受其经济利益，并且利益专属所有权人的结果会使所有权人最大限度地发挥财产的效用。同时，由于所有权具有可转让性，因而可通过所有权确认和稳定财产在动态中的交换关系，使财产可以依法平等、自由地在主体间流转和交换，从而使财产具有发挥最高利用价值的可能，即在市场经济条件下，通过价格机制对财产进行市场选择，保证了通过市场进行优化资源配置过程的正常进行。

3. 促进财富积累

所有权制度确定了物在法律上的归属，社会成员可以对其财产自由行使权利，保障了社会成员对财富的拥有，其结果更可激发个人对财富的追求，由此促进整个社会财富总量的增长，使社会成为文明、富强的社会。

三、所有权的权能

所有权的权能，是所有权人为利用所有物以实现对所有物的独占利益，而于法律规定的范围内可以采取的各种利用措施与手段。所有权的不同权能，表现了所有权的不同作用形式，是构成所有权内容的有机组成部分。按照《民法典》第240条的规定，占有、使用、收益、处分是所有权的积极权能。此外，所有权尚有消极权能，即排除他人干涉的权能。

（一）所有权的积极权能

所有权的积极权能，是财产所有权人利用所有物实现所有权而需主动进行的行为。

1. 占有权能

占有权能，是指所有权的权利主体对财产的实际管领和支配的权能，这不是行使所有权的目的，而是所有权人对物进行使用、收益或处分的前提。占有权能作为所有权的一项独立权能，在一定条件下可与所有权分离。当占有权能与所有权分离而属于非所有权人时，非所有权人享有的占有权能同样受法律保护，所有权人不能随意请求返还原物，恢复其对所有物的占有。

根据占有人是否为所有权人，占有分为所有权人占有和非所有权人占有。所有权人占有是指所有权人在事实上管领、控制属于自己的财产，既是所有权人直接行使占有权能，也是其行使所有权的表现。如自然人在自己的房屋中居住即为所有权人占有。非所有权人占有是指所有权人以外的人对所有权人的财产进行事实上的控制。这种占有以他人所有权的存在为前提。非所有权人的占有，根据其有无法律依据，分为合法占有与非法占有。

2. 使用权能

使用权能，是指所有权人按照物的性能和用途，对物加以利用，以满足生产、生活需要的权能。它是所有权权能中的一个重要权能，如居住房屋、耕作田地、乘坐汽车等。使用权能通常由所有权人享有，但是，它与占有权能一样，也可以与所有权分离而由非所有权人享有。非所有权人可以根据法律的规定或与所有权人的约定而取得物的使用权能，如承租人依租赁合同使用租赁物。非所有权人取得物的使用权能，可以是有偿的，也可以是无偿的，但无论有偿还是无偿，非所有权人都须按法律规定或与所有权人约定的方式使用财产。非所有权人无法律依据使用他人财产的，为非法使用。非所有权人合法行使使用权能的结果是，非所有权人获得物的使用价值，而所有权人则因此获得物的价值。非法使用他人财产者要承担相应的民事责任。

3. 收益权能

收益权能，是指收取由原物产生出来的新增经济价值的权能。所有物新增的经济价值包括孳息与利润。孳息分为天然孳息和法定孳息。收益除孳息外，还包括将物投入生产经营活动中所产生的利润等。

收益权能一般由所有权人自己行使，即使在他人使用物时，除法律或合同另有规定外，物的收益权能仍归所有权人。但是，不排斥所有权人可以将自己财产的一部或全部收益权能转让给他人。事实表明，在市场经济条件下，收益权能不仅是所有权中一项独立的权能，而且是所有权中最重要、最基本的一项权能。因为市场经济中的行为主体是基于“利己心”而追求自己利益最大化的人，他们所关注的是自己财产的增值，以及如何才能实现这种增值，至于财产是由自己占有、使用，还是交由他人占有、使用，并不重要。只要能使财产增值和实现其利益的最大化，他们便可以让与财产的占有权、使用权乃至处分权，而最终把握收益权。例如，承租人转租，他获取新承租人的租金，出租人仍然取得承租人的租金，且转租也须经出租人的同意。在这种条件下，收益权能日渐突出，成为体现所有权的最基本权能。

4. 处分权能

处分权能，是指权利主体对其财产在事实上和法律上处置的权能。处分权能是所有权的主要权能，因为处分权能涉及财物的命运和所有权的发生、变更和终止，而占有、使用、收益权能的转移通常并不发生所有权的根本改变。从这个意义上说，处分权能是所有权中带有根本性的一项权能。

处分权能包括事实上的处分和法律上的处分。事实上的处分，指对标的物实施实质上的变形、改造或毁损等物理上的事实行为，如拆除房屋、撕毁书籍等。法律上的处分，指对标的物所有权加以转移、限制或消灭，从而使所有权发生变动的法律行为，如将财产转让或赠与他人、设定他物权等。

处分权能通常只有所有权人才能享有，非所有权人不得随意处分他人所有的财产。如保管人将保管物消耗，承租人将租赁物出卖，都是不允许的，是侵权行为。只有在法律有特别规定的场合，非所有权人才能处分他人所有的财产。

占有、使用、收益、处分四项权能一起，构成所有权的积极权能。这四项权能中的每一项都有相对独立性，因此又具有可分性。四项权能中的某一项或某几项权能暂时脱离财产所有权人，财产所有权人并不丧失对该项财产的所有权，如财产的保管、租赁等关系中的情况。四项权能的分离与回复，是民事活动的客观需要，也是财产所有权人行使所有权的具体表现。所有权不单使所有权人对其财产享有所有权，重要的是通过所有权人对四项权能的行使，来发挥物的经济效益。从某种意义上说，四项权能的分离与回复，正是所有权人行使所有权，发挥物的效益，以满足自己生产、生活需要或实现财产利益的体现。

（二）所有权的消极权能

所有权的消极权能，是指所有权人有权排除他人对其所有物进行违背其意志的干涉。其权利表现，就是物权请求权。由于这种权能并不是所有权人对物可以施加的积极行为，在没有他人干涉时，此种权能无须体现出来，故被称为消极权能。《民法典》第 207 条规定：“国家、集体、私人的物权和其他权利人的物权受法律平等保护，任何组织或者个人不得侵犯。”这种不得侵犯的义务，就是所有权的消极权能。所有权人对其所有物进行占有、使用、收益与处分时，如遇他人的非法干涉或者妨碍，可以根据具体情况，请求停止侵害、排除妨碍、返还原物、消除危险、恢复原状、赔偿损失。但是，所有权人行使此项权能时，必须受法律、习惯及社会公德的限制，对法律、习惯和社会公德认为正当的干涉不得排除。

第二节　所有权的取得、行使和消灭

一、所有权的取得

（一）所有权取得的概念

所有权的取得，是指民事主体根据一定法律事实获得某物的所有权，从而在该特定主体与其他人之间发生以该物为客体的所有权法律关系。所有权是法律赋予的权利，没有法律根据或者违反法律规定而取得财产，是非法取得，取得人不能得到财产的所有权。

所有权的取得，有原始取得和继受取得两种方式。善意取得和依取得时效取得，也是原始取得，但其规则较为复杂，本书后文作单独说明。

（二）原始取得

原始取得，也称为最初取得，是指不以他人已有的所有权和意志为根据，直接依照法律规定，通过某种方式或行为取得所有权。原始取得主要有以下几种方法。

1. 劳动生产

劳动生产是人们运用工具来创造各种生产资料和生活资料的过程，由于通过付出体力或脑力，改造、加工或利用原材料而制造出来的产品，无论从形体上，还是从使用价值和价值上，都与生产劳动前的产品不可相比，因而这种新产品的所有权当然属于创造出产品的人。通过劳动生产，既增加社会财富，也使财产所有权人取得了财产所有权。因此，劳动生产是取得所有权的最基本、最重要的合法方式。

2. 收取孳息

孳息是指由原物滋生、增值、繁衍出来的财产。孳息因产生的原因不同，分为天然孳息和法定孳息。天然孳息是指按照原物的自然规律而自然滋生和繁衍的新的独立物，如从羊身上剪下的羊毛、牲畜或家禽产下的幼畜或禽蛋、树上结的果实等。天然孳息的产生须无损于原物，孳息能与原物通过人工方式或自然方式分离而成为独立的物，如果是用原材料加工制造的产品则不得视为天然孳息。法定孳息是指根据法律的规定，通过就原物实施一定的法律行为而取得的由原物派生出来的孳息，如租金、利息、股息、红利等。该孳息是因财产交由他人使用而产生的，如果是财产由所有权人自己使用而产生的收益，则不是法定孳息。

孳息的所有权归属，应当按照《民法典》第 321 条的规定确定："天然孳息，由所有权人取得；既有所有权人又有用益物权人的，由用益物权人取得。当事人另有约定的，按照其约定"，"法定孳息，当事人有约定的，按照约定取得；没有约定或者约定不明确的，按照交易习惯取得"。按照习惯，孳息在没有与原物分离以前，由原物所有权人享有，原物所有权转移后，孳息的所有权随之转移。

3. 国家强制

国家强制，是指在法律规定的特定场合下，国家从社会公共利益出发，不顾及所有权人的意志和权利，直接采用没收、征收、国有化、税收等强制手段取得所有权的方式。《民法典》第 243 条规定：为了公共利益的需要，依照法律规定的权限和程序可以征收集体所有的土地和组织、个人的房屋及其他不动产。征收集体所有的土地，应当依法及时足额支付土地补偿费、安置补助费以及农村村民住宅、其他地上附着物和青苗等的补偿费用，并安排被征地农民的社会保障费用，保障被征地农民的生活，维护被征地农民的合法权益。征收组织、个人的房屋以及其他不动产的，应当依法给予征收补偿，维护被征收人的合法权益；征收个人住宅的，还应当保障被征收人的居住条件。任何组织或者个人不得贪污、挪用、私分、截留、拖欠征收补偿费等费用。

4. 取得无主财产

无主财产包括以下三种。

（1）无人认领的遗失物。遗失物是所有权人和合法占有人不慎丢失，不为任何人占有的财产。遗失物既不是基于所有权人抛弃的意思而产生，也不是由他人侵夺所致，亦不是无主财产，只是所有权人或合法占有人偶尔丧失了占有，现在又不为任何人占有的动产。《民法典》第 314 条至第 318 条对遗失物的取得作了详细规定。第一，拾得遗失物，应当返还权利人。拾得人应当及时通知权利人领取，或者送交公安等有关部门。第二，有关部门收到遗失物，知道权利人的，应当及时通知其领取；不知道的，应当及时发布招领公告。第三，拾得人在遗失物送交有关部门前，有关部门在遗失物被领取前，应当妥善保管遗失物。因故意或者重大过失致使遗失物毁损、灭失的，应当承担民事责任。第四，权利人领取遗失物时，应当向拾得人或者有关部门支付保管遗失物等支出的必要费用。权利人悬赏寻找遗失物的，领取遗失物时应当按照承诺履行义务。拾得人侵占遗失物的，无权请求权利人支付保管遗失物等支出的费用，也无权请求权利人按照承诺履行义务。第五，遗失物自发布招领公告之日起一年内无人认领的，归国家所有。

（2）漂流物、埋藏物和隐藏物。漂流物是指在河流等水域漂流的无主物或者所有权人不明的物。埋藏物是指藏附于土地中的财产。隐藏物是指隐匿于土地之外的其他包藏物中的财产。对于漂流物、埋藏物或者隐藏物的原始取得，应当按照《民法典》第 319 条的规定处理，即拾得漂流物、发现埋藏物或者隐藏物的，参照拾得遗失物的有关规定。法律另有规定的，依照其规定。

（3）无人继承又无人受遗赠的财产。这种财产是指自然人死亡后遗留下来的，没有人继承又没有人受遗赠的财产。无人继承又无人受遗赠的财产归国家所有用于公益事业，死者生前为集体所有制组织成员的，归所在集体组织所有。可见，无人继承又无人受遗赠的财产属无主财产，国家或集体取得无人继承又无人受遗赠的财产是原始取得。

5. 先占

无主动产由最先占有者取得所有权，是各国民法公认的规则。我国《民法典》虽然没有规定这一规则，但是也没有规定一切无主财产均归国家所有。在实际生活中，有些物品是法律不禁止占有的，同时不属于法律所调整的无主财产，允许先占取得所有权。如拾垃圾者可以取得其拾取被人抛弃的废弃物的所有权。因而，对已抛弃的不属于法律调整的无主财产取得所有权，应当建立先占规则。从立法上确认和完善无主动产的先占取得，有利于更好地发挥物的效用，稳定社会经济秩序。

6. 添附

添附，是指不同所有权人的物被结合、混合在一起成为一个新物，或者利用别人之物加工成为新物的事实状态。《民法典》把添附作为取得所有权的一种根据，究其原因在于添附发生后，要回复各物之原状，在事实上已不可能或在经济上不合理，因此有必要使添附物归一方所有或各方共有，以解决双方的争执。《民法典》第 322 条规定："因加工、附合、混合而产生的物的归属，有约定的，按照约定；没有约定或者约定不明确的，依照法律规定；法律没有规定的，按照充分发挥物的效用以及保护无过错当事人的原则确定。因一方当事人的过错或者确定物的归属造成另一方当事人损害的，应当给予赔偿或者补偿。”

添附物的归属因添附情况的不同，分为以下三种情况。

（1）加工。加工是指一方使用他人的物，将其加工改造为具有更高价值的物。原物由于加工人的劳动而成为新物，如在他人的木板上作画。加工物的所有权归属，当事人有约定的依约定处理；如无约定，加工所增价值未超过原材料价值的，加工物归原材料所有权人；加工物价值显然大于原物价值的，新物可以归加工人所有；加工物价值与原材料价值相当，可由双方共有。除共有外，不论哪种情况，取得加工物所有权的一方应对对方的加工劳动或原材料价值予以补偿。

（2）附合。附合是指不同所有权人的物密切结合在一起而成为一种新物。在附合的情况下，各原所有权人的物虽可识别，但非经拆毁不能恢复原来的状态。如砖、木的附合构建成房屋。附合物的所有权归属应区分两种情况：当动产附合于不动产之上时，由不动产所有权人取得附合物的所有权，原动产所有权人则可取得与其原财产价值相当的补偿。当动产与动产附合时，附合的动产有主从之别者，由主物的所有权人取得附合物的所有权，同时给对方以价值上的补偿。如无主从之别，则由各动产所有权人按其动产附合时的价值共有合成物。

（3）混合。混合是指不同所有权人的物互相结合在一起难以分开，并形成新的财产，如米与米的混合、酒与酒的混合。混合与附合不同，在混合的情况下，已无法识别原各所有权人的财产，而在附合的情况下，原各所有权人的财产仍然能够识别。混合物一般应由原物价值量较大的一方取得所有权，给另一方以相当的补偿。如果原物价值量相差不多，也可由各方共有。

添附的所有权归属规则是：

第一，因加工、附合、混合而产生的物的归属，有约定的按照约定；没有约定或者约定不明确的，依照法律规定。

第二，法律没有规定的，按照充分发挥物的效用以及保护无过错当事人的原则确定。发挥物的效用的原则，就是物归属于哪一方更能够发挥物的效用，就应归属于哪一方的规则。保护无过错当事人的原则，是指对无过错一方当事人给予更好的保护。两个原则中，应当首先考虑物的效用原则。

第三，因一方当事人的过错或者确定物的归属给另一方当事人造成损害的，应当给予赔偿或者补偿。

7. 取得人体变异物

人体变异物，是指脱离人体的器官和组织、人体医疗废物以及尸体。其中脱离人体的器官和组织以及人体医疗废物从脱离人体之时，由身体权人取得其所有权，为原始取得。自然人死亡后，其尸体由其近亲属取得所有权。这些人体变异物的所有权确定后，其权利行使都有严格的限制，必须符合公序良俗原则的要求。[①]

---

① 杨立新，曹艳春．脱离人体的器官或组织的法律属性及其支配规则．中国法学，2006（1）．杨立新，曹艳春．人体医疗废物的权利归属及其支配规则．政治与法律，2006（1）．杨立新，曹艳春．论尸体的法律属性及其处置规则．法学家，2005（5）．

（三）继受取得

1. 继受取得的概念和方法

继受取得也称为传来取得，是指财产所有权人通过某种法律事实，从原所有权人处取得财产所有权。继受取得与原始取得不同，是以原所有权人的所有权和原所有权人转让所有权的意志为根据的。继受取得主要有以下几种方式。

（1）买卖。买卖是一方出让标的物所有权以换取价金，他方以支付价金为对价换取标的物所有权的双方民事法律行为。买卖是财产所有权人出让财产所有权的主要方法，又是非所有权人继受取得财产所有权的主要方法。

（2）互易。互易是以物易物的双方民事法律行为，是互相继受对方财产所有权的方法。互易是最古老的商品交换形式，至今在国内、国际商品交换中仍经常被采用。因此，互易是继受取得财产所有权的重要方法。

（3）赠与。赠与是一方无偿转让财产所有权给另一方的双方民事法律行为。虽然赠与不是商品交换形式，但是，随着商品经济的发展，人的社会意识及社会责任感的加强，赠与的社会作用日益得到充分发挥，赠与成为解决救灾、救济等社会问题及发展社会公益事业的重要手段。在这种发展趋势下，赠与不仅是自然人个人继受取得财产所有权的方法，而且日益成为国家、社会公益团体继受取得财产所有权的重要方法。

（4）继承与遗赠。自然人死亡后，其遗产依法转归法定继承人。如果死者生前立有合法有效的遗嘱和遗赠，则遗产转归遗嘱继承人或遗赠受领人所有。这些人取得遗产所有权，是以死者生前的财产所有权为根据的。

2. 继受取得的所有权转移

原所有权人的所有权何时转移给继受人，是所有权继受取得的重要问题。因为它不仅关系到何时完成所有权转移，而且关系到标的物意外毁损、灭失的风险责任由谁负担的问题。对此，《民法典》第 208 条、第 209 条和第 224 条作了明确规定，动产以交付为继受取得所有权的标志，不动产以登记为继受取得所有权的标志。

（四）善意取得

1. 善意取得的概念

善意取得也称为即时取得，是指在无权处分他人财产的财产占有人不法地将其占有的财产转让给第三人后，受让人如果在取得该财产时出于善意，即依法取得该财产的所有权，原财产所有权人不得要求受让人返还财产的民法规则。在现代商品经济高度发展的社会，善意取得制度既是适应商品经济发展的交易规则，也是现代民法中的重要制度。《民法典》第 311 条第 1 款规定："无处分权人将不动产或者动产转让给受让人的，所有权人有权追回；除法律另有规定外，符合下列情形的，受让人取得该不动产或者动产的所有权：（一）受让人受让该不动产或者动产时是善意；（二）以合理的价格转让；（三）转让的不动产或者动产依照法律规定应当登记的已经登记，不需要登记的已经交付给受让人。"

2. 善意取得的构成要件

实行善意取得的结果，是物的原所有权人丧失其所有权，善意受让人则取得所有权。其构成要件有以下几点。

（1）受让人在受让时不知道转让人无处分权即善意。如何确定善意，学说上有“积极观念”和“消极观念”两种主张。积极观念主张受让人须具有将让与人视为所有权人的认识，才为善意；消极观念则主张受让人不知让与人为非所有权人，为善意。采用消极观念的国家居多，这对善意受让者有利。《物权编司法解释（一）》第 14 条第 1 款规定：“受让人受让不动产或者动产时，不知道转让人无处分权，且无重大过失的，应当认定受让人为善意。”第 2 款规定：“真实权利人主张受让人不构成善意的，应当承担举证证明责任。”这一要件包括：一是处分财产的出让人须无处分权；二是受让人受让财产时不知情，不知道转让人无处分权；三是受让人不知情为无重大过失。一般认为以下情形是恶意：一是以不当的低廉价格买受其物；二是让与人属于有可疑身份的人，例如由有寄藏赃物嫌疑的旧货店买取其物；三是授受行为，行于近亲属之间，可以确定其让与人为恶意的；四是善意取得人通常对由谁受让及在如何情形之下取得其物，应有记忆，如经原告的要求，被告拒绝为此项陈述，则被告的取得应被推定为恶意；五是取得人确知让与人非为所有权人，应推定其为恶意。①

《物权编司法解释（一）》第 15～17 条对这一要件还作出了如下明确规定。

第一，具有下列情形之一的，应当认定不动产受让人知道转让人无处分权：一是登记簿上存在有效的异议登记；二是预告登记有效期内，未经预告登记的权利人同意；三是登记簿上已经记载司法机关或者行政机关依法裁定、决定查封或者以其他形式限制不动产权利的有关事项；四是受让人知道登记簿上记载的权利主体错误；五是受让人知道他人已经依法享有不动产物权。如果真实权利人有证据证明不动产受让人应当知道转让人无处分权，应当认定受让人具有重大过失。

第二，受让人受让动产时，交易的对象、场所或者时机等不符合交易习惯的，应当认定受让人具有重大过失。

第三，受让人善意的时点，是“受让人受让该不动产或者动产时”。这个时点是指依法完成不动产物权转移登记或者动产交付之时。当事人以《民法典》第 226 条规定的简易交付方式交付动产的，转让动产法律行为生效时为动产交付之时；当事人以《民法典》第 227 条规定的指示交付方式交付动产的，转让人与受让人之间有关转让返还原物请求权的协议生效时为动产交付之时；法律对不动产、动产物权的设立另有规定的，应当按照法律规定的时间认定权利人是否为善意。

（2）以合理价格有偿受让。构成善意取得，其财产转移占有必须是通过交换而实现的，且以合理的价格有偿转让。这种交换，是指买卖、互易、赠与、债务清偿、出资等具有交换性质的行为。非通过交换而转移占有的，即使受让人已经实际占有该财产，也不发生善意取得效力。如继承和遗赠，不是交易性质的法律行为，而且继承和遗赠的财产必须是被继承人或遗赠人生前合法的财产，如果被继承人或遗赠人的财产非其所有，

---

① 史尚宽．物权法论．台北：荣泰印书馆，1979：511.

即使继承人或受赠人已经接受了这些财产，也不构成善意取得。对合理价格如何界定，《物权编司法解释（一）》第 18 条规定，《民法典》第 311 条第 1 款第 2 项规定所称“合理的价格”，应当根据转让标的物的性质、数量以及付款方式等具体情况，参考转让时交易地市场价格以及交易习惯等因素综合认定。

（3）转让的财产依照法律规定应当登记的已经登记，不需要登记的已经交付给受让人。构成善意取得，受让人须通过交换而实际占有已取得的财产，只有受让人占有财产，才可能发生善意取得。其标志是不动产经过登记，动产已经交付。对船舶、航空器、机动车等特殊动产，法律规定了登记对抗主义，交付即产生所有权转移的后果。《物权编司法解释（一）》第 19 条规定：“转让人将民法典第二百二十五条规定的船舶、航空器和机动车等交付给受让人的，应当认定符合民法典第三百一十一条第一款第三项规定的善意取得的条件。”因而，船舶、航空器和机动车转让的交付，是否登记并不是产生善意取得后果的要件。

（4）转移占有的财产须是法律允许流通的动产和不动产。善意取得的财产包括动产和不动产，但一般是指动产。动产的范围，包括除不动产以外的其他一切财产，货币和无记名有价证券也包括在内，但是，记名有价证券所载财产属于特定的人，因而不适用善意取得制度。不动产构成善意取得的情况较少，主要是不动产的共有人之一擅自处分不动产，未经其他共有人同意的情况。房屋等不动产的分离物一经分离，就不再具有不动产的性质，因而可以适用善意取得制度。善意取得的动产须是法律允许自由流通的动产，法律禁止流通的财产如毒品等，不得适用善意取得。

《物权编司法解释（一）》第 20 条规定了不发生善意取得后果的两种情形：一是转让合同被认定无效；二是转让合同被撤销。存在这两种情形之一，受让人主张依据《民法典》第 311 条的规定因善意而取得所有权的，理由不成立，法院对其主张不予支持。

对盗赃和拾得物，处理的规则是：第一，对被盗、被抢的财物或者遗失物，所有权人等权利人有权追回。这是物上追及权的效力。第二，盗赃和拾得物通过转让被他人占有的，所有权人、遗失人等权利人有权选择，或者是向无处分权人请求损害赔偿，这样的结果是承认受让人取得所有权，或者自知道或者应当知道受让人之日起 2 年内向受让人请求返还原物，否定受让人取得所有权。但是，如果受让人是通过拍卖或者向具有经营资格的经营者购得该动产的，尽管法律不承认其构成善意取得，但所有权人等权利人在请求返还原物时，应当支付受让人所付的费用。第三，法律另有规定的，依照其规定。

3. 善意取得的效力

具备善意取得的构成要件，即发生善意取得的法律效力，受让人即时取得受让财产的所有权，原所有权人对该财产的所有权归于消灭，原所有权人不得向善意受让人请求返还原物。

对此效力，《民法典》第 311 条第 2 款规定：“受让人依据前款规定取得不动产或者动产的所有权的，原所有权人有权向无处分权人请求损害赔偿。”第 313 条规定：“善意受让人取得动产后，该动产上的原有权利消灭。但是，善意受让人在受让时知道或者应当知道该权利的除外。”

确认善意取得的效力，保护的是交易的动态安全，但是也必须对原所有权人的权益进行保护。原所有权人权利受到侵害的原因，是出让财产的无处分权人的出让行为。这种行为属于侵害财产权的行为。依据这一法律事实，原所有权人产生侵权损害赔偿请求权，无处分权人对原所有权人负有损害赔偿义务，赔偿的范围，应包括原物的价值及由此而造成的其他损失。

不构成善意取得的转移占有，不发生善意取得的效力，所有权人依物权请求权，向受让人请求返还，受让人负返还义务。如果原物已经灭失或毁损，则所有权人可以向无处分权人请求赔偿转让的价金。受让人负返还责任后，可以向无处分权人请求返还价金。

（五）取得时效

1. 取得时效的概念

取得时效，是指民事主体公开、持续地占有他人财产或者行使某种他物权，经过一定的期间，取得该物所有权或者他物权的制度。

依据取得时效取得所有权，为原始取得。

《民法典》没有规定取得时效，在现实生活中，取得时效是存在的。

2. 取得时效的特征

（1）取得时效是物权法律制度。完整的时效制度包括取得时效和消灭时效，但是两种时效制度的性质不同。消灭时效是《民法典》“总则”编规定的制度，适用于全部民事法律关系；取得时效是物权法的内容，规定在《民法典》“物权”编，是取得物权的方式之一。

（2）取得时效的法律后果是取得所有权和他物权。这种法律后果恰好与消灭时效相反，消灭时效的法律后果则是消灭某种现存的权利。

（3）取得时效以时间的延续为取得物权的必要条件。未经时间的延续，不能取得某种物权。善意取得与取得时效的区别，就在于善意取得无须经过时间的延续，而即时取得财产所有权。

（4）取得时效的适用范围以物权取得为限。有的学者将取得时效限制在所有权的范围内，事实上取得时效适用于所有物权的取得，不仅可以取得所有权，而且能够取得他物权。

3. 取得时效的构成

（1）须有为自己取得权利的主观意思。这是取得时效构成的主观要件，为自己取得权利的主观意思，包括取得所有权和他物权。缺乏这一主观要件，不能构成取得时效。

（2）须有符合条件的占有或权利行使的事实状态。因时效而取得所有权的占有，必须符合条件。首先，占有人的占有须为公开占有，即占有人占有该项财产不得带有任何隐秘瑕疵。其次，占有人的占有必须为和平占有，不带有暴力或胁迫。最后，占有人的占有须持续不间断，长度应与法律规定的期间长度相一致。符合上述三个条件的占有为无瑕疵占有，构成取得时效的客观要件。因时效而取得他物权，须有事实上的权利行使状态，并且达到法律规定的时间。如不享有地役权之人在他人土地上通行或埋设管线、开挖沟渠，为权利行使的持续状态，亦须符合公然、和平、持续的条件要求。

（3）须以他人的财产或他人财产的用益为取得权利的客体。因时效取得所有权的财产必须是他人的财产，包括动产和不动产。对自己的物或者本属于自己却误信为他人之物，都不适用取得时效。对无主物，可因先占而取得，不适用取得时效。对权属不明之物，应当确权，也不适用所有权的时效取得。禁止流通物不适用取得时效。其他财产权因时效取得，应以用益物权为限，须以对他人财产的用益为必要要件，包括对动产和不动产的用益。

（4）占有或权利行使事实状态须经过一定时间。对占有持续的时间，司法实践的判例多数采 20 年期间。可以考虑的是，对不动产取得所有权或用益物权规定 20 年期间，对动产取得所有权规定 10 年期间。

4. 取得时效的效力

构成取得时效，即发生占有人取得占有物的所有权，或者用益人取得用益物的用益物权。取得时效的这种法律效力，符合其弥补财产转让方式的不完全，保障对财产的占有和用益的连续性，防止社会财富的损失，避免财产权利的不确定状态，稳定社会经济秩序的目的。

取得时效的效力具体表现在两个方面：第一，占有人取得所有权或某种用益物权。第二，原所有权人丧失所有权，不得在取得时效期间完成之后再主张权利。因时效而取得的用益物权的效力，与因协议而取得的用益物权的效力相同。其取得权利的种类与范围，应与实际上存在的事实关系相一致。

关于取得时效完成的效力应从何时起算，即其效力应否溯及开始占有时发生，有两种不同立法例。一是其效力溯及占有之时发生，如日本立法。二是不动产所有权于登记后始可取得，动产所有权于取得时效完成时发生效力。本书认为，采前一种立法例较为稳妥。

二、所有权的行使

（一）所有权行使的一般规则

所有权的行使，是指物的所有权人依照法律规定实现其所有权各项权能的行为。物的所有权人既可以自己行使权利，也可以依照法律规定将所有权的权能转让给他人。在许多情况下，所有权人无须借助他人的行为就可以独立地行使其所有权。

所有权的行使体现所有权人的意志和利益，物的所有权人不仅可以依法独立地进行各种行使所有权的活动，而且可以通过行使所有权获得经济利益。所有权人还可以根据自己的意志和利益，将所有权的一项或几项权能分离或转让出去，这种权能的分离并不使所有权人丧失其所有权，而是所有权人正常行使其所有权的具体表现。

《民法典》充分保护国家、集体和私人所有权，但是，也要求所有权人应在法律规定的范围内享有和行使所有权，因此对所有权的内容作一定限制。例如，行使所有权不得妨碍公共利益及其他民事主体的合法权益，不得破坏社会主义经济秩序，不得侵害公私财物，不得违背社会主义道德准则等。所有权人滥用所有权的，应当依法承担相应的法律责任。对所有权行使的这种限制，是为了保证所有权人正确行使所有权，兼顾所有权人和社会的利益，按照“物尽其用”的原则，充分、合理地发挥物的效益，同时，也是对财产所有权人正确行使财产所有权的一种保护。

（二）《民法典》对行使所有权的具体规定

《民法典》“物权”编第四章对行使所有权规定了一些具体规则。这些规则有以下几点。

1. 所有权与他物权的关系

所有权是自物权，是物权体系的核心权利。按照《民法典》第 241 条的规定，所有权人有权在自己的不动产或者动产上设立用益物权和担保物权。

对自己所有的不动产或者动产，所有权人都可以设立他物权，包括设立用益物权和担保物权，这是所有权人行使自己的权利的表现，法律予以保护，任何人不得干涉和强制。

在所有权上设立他物权之后，这个所有权就是设立了负担的所有权，称为受限制的所有权。所有权人要将自己享有的某些权能移交给他物权人享有，因而使自己的权利受到限制。例如，用益物权设立后，所有权人要将自己所有的不动产转移给用益物权人占有、使用、收益；质权设立后，所有权人要将质押财产交付质权人占有。这是法律对自物权的限制，是合法的限制。但是，用益物权人或者担保物权人在行使自己的他物权时，不得损害所有权人的权益。法律规定了救济方法，如果用益物权人或者担保物权人行使自己的权利损害了所有权人的权利，例如擅自出卖质押财产或者留置财产等，行为人要承担相应的民事责任。

2. 国家所有的不动产和动产，任何人不能取得所有权

《民法典》特别注意保护国家所有的财产，专设第 242 条规定，法律规定专属于国家所有的不动产和动产，任何组织或者个人不能取得所有权，以此对国家所有的财产进行特别的保护。

3. 对不动产的征收

征收，是国家取得所有权的一种方式，是将集体或者个人的财产征收为国家所有。征收的后果是集体或者个人消灭所有权。这种后果比较严重，因此给予严格限制。以下这些内容是特别限制。

征收的目的须是满足公共利益的需要，而不是满足一般的建设需要。征收的财产应当是土地、房屋及其他不动产。

征收不动产，应当支付补偿费，对丧失所有权的人给予合理的补偿。征收集体所有的土地，应当支付土地补偿费、安置补助费、地上附着物补偿费等费用。同时，要足额安排被征地农民的社会保障费用，维护被征地农民的合法权益，保障被征地农民的生活。征收单位、个人的房屋或者其他不动产的，应当给予拆迁补偿，维护被征收人的合法权益。征收居民住房的，还应当保障被征收人的居住条件。

为了保证补偿费能够足额发到被征用人的手中，《民法典》第 243 条第 4 款专门规定，任何组织或者个人不得贪污、挪用、私分、截留、拖欠征收补偿费等费用。

2008 年 10 月 12 日，《中共中央关于推进农村改革发展若干重大问题的决定》指出，要“实行最严格的节约用地制度，从严控制城乡建设用地总规模”，“改革征地制度，严格界定公益性和经营性建设用地，逐步缩小征地范围，完善征地补偿机制。依法征收农村集体土地，按照同地同价原则及时足额给农村集体组织和农民合理补偿，解决好被征地农民就业、住房、社会保障”。这些决定都十分重要，对保障农民的合法权益具有重要意义。

4. 耕地保护

耕地是重要的财富，对国计民生都具有极为重要的作用。近些年来对耕地的过度征收，已经造成了一定的不良后果。《民法典》第 244 条专门规定，国家对耕地实行特殊保护，严格限制农用地转为建设用地，控制建设用地总量。不得违反法律规定的权限和程序征收集体所有的土地。

5. 财产征用

《民法典》第 245 条专门规定了财产的征用补偿制度。遇有抢险救灾、疫情防控等紧急需要时，国家可以依照法律规定的权限和程序，征用组织、个人的不动产或者动产。对被征用不动产、动产的所有权人的权利保护，应当做到两点：第一，被征用的动产或者不动产在使用后，应当返还被征用人，其条件是被征用的不动产或者动产的价值仍在。第二，组织、个人的不动产或者动产被征用，或者被征用后毁损、灭失的，则应当由国家给予补偿。

三、所有权的消灭

（一）所有权消灭的概念和种类

所有权的消灭，是指因某种法律事实而使财产所有权人丧失其所有权，或者因权利主体的消灭而形成所有权转移。

财产所有权的消灭分为两种：一是所有权人失去对物的占有与支配，此时原物尚存，只是由新的所有权人取得其所有权，这是所有权的相对消灭；二是物本身不存在，此时不再会发生新的所有权，这是所有权的绝对消灭。

（二）所有权消灭的原因

1. 所有权的转让

这是财产所有权人对其财产行使处分权的一种结果。如买卖、赠与等转让行为，其结果是转让人的财产所有权消灭，而受让人的财产所有权因此产生。

2. 所有权客体的灭失

这是指作为所有权客体的财物改变或消灭了自然状态，致使所有权人丧失了所有权。例如，财产在生产或生活中被消耗或消费，不可抗力导致财产毁损或财产自然消灭，致使权利客体不复存在，产生所有权绝对消灭的后果。

3. 所有权主体的消灭

这是指作为所有权人的自然人死亡，以及法人解散、被撤销等。由于其权利主体资格已经消灭，其财产依法定程序转移给他人所有，因而其原所有权也归于消灭。

4. 抛弃

这是指权利主体主动放弃其所有权或者抛弃其某项财产致使其所有权消灭。如所有权人丢弃其财产，就会引起所有权消灭。

5. 所有权被强制消灭

这是指国家依法采用强制手段，责令财产所有权人交出或转移其财产所有权，致使原所有权人的权利消灭，如对某项财产的征购、没收、拍卖，罚款、赔偿损失等。所有权被强制消灭，有的是为了满足公共利益的需要，有的是因所有权人的违法或违约行为。采取强制措施的国家机关，既有行政机关，也有司法机关。

第三节 所有权的主要形式

一、国家所有权

（一）国家所有权的概念和特征

国家所有权，是国家对全民所有的财产进行占有、使用、收益和处分的权利。《民法典》第246条规定："法律规定属于国家所有的财产，属于国家所有即全民所有。""国有财产由国务院代表国家行使所有权。法律另有规定的，依照其规定。"第258条规定："国家所有的财产受法律保护，禁止任何组织或者个人侵占、哄抢、私分、截留、破坏。"这些都确定了国家所有权的性质、地位和内容，表明国家所有权是全民所有制在法律上的表现。

国家所有权并非始于社会主义国家，它是随着国家的产生而产生，随着国家的发展而发展的。自从人类社会有了国家，国家为了实现其统治职能，就必然以一定方式获取和占有一定的社会财富，以应付其统治机器的正常运转。国家作为社会的中心，无论其性质如何，都负有解决社会生产中重大问题的责任，如兴修水利、抵抗自然灾害等。随着经济的发展，国家的职能更强，因而国家所有权也随着生产的发展而逐步加强。

国家所有权具有特殊的法律地位，这是由国家所有权所反映的全民所有制经济的地位决定的。社会主义全民所有制是社会全体成员共同占有社会生产资料的一种所有制形式，这种所有制形式在法律上必然表现为国家所有权。国家作为社会中心，代表着全体人民的根本利益，社会主义社会中的全体人民必须通过其代表者——国家才能形成一个整体，从而有步骤、有计划、有目的地共同支配全民财产，使生产资料在分配使用上与社会的共同利益结合并协调起来。

国家所有权的特征体现在以下两方面。

1. 国家所有权的权利主体具有统一性和唯一性

这是指国家财产只有代表全体人民意志和利益的国家才能享有所有权，而国家所有权只能由国家统一行使，国家是全民财产的唯一所有权人。非经国家授权或法律规定，任何组织和个人都不得行使国家所有权权能或充当其权利主体。但是，国家所有权权利主体的唯一性，并不意味着全民财产只能由国家占有，相反，为了实现对全民财产的共同占有，充分发挥全民财产的经济效益，满足经济建设和人民物质文化生活的需要，以及国家机关、事业单位从事职能活动的需要，国家作为社会的中心和全民的代表，须在全社会范围内对全民财产进行合理分配，把国家所有权客体中的各项财产，按照其性质、用途交给国家机关、企事业单位、其他组织及个人占有和使用。因此，国家财产占有权主体的多元性，并不影响国家所有权主体的统一性和唯一性。

2. 国家所有权的权利客体具有无限广泛性和专有性

无限广泛性，是指国家所有权的客体没有范围限制，任何财产都可以作为国家所有权的客体。根据《宪法》和《民法典》的规定，有些财产只能作为国家所有权的客体，即国家专有，不能成为集体或者私人所有权的客体，如矿藏、水流、国防资产等。应当注意的是，国家所有权客体的广泛性，是指任何财产都可以成为国家所有权的客体，而不是说任何财产都是国家所有权的客体。此外，对集体组织及私人所有的财产，国家不得任意取得。

（二）国家所有权的取得

国家所有权权利主体的特殊属性，决定了国家所有权的取得方式有以下几种。

1. 没收

中华人民共和国成立初期，根据有关法律，将官僚资本以及官僚资本家、汉奸、战犯等敌伪的财产没收，归国家所有。这是中华人民共和国成立初期国家所有权取得的重要方法。此外，根据《刑法》和其他法律的有关规定，对刑事犯罪分子和其他违法行为人采取的制裁手段——没收，也是国家所有权的取得方式。不论采取何种没收形式，其结果都是将这些人的财产强制、无偿地收归国家所有。

2. 赎买

中华人民共和国成立初期，政府根据当时的历史条件，对民族资本主义工商业实行社会主义改造，通过公私合营等方式，逐步把原属于民族资本家的工商业，用赎买的方式改变为国有企业。

3. 积累资金

这是指用于扩大再生产的国民收入，这部分收入从国有企业经营管理国家财产所得收益中获取，是国家取得所有权的主要方式。

4. 税收

这是指国家为了实现其职能，依照税法规定，向负有纳税义务的企业或个人无偿征收货币和实物。这是国家凭借政权的强制力，参与国民收入分配和再分配，以取得财产的方式。

5. 征收、征用

这是指国家根据经济建设和公共利益的需要，依法有偿地取得集体组织或自然人财产所有权的方式。

6. 罚款和罚金

罚款是国家司法、公安和行政机关，对违法的单位或个人强制其缴纳一定数额货币的民事或行政处罚，如违反卫生、交通、市场管理等法规的罚款。罚款的性质各有不同，但是，罚款收入均须上缴国库，罚款成为国家所有权的取得方式。罚金是人民法院根据《刑法》规定，强制犯罪分子缴纳一定数额金钱的刑罚。罚金收入上交国库，归国家所有。

7. 依法取得无主财产

对无主财产，国家依据一定的方式接收，取得所有权。

国家所有权的取得，除上述方式外，还有开展国内民事活动、从事对外经济贸易、接受赠与等方式。

（三）国家所有权的内容和客体

国家财产所有权的内容，是指国家对全民所有的财产的占有、使用、收益、处分的权能。

国家所有权的客体，按照《民法典》第247条至第254条规定，包括以下内容。

1. 矿藏、水流、海域、无居民海岛和城市的土地

矿藏、水流、海域、无居民海岛和城市的土地，只能属于国家所有，任何单位和个人都不得对这些物享有所有权。

2. 森林、山岭、草原、荒地、滩涂等自然资源

森林、山岭、草原、荒地、滩涂等自然资源分为两种情况：首先，这些自然资源原则上属于国家所有；其次，如果法律另有规定，这些资源中的某些部分属于集体所有的，则属于集体所有。

3. 农村和城市郊区的土地

农村和城市郊区的土地，按照法律规定，原则上属于集体所有权的客体，但是，法律规定属于国家所有的，则属于国家所有。

4. 野生动植物资源、无线电频谱资源、国家所有的文物

《民法典》第251条、第252条、第253条分别规定：法律规定属于国家所有的野生动植物资源，属于国家所有；无线电频谱资源属于国家所有；法律规定属于国家所有的文物，属于国家所有。

5. 国防资产和铁路、公路、电力设施、电信设施、油气管道等基础设施

国防资产属于国家所有。

铁路、公路、电力设施、电信设施和油气管道等基础设施，关系到国计民生的大问题，因此，法律认为应当由国家所有的，直接被规定为国家所有，是国家所有权的客体。

（四）国家所有权的行使

国家所有权的行使主要有以下几种方式。

1. 国家直接行使其所有权的方式

对全民财产的直接占有、使用、收益和处分，是国家行使其所有权的重要方式。《民法典》第 246 条第 2 款规定："国有财产由国务院代表国家行使所有权。法律另有规定的，依照其规定。"此外，国家作为特殊的民事权利主体以国家的名义进行民事活动，即以国家财产直接承担民事责任的活动，如发行公债（国库券）和对外签订贸易协议，均是国家直接行使所有权的方式。

2. 国家机关、国家举办的事业单位经营管理的方式

国家机关对其直接支配的不动产和动产，享有占有、使用以及依照法律和国务院的有关规定处分的权利。国家举办的事业单位对其直接支配的不动产和动产，享有占有、使用以及依照法律和国务院的有关规定收益、处分的权利。这是国家所有权的行使方式，国家依法授予国家机关、事业单位经营管理国家特定的财产，以便充分调动它们的积极性和责任感，更好地利用和发挥国家财产的效用，获得最佳的经济效益和社会效益。

3. 国家出资的企业使用或经营某些国有的财产的方式

国家出资的企业，由国务院、地方人民政府依照法律、行政法规规定分别代表国家履行出资人职责，享有出资人权益。

二、集体所有权

（一）集体所有权的概念和特征

集体所有权，是指劳动群众集体依法对集体所有财产享有的占有、使用、收益和处分的权利。它是劳动群众集体所有制的法律表现。《民法典》第 260 条至第 265 条对集体所有权作出了具体规定。

集体所有权同国家所有权一样，是建立在生产资料公有制基础上的所有权法律制度，是我国所有权制度中的重要类型之一。集体所有权与国家所有权相比较，具有以下法律特征。

1. 权利主体的广泛性与多元化

国家所有权的主体具有统一性和唯一性，而集体所有权不具有全国性的统一主体，各个具体的集体所有制组织都是独立的集体所有权的权利主体，每个集体组织仅对属于自己组织的财产享有所有权。这反映出集体组织所有权主体的广泛性的特点。在法律上，集体组织所有的财产与集体组织成员的个人财产是分开的，集体组织成员个人的财产属于个人所有，与集体所有权无关。在现阶段，我国集体所有制组织普遍地存在于城乡中的工业、农业、商业等领域，其财产又分属于各自的集体组织，因而集体所有权的主体表现出多元化的特点。

2. 客体的限定性

与国家所有权客体的无限广泛性和专有性相比，集体所有权的客体不是任何种类的财产。法律对每个集体组织能拥有的财产是有限制的，例如，从事农业生产经营的集体组织可以拥有土地等自然资源的所有权，而城乡其他部门的集体组织因其性质、任务与上述集体组织不同，因而不得拥有土地等自然资源的所有权。集体所有权客体的限定性还表现在集体组织不得拥有国家专有财产、专有资源以及涉及国计民生重要财产的所有权。

3. 所有权的独立性

集体所有权属于各个集体组织，只有它们才能作为该组织全体成员的代表，独立地享有和行使所有权。集体组织行使所有权，除应遵守法律外，不受其他所有权的限制，也无须任何人授权，更不得由集体组织的成员个人处分其财产。

4. 所有权取得方式的有限性

集体组织所有的财产所有权最初由劳动群众在自愿互利的基础上，通过生产资料的集体化或交纳股金、入社费而取得，在建立起集体组织后，财产所有权主要通过民事方式取得。

（二）集体所有权的客体范围和形式

1. 集体所有权的客体范围

集体所有权的客体包括以下内容：（1）法律规定属于集体所有的土地和森林、山岭、草原、荒地、滩涂；（2）集体所有的建筑物、生产设施、农田水利设施；（3）集体所有的教育、科学、文化、卫生、体育等设施；（4）集体所有的其他不动产和动产。

2. 集体所有权的形式

集体所有权包括以下两种形式。

（1）农村集体所有权。农民集体所有的不动产和动产，属于本集体成员集体所有，是农村集体所有权的形式。

（2）城镇集体所有权。《民法典》第 263 条规定："城镇集体所有的不动产和动产，依照法律、行政法规的规定由本集体享有占有、使用、收益和处分的权利。"

（三）集体所有权的权能及行使

1. 集体所有权的权能

集体所有权作为所有权的一种类型，具有占有、使用、收益、处分四项权能。法律充分保护集体组织对其所有权的行使。

2. 集体所有权的行使

集体组织在行使所有权时，必须遵守国家的法律、政策和社会公德，处理好集体所有权与国家对国民经济宏观调控的关系，注意兼顾国家、集体、个人三方面的利益，不得阻碍国民经济的发展。要处理好改革开放与市场经济新形势下集体所有权主体与占有权主体分离的问题，特别是乡村集体组织行使所有权，即间接占有财产的所有权人行使所有权时，应注意统筹安排土地、水利设施、大型机具的使用以及农田基建事宜、收取提留事宜，禁止非所有权人非法转让土地等财产，注意在开办的集体企业中贯彻自主经营、独立核算、自负盈亏的原则。

《民法典》规定了集体所有权行使的规则，主要是以下内容。

（1）行使农民集体所有权时，重大事项依法应当由该集体的村民会议讨论决定。重大事项的范围是：第一，土地承包方案以及将土地发包给本集体以外的组织或者个人承包；第二，个别土地承包经营者之间承包地的调整；第三，土地补偿费等费用的使用、分配办法；第四，集体出资的企业的所有权变动等事项；第五，法律规定的其他事项。

（2）对集体所有的土地和森林、山岭、草原、荒地、滩涂等的权利行使。上述自然资源的集体所有权行使规则是：第一，属于村农民集体所有的，由村集体经济组织或者村民委员会代表集体行使所有权；第二，分别属于村内两个以上农民集体所有的，由村内各集体经济组织或者村民小组依法代表集体行使所有权；第三，属于乡镇农民集体所有的，由乡镇集体经济组织代表农民集体行使所有权。

（3）集体经济组织成员的撤销权。集体经济组织、村民委员会或者其负责人作出的决定侵害集体成员合法权益的，该集体成员可以请求人民法院予以撤销。

（4）集体经济组织成员的监督权。集体经济组织或者村民委员会应当依照法律、行政法规、章程、村规民约向本集体的成员定期公布财产的状况，接受成员的监督。

三、私人所有权

（一）私人所有权的概念及特征

私人所有权，是指私人对其所有的财产依法进行占有、使用、收益和处分的权利。《民法典》第266条至第270条对私人所有权作了规定。

私人，是指自然人、个体工商户、农村承包经营户、外国人、无国籍人，也包括个人独资企业、外资企业等。法人和非法人组织、社会团体的所有权，也规定在私人所有权范围内。

我国私人所有权具有以下法律特征。

1. 私人所有权的主体主要是自然人个人

自然人自出生时起就享有民事权利能力，即具有取得私人所有权的主体资格，可以依法取得具体财产的所有权。自然人合法财产不仅在其生存时受国家法律保护，在死后亦受国家法律的保护，即按照死者的意愿或者法律规定将其财产转由其继承人或者受遗赠人承受。我国法律不仅保护我国自然人的合法财产，也同样保护个体工商户、农村承包经营户、外国自然人和无国籍人，以及独资企业和外资企业的合法财产，他（它）们都是私人所有权的主体。

2. 私人所有权的客体包括私人的生活资料和生产资料

《民法典》第266条规定："私人对其合法的收入、房屋、生活用品、生产工具、原材料等不动产和动产享有所有权。"也即私人所有权的客体包括生活资料和生产资料。私人的生活资料主要是自己的房屋、合法收入所得，以及用于本人及其家庭的物质生活和文化生活消费的财产。私人的生产资料，主要是私人为了从事生产、经营而依法占有、支配的生产工具、原材料等财产。这些财产都是私人所有权的客体。

3. 私人财产的基本来源是私人的劳动所得和其他合法收入

私人不论是在全民所有、集体所有或私人所有的单位工作，还是从事个体经营，凡是通过从事脑力劳动或体力劳动所得到的收入都属于劳动所得。通过非法途径和形式而取得的收入是非法收入。其他合法收入是指劳动收入以外的，自然人按照法律允许的方式所取得的收入，例如通过接受赠与、继承所取得的财产，通过建立民事法律关系而取得的收入，如租金、利息等。

4. 私人所有权与其他所有权受到同等法律保护

《民法典》第206条第3款规定："国家实行社会主义市场经济，保障一切市场主体的平等法律地位和发展权利。"其中就包括对私人财产所有权的依法保护。第267条规定："私人的合法财产受法律保护，禁止任何组织或者个人侵占、哄抢、破坏。"私人财产所有权与国家财产所有权、劳动群众集体所有权一样，都是法律所确认的所有权，受到同等的保护，任何组织或者个人不得侵犯。在权利保护上既不能以保护公共财产为理由而损害私人合法财产所有权，也不能以保护私人财产为名而侵犯公共财产所有权。

（二）私人所有权的权能

1. 私人所有权的权能

私人所有权包括占有、使用、收益、处分四项权能。私人行使这四项权能，与国家、集体行使有所不同，通常以直接的方式进行，即私人自己以积极主动的行为直接作用于所有物。私人通过行使这些权能，在生产、生活中发挥其财产的效用，满足其物质文化生活的需求。

2. 私人所有权的客体

私人所有权的客体，就是《民法典》第266条规定的内容，即合法的收入、房屋、生活用品、生产工具、原材料等不动产和动产。

（三）私人所有权的行使

私人行使所有权，表现为在实际生活中自由地使用财产，收取利益，从事法律允许的民事活动，如买卖、租赁、借贷等；承包经营户则应在法律许可的范围内从事家庭副业，按照承包合同确定的农业生产项目支配其生产资料，履行规定的义务；个体工商户应当在核准登记的业务范围内从事经营活动，并支配其生产资料。正确行使私人所有权，须以不违反法律、不扰乱经济秩序、不危害社会公共利益、不妨碍他人合法权益为基本前提。如有违背，根据情节轻重，主体应当承担民事、行政甚至刑事责任。

（四）法律对营利法人所有权和社会团体法人、捐助法人所有权的特别规定

1. 营利法人所有权

《民法典》确认法人对其财产的所有权，禁止任何人非法侵害。

首先，按照《民法典》第268条规定，国家、集体和私人依法可以出资设立有限责任公司、股份有限公司或者其他企业。国家、集体和私人所有的不动产或者动产投入企业的，由出资人按照约定或者出资比例享有资产收益、重大决策以及选择经营管理者等权利并履行义务。

其次，按照《民法典》第269条规定，营利法人对其不动产和动产依照法律、行政法规以及章程享有占有、使用、收益和处分的权利。营利法人以外的法人，对其所有的动产和不动产的权利，适用有关法律、行政法规以及章程的规定。

2. 社会团体法人、捐助法人所有权

《民法典》确认社会团体法人、捐助法人对自己的合法财产享有所有权，禁止任何人非法侵害。根据《民法典》第270条的规定，社会团体法人、捐助法人依法所有的不动产和动产，受法律保护，任何人不得侵犯。

问题与思考

1. 引读案例思考

甲村和乙村无证据而讼争狗熊岭土地及山林的所有权，丙村持有效的权属证明对该土地和山林主张所有权。请结合本章内容思考：(1) 本案纠纷的性质是什么？(2) 证明所有权归属的基本证据是什么？(3) 不动产所有权的权能如何表现？(4) 对所有权应当用何种方法进行保护？

参考分析意见：

在本案中，丙村拥有狗熊岭土地和山林的所有权，并不因为没有具体实施管领行为而丧失，丙村对甲村和乙村讼争的土地和山林仍然享有所有权。本案当事人对土地的所有权归属发生争议，因此，本案纠纷的性质是所有权权属争议。所有权权属的基本证据，应当是物权登记簿上的记载，由于历史原因，本案争执的物权没有登记，丙村证明自己享有所有权的证据就是权属证明和历史档案，法院对其证据力应当肯定。

不动产所有权的权能既有积极权能，即对所有物的占有、使用、收益、处分权能，也有保护自己的权利不受侵害的消极权能。在甲村和乙村争执狗熊岭土地和山林的所有权的时候，丙村能够提供证据，证明自己对讼争的土地和山林拥有所有权，以有独立请求权的第三人的身份向法院主张权利，要求确权，是完全正当的。这是所有权消极权能的体现。

对所有权进行保护，应适用《民法典》“物权”编第三章规定的物权保护请求权，包括确权请求权、返还原物请求权、停止侵害请求权、排除妨害请求权、消除危险请求权。丙村行使的是确权请求权。

对本案，法院在审理中存在的错误是，丙村对甲村和乙村争议的标的享有独立请求权，是有独立请求权的第三人。按照民事诉讼程序规定，有独立请求权的第三人请求参加已经发生的原、被告之间的诉讼的，法院必须准许，因为有独立请求权的第三人对原告和被告争议的标的具有独立的请求权，是将原告和被告作为共同被告，对原、被告争执的标的主张权利。法院不准丙村参加诉讼，犯了一个严重的程序错误，因此，没有能够保护好丙村对该土地和山林的所有权。当然，对法院错误适用法律的判决，程序法也有纠正的办法，检察院以事实认定错误、法律适用错误和程序错误有可能影响其实体判决为由提出抗诉，就是一个解决生效判决错误的办法。对此，法院应当在再审中纠正错误。

2. 重点题

（1）所有权的概念和法律特征是什么？

（2）所有权与所有制的关系应当怎样表述？

（3）所有权包括哪些权能？

（4）财产所有权有哪些取得方法？

（5）善意取得和取得时效的构成要件各有哪些？

（6）国家所有权、集体所有权和私人所有权的内容是什么？

3. 法考题

（1）遗失物的处理规则。

（2）所有权取得。

（3）原始取得。

（4）继受取得。

（5）善意取得的构成。

（6）善意取得的规则和制度目的。

4. 考研题

（1）善意取得及其构成要件。

（2）善意取得的案例。

（3）论述民法典上的善意取得。

（4）简析我国《民法典》上的善意取得的构成要件。

（5）如何确定建筑物所有权的归属？

（6）对《民法典》第266条规定的私人所有权的认识。

第五章

建筑物区分所有权

重点知识

1. 建筑物区分所有权：概念、特征、权利构成
2. 专有权及专有部分的范围
3. 专有权的权利义务内容
4. 共有权及共用部分的范围
5. 业主对共用部分的权利、义务
6. 管理权及其行使

引读案例

王华与李爱在某小区同一栋楼相邻而居。李爱在自己家的房门外顺楼道往外延伸约60厘米处安装了防盗门。该防盗门距离王华家的房门仅10厘米左右，并将王华家外墙上用来安装电铃的暗盒封了进去，严重影响王华及其家人的出入与居住。王华曾多次找李爱协商，但李爱均不予理会。王华认为，住宅楼道是属于全体业主共有的建筑物共用部分，李爱通过向外延伸安装防盗门的方式，非法占有共有空间，扩大自己专有部分的范围，侵害了全体业主的合法权益，请求李爱承担排除妨害、恢复原状的责任。

第一节　建筑物区分所有权概述

一、建筑物区分所有权的概念和特征

（一）建筑物区分所有权的概念

建筑物区分所有权，德国法称为住宅所有权，法国法称为住宅分层所有权，瑞士法称为楼层所有权，英美法称为公寓所有权。我国采用日本法的称谓，并加上了通俗的表

述，称为业主的建筑物区分所有权。

建筑物区分所有权，是指区分所有建筑物的业主对其专有部分享有专有权，对共同使用部分享有共有权，以及相互之间对建筑物的整体享有管理权，构成的复合共有的建筑物所有权。《民法典》第 271 条规定：“业主对建筑物内的住宅、经营性用房等专有部分享有所有权，对专有部分以外的共有部分享有共有和共同管理的权利。”

（二）建筑物区分所有权的特征

1. 建筑物区分所有权的客体具有整体性

建筑物区分所有权是城市居民等所有的建筑物的所有权形式，因而与一般的动产所有权和其他不动产所有权不同。这种建筑物，首先是指居民住宅，包括高层住宅和一般住宅；其次是指写字楼、办公楼，法人、非法人组织因购买部分空间而构成区分所有；最后，还包括其他可以区分所有的建筑物。当这样的建筑物被其共有人按应有份额所有时，就形成了建筑物区分所有。因此，建筑物区分所有权是在整体的建筑物上区分所有的所有权形式。

2. 建筑物区分所有权的内容具有多样性

任何一个区分所有建筑物的业主，对该建筑物都有部分空间的专有权及某些空间和共用设施的共有权，以及对整个建筑物的管理权。专有部分由权利人自己独自占有、使用、收益、处分，任何人不得干预。共有部分，如共有的基地、墙壁、屋顶、门窗、阶梯、楼道、花园、走道等，由所有的业主共同使用，共同所有。但是，这种共同所有和共同使用与共同共有不同，须永久维持其共有关系，永远不准分割，其性质为互有。同时，建筑物区分所有权还包括业主的管理权，每一个业主都是整栋建筑物的成员，对整栋建筑物的管理事宜享有权利，具有决策权。建筑物区分所有权内容的多样性，是指整个权利是由专有权、共有权和管理权这三个部分构成的建筑物所有权。

3. 建筑物区分所有权的本身具有统一性

建筑物区分所有的权利人既按份享有所有权，又共同享有某些设施、空间的共有权，还对全部的权利客体享有管理权。但是，建筑物区分所有权不是权利的组合，而是一个实实在在的独立、统一、完整的权利，专有权、共有权和管理权不过是这个统一权利的内容和组成部分，离开了建筑物区分所有权，这些权利内容都不会独立存在。

4. 建筑物区分所有权中的专有权具有主导性

在建筑物区分所有权的权利内容结构中，专有权是主导的权利，业主拥有专有权，就必然拥有共有权、管理权，在不动产登记上，只登记专有权即设立了区分所有权，共有权、管理权随此而发生，不必单独进行登记。此外，专有权标的物的大小还决定共有权和管理权的应有份额，处分专有权的效力必然及于包括共有权和管理权在内的整个区分所有权。所以，建筑物区分所有权是专有权与共有权、管理权的复合，是以专有权为主导的共有权。

二、建筑物区分所有权的历史发展

（一）大陆法系国家建筑物区分所有权的发展

一般认为，建筑物区分所有权萌芽于罗马法时期。在古罗马社会，一些富裕的罗马人共同集资购买房屋，在法律中还存在关于围墙设置、境界划定、建筑物周围的空地归属等的规定。在日耳曼法，建筑物区分所有权得到承认。日耳曼法坚持团体本位主义，不承认“地上物从属于土地”主义，认为建筑物、土地乃至建筑物内各个房间或地窖、地下室等都可以成为独立的所有权客体，从而形成了“阶层所有权”。在法国，建筑物区分所有权一直被采用，历史上曾经有很多记载。直到1804年制定的《法国民法典》，正式建立了楼层所有权，形成了近代建筑物区分所有权的基本形态。

第一次世界大战结束后，各国人口迅速增长，并且向城市集中。各国为解决城市的住宅问题并有效利用土地资源，大量兴建高层建筑，建筑物区分所有的问题才凸显出来，不得不受特别的重视。为了适应新形势的需要，各国纷纷立法专门规定建筑物区分所有权。

第二次世界大战结束后，各国在战后的经济恢复、重建中得到发展。随着经济的不断发展，城市住宅的需求大量增加，而建筑技术发展迅速，地价大幅上涨，促进建筑物进一步向空中发展，同时也向地下空间发展。正因为这样，各国兴起了关于建筑物区分所有权的修法和立法运动，以适应社会发展的需要。

（二）英美法系国家建筑物区分所有权的发展

在英美法系国家，建筑物区分所有权被称为公寓所有权。在英国，很早就存在建筑物区分所有的情况，到18世纪在英格兰、苏格兰形成了建筑物区分所有权。1743年，英国成立了最早的业主协会，1946年制定了住宅法，并于1980年进行了全面系统的修改，建立了全面的现代建筑物区分所有权法律制度。从第二次世界大战以来，美国公寓所有权法得到了全面发展。1958年美国波多黎各议会制定了《平面所有权法》，开始全面规范建筑物区分所有权法律制度，到1969年，全国所有的州都承认了建筑物区分所有权制度。1977年，联邦统一州法委员会制定了统一区分所有权法，该法现在已被十多个州所采纳。同时，美国普遍成立业主协会，维护业主的利益，并制定相关的法律，规范这些协会的内部、外部关系。[①]

三、建筑物区分所有权的性质

（一）对建筑物区分所有权性质的不同观点

对于在理论上怎样界定建筑物区分所有权的性质，有不同主张。一是“复合所有权”

---

① 王利明．物权法论．北京：中国政法大学出版社，1998：370－371.

说，认为建筑物区分所有权是一种独立的所有权形式，不同于共有，是一种复合所有，它不是共有的一种类型。[①] 二是“独立所有权”说，认为建筑物区分所有权的性质是一种独立的所有权，既不是单独所有权，也不是共有，而是介于两者之间的一种特殊的独立所有权。三是“共有权”说，这种主张以集团性、共同性为立论基点，将区分所有建筑物的整体视为由全体业主所共有，从共同共有的角度来理解和把握区分所有权。[②] 四是“享益部分”说，它否定二元论的区分专有部分和共用部分的做法，径将二者合并，称之为“享益部分”，认为以该“享益部分”为标的而成立的不动产权利，即为区分所有权。

（二）建筑物区分所有权的性质是复合共有

建筑物区分所有权的性质为复合共有，其理由是：第一，建筑物区分所有权的客体是一个统一的独立物，每个业主的权利都无法离开这个统一的独立物。第二，建筑物区分所有权是一个完整的权利，而不是几个权利的集合，特别是其中的共有权，已经把全体业主统一为一个共有人的整体。第三，建筑物区分所有权具有不同的权利内容，普通的所有权无法包含建筑物区分所有权，只能作为别种的所有权形式出现，不能作为一个普通所有权的类型。第四，建筑物区分所有权尽管具有共有的特征，但不是普通共有，而是复合共有。

建筑物区分所有权由整个建筑物的按份共有、专有使用部分的专有和共同使用部分的共有复合构成，是既不同于按份共有，又不同于共同共有的共有形态。我国《民法典》是把建筑物区分所有权作为一种独立的所有权形式规定的，即规定为复合所有权性质，没有采纳上述复合共有的主张，采纳的是第一种主张。但是，这种立法也无法否认这个权利的共有性质。

四、建筑物区分所有法律关系

（一）整体的建筑物区分所有法律关系

建筑物区分所有法律关系，是就一个建筑物的所有问题产生的各个业主之间形成的法律关系。在这个法律关系中，每一个业主都是权利主体，该区分所有建筑物的业主之外的其他任何人为义务主体，负有不得侵害这个所有权的不作为义务。

从总体上看，建筑物区分所有权关系是一个所有权的关系，表明的就是特定建筑物的归属关系和利用关系。这种法律关系是一种对世法律关系，是绝对性法律关系，表明的就是某一座特定建筑物的所有权人就是这些业主，他们是这栋建筑物的所有者，享有占有、使用、收益和处分的权利。其他任何人都是这个法律关系的义务主体，应当尊重业主的权利，负有不得侵害的义务。

由于建筑物区分所有权是由三个权利构成的，因而建筑物区分所有权法律关系表现

---

① 梁慧星．中国物权法草案建议稿：条文、说明、理由与参考立法例．北京：社会科学文献出版社，2000：274.

② 陈华彬．物权法原理．北京：国家行政学院出版社，1998：317.

为“4+1”的关系。

（二）具体的建筑物区分所有法律关系

1. 团体关系

建筑物区分所有的团体关系，是指区分所有建筑物的全体业主对该建筑物共有的权利义务关系。建筑物的全体业主作为一个团体，享有建筑物的总体权利，承担总体义务。这些权利义务关系包括共有的内部、外部关系。建筑物的管理问题，只是这个总的权利义务关系的一部分。

2. 区域所有关系

区域所有关系，是指建筑物区分所有的专有关系，解决的是特定的业主就其应有部分与他人之间的权利义务关系。这种权利义务关系具有相对的独立性，对外可以独立存在，相当于独立的所有权关系。这正是建筑物区分所有关系作为特殊共有关系与其他共有关系不同的特点。

区域所有关系之所以具有独立性，是因为建筑物区分所有权的专有部分具有主导性，专有权具有主导性，这就使它能够带动共有权和管理权，使之成为自己的附属部分。某人享有了建筑物区分所有权中的专有权，成立了区域所有关系，就可以享受区分所有建筑物共有部分的权利和管理权。

3. 相邻关系

相邻关系，是各业主因其专有部分相邻而在其相互之间形成的权利的延伸和限制，没有区分所有的专有关系，就不会产生相邻关系。

4. 互有关系

互有关系，是指业主之间对建筑物大门、楼梯、走廊、屋顶等共用部分互有的权利义务关系，规定各业主共同使用、共同维护的规则，使各共有人均衡受益。

5. 业主大会与物业服务企业之间的关系

业主大会与物业服务企业之间的关系，是建筑物区分所有权法律关系附带的一个法律关系，是一个独立的法律关系，是合同关系。双方要在平等协商的基础上，建立合同关系，承担物业服务的内容，确定双方的权利和义务，按照《民法典》关于物业服务合同的规定解决双方的纠纷。

五、建筑物区分所有的构成条件

构成建筑物区分所有，须具备两个条件：一是物质条件，即建筑物能够区分所有；二是事实条件，即建筑物事实上已经被区分所有。

（一）建筑物能够区分所有

建筑物区分所有的构成，须具备赖以存在的物质条件，即作为权利客体的物。在建筑物区分所有权中，客体就是指建筑物，而不是其他的物或者财产。构成建筑物区分所有物质条件的建筑物，不仅要客观存在，而且必须能够区分所有。

作为建筑物区分所有客体的建筑物，是指在结构上能区分为两个以上独立部分为不同所有权人专有，并须在整体上有供各所有权人共同使用部分的公寓、住宅。

建筑物能够区分所有，须具备以下四个条件。

1. 须是能够出让给他人所有的住宅、公寓和写字楼等房屋

首先，这种建筑物须是房屋，而不是桥梁、隧道、水坝等其他构筑物。其次，这种建筑物须能够出让给他人所有，因此，只能是住宅、公寓、写字楼等房屋。

2. 在结构上能够区分为两个以上独立的部分

这种独立的部分应为四周及上下闭合，具有单独居住、使用的基本功能的建筑空间，具体表现为连脊平房、连体别墅等纵割区分的空间，按楼层横割区分的空间和楼房纵横分割区分的空间。

3. 须区分的各独立部分能够为业主所专有使用

区分的独立部分应具备相当的使用功能。具有这些基本功能的独立部分须能够提供给业主专有使用，为各所有权人设置专有权。

4. 除区域专用部分外还须有共用部分

区分所有的建筑物必须分成两个系统，即供各业主专有使用部分和全体所有权人共有部分。

（二）建筑物事实上已经被区分所有

建筑物仅仅具备可以被区分所有的物质条件，还不能形成建筑物区分所有权，只有在事实上已经被占有该建筑物的自然人、法人、非法人组织区分所有的，才具备区分所有的事实条件。

建筑物在事实上已经被区分所有，是指由建设该建筑物的投资者将各个独立的专用部分通过法律行为转让给购买者。转让的形式，是投资者与购买者签订买卖合同。该合同须为要式合同，且该转让须经过物权转让登记，不经登记不发生转让效力。买卖合同只需载明购买专用部分，无须载明共用部分的转让，因共用部分随专用部分一齐转让，登记物权时亦是如此。

区分所有的物权登记须写明区分所有的性质，使其性质具有公示性，明确权利归属，保护权利人以及继受人的合法权益。

（三）区分所有的形式

1. 纵切型区分所有

这种形式成立于纵切型区分所有的建筑物上，指一般连栋式或者双并式分间所有的建筑物。这种建筑物区分所有权的权利人共用部分较为单纯，除共用的境界壁及柱子外，一般的走廊及楼梯均各自独立，外周壁、屋顶及基地等也均以境界壁为线而分别归属于个人所有。因而这种区分所有发生的问题较少。

2. 横切型区分所有

这种形式成立于横切型区分所有的建筑物上，指将一栋建筑物作横的水平分割，使各层分别归由不同区分所有者所有的建筑物。如一层、二层各归属于不同的业主。这种业主间的共用部分除共同壁之外，还有共同的屋顶、楼梯、走廊等，通常发生的法律问题较多。

3. 混合型区分所有

这种形式成立于混合型区分所有的建筑物上，指上下横切、左右纵割分套所有的建筑物。各业主的专有部分是一个由分间墙和地板构筑而成的封闭空间，二层以上的业主与地基并没有直接接触，而是通过走廊、阶梯等与其相通，因而共有部分起着重要的作用。这种建筑物区分所有的形式类型是典型的、争议较多的区分所有形式。

第二节 专有权

一、专有权的概念和性质

建筑物区分所有权的专有权，是指权利人享有的以区分所有建筑物的独立建筑空间为标的物的专有所有权。《民法典》第272条规定："业主对其建筑物专有部分享有占有、使用、收益和处分的权利。业主行使权利不得危及建筑物的安全，不得损害其他业主的合法权益。"

专有权是建筑物区分所有权的核心部分，是区分所有权的单独性灵魂，也是这个权利中的单独所有权的要素。

在建筑物的所有权上，权利人所享有的都是建筑物所构成的建筑空间，即权利人所要利用、享有的不是建筑物的这个物质构成，而是这个物质构成所形成的建筑空间。有人认为，普通建筑物的所有权是对建筑物的所有权，而建筑物区分所有权的性质是空间所有权，因此而与普通建筑物的所有权有区别。这种说法是不对的。同时，"空间所有权"一词还容易与用益物权中的空间利用权即分层地上权相混淆，也不妥当。

建筑物区分所有权的专有权，是具有单独所有权性质的权利。建筑物区分所有权由于是由几个权利构成的，因而与其他共有权有区别。其中最显著的区别是，这个专有权在其他共有权中是不存在的。因此，专有权是具有独立所有权性质的权利，是复合共有中的独特部分，也就是共有中的单独所有。

二、专有部分

对专有部分的范围必须严格界定。专有部分的范围也就是专有权的标的物，须是建筑物的独立建筑空间所包括的范围。

从理论上说，界定区分所有的建筑物的专有部分有五种不同的主张。一是“壁心”说，认为区分所有建筑物专有部分的范围达到墙壁、柱、地板、天花板等境界部分厚度的中心。这种观点对界定权利范围较为明确，但是对建筑物的维护与管理则较为有害。二是“空间”说，认为专有部分的范围仅限于墙壁、地板、天花板所围成的空间部分，而界线点上的分割部分如墙壁、地板、天花板等则为全体或者部分业主所共有。三是“最后粉刷表层”说，认为专有部分包含壁、柱等境界部分表层所粉刷的部分，即境界壁与其他境界的本体属于共用部分，但是境界壁上最后粉刷的表层部分，属于专有部分。四是“壁心和最后粉刷表层”说，认为专有部分的范围应分为内部关系和外部关系而定。在业主内部，专有部分应仅包含壁、柱、地板及天花板等境界部分表层所粉刷的部分，但是，在外部关系上，尤其是对第三人关系上，专有部分应包含壁、柱、地板及天花板等境界部分厚度的中心线。[①] 五是“双重性”说，主张墙壁既有专有财产的性质，又有共有财产的性质，具有双重属性。[②]

在上述各种学说中，“壁心和最后粉刷表层”说既考虑到财产的管理、维护，又考虑到财产的独立性和对外关系，是较为准确的主张，应当采纳。

依照2021年《最高人民法院关于审理建筑物区分所有权纠纷案件适用法律若干问题的解释》第2条规定，建筑区划内符合以下三个条件的房屋，以及车位、摊位等特定空间，应当认定为专有部分：一是具有构造上的独立性，能够明确区分；二是具有利用上的独立性，可以排他使用；三是能够登记成为特定业主所有权的客体。规划上专属于特定房屋，且建设单位销售时已经根据规划被列入该特定房屋买卖合同中的露台等，也应当被认定为专有部分的组成部分。在司法实践中，应当根据这一司法解释的规定和理论上的“壁心和最后粉刷表层”说，对专有部分进行认定。

在立法上确定建筑物专有部分的规定，是完全必要的。由于专有权标的物的空间界限涉及业主的单独权利的界限，因而各国立法均严格规定该独立建筑空间的范围。

在实践中，区分所有的建筑物中的车位和车库，有些是由个人专有使用，有的是公共使用。其中专有使用的这些部分的性质是什么，值得研究。一般认为，车位和地下车库，尽管是由业主中的特定人在使用，但是它们不是专有部分，而是共有部分。但是，《民法典》第275条采取的做法，内容是：第一，建筑区划内，规划用于停放汽车的车位、车库的归属，由当事人通过出售、附赠或者出租等方式约定。这就意味着，车位和车库可以约定为业主专有，也可以约定为共有。如果是出售和附赠，则业主取得所有权；如果是出租，则为共有部分。第二，只有那些占用业主共有的道路或者其他场地用于停放汽车的车位，属于业主共有。

关于如何确定“首先满足业主的需要”，《最高人民法院关于审理建筑物区分所有权纠纷案件适用法律若干问题的解释》第5条作出了规定，认为建设单位按照配置比例将车位、车库，以出售、附赠或者出租等方式处分给业主的，应当认定其行为就是符合

---

① 温丰文．区分所有权与所有权建筑物之专有部分．法令月刊（42）．陈华彬．物权法原理．北京：国家行政学院出版社，1998：384－385.

② 王利明．物权法研究．北京：中国政法大学出版社，1999：385－386.

《民法典》第276条第1款“应当首先满足业主的需要”的规定。换言之，“首先满足业主的需要”要有两个条件：一是没有卖给业主以外的人，二是没有出现业主按照配置比例购买或者租赁车位、车库不能实现的情形。符合这两个条件，“按照配置比例将车位、车库，以出售、附赠或者出租等方式处分给业主的”，就是符合“首先满足业主的需要”的要求。

应当注意的是，在不能独立使用的建筑空间上不能设定专有权。一个居室、一个阳台都不能独立使用，均不能设专有权。附属于建筑物表面的设施因为不能独立使用，也不能设置专有权，业主不能因该设施依附于其专有使用部分的外墙而主张为其专有权的标的物。

三、专有权人的权利义务

专有权的权利义务关系表现为业主作为专有权人的权利和义务。

（一）业主的权利

专有权包括所有权的一切权能，因而业主对其专有的标的物具有完整的占有、使用、收益、处分的权能。业主在不违反国家法律的情况下，有权对专有部分按照所有权的要求处置，不受他人干涉和妨害。

业主对自己的专有物，可以转让、出租、出借、出典、抵押，可以按自己的意愿对内部进行装饰。但是，在对专有部分进行上述处分时，业主不得将其专有部分与建筑物共用部分的应有部分以及基地使用权的应有部分相分离而为转移或者设定负担。

业主享有物上追及权，在其专有物受到侵夺时，有权要求停止侵害，返还原物，赔偿损失。

由于专有权具有主导性，业主在处分其专有物时，必须连带处分共有权和管理权。

（二）业主的义务

业主应负的义务主要有以下几点。

1. 不得违反使用目的

按照专有物的使用目的或规约规定使用专有部分，不得违反专有部分的使用目的，不得妨害建筑物的正常使用，不得损害其他业主的共同利益，如在住宅、公寓的专有部分开设餐馆、工厂、小卖部，均违背其专有部分的使用目的，为不当使用。

2. 维护建筑物牢固和完整的义务

业主负有维护建筑物牢固和完整的义务，不得对专有部分加以改造、更换、拆除，也不能增加超出建筑物负担的添附。在维护、修缮专有部分或者行使权利时，不得妨碍其他业主的生活安宁、安全和卫生。

3. 不得侵害专有部分中的共有部分

不得随意变动、撤换、毁损位于专有部分内的共用部分，如建筑物的梁柱、管道、线路等，业主应负维护其完好的义务。

4. 准许进入的义务

在其他业主因维护、修缮专有部分或者设置管线，必须进入其专有部分时，以及管理人或者物业管理人员因维护、修缮共用部分或者设置管线，须进入或者使用其专有部分时，其应当准许进入，不得拒绝。

5. 损害赔偿义务

业主在行使自己的权利时，超越权利范围的，应当停止侵害；造成他人损害的，应当对损害承担赔偿义务。

（三）相邻关系

业主作为专有权人，共居一栋建筑物之内，相邻关系是非常重要的权利义务关系，须严加规范，以保持秩序的协调和生活的安宁，更好地保护各业主的合法权益。业主在行使专有权时，必须明确处理相邻关系的规则，使自己的专有权得到适当延伸，或者被适当限制。在必要限度内，业主有权使用其他业主的专有部分，如为使用、保存或改良专有部分而临时使用相邻人的建筑空间；有权要求其他业主停止不当使用对共同生活环境造成损害的行为；有权要求其他业主对共同生活造成损害的危险采取防范措施；当其他业主采取装修、改良其专有部分而影响自己的通风、采光、排水等时，有权要求其恢复原状。与这些权利相适应，每个业主均应承担与上述权利对应的义务。

第三节　共有权

一、共有权概述

共有权，是指以区分所有建筑物的共用部分为标的物，全体业主共同享有的不可分割的共同共有权。共有权的权利人为全体业主。共有权是建筑物区分所有权中的“共同性灵魂”，与建筑物区分所有权的专有权的“单独性灵魂”，构成建筑物区分所有权的两个“灵魂”。《民法典》第 273 条规定：“业主对建筑物专有部分以外的共有部分，享有权利，承担义务；不得以放弃权利为由不履行义务。”

关于共有权的性质，第一种意见认为是按份共有，因为专有部分和共用部分是连为一体的，共同使用部分的所有权应随同各相关区分所有建筑物所有权的转移而转移，同时，共有的公共设施属于专有部分的从物，为抵押权效力所及。[1] 第二种意见认为是共同共有，因为在建筑物区分所有中的共用部分不能分割，只能共有。[2] 第三种意见认为，建筑物区分所有的种类不同，其共有的性质也不同，纵向分割的建筑物区分所有，由于各

① 王泽鉴．民法物权：通则·所有权．北京：中国政法大学出版社，2001：200.
② 梅仲协．民法要义．北京：中国政法大学出版社，1998：402.

业主之间的结合状态并不明确，其共有部分为按份共有；横向分割的区分所有类型和纵横分割的区分所有类型，则共用部分应理解为共同共有。[①] 第四种意见认为，对区分所有共用部分的性质不应一概而论，应根据具体的使用情况来确定。[②]

在区分所有的建筑物中，认识共用部分的共有权，应当从共用部分的整体进行观察，而不能受其“份额”的限制。以上各种观点对份额的说明，实际上就是说明共同共有中的“潜在应有部分”，并不是按份共有中的份额。区分所有建筑物共用部分的某些不同的使用和利益的不同分配，也都不能影响共用部分建立的共有权的性质。因此，共有权是共同共有的一种特殊形态，是在共同共有中共有人无分割共有物请求权的共有权。在建筑物区分所有中的共用部分建立的权利，就是这种无分割请求权的具有互有性质的共有权。

二、共用部分

共有权的标的物，是区分所有建筑物中的共用部分。《民法典》第 274 条规定：“建筑区划内的道路，属于业主共有，但是属于城镇公共道路的除外。建筑区划内的绿地，属于业主共有，但是属于城镇公共绿地或者明示属于个人的除外。建筑区划内的其他公共场所、公用设施和物业服务用房，属于业主共有。”第 275 条第 2 款规定：“占用业主共有的道路或者其他场地用于停放汽车的车位，属于业主共有。”

《最高人民法院关于审理建筑物区分所有权纠纷案件适用法律若干问题的解释》第 3 条和第 4 条规定：“除法律、行政法规规定的共有部分外，建筑区划内的以下部分，也应当认定为民法典第二编第六章所称的共有部分：（一）建筑物的基础、承重结构、外墙、屋顶等基本结构部分，通道、楼梯、大堂等公共通行部分，消防、公共照明等附属设施、设备，避难层、设备层或者设备间等结构部分；（二）其他不属于业主专有部分，也不属于市政公用部分或者其他权利人所有的场所及设施等。建筑区划内的土地，依法由业主共同享有建设用地使用权，但属于业主专有的整栋建筑物的规划占地或者城镇公共道路、绿地占地除外。”“业主基于对住宅、经营性用房等专有部分特定使用功能的合理需要，无偿利用屋顶以及与其专有部分相对应的外墙面等共有部分的，不应认定为侵权。但违反法律、法规、管理规约，损害他人合法权益的除外。”按照这些规定，确定共有部分，除要遵守《民法典》的上述规定外，应当着重考虑以下四点。第一，基本的共有部分为四个部分：基本建筑结构部分、共同通行部分、附属设施设备和结构空间。第二，明确其他不属于业主专有部分，也不属于市政公用部分或者其他权利人所有的场所及设施，也属于共有部分。第三，土地使用权为共有，但属于业主专有部分的整栋建筑物的规划占地，以及城镇公共道路、绿地占地，不属于共有。第四，屋顶利用不被认定为侵权的，须为业主基于对住宅、经营性用房等专有部分特定使用功能的合理需要，例如“退台”；外墙面利用不被认定为侵权的，亦须为业主基于对住宅、经营性用房等专有部分特定使用功能的合理需要，例如底商对外墙面的利用。

---

① 温丰文．论区分所有建筑物共有部分之法律性质．法学丛刊（131）.

② 王利明．物权法研究．北京：中国政法大学出版社，1999：390.

（一）共有部分的一般范围

共用部分的范围包括以下四个方面。

（1）建筑物的基本构造部分，例如支柱、屋顶、外墙、地下室等。

（2）建筑物的共用部分及其附属物，例如楼梯、消防设备、走廊、水塔、自来水管道、暖气管道等，以及仅为部分业主所共有的部分，例如各层楼之间的楼板、间壁墙等，其仅属于相邻部分的业主所共有。

（3）建筑物地基的使用权，在法律上归属于全体区分所有建筑物的业主所有。

（4）住宅小区的绿地、道路、公共设施、公益性活动场所、围墙、小区大门等地上或地下共有物，以及水电、照明、消防、安保等公用配套设施，还有小区的物业管理用房，除依法应当归属于国家或有关法人所有的以外，应当归属于全体住宅小区的业主所共有。①

（二）法定共有部分和约定共有部分

互有的共用部分还分为法定共有部分和约定共有部分。法定共有部分是性质上属于业主共同使用的部分和属于维持建筑物本身牢固安全与完整的部分，前者如门、廊、电梯等，后者如地基、楼顶、梁柱等。约定共有部分是指业主之间通过合意约定某些专用部分为共用部分。部分共用、全部共用、法定共用、约定共用的部分分别是部分共有、全部共有、法定共有、约定共有权利的标的物。

（三）确定的共有部分和不确定的共有部分

1. 确定的共有部分

确定的共有部分，包括建筑区划内的绿地、道路、其他公共道路、公用设施和物业服务用房。物业服务用房属于全体业主共有。建筑区划内的绿地也是确定的共有部分。这些都是《民法典》第 274 条规定的内容，是确定的共有财产。

2. 不确定的共有部分

不确定的共有部分，是区分所有的建筑物中对是否是共有，需要予以确定的部分，主要是车位和车库。根据《民法典》第 275 条规定，其分为两个部分：一是占用业主共有的道路或者其他场地用于停放汽车的车位，属于业主共有，是确定的共有；二是在建筑区划内规划用于停放汽车的车位、车库，应当根据出售、附赠或者出租等方式确定权属。通过出售或者附赠取得车位、车库的，个人取得所有权，而通过出租取得车位、车库的，个人只取得使用权；如果约定为共有，则为共有。

三、业主的权利义务

共有权的权利义务关系，表现为业主作为共有权人对共用部分所享有的权利和所负

---

① 王利明．物权法研究．北京：中国政法大学出版社，1999：387－388.

担的义务。

（一）权利

业主对共用部分享有以下权利。

1. 使用权

业主有权按照共用部分的种类、性质、构造、用途，使用共用部分，其他业主不得限制和干涉。如何使用，应当依照共用部分的性质而定，也可以依照约定，或者为共同使用，或者为轮流使用。违反使用用途的使用为不当使用，应按规约被处理，停止不当使用，造成损害的，应当赔偿。

2. 收益共享权

业主对建筑物的共用部分享有收益权。对共用部分收取的收益，包括收取的共用部分的天然孳息，如果树的果实；法定孳息，如出租屋顶设置广告物的租金。对建筑物的收益，各业主有权共同分享，按照自己专有部分所占比例分享收益。

3. 处分权

业主对区分所有建筑物的共用部分有同等的处分权。对共用部分及其相关设施的拆除、更新、设置负担，都必须经过全体业主大会决定，不得由个人或者部分人决定。对共用部分在法律上的处分，应当随同自己的专用部分一齐处分，不得分割处分。

4. 物上追及权

区分所有建筑物的共有部分遭受侵害的，任何业主都有权要求加害人停止侵害、返还原物、恢复原状、赔偿损失。

（二）义务

业主对共用部分负有以下义务。

1. 维护现状的义务

各共有人负有维持建筑物共用部分互有现状的义务，任何业主永远不得请求分割共用部分。

2. 不得侵占的义务

各业主使用共用部分，必须维护共用部分的正常使用状态，不得侵占共用部分，不得改动共用部分的设置和结构，应保持共用部分的完好和清洁。任何人使用不当造成共用部分损害的，都应当承担赔偿责任。

3. 按照共用部分的用途使用的义务

对区分所有的共用部分进行使用，应当按共用部分的使用性质，不得将共用部分改作他用。使用性质也称为固有用途，就是依共用部分的种类、位置、构造、性质或依规约规定的目的或用途使用共用部分。对某些非按其本来用途，但无损于建筑物的保存和不违反业主共同利益的使用，则应当允许。例如在走廊墙壁悬挂画作或者镜框，为合理使用，不为违反固有用途的使用。

4. 费用负担义务

业主应当负担共用部分的正常费用，合理分摊费用，全体共用部分的费用由全体业主分摊，部分共用部分的费用由部分业主分摊。共同费用包括：日常维修费用，更新土地或楼房的共同部分及公共设备的费用，管理实物的费用等。负担的数额，应当按照持份比例即共同所有千分率计算，通过计算各业主专有部分在全部建筑面积中的千分率，来决定其所分担的份额。

按照《最高人民法院关于审理建筑物区分所有权纠纷案件适用法律若干问题的解释》第 14 条规定，建设单位、物业服务企业或者其他管理人擅自占用、处分业主共有部分、改变其使用功能或者进行经营性活动，权利人请求排除妨害、恢复原状、确认处分行为无效或者赔偿损失的，人民法院应予支持。属于擅自进行经营性活动的情形，权利人请求建设单位、物业服务企业或者其他管理人等将扣除合理成本之后的收益用于补充专项维修资金或者业主共同决定的其他用途的，人民法院应予支持。行为人对成本的支出及其合理性承担举证责任。

四、共用部分中的专用部分

在区分所有建筑物的共用部分中，有一部分是由业主专有使用的，这一部分专有使用的权利，就称为专用使用权。例如，在区分所有建筑物的共用部分中，地下停车场、供某一个业主使用的阳台或者庭院等，可以根据法律或者业主之间的共同约定，由一个或者数个业主独占性地专用使用。这种权利称为专用使用权。

专用使用的范围：一是建筑物的共用部分，二是与某些业主的专有部分连在一起的共用部分，三是建筑物公共设施，四是区分所有建筑物本身所占地面以外的空地。这些部分本来的性质都是共用部分，但是，通过协议或者某种形式，可以将其确定为特定的业主所独占使用，建立共用部分中的专用使用权。

专用使用权，是根据当事人之间的合意，或者业主之间的规约或契约而产生的。其实，绝大多数专用使用权都是在建筑物开发出售时确定的。例如，地下车库权属归属于共有，业主出资租赁使用，享有租赁权，这种就是依据契约产生的对共有部分的专用使用权。

依租赁取得的专用使用权可以转让，业主在转让自己的专用部分的时候，可以一并将专用使用权转让给他人，或者转让给其他业主。

第四节　管理权

一、管理权概述

（一）管理权的概念和特征

1. 管理权的概念

管理权也叫成员权，是区分所有建筑物的业主作为整栋建筑物所有权人团体成员之一所享有的权利。

对整栋建筑物的所有权而言，它实际上是一种特殊的按份共有，每个业主都按其份额对专有部分享有专有权，对共有部分享有共有权。与按份共有关系一样，各业主之间是共有关系，因此，各国立法均规定一栋建筑物的全体业主须组成一个团体，整体享有地上权以及其他共同的权利，管理共用设施及其他事务，解决纠纷。每一个成员作为团体成员之一，享有权利，承担义务。

2. 管理权的特征

管理权具有以下几个特征。

（1）管理权基于业主的团体性而产生。在区分所有建筑物上的权利人是一个团体，而不是一个一个的个人。尽管这个团体不具有法人资格，但是这个团体的团体性是很强的。每个业主都是这个团体中的一个成员，享有管理权。基于管理权，业主对整个建筑物行使权利，承担义务。

（2）管理权与专有权、共有权相并列，处于同等地位。建筑物区分所有权的三个权利地位平等，相互依存，密不可分，不能缺少任何一个。由此可见，在三个权利中，各个权利又都具有相对独立性。

（3）管理权是永续性的权利。正因为在建筑物区分所有权中有三个权利密不可分，相互依存，体现建筑物区分所有的共有性质，所以，管理权是永远存续的，随着区分所有建筑物的存在而存在，专有部分转移的，管理权也随之转移给新的业主，并不会消灭。

（二）管理权的团体形式

既然业主享有管理权，就一定要有一个团体，使管理权有所依附，这就是业主团体。

体现管理权的团体，是区分所有建筑物的所有权人大会。在美国称为公寓所有权人协会；我国的建筑物区分所有的团体形式是业主大会，在业主大会之下设立业主委员会。《民法典》第277条规定："业主可以设立业主大会，选举业主委员会。业主大会、业主委员会成立的具体条件和程序，依照法律、法规的规定。""地方人民政府有关部门、居民委员会应当对设立业主大会和选举业主委员会给予指导和协助。"

"业主"这个概念并不准确，但是《物权法》已经采用了这个概念，并赋予其法律上的意义，因此，《民法典》继续沿用这个概念，业主的概念相当于区分所有权人，业主大会也就是区分所有权人大会，业主委员会也就是区分所有权人委员会。它的性质是业主团体，不具有法人资格，但是，可被认定为非法人组织，具有一定的行为能力和诉讼行为能力，可以起诉和应诉。业主委员会是业主大会的执行机构，执行业主大会的决议，对区分所有建筑物进行管理。

我国《民法典》不承认业主大会的团体性，认为其不具有任何法律地位，这是不正确的，会损害全体业主的合法权益。在这方面，北京市作出了探索，于2010年12月公布《北京市住宅区业主大会和业主委员会指导规则》，其中第26条规定：本市试行业主大会登记制度。业主大会成立并完成业主委员会备案的，经专有部分面积占建筑物总面积过半数的业主且占总人数过半数的业主同意，可以到市房屋行政主管部门办理业主大会登记。业主委员会凭业主大会登记证明，向区、县公安分局申请刻制业主大会印章。这样，就把业主大会的行为能力做实，赋予业主大会组织形式，其在登记后，可以申请组织机构代码，刻制印章，成为一个实体组织，具有法人资格。这是一个具有挑战性的地方规定，具有重要意义。

二、管理权的内容

管理权有以下内容。

（一）表决权

业主有权参加业主大会，参与制定规约，参与讨论、表决业主的共同事务。每一个业主都有权提议召开业主大会，提出讨论的议题，对重大事务进行表决。对某些业主实施的违反共同利益的行为，其他业主可以提出动议，召开会议决议制止或者责令其赔偿。

（二）选举权和被选举权

业主大会的任何成员都有对业主委员会组成人员的选举权和被选举权，通过选举，推选适当的业主或者自己担任负责工作，或者委派其他人担任相当的职务。对不尽职的人员可以请求罢免或者解除其职务。

（三）监督权

业主对业主大会委派的管理人或者物业管理机构，有权进行监督，对不尽职的管理人有权提出批评、改进意见，建议业主大会决议更换管理人。

《民法典》第 280 条规定，业主大会或者业主委员会的决定，对业主具有法律约束力。业主大会或者业主委员会作出的决定侵害业主合法权益的，受侵害的业主可以请求人民法院予以撤销。对于如何保障业主的这一权利，《最高人民法院关于审理建筑物区分所有权纠纷案件适用法律若干问题的解释》第 12 条和第 13 条规定：业主以业主大会或者业主委员会作出的决定侵害其合法权益或者违反了法律规定的程序为由，根据《民法典》第 280 条第 2 款的规定请求人民法院撤销该决定的，应当在知道或者应当知道业主大会或者业主委员会作出决定之日起 1 年内行使。同时，业主请求公布、查阅下列应当向业主公开的情况和资料的，人民法院应予支持：（1）建筑物及其附属设施的维修资金的筹集、使用情况；（2）管理规约、业主大会议事规则，以及业主大会或者业主委员会的决定及会议记录；（3）物业服务合同、共有部分的使用和收益情况；（4）建筑区划内规划用于停放汽车的车位、车库的处分情况；（5）其他应当向业主公开的情况和资料。

（四）遵守业主大会决议的义务

业主作为业主大会的成员，除享有以上权利之外，还要承担相应的团体义务。业主要承认业主大会通过的协议、章程，参加会议，服从业主大会多数成员作出的决议，遵守规约，服从管理人管理的义务，以及要承担按规约应当承担的工作。

三、区分所有建筑物的管理

区分所有建筑物的管理，是指为维持区分所有建筑物的物理机能，并充分发挥其社会的、经济的机能，对其所进行的一切经营活动。凡是有关建筑物的保存、改良、利用、处分，乃至业主共同生活秩序的维持等，均属之。①

区分所有建筑物的管理分为两个系统：一是行政机关基于行政权，对建筑物进行的行政管理；二是业主自行订立管理规约，组织管理委员会或设置管理人员的自治管理。民法所称区分所有建筑物的管理，指的是后者。

（一）管理组织

依照《民法典》第277条规定，区分所有建筑物的管理组织分为两级：一是业主大会，二是业主委员会。业主大会是区分所有建筑物管理的最高决策机构，业主委员会是其执行机构。业主大会或者业主委员会可以聘任物业服务企业对区分所有建筑物进行管理，物业服务企业是受业主大会及其委员会委托执行管理建筑物事务的单位。

1. 业主大会的性质

业主大会由全体业主组成。

对业主大会的性质，有四种不同的立法例。第一种是德国的“不承认主义”，认为其不具有法人人格，没有权利能力，是作为共有关系成员的单个的住宅所有权人，在诉讼上也是如此。第二种是法国的“一律承认主义”，即不分情形，均一律承认业主管理团体具有法人资格。第三种是日本的“有限承认主义”，附条件地承认管理团体为法人，认为不足30人的业主构成的管理团体的性质属于无权利能力的社团，30人以上且表决权占3/4以上的多数业主同意时，可以申请登记为具有法人资格的管理团体。第四种为美国的“一律承认主义”，美国原来并不承认业主管理团体具有法人资格，后在20世纪70年代通过判例承认该管理团体的法人资格。故在现代社会，业主管理团体有法人化趋向，使业主大会具有法人资格。

在我国区分所有的建筑物管理中，对业主大会性质的界定，《民法典》采纳不承认主义较为稳妥。主要理由有二：第一，我国在建筑物区分所有制度方面还是在刚刚开始实践阶段，没有经验，不宜采用承认主义和有限承认主义，应该先实践，积累经验以后再说。第二，在现阶段，在建筑物区分所有的管理上应该贯彻民主精神，让多数业主按照民主的方式管理，不要急于采用限制业主意志的法人模式。现在的做法是将其作为非法人组织对待，其不具有法人人格，但是有一定的民事行为能力和诉讼行为能力。因此，《民法典》第286条第2款、第3款规定：“业主大会或者业主委员会，对任意弃置垃圾、排放污染物或者噪声、违反规定饲养动物、违章搭建、侵占通道、拒付物业费等损害他

---

① 温丰文．论区分所有建筑物之管理．法学丛刊（147）．

人合法权益的行为，有权依照法律、法规以及管理规约，请求行为人停止侵害、排除妨碍、消除危险、恢复原状、赔偿损失。”“业主或者其他行为人拒不履行相关义务的，有关当事人可以向有关行政主管部门报告或者投诉，有关行政主管部门应当依法处理。”

2. 业主大会的组织及活动方式

业主大会由全体业主组成。每个业主都有选举权和被选举权，有决定事项的投票权。

业主委员会由业主大会选举若干人组成，具有主任、委员等职。业主委员会主任对外代表业主大会。业主委员会在诉讼中具有当事人资格。

业主大会的活动方式是举行会议，作出决议。其职责：对外，代表该建筑物的全体业主，其性质为非法人团体性质的管理团体，可以代表全体业主为民事法律行为和诉讼行为，具有非法人组织的功能；对内，对建筑物的管理工作作出决策，对共同事务进行决议，如制定管理规约，选任、解任管理人，变更共用部分，修建一部分毁损的建筑物，等等。①《民法典》第 278 条规定了业主大会的职责：（1）制定和修改业主大会议事规则；（2）制定和修改管理规约；（3）选举业主委员会或者更换业主委员会成员；（4）选聘和解聘物业服务企业或者其他管理人；（5）使用建筑物及其附属设施的维修资金；（6）筹集建筑物及其附属设施的维修资金；（7）改建、重建建筑物及其附属设施；（8）改变共有部分的用途或者利用共有部分从事经营活动；（9）有关共有和共同管理权利的其他重大事项。

至于什么样的事项为“其他重大事项”，《最高人民法院关于审理建筑物区分所有权纠纷案件适用法律若干问题的解释》第 7 条规定，处分共有部分，以及业主大会依法决定或者管理规约依法确定应由业主共同决定的事项，应当认定为《民法典》第 278 条第 1 款第 9 项规定的有关共有和共同管理权利的“其他重大事项”。最近有关于老旧住宅安装电梯的纠纷频发。六层的住宅楼，三至六层业主主张安装电梯，经过批准后开始施工，一层业主坚决反对，阻止施工。三至六层业主向法院起诉，主张住宅改建为“其他重大事项”，应当按照“其他重大事项”的表决方式决定，且经过有关部门批准。法院判决认定，老旧住宅安装电梯是其他重大事项，2/3 的多数业主可以作出有效决定，故支持了原告的诉讼请求，继续安装电梯。

业主大会应当定期召开，每年至少召开一次至两次。业主大会对上述事项进行决议，应由经专有部分面积占比 2/3 以上的业主且人数占比 2/3 以上的业主参与表决。决定重大事项，如上述第 6 项至第 8 项规定的事项，应当经参与表决专有部分面积 3/4 以上的业主且参与表决人数 3/4 以上的业主同意。决定其他事项，应当经参与表决专有部分面积过半数的业主且参与表决人数过半数的业主同意。

关于如何计算业主大会表决中的建筑面积数和业主人数，《最高人民法院关于审理建筑物区分所有权纠纷案件适用法律若干问题的解释》第 8 条和第 9 条规定：《民法典》第 278 条第 2 款和第 283 条规定的专有部分面积可以按照不动产登记簿记载的面积计算；尚未进行物权登记的，暂按测绘机构的实测面积计算；尚未进行实测的，暂按房屋买卖合

① 温丰文．论区分所有建筑物之管理．法学丛刊（147）．

同记载的面积计算。《民法典》第 278 条第 2 款规定的业主人数可以按照专有部分的数量计算，一个专有部分按一人计算。但建设单位尚未出售和虽已出售但尚未交付的部分，以及同一买受人拥有一个以上专有部分的，按一人计算。

业主大会在发生重大事宜时须即时处理，经业主委员会请求，应当召开临时会议，进行讨论，作出决策。

《民法典》第 280 条规定："业主大会或者业主委员会的决定，对业主具有法律约束力。"业主必须执行业主大会、业主委员会的决议、决定，即使是没有经过自己同意或者自己反对的决议和决定，也应当执行。

3. 管理人

管理人是建筑物管理的具体执行机构，负责执行管理规约所定事项以及业主大会决议事项。《民法典》第 284 条规定："业主可以自行管理建筑物及其附属设施，也可以委托物业服务企业或者其他管理人管理。""对建设单位聘请的物业服务企业或者其他管理人，业主有权依法更换。"

物业服务企业接受委托之后，应当按照《民法典》第 285 条规定的要求，执行规约和决议，负责日常管理工作，如对共用部分的清洁、维护、修缮和一般改良，管理经费的动支，雇用和考核管理人，调解住户纠纷，制止业主和专有部分占有人违规行为等。其他管理人也应当执行以上职责。物业服务企业或者其他管理人应当接受业主的监督。

（二）管理规约

管理规约，是业主大会制定的区分所有建筑物管理的自治规则，是业主为了增进共同利益，确保良好的生活环境，经业主大会决议的共同遵守事项。[①]

管理规约的订立、变更或废止，都须经过业主大会决议。订立、变更、废止规约为特别事项，应当由参与表决专有部分面积过半数的业主且参与表决人数过半数的业主议决，即管理规约须得参与表决专有部分面积过半数的业主且参与表决人数过半数的业主同意，始得订立、变更或者废止。

管理规约的内容主要包括：一是业主之间的权利义务关系；二是关于业主之间的共同事务；三是业主之间利益协调事项；四是对业主违反义务的处理办法。

管理规约的效力在于约束全体业主的行为。因此，管理规约只对该建筑物的业主有效，同时及于业主的特定继受人。物业服务企业或者其他管理人不得违反该管理规约而另行处置管理事务，与管理规约相抵触的管理行为不具有效力。管理规约定有效力起止时间的，应依其规定生效、失效。

（三）管理内容

区分所有建筑物的管理内容，分为物的管理和人的管理。

---

① 王泽鉴．民法物权：通则·所有权．北京：中国政法大学出版社，2001：263.

1. 物的管理

物的管理，包括对建筑物、地基以及附属设施的保存、改良、利用以及处分等。管理的范围，原则上限于建筑物的共用部分。专用部分的管理，由业主承担，但是，对相邻的墙壁、楼板的修缮等，因其为相邻双方互有，故应在共同管理范围内。

管理的费用包括两方面内容：

第一，维修基金。建筑物及其附属设施的维修资金，属于业主共有，经业主共同决定，可以用于电梯、水箱等共有部分的维修。维修资金的筹集、使用情况应当公布。

第二，共有部分的费用及收益。建筑物共有部分以及附属设施的费用分摊和收益分配，应当依照约定分担和享有；如果没有费用分摊和收益分配的约定，或者约定不明确，按照业主专有部分所占比例确定。

管理的基本事项，按照国际保健机构关于安全、健康、便利、舒适的管理目标要求，主要包括以下内容：一是火警防范，加强消防设备和防火措施管理；二是维护公用部分及建筑物清洁，定期清除垃圾，清理水沟，清洗外墙，擦洗共用门窗玻璃等；三是维修公共设施，如水、电、气、暖的维修，公共电梯定期检查等；四是保护、美化建筑物的环境，在建筑物的庭院中植花种草，管理车辆停放秩序等。

2. 人的管理

对人的管理，不仅指对业主的管理，还包括对出入该建筑物的所有的人进行管理。《民法典》第 286 条规定了业主自律、业主大会以及业主委员会的管理。

具体的管理内容如下。

（1）对建筑物不当毁损行为的管理。这种行为，可以是对专有部分进行影响整个建筑物安全或外观的改建或扩建，如拆除梁柱、支撑墙等；也可以是将共用部分改为自用，如将楼道自用，将公用阳台自用；还可以是擅自对专用部分以外的部分进行改变等。

（2）对建筑物不当使用行为的管理。对专有部分，各业主可以自由使用，但是不得滥用权利进行不当使用。如在住宅、公寓的专有部分开设工厂、舞厅、饭馆以及进行其他非法营业，带来噪声、震动，影响他人生活安宁，均属之。业主或者其他行为人违反法律、法规、国家相关强制性标准、管理规约，或者违反业主大会、业主委员会依法作出的决定，实施下列行为的，可以认定为“损害他人合法权益的行为”：一是损害房屋承重结构，损害或者违章使用电力、燃气、消防设施，在建筑物内放置危险、放射性物品等危及建筑物安全或者妨碍建筑物正常使用；二是违反规定破坏、改变建筑物外墙面的形状、颜色等损害建筑物外观；三是违反规定进行房屋装饰装修；四是违章加建、改建，侵占、挖掘公共通道、道路、场地或者其他共有部分。《民法典》第 279 条规定：“业主不得违反法律、法规以及管理规约，将住宅改变为经营性用房。业主将住宅改变为经营性用房的，除遵守法律、法规以及管理规约外，应当经有利害关系的业主一致同意。”需要住改商的，按照《最高人民法院关于审理建筑物区分所有权纠纷案件适用法律若干问题的解释》第 10 条和第 11 条的规定，业主将住宅改变为经营性用房，未依据《民法典》第 279 条的规定经有利害关系的业主一致同意，有利害关系的业主请求排除妨害、消除危险、恢复原状或者赔偿损失的，人民法院应予支持。将住宅改变为经营性用房的业主以多数有利害关系的业主同意其行为进行抗辩的，人民法院不予支持。业主将住宅改变为经营性用房，本栋建筑物内的其他业主，应当认定为《民法典》第279条所称“有利害关系的业主”。建筑区划内，本栋建筑物之外的业主，主张与自己有利害关系的，应证明其房屋价值、生活质量受到或者可能受到不利影响。

（3）对生活妨害行为的管理。此种行为，是指业主因生活习惯、嗜好不同，对建筑物使用方法不尽一致，而对他人生活有妨害的行为，如饲养动物，深夜用音响播放音乐，任意堆放垃圾，乱泼污水等。

（4）行政管理机关的管理。负责建设规划、环境卫生、公共安全等的行政主管部门应当依照有关法律、法规，对建筑区划内损害他人合法权益的行为予以处理。

对于上述违反建筑物公共生活规则的行为，应当通过行政管理组织进行管理，禁止其继续作为。对情节较重违反管理规约的，可以依照规约进行处罚，如令其支付违约金；对情节严重，造成建筑物毁损的，应令其赔偿；对不服管理的，可以由业主委员会代表全体业主向人民法院起诉。

（四）物业管理

业主可以自行管理建筑物及其附属设施，也可以委托物业服务企业或者其他管理人管理。对建设单位聘请的物业服务企业或者其他管理人，业主有权依法更换。物业服务企业或者其他管理人根据业主的委托管理建筑区划内的建筑物及其附属设施，并接受业主的监督。

有关物业服务合同的问题，《民法典》“合同”编专门设置了“物业服务合同”一章，应当按照该章规定确定物业服务合同的主体、内容等事项。

问题与思考

1. 引读案例思考

李爱在区分所有建筑物的楼道向外延伸60厘米安装防盗门，并将王华家的电铃暗盒封了进去。请结合本章内容思考：（1）王华和李爱取得的不动产权利是业主的建筑物区分所有权吗？（2）建筑物区分所有权的权利人应当享有哪些权利？负有哪些义务？（3）李爱的行为违反了业主的哪些义务？（4）对王华的诉讼请求法官应否支持？

参考分析意见：

在本案中，王华和李爱都居住在区分所有建筑物中，他们对自己的专有部分享有所有权，对共有部分享有共有权和管理权，因此，他们都是建筑物区分所有权人，都享有建筑物区分所有权。建筑物区分所有权人对自己的专有部分，享有占有、使用、收益、处分的权利，行使权利不受他人干涉。他们是业主，作为共有权人，对共有部分享有共有的权利，负担共有的义务，其中义务之一，是不得侵占共有部分。区分所有建筑物的共有部分归全体业主共有，涉及全体业主的共同利益，也涉及各个业主的个人利益。李爱占有楼道的公共空间，用安装防盗门的方式将公共楼道封为自己单独使用空间，违反了《民法典》第273条的规定，侵占了建筑物的共有部分，侵害了全体业主的合法权益，也侵害了本案原告的合法权益，应当承担相应的民事责任。法官审理本案，应当以《民法典》第273条为根据，确认李爱的行为违反法律，侵害了全体业主的权利，使王华对共有部分的使用受到限制，判决李爱承担拆除防盗门，将楼道恢复原状的民事责任。

2. 重点题

（1）建筑物区分所有权的概念是什么？有哪些特征？

（2）建筑物区分所有权是由哪些权利构成的？

（3）如何确定区分所有建筑物的共有部分？确定车位和车库权属的规则是什么？

（4）建筑物区分所有权中管理权的内容有哪些？

（5）业主大会和业主委员会的性质和地位是什么？与物业服务企业是什么关系？

3. 法考题

（1）共有部分的范围。

（2）业主对共有部分享有的权利和应履行的义务。

4. 考研题

（1）建筑物的共有部分。

（2）建筑物的专有部分。

（3）试述建筑物区分所有权。

第六章

相邻关系

重点知识

1. 相邻关系：概念、种类
2. 相邻关系的处理原则
3. 相邻关系与地役权的关系

引读案例

贾某和甄某的住宅东西相邻。贾某院中有一棵百年古树，根系延伸到甄某房屋地基下，将甄某的墙壁和火炕挤裂，危及房屋和人身安全。甄某要求贾某砍掉古树，贾某不同意；要求切断树根，贾某仍不同意。甄某诉请法院判决贾某切断树根，不得影响自己的人身、财产安全。

第一节 相邻关系概述

(一) 相邻关系的概念

相邻关系，是指不动产的相邻各方在行使所有权或其他物权时，因相互间应当给予方便或接受限制而发生的权利义务关系。相邻关系从权利的角度，也可以称为相邻权，但其并不是一种独立物权。

(二) 相邻关系的性质

关于相邻关系的性质，有两种不同的意见。一种意见认为相邻权是独立的物权[①]；另一种意见认为相邻权不是一种独立的物权，而是法律直接规定产生的所有权的内容，其实质是对所有权的延伸和限制。[②] 本书同意后一种意见。

① 张俊浩．民法学原理．北京：中国政法大学出版社，1991：476.

② 余能斌，马俊驹．现代民法学．武汉：武汉大学出版社，1995：645.

相邻关系的实质，是对不动产所有权人、用益物权人以及占有人行使所有权、用益物权或占有的合理延伸和必要限制，而不是一种独立的物权。

相邻关系对不动产财产权的合理延伸和必要限制，集中表现在相邻的不动产权利人一方对另一方行使权利提供必要的便利。提供必要的便利，是指非从相邻一方获得这种便利，便无法行使其权利；而相邻一方获得此种便利后，就使其权利得到延伸，也能够使其顺利地行使自身权利，相邻的另一方则因提供此种便利而使其权利受到限制。例如，甲承包的土地处于乙承包的土地包围之中，甲在耕种土地时必须通过乙的土地，乙应当允许其通行。由此甲、乙两个承包经营权人之间发生相邻关系。对甲来说，相邻权是其享有的土地承包经营权的延伸，而对乙来说，相邻权则是对其土地承包经营权的限制。

相邻关系对不动产财产权的合理延伸和必要限制，既不损害所有权人、用益物权人或者占有人的正当权益，同时也满足了对方的合理需要。因此相邻关系对充分发挥财产的效用，减少纠纷，稳定社会经济秩序，加强人们之间的协作，都具有不可忽视的重要意义。

（三）相邻关系的法律特征

1. 相邻关系的主体是相邻不动产的所有权人、用益人或占有人

不动产相邻的含义是不同权利主体享有的不动产相邻，只有当相邻的不动产分属于不同主体所有、用益和占有时，才可能产生相邻关系，如果不动产尽管相邻但是却由同一主体所有、用益或者占有，则不发生相邻关系。相邻关系可以发生在自然人之间、法人之间或非法人组织之间，但他们都须是财产的所有权人、用益物权人或者占有人。

2. 相邻关系只能基于不动产相邻的事实发生

相邻关系只能发生在不同主体所有、用益或者占有的不动产相邻的情况下，没有不动产的相邻就不能发生相邻关系，如房屋相邻而产生通风、采光的相邻关系，土地相邻而发生通行的相邻关系。应当注意的是，相邻关系的发生经常与自然环境有关。如甲、乙两个村处于一条河流的上下两个相连的地段，于是构成了甲、乙两个村互相利用水流灌溉和水力资源的相邻关系。

3. 相邻关系的客体是行使不动产权利时互相给予方便所追求的利益

相邻关系的客体，是行使不动产权利时，一方给予对方方便时所追求的利益。这种利益可能是经济利益，例如，相邻取水关系一方给予对方的方便，追求的就是经济利益；也可能是非经济利益，例如，城市相邻关系中的空调器设置关系，相邻方给予对方的方便，追求的就是非经济利益。这种利益与行使不动产所有权或用益权以及占有相关，但是需要在相邻方给予必要方便的条件下才能实现。

4. 相邻关系的核心内容是给予相邻他方以必要方便

相邻关系的基本内容是相邻一方要求他方为自己行使不动产所有权或使用权给予必要方便的权利，以及他方应当给予必要方便的义务。因此，其核心是给予相邻方行使权利的方便，因为只有这样，才能保证不动产权利的行使。应当强调的是，相邻各方在行使权利时，不得损害他方的合法权益。

第二节　相邻关系的基本种类

一、相邻用水、排水关系

相邻用水、排水和流水关系是相邻关系的重要内容，基本规则是《民法典》第 290 条的规定，即："不动产权利人应当为相邻权利人用水、排水提供必要的便利。""对自然流水的利用，应当在不动产的相邻权利人之间合理分配。对自然流水的排放，应当尊重自然流向。"

（一）相邻用水关系

相邻用水关系是最重要的相邻关系之一。在我国，水资源主要为国家所有，相邻各方均有权利用自然流水。对水资源的利用，应依"由远及近、由高至低"的原则依次灌溉、使用，任何一方不得擅自堵塞或者排放。一方擅自堵塞、独占或改变自然水流，影响他人正常生产、生活的，他方有权请求排除妨碍和赔偿损失。

（二）相邻排水关系

不动产相邻各方须解决排水问题。如果相邻一方须通过另一方的土地排水，另一方应当准许。排水人应当对对方的土地等财产采取必要的保护措施，防止造成对对方权利的损害。如果一方造成损害，不论是不可避免的损害，还是因过错而造成的对方的损害，甚至是只有造成损害危险的行为，该方都有义务停止侵害、消除危险、恢复原状，造成损失的，还应当予以赔偿。

（三）相邻滴水、流水关系

不动产权利人修建房屋或者开挖沟渠，应与相邻他方的不动产保持一定距离和采取必要措施，防止屋檐滴水或流水对相邻他方造成损害。一方由此而妨碍和损害对方的，应当排除妨碍、赔偿损失。

二、相邻不动产通行、利用关系

（一）相邻土地通行关系

土地权利人的基本权利之一，就是禁止他人进入自己的土地。非法侵入不动产特别是土地，是侵害财产的侵权行为。不过，在相邻土地之间，如果存在通行的必要，则必须保证相邻方的必要通行权。《民法典》第 291 条规定："不动产权利人对相邻权利人因通行等必须利用其土地的，应当提供必要的便利。"相邻土地通行关系，主要包括以下两个方面。

1. 邻地通行

相邻一方的土地处于另一方土地包围之中，或者由于其他原因，相邻一方必须经过相邻方使用的土地通行的，另一方应当准许；对邻地享有通行权的人，应当选择对相邻方损害最小的线路通行；在邻地通行造成相邻一方损害的，应当依法赔偿相邻方的损失。

2. 历史通道

由历史原因形成的必要通道，所有权人、用益物权人或者占有人不得随意堵塞或妨碍他人通行；需要改造的，须与通行人事先协商一致；如果另有其他通道可以通行，并且堵塞后不影响他人通行，则可以堵塞历史通道。

（二）相邻土地及建筑物利用关系

不动产权利人在因行使自己的权利而必须利用相邻方的土地、建筑物时，与相邻方构成相邻土地及建筑物的利用关系。其规则是：不动产权利人因建造、修缮建筑物以及铺设电线、电缆、水管、暖气和煤气等管线须利用相邻土地、建筑物的，该土地、建筑物的权利人应当提供必要的便利。《民法典》第 292 条规定："不动产权利人因建造、修缮建筑物以及铺设电线、电缆、水管、暖气和燃气管线等必须利用相邻土地、建筑物的，该土地、建筑物的权利人应当提供必要的便利。"

1. 临时占用

相邻一方因建造、修缮建筑物以及铺设其他管线等，需要临时占用他方土地、建筑物时，他方应当允许。占用方应按双方约定的范围、用途和期限使用土地或房屋；使用完毕后，应当及时清理现场，恢复土地、建筑物的原貌。一方因此给他方造成损失的，应当给予赔偿。

2. 长期使用

相邻一方因建造、修缮建筑物以及铺设其他管线，必须通过另一方所有或使用的土地、建筑物而架设电线，埋设电缆、水管、煤气管、下水道等管线时，他方应当允许。安设管线应选择对相邻他方损害最小的线路和方法为之。由此而造成的损失，安设方应当给予赔偿。

三、相邻地界关系

（一）土地的分界墙、分界篱、分界沟和分界石

相邻不动产权利人可以共同或单方在土地边界修建分界墙、分界篱、分界沟或安设分界石等界标。共同修建的，为双方共有，并由相邻双方共同维护；单方修建的，为修建方所有，且应在自己一侧的土地上进行，不得越界而侵占另一方的土地。

（二）越界建筑物

相邻各方修建建筑物时，应与地界保持适当距离，不得紧贴边界，更不准越界侵占对方的土地。对越界建筑物，相邻另一方有权提出停止侵害、恢复原状、赔偿损失的请求；相邻方如果明知对方越界修建而不提出异议，在建筑完工后则不能请求停止侵害、恢复原状，只能要求赔偿损失。相邻双方还可以采取协商的方式，就越界的建筑物由土地权利人予以购买，或者就越界的建筑物所占用的土地由建筑物所有权人进行租赁，在一般情况下，对方不应当予以拒绝。

（三）越界竹木根枝

相邻一方在地界一侧栽培竹木时，应与地界线保持适当距离，以预防竹木根枝越界侵入对方土地。相邻一方种植的竹木根系或者枝丫越界的，如果不影响他人，则相邻另一方应当容忍；如果影响他人生活和生产，他方有权请求竹木所有权人或管理人刈除越界的根系和枝丫；所有权人或者管理人拒绝刈除的，相邻他方有权刈除越界的根系、枝丫，如果刈除根枝花费过巨，有权请求赔偿。超越地界在他方土地上种植的竹木，应归他方所有，种植人无权取得该竹木的所有权。

（四）越界果实

相邻一方越界的树木枝丫结有果实的，该果实归树木所有权人所有。但是，越界枝丫结有的果实自落于邻地的，则属于邻地所有权人所有，邻地是公地的，不适用这一规则。应当注意的是：第一，邻地包括相邻的田园、水路，但是不以直接毗邻为必要；第二，自落，是指果实因风吹或者成熟而自然坠落，邻地权利人自己或者指使他人摇动果树而致果实坠落的，不认为是自落。

四、相邻建筑物通风、采光、通道关系

（一）建筑物通风、采光和日照

相邻各方修建房屋或其他建筑物，相互间应当保持适当距离，不得妨碍邻居的通风、采光和日照。《民法典》第 293 条规定：“建造建筑物，不得违反国家有关工程建设标准，不得妨碍相邻建筑物的通风、采光和日照。”如果建筑物影响相邻对方的通风、采光、日照和其他正常生活，受害人有权请求排除妨碍、恢复原状和赔偿损失。例如，在城市建筑物密集地区，安装空调机应当与对方建筑物的门窗保持适当距离，不能将空调的排风口直接对着相邻对方建筑物的门窗，防止对相邻方生活造成损害。

（二）建筑物历史通道

对在建筑物及其附属物内由历史原因形成的通道，所有权人或使用人不得随意堵塞。

堵塞通道影响他人生产、生活的，他人有权请求排除妨碍、恢复原状。有条件另开通道的，可另开通道。

（三）建筑物的共用墙、伙巷等

对相邻建筑物，或者同一建筑物内分属不同所有权人的共用墙、伙巷、空地、通道、房顶、大门等，应当按照相邻地界关系和共有财产原则处理。

在 20 世纪 80 年代，最高人民法院在北京西交民巷拆除几栋平房，建设一栋六层家属宿舍楼。当建到三层多时，西郊民巷的邻近居民主张采光权，向北京市西城区人民法院提起民事诉讼。北京市西城区人民法院受理该案，判决支持原告的采光权诉求，最高人民法院须将第三层以上部分拆除。这是一个关于相邻关系的典型案例。

五、相邻环保关系

相邻环保关系是相邻关系的重要内容，关系相邻各方的生活和生产安全。其规则是《民法典》第 294 条规定，即："不动产权利人不得违反国家规定弃置固体废物，排放大气污染物、水污染物、土壤污染物、噪声、光辐射、电磁辐射等有害物质。"

（一）排放污染物的限制

相邻各方应当按照《环境保护法》的有关规定，排放废水、废气、废渣、粉尘以及其他污染物，须注意保护环境，防止造成污染。如果排放的污染物造成了损害，即使是排放的污染物并没有超过标准，相邻方也有权要求治理并请求赔偿损失。相邻一方产生的粉尘、光、噪声、电磁波辐射等超过国家规定标准，或者散发有害异味的，对方有权请求其停止侵害、赔偿损失。

（二）修建、堆放污染物的限制

相邻一方修建厕所、粪池、污水池、牲畜栏厩，或堆放垃圾、有毒物、腐烂物、放射性物质等，应当与相邻方不动产保持一定距离，并采取防污措施，防止对相邻方的人身和财产造成损害。如果上述污染物侵入相邻不动产一方，影响其生产、生活，受害人有权请求其排除妨碍、消除危险或赔偿损失。

（三）有害物质侵入的防免

有害物质侵入包括煤气、蒸汽、臭气、烟气、煤烟、热气、噪声、震动和其他来自他人土地类似干扰的侵入。除上述列举的物质以外，在环境保护法规中经常提到的废气、废渣、废水、垃圾、粉尘、放射性物质等，均包括在内。

有害物质侵入的防免关系内容，主要是权利人享有请求排放一方的相邻方停止排放的权利，排放一方的相邻方负有停止有害物质侵入的义务，须"按照环境保护法和有关规定处理，不得妨碍或损害相邻人的正常生产与生活”[①]。

六、相邻防险关系

（一）相邻防险关系的概念

相邻防险关系也称为相邻防险权，是指相邻一方当事人因使用、挖掘土地，或其所建建筑物有倾倒危险，有给相邻当事人造成损害的危险时，在该相邻双方当事人间产生的一方享有请求他方预防损害，他方负有预防邻地损害的权利义务关系。《民法典》第295条规定：“不动产权利人挖掘土地、建造建筑物、铺设管线以及安装设备等，不得危及相邻不动产的安全。”

（二）相邻防险关系的种类及其内容

我国的相邻防险关系分为以下三种。

1. 挖掘土地或施工建设的防险关系

这是最典型的相邻防险关系，其主要内容是相邻一方在自己使用的土地上挖掘地下工作物，如挖掘沟渠、水池、地窖、水井，或者向地下挖掘寻找埋藏物，或者施工建设等时，须注意保护相邻方不动产的安全，不得因此使相邻方的地基动摇或发生危险，或者使相邻方土地上的工作物受其损害。行使这种相邻防险权利，主要是禁止相邻方在界线附近从事有侵害危险的上述行为，具体的要求是，相邻一方在界线附近挖掘或施工建设时，须留出适当距离。已留出适当距离挖掘土地或施工建设，仍给相邻方造成损害的，应依据科学鉴定，予以免责或减轻责任。

2. 建筑物及其他设施倒塌危险的防险关系

此种防险关系的产生，在于相邻一方的建筑物或者其他设施的全部或一部有倒塌的危险，威胁相邻另一方的人身、财产安全。对此，相邻的另一方即受该危险威胁的相邻人有权请求必要的预防。

这种必要预防的请求权，不以被告有过失为必要，只需有危险的存在即可，其工作物的危险纵系洪水所致，亦非所问。[②] 怎样为必要预防，应依其具体情形决定。危险的预防，如无其他特别方法为可能的，可以请求将建筑物或其他工作物拆除。如何预防为被告责任，原告无须指明。[③]

3. 放置或使用危险物品的防险关系

危险物品，包括易燃品、易爆品、剧毒性物品等具有危险性的物品。放置或使用这些物品，须严格按有关法规的规定，并应当与相邻方的建筑物等保持适当距离，或采取

---

① 马原．中国民法教程．北京：人民法院出版社，1989：265.

② 史尚宽．物权法论．台北：荣泰印书馆，1979：83.

③ 同①.

必要的防范措施，使相邻方免遭人身和财产损失。[①] 防险权利的内容，是要求危险来源的所有权人将危险物品转移至安全地带或者采取防险措施。

七、利用相邻不动产的避免损害义务

《民法典》第 296 条规定："不动产权利人因用水、排水、通行、铺设管线等利用相邻不动产的，应当尽量避免对相邻的不动产权利人造成损害。"在这些相邻关系中，一方负有容忍的义务，另一方负有尽量避免损害的义务，以维护相邻关系的和谐。对违反相邻关系的上述义务，给对方当事人造成损害的，该条没有规定损害赔偿责任。其实后果是不言而喻的，造成损害的，应当予以赔偿。

第三节　处理相邻关系的原则

一、处理相邻关系的意义

相邻关系涉及面广，种类繁多，涉及自然人和法人、非法人组织的切身利益，因此，极易引起纠纷。在法院处理的民事案件中，有很多都是由相邻关系处理不好引起的，甚至导致严重的后果，影响社会的安宁和稳定。正确处理相邻关系，在界定不动产的权利边界的基础上，解决权利冲突，对相邻各方的利益关系进行合理的协调，有利于解决纠纷，使人民团结，社会安定。因此，相邻关系纠纷中尽管都不是重大争议，但是相邻关系却是关系社会秩序和稳定的大问题。

处理相邻关系的原则是，不动产的相邻权利人应当按照有利生产、方便生活、团结互助、公平合理的原则，正确处理相邻关系。

《民法典》对相邻关系非常重视，在"物权"编专设第七章予以规定。其中第 288 条规定的就是处理相邻关系的原则："不动产的相邻权利人应当按照有利生产、方便生活、团结互助、公平合理的原则，正确处理相邻关系。"

二、处理相邻关系的原则

（一）有利生产、方便生活

相邻关系是人们在生产和生活中，于相互毗邻的不动产占有、使用、收益、处分中发生的权利义务关系，直接关系人们的生产和生活的正常进行。因此，正确处理好相邻关系，对社会生产的发展和人民生活的安定都具有重要意义。

正因为如此，处理相邻关系时应当从有利生产、方便生活出发，充分发挥不动产的

---

① 王利明，等．民法新论．北京：中国政法大学出版社，1988：129.

使用效益，最大限度地维护各方的利益，实现法律调整相邻关系追求的社会目的。

（二）团结互助、公平合理

在现实社会中，民事主体的诸多利益关系是相互依赖、相互关联的，并没有一个绝对的界限，尤其是不动产之间，尽管可以将界限确定清楚，但是仍然无法解决具体的、细微的利益冲突。如果过于强调某一方面的利益而忽视另一方面的利益，就会使社会的共同利益无法实现。因此，团结互助、公平合理是处理相邻关系相辅相成的原则。

这一原则要求，相邻各方在行使其权利时，应互相协作，团结互助，互相尊重对方的合法权益，不能以邻为壑，损人利己。当争议发生时，应在相互协商的基础上，以团结为重，强调互助，公平合理地处理相邻纠纷，解决存在的问题，避免矛盾激化，影响安定团结。

（三）尊重历史和习惯

处理相邻关系纠纷要特别注意尊重历史和习惯。这是因为，历史上形成的相邻状况，以及在处理当地的相邻关系中的习惯，都被相邻各方和公众所接受。对相邻各方发生的纠纷，依照历史情况和当地习惯来处理，是最好的解决方法。在处理时，只要这种历史和习惯不违背法律，就应当予以尊重。《民法典》第289条规定："法律、法规对处理相邻关系有规定的，依照其规定；法律、法规没有规定的，可以按照当地习惯。"我国法律较少强调按照习惯处理纠纷，本条是强调习惯的一个重要规定。事实上，民事司法原则，就是有法律依法律，无法律依习惯，无习惯依法理。因此，习惯在民事纠纷的处理中具有重要作用，并不只是在相邻关系中要被加以强调。

《问题与思考》

1. 引读案例思考

贾某院中古树的根系越界，将邻居甄某的墙壁和火炕挤裂，危及房屋和人身安全。请结合本章内容思考：(1) 双方当事人之间是否构成相邻关系？(2) 贾某和甄某之间的纠纷是如何体现相邻关系的实质的？(3) 双方当事人争议的相邻关系的种类是什么？(4) 处理这类相邻关系争议的规则是什么？

参考分析意见：

贾某和甄某是住宅东西相邻的邻居。所谓邻居，其实就是构成相邻关系的事实根据，即不动产相毗邻。贾某和甄某相邻而居，宅基地和房屋相毗邻，当然构成相邻关系。相邻关系的实质，是相邻方给予相邻他方以必要的方便，以保证其不动产物权的行使。贾某院中的古树根系越界，如果不妨害对方的权利行使，相邻方应当给予方便，予以容忍。这就是相邻权的实质。但是，根系越界达到严重程度，造成对方损害，超出了应当容忍程度的，就不是行使权利的必要限度，而是构成了对相邻他方的权利侵害。

按照处理相邻关系的一般规则，本案涉及的相邻关系是越界竹木根枝问题，其内容是，相邻一方在地界一侧栽培竹木时，应与地界线保持适当距离，以预防竹木根枝越界侵入对方土地。相邻一方种植的竹木根系或者枝丫越界，如果不影响他人，相邻另一方应当容忍；如果影响他人生活和生产，他方有权请求竹木所有权人或管理人刈除越界的根系和枝丫；如果所有权人或者管理人拒绝刈除，则相邻他方有权刈除越界的根系、枝丫，刈除根枝花费过巨的，则有权请求赔偿。超越地界在他方土地上种植的竹木，应依法归他方所有，种植人无权取得该竹木的所有权。相邻一方越界的树木枝丫结有果实的，该果实归树木所有权人所有。越界枝丫结有的果实自落于邻地的，则属于邻地所有权人所有，但如果邻地是公地，则不适用这一规则。应当注意的是：第一，邻地包括相邻的田园、水路，但不以直接毗邻为必要；第二，自落，是指果实因风吹或者成熟而自然坠落，邻地权利人自己或者指使他人摇动果树而致果实坠落的，不认为是自落。

对本案涉及的这种相邻关系，《民法典》没有明确规定，但是第289条规定了一个基本原则，就是处理相邻关系没有法律、法规明确规定的，可以适用当地习惯。上述关于相邻关系的处理规则，可以视为习惯，据此作出判决即可。

2. 重点题

(1) 相邻关系的概念是什么？

(2) 如何认识相邻关系的实质？

(3) 相邻防险关系的具体规则是什么？

(4) 相邻地界关系的具体规则是什么？

(5) 处理相邻纠纷的基本规则是什么？

3. 法考题

相邻关系与地役权的关系。

4. 考研题

(1) 相邻关系的处理原则。

(2) 相邻关系概述。

第七章
共有权

重点知识

1. 共有权：概念、特征
2. 共有财产的范围
3. 按份共有：概念、应有部分、内部关系、管理费用的负担
4. 共同共有：概念、发生、共同共有人的权利
5. 准共有
6. 共有关系消灭时的共有财产分割

引读案例

宋某和李某系继母女。宋夫即李父去世时留下夫妻共有房屋 5 间，一直由李某和宋某共同居住，宋某居东二间，李某居西三间。宋某去国外居住后，5 间房均由李某居住。李某未经宋某同意，擅自通过熟人将产权变更登记为自己所有。宋某得知后要求析产，李某不同意并否认宋某为其继母。宋某诉请法院析产、确权，制裁李某的侵权行为。

第一节 共有权概述

一、共有权的概念及特征

（一）共有权的概念

1. 共有权的定义

共有权，是指两个或两个以上的民事主体对同一项财产共同享有的所有权。《民法典》确认共有权的概念，第 297 条前段规定：“不动产或者动产可以由两个以上组织、个人共有。”

2. 与共有相关的概念

与共有相关的概念有公有、总有和互有。这三个概念都与共有有关，但是都有区别。

公有，是与共有权完全不同的概念。公有既是指公有制，也是指一种财产权形式。国家所有是一种公有，集体所有也是一种公有。在公有制的体制下，共有既可以由公有的主体构成，也可以由私有的主体构成。公有是一种所有权形式，是单一制的所有权；共有也是一种所有权形式，却是多数主体共同享有所有权的所有权形式。公有可以复合成共有，即公有可以与其他所有权的主体构成共有。

总有，与共有既有联系，又有区别。总有是指不具有法律人格的团体，以团体资格对财产享有的所有权。它既不是公有，又不是共有，只是法律从其更相似的角度将其认作共有，以特殊的形态来对待它。在总有的体制下，其财产的管理处分机能属于共同体自身，其使用、收益的权能属于各团体成员。各团体成员不具有份额权，也不能请求分割。各团体成员并不伴随团体成员的资格得失而独立处分其权利。在近代法上，总有或者向法人单独所有发展，或者向共同共有发展，难以保留其独立的所有权形态。典型的总有，如族人对祠堂的所有。

互有，是共有的一种形态，但是有自己的特点。互有是指相邻者对在境界线上的界标、围障、墙壁、沟渠等财产，以及在建筑物内各所有权人共同使用的部分财产，享有的无分割请求权的共同共有。在互有关系中，对互有标的物须永久维持其共同共有的关系，共有人不享有分割共有财产的请求权。互有财产永远不准分割。

（二）共有权的特征

1. 共有权的主体具有非单一性

共有权的主体须由两个或两个以上的自然人、法人或非法人组织构成，单一主体不能构成共有权的主体。共有权因此而与一般的财产所有权相区别。

2. 共有物的所有权具有单一性

共有物的所有权的单一性表现在两个方面。首先，共有权的客体即共有物指的是同一项财产。该同一项财产既可以是独立的一件财产，也可以是具有同一性质的一类财产。其次，共有权是一个所有权，即无论共有的标的物是独立物还是集合物，所有权都只有一个。共有权在其存续期间，既不能被分割，也不能由各个共有人分别对共有物的某一部分行使所有权，每个共有人的权利都及于整个共同财产。因此，共有权是一个权利，各共有人只能共同行使这一个所有权。

3. 共有权的内容具有双重性

共有权的内容，不仅包括其作为所有权所具有的与非所有权人所构成的对世性的权利义务关系，还包括其内部共有人之间的权利义务关系。共有权内容的这种既有绝对性又有相对性的双重性，为“具有相对性的绝对权”，是共有权的重要特征。

4. 共有权具有意志或目的的共同性

共有权的形成具有主观因素。这就是，或者是由共有人共同创造的，或者是由某种财产随着数个主体的意志而转化的，或者是由不同财产所有权人出于共同的意志和目的联合而成的。这些共同主观因素，一般都是基于共同的生活、生产和经营目的，或者基于共同的意志。当共有的目的或意志不复存在时，可以对共有财产进行分割，共有权就解体、消灭，形成不同的单独所有权。

二、共有权的分类

《民法典》第 297 条后段规定："共有包括按份共有和共同共有。"第 310 条规定："两个以上组织、个人共同享有用益物权、担保物权的，参照适用本章的有关规定。"这里规定的是准共有。因此，共有权包括以下三种类型。

（一）按份共有

按份共有是共有权的基本类型，基本特征是，数个所有权人对一项财产按照既定的份额，享有权利，负担义务。在按份共有关系存续期间，尽管所有权只有一个，但是，各个共有人的权利是分份额的，权利的份额是既定的。

（二）共同共有

共同共有也称为公同共有，是共有权的基本类型，基本特征是对一项财产数个所有权人不分份额地享有权利，承担义务。在共有关系存续期间，所有权有一个，各个共有人之间不分份额，只是享有一个总的所有权，共有人个人在其中不具有自己的部分，只要共有关系不解除，这种关系中就永远不能分出份额。

（三）准共有

准共有是共有权的一种特殊类型。其特殊之处就在于，其共有的权利不是所有权，而是所有权之外的他物权和知识产权。

三、共有法律关系的发生和消灭

（一）共有法律关系的发生

共有法律关系的发生，是指共有法律关系基于某种事实或者行为而发生。

共有法律关系基于以下原因发生。

1. 基于当事人的意志发生

基于当事人的意志发生的共有，是协议共有，是指两个以上的人就一项财产，协议约定由这些人共同所有，共同享有所有权，因此产生共有权法律关系。协议产生共有关系，是典型的共有发生原因，多数共有法律关系的发生是基于这一原因。

2. 基于法律的直接规定发生

在很多场合，共有法律关系的发生不是基于当事人的协议，而是基于法律规定，是由法律的规定产生了共有法律关系。这种共有法律关系的发生不必由当事人协议，符合了法律规定的条件的，就依据法律而自然发生共有法律关系。

3. 基于财产的性质发生

基于财产的性质发生的共有法律关系，称为强制共有。这些财产的性质具有不可分割性，不实行共有就没有办法解决所有权的问题，因而发生了共有法律关系。

4. 基于共同行为发生

在普通的共同共有和准共有中，很多是基于共同行为发生的。在这些共同行为中，很难说行为人是有发生共有法律关系的意志，还是没有这种意志，但是，却基于共同行为发生了共有关系。这种共有称为取得共有，以区别于基于共同意志而发生的协议共有。

5. 基于原来的共有关系发生

在原来的共有关系之上产生的债权，是共有债权，因而产生准共有的法律关系。例如，在合伙经营中产生的债权，由于合伙的财产关系是共有关系，因而这个债权也是共同债权，为准共有性质。《民法典》第 307 条规定：因共有的不动产或者动产产生的债权债务，在对外关系上，共有人享有连带债权、承担连带债务，但是法律另有规定或者第三人知道共有人不具有连带债权债务关系的除外；在共有人内部关系上，除共有人另有约定外，按份共有人按照份额享有债权、承担债务，共同共有人共同享有债权、承担债务。偿还债务超过自己应当承担份额的按份共有人，有权向其他共有人追偿。

6. 基于不动产相毗邻发生

在数个相毗邻的土地设置地役权，产生的地役权的性质可能是共有地役权。这种共有的地役权关系，是按份共有关系。

（二）共有法律关系的消灭

所有的共有法律关系都能因某种原因而消灭。共有法律关系消灭后，不再存在共有法律关系，该共有权也不复存在。

1. 共有法律关系消灭的一般原因

凡是消灭所有权关系的一般原因，都可以消灭共有法律关系。这是因为，共有法律关系不过是所有权关系的一种类型，可以消灭所有权关系的，当然就能消灭共有法律关系。一般原因包括灭失、征收或者实施强制措施、转让、抛弃、主体死亡。

2. 共有法律关系消灭的特殊原因

（1）婚姻关系消灭。离婚、夫妻一方死亡，均使婚姻关系消灭，在财产上的后果是夫妻共同共有关系的消灭。

（2）家庭关系解体。家庭关系解体主要是指分家，即同财共居的家庭解体，原有的家庭共同共有关系消灭。

（3）合伙散伙。合伙关系消灭，即为散伙，作为共有法律关系基础的合伙共同关系终止，必然引起合伙共有关系的消灭。

（4）共同继承人分割遗产。共同继承的遗产为接受遗产的继承人共同共有，发生共有关系。共同继承人对共同继承的遗产要求分割，或者通过协议分割的，构成共有法律关系消灭原因，共有法律关系即行消灭。

（5）共有财产归共有人中一人所有。其他共有人将自己的份额转归一个共有人的，该共有人取得全部其他共有人的所有份额，共有变成一般的个人所有，共有法律关系不复存在。

（6）共有人之间达成终止共有关系的协议。全体共有人协商一致，终止共有关系，发生共有关系消灭的效力。

（7）共有人提出分割共有物的请求。各共有人享有提出分割共有物的请求权，全体共有人如无不可分割的约定，各共有人在共有法律关系存续期间均有权提出分割请求，不受诉讼时效期间约束。该请求权具有形成权行使的性质，一经提出即生效力。

（8）约定共有法律关系存续的期限已经届满。在原来约定实行共有的协议中，如果有关于共有法律关系存续期限的条款，在该期限届满之后，共有法律关系消灭。

（9）共有权利的存续期限届满。共有的其他财产权有存续期限的，如地上权、地役权确定的期限，著作人死亡后50年的保护期限，商标权、专利权的期限等，期限一旦届满，该权利即消灭，对这些权利的共有法律关系自然归于消灭。

（10）共有的财产权利已经实现。共有的财产权利实现，使该财产权利不复有存在的必要，自然归于消灭，因而共有法律关系消灭。

（11）设置该财产权的目的实现。例如，担保物权的设置目的，就是担保债务人履行债务，当债务人履行债务后，该担保物权自然归于消灭，如设置的担保物权为数人共有，则该共有法律关系消灭。

（三）分割共有财产的特别规则

《民法典》第303条规定了分割共有财产的特别规则，内容包括以下几个方面。

1. 约定不得分割共有财产

共有人约定不得分割共有的不动产或者动产，以维持共有关系的，应当按照约定，维持共有关系，一般不得请求分割共有财产，消灭共有关系。

2. 虽有约定但有重大理由需要分割共有财产

共有人虽然有不得分割共有的不动产或者动产，维持共有关系的协议，但是，共有人有重大理由需要分割的，可以请求分割。至于请求分割的共有人究竟是一个人、数人或者全体，则不问。但是，如果共有人全体请求分割共有财产，则基于消灭共有法律关系的当事人的一致意见，当然可以分割。

3. 没有约定或者约定不明确

对保持共有法律关系没有约定或者约定不明确的，如果是按份共有，共有人则可以随时请求分割；如果是共同共有，共有人在共有的基础丧失或者有重大理由需要分割时，也可以请求分割。

4. 造成损害的赔偿

不论是否约定保持共有法律关系，共有人请求对共有财产分割的，如果在分割共有财产时对其他共有人造成损害，应当对该损害给予补偿。

四、共有财产的分割

（一）共有财产的分割原则

《民法典》第 304 条规定了分割共有财产的基本规则：共有人可以协商确定分割方式。达不成协议，共有的不动产或者动产可以分割并且不会因分割减损价值的，应当对实物予以分割；难以分割或者因分割会减损价值的，应当对折价或者拍卖、变卖取得的价款予以分割。共有人分割所得的不动产或者动产有瑕疵的，其他共有人应当分担损失。为了避免纠纷、减少矛盾，使分割顺利进行，分割共有财产应遵循以下原则。

1. 遵守法律的原则

共有人分割共有物时，应当遵守法律的规定，不能损害国家、集体或他人的利益。

2. 遵守约定的原则

共有人对相互间的共有法律关系有约定的，分割共有财产时应遵守其约定。

3. 平等协商、团结和睦的原则

共有财产的分割直接涉及各共有人的物质利益，容易引起纠纷，影响团结，因此在分割共有财产时，对有争议的问题要本着平等协商、团结和睦的原则来处理。

4. 保存和发挥物的效用原则

在分割共有财产时，不能因为对共有物的分割而毁损物的价值。对不能实物分割或实物分割有损价值的共有物，应采取其他的分割方式。对从事某种职业所必需的物品，应尽量照顾有此需要的共有人。

根据以上原则，共有人一旦提出对共有财产分割的请求，按份共有关系中有协议的，按协议办理；无协议的，按协商一致原则办理；协商不成时，按照拥有财产份额一半以上的共有人的意见办理，但是不得损害份额较少的共有人的利益；如果没有拥有财产份额一半以上的共有人，则按多数共有人的意见办理。共同共有财产的分割，以共有法律关系消灭为前提，同样，有协议的按协议办理；没有协议的应当根据等份原则处理，同时要考虑共有人对共有财产的贡献大小，适当照顾共有人生产、生活的实际需要等情况。

（二）共有财产的分割方式

在分割共有财产时，可采取以下三种方式。

1. 实物分割

对共有财产，在不影响其财产的使用价值和特定用途时，可在各共有人之间进行实物分割，使各共有人取得其应得的部分。实物分割是分割共有财产的基本方法。

2. 变价分割

这是指在共有财产不能分割或分割有损其价值，各共有人都不愿意取得共有物时，将其变卖，所得价金由各共有人分别领取的分割方法。

3. 作价补偿

这是指共有人中的一人或数人取得共有物，然后对其他共有人的应得部分作价补偿的分割方法。这种分割方式多适用于共有物为不可分割且有共有人愿意放弃对该物的所有权的情形。

（三）共有财产分割后的效力

共有财产分割后，共有法律关系归于消灭，各共有人各自取得其分得部分的所有权。由共有人对全部共有财产的共同所有，变成各共有人对原共有财产的各个部分的单独所有，这就是分割共有财产的效力。共有财产分割后，各共有人都应以其所得的财产，彼此之间互负瑕疵担保责任。如果共有人之一分得的财产因分割前的权利瑕疵而被第三人强制追索，或分得的财产本身有瑕疵，则所受的损失应由其他共有人按其所得财产的份额比例进行补偿。

第二节　按份共有

一、按份共有概述

（一）按份共有的概念和特征

按份共有亦称分别共有、通常共有，是共有的基本类型，是指两个或者两个以上的权利主体，对同一项财产按照应有部分，共同享有权利、分担义务的共有关系。《民法典》第 298 条规定："按份共有人对共有的不动产或者动产按照其份额享有所有权。"

按份共有的特征有以下几点。

1. 各个共有人对共有物按份额享有不同的权利

份额，是按份共有的基本特征，也是产生按份共有关系的客观基础，是指共有人对共有物全体所享有的比例，即按份共有的应有部分。这种份额是根据共有关系的发生原因，由法律或共有人之间的合同来确定的。在份额不明确时，推定各共有人持均等份额。

2. 各个共有人对共有财产享有权利和承担义务依据其不同的份额确定

份额权，也是按份共有的基本特征。在按份共有关系中，各共有人享有份额权。份额权是指在按份共有的条件下，各共有人对共有物享有的权利和承担的义务。份额权首先表现为所有权，是指按份共有人不是享有整个共有物的所有权，而是对属于自己的那一部分份额享有所有权。继之，份额权表现为各共有人对共有财产按照份额享有权利和承担义务。

3. 共有人的权利及于共有财产的全部

在按份共有的情况下，尽管各个共有人要依据其份额享有权利、承担义务，但按份共有并不是分别所有。[①] 因此，按份共有的每一个共有人的权利不限于共有物的某一个具体部分，而适用于整个物；既然其他共有人也对全部财产享有权利，按份共有就是许多主体享有一个所有权；因为每一个共有人的权利都表现在份额上，所以，份额权就成了按份共有的主要特征。

（二）按份共有与共同共有的区别

1. 成立的原因不同

按份共有的成立无须以共同关系的存在为前提。共同共有的成立则须以共同关系的存在为前提，没有共同关系的存在，就没有共同共有关系的产生。

2. 标的物不同

在按份共有，共有财产多数为单一物或者少数财产，因此，按份共有的客体通常被称为共有物。而共同共有的客体通常为一项财产，为财产的集合，所以，通常被称为共有财产。不过，现在对共有物和共有财产并不作如上区分。

3. 权利的享有不同

无论是对外关系还是对内关系，按份共有人享有的权利和承担的义务都是按照份额确定的。而共同共有中则没有份额的限制，共有人共同享有权利，共同承担义务。

4. 存续的期间不同

共同共有通常有共同的目的，因而存续期间较长，一般是到共同关系终止时消灭，如合伙共同关系的终止；当然也有可以随时终止的，如共同继承财产，但这属于例外。而按份共有在本质上即为暂时关系，可以随时终止，一般不会永久存续。

5. 分割的限制不同

在按份共有中，除非因物的使用目的不能分割或者约定有不得分割的期限之外，可以随时请求分割共有财产。而共同共有人则不得请求分割共有财产。[②]

二、按份共有的产生

（一）按份共有关系产生的基本特点

按份共有关系的产生有意志原因和法律原因，这两个原因结合在一起方能产生按份共有。

1. 按份共有产生的基本原因是当事人的意志原因

首先，按份共有权基于欲建立按份共有关系的各行为人统一的主观意志，经合意而发生。其次，该基本原因表现在各个当事人确立各自份额的意思表示一致上，即对各自

---

① 王利明．物权法研究．北京：中国人民大学出版社，2002：327.

② 其中第1、2、4、5的论述，参见谢在全．民法物权论：上册．北京：中国政法大学出版社，1999：341－342。

份额有共同的约定。当各共有人的份额不明，或者对份额的约定不一致却建立了共有关系时，法律推定各共有人的份额均等。这不是法律强制各共有人按等额享有权利，而是推定他们以相等份额建立共有关系。既然如此，各行为人主观意志一致的表现形式，就是建立按份共有关系所依据的合同。

2. 按份共有产生还须具有法律原因

只有共同意志的原因，不足以建立按份共有关系，还须具有法律原因。建立共有关系的合同与建立其他物权关系的合同一样，必须受法律关于共有权强行规定的约束。即使是只有法律本身的规定，也构成按份共有产生的原因。在很多场合，按份共有的产生不是基于当事人的协议，而是基于法律的规定，是由法律的规定而产生了按份共有关系。例如，《最高人民法院关于适用〈中华人民共和国民法典〉婚姻家庭编的解释（二）》第4条关于双方均无配偶的同居关系，对同居期间所得的财产没有约定的，“共同出资购置的财产或者共同生产、经营、投资的收益以及其他无法区分的财产，以各自出资比例为基础，综合考虑共同生活情况、有无共同子女、对财产的贡献大小等因素进行分割”的规定，就是规定这一部分财产的属性是按份共有。

（二）按份共有产生的具体原因

1. 共同购置

当两个以上的民事主体按份额出资，共同购买一项财产时，即在该数个民事主体之间发生按份共有关系，该数个民事主体成为按份共有人。

2. 共同投资

两个以上的自然人共同投资，组建合伙，共同投资的财产为按份共有，发生按份共有关系。

3. 其他约定

当事人采取其他形式约定按份共有的，产生按份共有关系。例如继承人约定按份共同继承遗产的，产生按份共有关系；夫妻约定按份共有夫妻财产的，按照《民法典》第1065条关于夫妻约定财产的规定，排斥夫妻财产共同共有的适用效力，可以产生按份共有关系。

4. 依法定的事实发生

依法定的事实发生按份共有，一是动产与他人动产附合，非毁损不能分离，或分离花费过巨者，各动产所有权人按其动产附合时的价值共有合成物；二是动产与他人的动产混合，不能识别，或识别花费过巨者，各动产所有权人亦按其动产混合时的价值共有合成物。

5. 共有关系不明确推定按份共有

《民法典》第308条规定：“共有人对共有的不动产或者动产没有约定为按份共有或者共同共有，或者约定不明确的，除共有人具有家庭关系等外，视为按份共有。”这是推定的按份共有。

三、按份共有的应有部分

（一）应有部分的意义

共有中的应有部分，是按份共有区别于共同共有的基本特征。共有人对共有财产存在应有部分的，为按份共有，否则就是共同共有。应有部分，是指共有人对共有财产所有权所享有的权利的比例，或者共有人对共有财产所有权于“分量”上的应享部分。[①] 换言之，应有部分就是各个共有人行使权利和承担义务的范围[②]，即份额。

（二）应有部分的法律性质

对按份共有应有部分的法律性质，长期以来存在争论，有不同主张。一是“实在部分”说，认为按份共有实质上是由各共有人就其应有部分享有所有权，分别共有物确有实在的部分存在，各个共有人于其实在的部分上，各享有一个所有权。二是“理想部分”说，认为按份共有是将物的各个部分，想象为各个共有人享有所有权，而就共有物之上成立一个想象的所有权，各按份共有人于标的物上，为想象的分割，而各自享有一个所有权。三是“内容分属”说，认为所有权的作用有多种，可以由共有人分别享有，按份共有实际上是各个共有人分别享有所有权的不同作用。这种主张的实质，是将按份共有作为所有权作用的分别享有。四是“计算的部分”说，认为所有权具有金钱计算的价值，如果某物在经济上具有若干价值，则将价值分成若干部分，各共有人按其价值比例共同享有。五是“权利范围”说，认为在数人享有一个所有权时，为避免相互间权利的冲突，不得不规定一定的范围，使各人在其范围内行使权利，这个范围就是各共有人的应有部分。

上述前四种主张不能正确解释按份共有概念的本质属性，因而不可取，唯有“权利范围”说科学地解释了份额和份额权的内在联系，揭示了按份共有的本质，为大多数学者所采纳。[③]

（三）应有部分的确定

《民法典》第309条规定：“按份共有人对共有的不动产或者动产享有的份额，没有约定或者约定不明确的，按照出资额确定；不能确定出资额的，视为等额享有。”确定按份共有的应有部分即份额和份额权，应当按照以下方法进行：第一，按份共有基于共有人的意思发生的，应当按照共有人的约定确定；没有特别约定的，如果共有法律关系是基于有偿行为发生的，则应当按照出资比例确定。第二，按份共有依照法律的规定或者依据财产的性质发生的，依照法律的规定确定。第三，通过以上方法仍无法确定应有部分的，推定各共有人的应有部分为均等。

---

① 谢在全．分别共有内部关系之理论与适用//民法研究会．民法研究：一．台北：作者自版，1999：6.

② 王利明．物权法研究．北京：中国人民大学出版社，2002：328.

③ 王利明，等．民法新论．北京：中国政法大学出版社，1988：102－103.

（四）不动产共有份额的登记

如果按份共有的共有财产是不动产，无论是土地的权利还是建筑物上的权利，均应当进行登记。

登记不动产的按份共有权，首先，须载明财产所有权的性质是按份共有；其次，须载明共有人的数量和姓名；最后，须载明共有人对于共有权的份额。按照习惯，对共有份额的登记，应当以分数表示，其分子、分母不得为小数，分母应当以整十、整百、整千或者整万表示为原则，不得超过万位。

四、按份共有的内部关系

按份共有的内部关系，是指按份共有的各共有人相互之间的权利义务关系。

（一）共有财产的使用收益

按份共有人对共有财产的使用收益，应当遵守下述规则。

第一，按份共有人对共有财产的使用收益，是其所有权的权能，按份共有人对共有财产的全部享有使用收益权。在具体行使权利时，按应有部分的份额，及于自己所享有的部分。

第二，该种使用收益权可以占有为前提，也可不以占有为前提，依按份共有人的份额决定使用收益的权利范围。使用应以占有为前提，是为自己需要而利用，或者对物进行直接取得。收益则无须占有，就共有物的孳息、租金、地租等为收取。

第三，各按份共有人的使用，虽就共有财产的全部来行使，但是就使用应依其份额公平分配。共有财产可以共同使用，也可以分别使用。共有财产可以按份额分配使用的，应按份额分配使用；无法按份额分配使用的，如数人共有一间房无法在空间上按份分配使用，则依时间按份分配使用。协议约定有份额，但约定共同使用的，则共同使用。

第四，各按份共有人对共有财产的收益，可以就共有财产的全部行使，但是就收益本身，应按照份额进行分配。换言之，共有财产产生的收益，在没有按照份额分配之前，是总体的收益，由全体共有人享有，但按份共有的收益最终须按照份额的比例进行分配。

（二）共有财产的处分

处分共有财产，包括部分按份共有人处分自己的份额和全体共有人处分全部共有财产。

1. 部分按份共有人处分自己的份额与其他共有人的优先购买权

共有人处分自己的份额是共有人的权利。《民法典》第305条规定：“按份共有人可以转让其享有的共有的不动产或者动产份额。其他共有人在同等条件下享有优先购买的权利。”共有人就共有物自己的部分可以作法律上的处分，可以分出、转让、抛弃甚至提供担保。具体有以下情形：一是转让共有财产的应有份额；二是在应有份额上设定负担；三是应有份额的抛弃；四是应有份额的事实处分。

对其他按份共有人的优先购买权，在法律适用中存在较多的争议。对此，《物权法司法解释（一）》第 9 条至第 14 条对有关问题作出了以下具体规定。

第一，在按份共有中，如果是共有份额的权利主体因继承、遗赠等原因发生变化，不符合关于“转让”共有份额规定的要求，其他按份共有人主张优先购买的，理由不成立，不发生优先购买权。但是，如果按份共有人之间对此另有约定，例如约定准许此时产生优先购买权，该约定有效，可以主张优先购买权。

第二，对“同等条件”，应当综合共有份额的转让价格、价款履行方式及期限等因素，予以确定。这些因素都相同的，才为同等条件。

第三，对优先购买权的行使期间应当如何确定，司法解释规定：首先，按份共有人之间有约定的，按照约定处理。其次，没有约定或者约定不明的，按照下列情形确定：(1) 转让人向其他按份共有人发出的包含同等条件内容的通知中载明行使期间的，以该期间为准；(2) 通知中未载明行使期间，或者载明的期间短于通知送达之日起 15 日的，为 15 日；(3) 转让人未通知的，为其他按份共有人知道或者应当知道最终确定的同等条件之日起 15 日；(4) 转让人未通知，且无法确定其他按份共有人知道或者应当知道最终确定的同等条件的，为共有份额权属转移之日起 6 个月。

第四，按份共有人向共有人之外的人转让其份额，其他按份共有人根据法律、司法解释规定，请求按照同等条件优先购买该共有份额的，符合优先购买权行使的条件，法院应予支持。其他按份共有人的请求具有下列情形之一的，其行使优先购买权为无理由，法院不予支持：未在《物权法司法解释（一）》第 11 条即以上所述的期间内主张优先购买，或者虽主张优先购买，但是提出减少转让价款、增加转让人负担等实质性变更要求；以其优先购买权受到侵害为由，仅请求撤销共有份额转让合同或者认定该合同无效。这些情形下都不得主张行使优先购买权。

第五，共有份额的转让，是指按份共有人对共有人以外的人转让其份额。因此，按份共有人之间转让共有份额，其他按份共有人主张根据《民法典》第 305 条的规定优先购买的，不符合该条规定的条件，法院不予支持。但是，按份共有人之间对共有人之间转让共有份额也适用优先购买权另有约定的，该约定有效，可以依照约定主张优先购买权。

第六，两个以上按份共有人都主张优先购买权，究竟由谁购买协商不成的，如果请求按照转让时各自份额比例行使优先购买权，购买所转让的共有份额的，符合法律规定，法院应予支持。

2. 全体共有人处分全部共有财产

处分全部共有财产，是全体共有人的权利。《民法典》第 301 条规定：“处分共有的不动产或者动产以及对共有的不动产或者动产作重大修缮、变更性质或者用途的，应当经占份额三分之二以上的按份共有人或者全体共同共有人同意，但是共有人之间另有约定的除外。”没有达到这一规定的份额的部分共有人处分全部共有财产者，为无效。如果全体共有人一致同意共有财产的全部处分权由一人或数人决定，则依其约定，拥有处分权的共有人可以处分该共有财产的全部，但是该处分权的决定须经全体同意。如果共有人对是否处分共有财产无法达成协议，则应当由多数共有人或者应由部分份额占多数的共有人决定。

（三）共有财产的管理

《民法典》第 300 条规定："共有人按照约定管理共有的不动产或者动产；没有约定或者约定不明确的，各共有人都有管理的权利和义务。"该条规定了共同财产的管理规则。

1. 约定管理

按照这一规定，对共有财产的管理的基本原则是约定管理，共有人有约定管理协议的，依照协议的约定进行管理。

约定管理主要是分别管理。实行分别管理，可以订立分管协议。分管协议也称为专属管理、分别管理约定，是在按份共有关系中的一种特别法律现象，是指共有人之间约定某个人或各自分别占有共有财产的特定部分，并对该部分进行管理的约定。当事人进行协商，订立分管协议，约定分管的范围与内容的，按照协议进行管理。

2. 共同管理

没有约定管理的，应当是共同管理。在共同管理的基本原则下，对共同财产的普通管理行为中符合共有财产使用目的和用途的行为，各共有人可以单独进行，以使共有财产保值增值，保护全体共有人的利益。

共同管理依据不同的管理方法，分为以下三种具体行为。

（1）保存行为。对共有财产的保存行为，是指以保全共有财产或在共有财产上设置的其他权利为目的的行为，例如，为防止共有财产的灭失，或者为防止在共有财产上设置的其他权利的消灭而所采取的行为。该行为可以由各共有人单独进行，共有人单独为之均为有效，其后果应当由全体共有人承担。

（2）改良行为。改良行为也称为更新或改建行为，是指以对共有物或物上其他权利的利用或改善为目的的行为，属于以增加共有物的收益或效用为目的的行为。按照《民法典》第 301 条的规定，对共有的不动产或者动产作重大修缮、变更性质或者用途的，应当经占份额 2/3 以上的共有人同意，但是共有人另有约定的除外。

（3）利用行为。共有财产的利用行为，是指以满足共有人共同需要为目的，不变更共有财产的性质，决定其使用收益方法的行为。这种行为与保存行为不同，不以防止共有财产的毁损、灭失为目的；在不增加共有财产的效用或者价值上，与改良行为也不相同。因此，利用行为实际上是重要的管理行为，应得全体共有人的同意。

（四）共有费用的承担

共有财产的管理费用，是指因保存、改良或者利用共有财产的行为而支付的费用。管理费用也包括其他负担，如因共有财产致害他人而应支付的损害赔偿金。[①]

---

① 梁慧星．中国物权法草案建议稿：条文、说明、理由与参考立法例．北京：社会科学文献出版社，2000：423.

在共同管理费用负担的问题上，《民法典》第 302 条规定："共有人对共有物的管理费用以及其他负担，有约定的，按照其约定；没有约定或者约定不明确的，按份共有人按照其份额负担，共同共有人共同负担。"共有人有约定的，应依照其约定，确定共有财产管理费用的负担。没有约定的，由各共有人按其应有份额的比例分担。共有人中的一人支付管理费用，该费用又是必要管理费用的，其对超过应有份额所应分担的额外部分，可以请求其他共有人按其各应分担的份额偿还。

五、按份共有的外部关系

按份共有的外部关系，是指共有人作为共有权的主体，与其他民事主体发生的权利义务关系。

（一）对第三人的权利

各共有人对第三人的权利，是基于其所有权人的身份，就全部共有财产所产生的权利，各共有人均可以行使。这些权利包括以下几种。

1. 行使全部所有权的请求

各共有关系的权利主体对第三人，就共有财产的全部，行使基于所有权的请求。

2. 共有物的物上请求权

各共有人对第三人，可就共有物的全部，行使基于所有权所产生的物上请求权，而不以其份额为限，以实现保护共有物的目的。但是，回复共有物的请求，如果是共有人仅为自己的利益而不是为共有人的全体利益的，不得为之。

3. 份额让与权

共有人就共有份额进行出让，是共有人的权利。其他共有人享有优先购买权，是按份共有的内部关系。外部关系是指共有人通过让与，与受让人之间所构成的权利义务关系。

4. 设定他物权

各共有人就自己的应有份额可以设定他物权，全体共有人就全部共有物可以设定他物权，二者均为共有的外部关系。

5. 确认请求权

对于共有财产的权属问题，如果发生争议，各共有人可以提出确认之诉，请求确认其共有权。

6. 诉讼时效中断请求权

各共有人有权提出旨在中断诉讼时效与完成取得时效的请求。①

① 陈华彬．物权法原理．北京：国家行政学院出版社，1998：492.

7. 共同债权清偿请求权

对共有人就共有财产取得的共同债权，例如损害赔偿请求权、不当得利请求权等，各共有人或者按份享有请求权，或者共同连带享有请求权。

（二）对第三人的义务

按份共有人对外承担义务，分为按份责任和连带责任。其基本规则是：因共有物产生的对第三人的义务，除当事人另有约定外，应当根据债务是否可以分割来决定。该债务如果是可分割债务，则由各共有人按其应有份额分担；如果是不可分割债务，则由各共有人承担连带责任。

因清偿按份共有物所担负的债务，按份共有人之一超出自己的份额承担债务的，其取得对其他共有人的债权，有权向其他共有人追偿。

六、按份共有关系终止和共有财产分割

（一）分割按份共有财产请求权

分割按份共有财产请求权亦称解除共有关系请求权①，或者分割请求权②，是指在按份共有关系中，共有人享有的提出终止共有关系，分割共有财产的权利。这种共有权利是按份共有人的权利，即各共有人得随时请求分割共有物，以消灭共有关系。

分割按份共有财产请求权的性质是形成权，且该权利依存在共有关系的存续期间，不受诉讼时效的限制。③ 共有人可以随时提出共有财产分割请求权，只受以下三种因素的限制：一是受共有财产目的限制而不得请求分割；二是因共有财产继续供他物使用而不能分割；三是受约定共有关系存续期间不可分割期限的限制而不得分割。

（二）按份共有关系的消灭

按份共有关系消灭的原因，最主要的是各共有人提出分割共有财产的请求。除此之外，按份共有关系消灭还存在下列原因。

1. 共有物灭失

共有关系的标的物即共有财产因使用、意外原因而灭失的，共有关系因失去标的物而终止。

2. 共有物归共有人中一人所有

其他共有人将份额转归一个共有人的，该共有人取得全部其他共有人的所有份额，共有变成一般的个人所有，共有关系不复存在。

---

① 参见《德国民法典》第749条，其将这种请求权称为解除共有关系请求权。

② 参见《瑞士民法典》第650条，即称之为分割请求权。

③ 谢在全．民法物权论：上册．北京：中国政法大学出版社，1999：305.

3. 共有人之间达成终止共有关系的协议

全体共有人协商一致，终止共有关系的，当然发生按份共有关系消灭的效力。

（三）按份共有财产的分割

按份共有关系终止并非一律要分割共有财产，如共有物灭失和共有财产归共有人中的一人所有，都不存在共有财产的分割。只有协议终止共有关系和共有人提出分割共有财产请求的，才产生分割共有财产的效力。

共有财产分割的方法：一是实物分割；二是变价分割；三是作价补偿。分割的效果是，各共有人分别取得单独所有权，分割后的共同围障、共同界墙、共同界线上的树木以及共同庭院、道路等，均为不能分割之物，应继续维持共有的状态。要求分割的，可以采取一方取得所有权，并为另一方设定地役权的方法解决，如共同庭院、道路等。

共有财产分割效力的发生时间，即共有关系消灭，单独所有权产生的时间。各共有人在分割完成时，取得分得财产的所有权。各共有人经过分割共有财产，取得部分共有财产的单独所有权，共有关系终止，单独所有关系产生。

共有财产证书，是共有财产的原始权利证明文件，即共有财产购入时的证书①，而不是分割协议或者法院确定共有财产分割的判决书。在共有财产分割以后，共有人必须妥善保管共有财产证书，以供权利证明之用。

第三节　共同共有

一、共同共有概述

（一）共同共有的概念和特征

共同共有也称为公同共有，狭义的共同共有是指合有，是各共有人根据法律或合同的效力，共同结合在一起，不分份额地共同所有某项财产。广义的共同共有包括合有和总有，由合有和总有两部分组成。现代民法使用的共同共有，采狭义概念，是指两个或两个以上的民事主体基于某种共同关系，对同一项财产不分份额地共同享有权利、承担义务的共有关系。《民法典》第 299 条规定：“共同共有人对共有的不动产或者动产共同享有所有权。”

共同共有具有以下特征。

1. 共同共有依据共同关系而发生

共同共有与按份共有不同，其主要不是基于共有人的共同意志发生，而是须以某种共同关系的存在作为发生的必要条件，始能发生。没有这种共同关系的存在，不能发生

---

① 梁慧星．中国物权法草案建议稿：条文、说明、理由与参考立法例．北京：社会科学文献出版社，2000：438.

共同共有关系。

2. 共同共有人在共有关系中不分份额

在共同共有关系中，共同共有人共同享有共有财产的所有权，不像按份共有人那样区分应有部分的份额，享有份额权。只要共同共有关系存在，共同共有人对共有财产就无法划分各人的份额。

3. 共同共有人平等地享有权利和承担义务

在共同共有存续期间，各共同共有人对全部共有财产平等地享有占有、使用、收益和处分权，共同承担义务。与按份共有相比，共同共有人的权利及于整个共有财产，共同共有人行使整个共有权。

4. 共同共有人对共有财产享有连带权利，承担连带义务

在共同共有中，基于共有财产而设定的权利，使每个共同共有人都是权利人，该权利为连带权利。基于共有关系发生的债务为连带债务，每个共同共有人都是连带债务人。基于共有关系发生的民事责任为连带民事责任，每个共有人都是连带责任人。

（二）共同共有的性质

共同共有的性质是不分割的共有权。其理由如下。

首先，共同共有不分份额，因而是没有应有部分即份额的共有，以此与按份共有相区别。

其次，共同共有人中的每个人都享有共有权，每个共同共有人并不是对全部共有财产全部所有，而只是共有，因而在实际上存在潜在的应有部分，存在潜在的份额。当然，这种潜在的份额在共同共有关系存续期间无法分析，也无法表现出来。

最后，在共同共有关系终止时，共有财产才可以分割，形成按份额分割出来的单独所有权。这时，共同共有潜在的应有部分或份额显现出来，变成了实际的应有部分，但是，这种显现出来的份额此时已经没有意义了，因为共有财产和共有关系已经消灭了。然而，这正说明共同共有应有部分的潜在性，共同共有是不分割的共同所有权。

二、共同共有的发生

共同共有的发生原因分为两个层次：第一个层次是基于共同关系的事实原因；第二个层次是基于法律规定的法律原因。这两个原因结合在一起，才能发生共同共有。

（一）共同共有发生的事实基础

共同共有发生的事实基础，是数人之间存在的某种共同关系。正是由于这种共同关系的存在，这些人之间才能发生共同共有关系。

共同关系基于一般的身份关系或者带有人格性质的关系产生，共同关系的主体一般并不是刻意地追求发生财产上的关系。例如，夫妻关系、家庭关系的缔结都不是以发生财产关系为目的，而是为了确定身份关系。共同继承遗产也是这种关系。只有合伙例外，但是，合伙人之间因共同追求财产利益而具有稳定的关系，虽无人身性，却也存在共同关系。

（二）共同共有发生的法律原因

共同共有发生的根本原因是法律规定。从表面现象上看，共同共有是基于某种共同关系而发生的，作为共同共有发生前提的某种共同关系，虽然是由组成这种共同关系的当事人的统一意志而构成，但是，受这种共同关系支配的共同共有关系却不是或者不完全是由共同意志产生。法律规定某种共同关系的财产关系为共同共有，是共同共有发生的基本原因。

（三）共同共有发生的事实

共同共有发生的事实有：一是夫妻关系的缔结，且未选择其他夫妻财产制；二是家庭关系的存在，且家庭成员对家庭财产的形成作出贡献；三是合伙经营产生收益；四是共同继承遗产；五是其他发生共同共有的事实。

此外，还存在推定的共同共有。按照《民法典》第308条规定，共有人对共有的不动产或者动产没有约定为按份共有或者共同共有，或者约定不明确，共有人具有家庭关系的，应当推定为共同共有。

三、共同共有的权利义务关系

（一）共同共有权利义务关系的一般内容

1. 权利义务由法律或者约定确定

共同共有人的权利和义务，依照规定共同关系的法律规定或合同约定而确定。

2. 共有人的权利义务平等

在共同共有关系存续期间，共同共有人对共同财产平等地享有权利，承担义务，不分份额，不分应有部分，不享有份额权。即使合伙人之间有投资比例的不同，享有份额不同，但是在没有分割共有财产之前，各合伙人也只能按照份额分取红利，对全部财产不分份额，一体享有。

3. 行使权利应当协商一致

除有特别约定外，共同共有财产的保管、收益、处分、设定负担、变更使用收益方法或管理，须经过全体共有人一致同意。

4. 共有财产状况保持义务

在共同共有关系存续期间，应当保持共有财产状况不变。这是共同共有人的义务，是必须遵守的。

5. 费用平均分担

因共有财产的经营管理产生的费用，由全体共同共有人平均分担。

6. 债务连带负担

因共有财产的经营管理产生债务的，包括共有财产造成他人损害产生的损害赔偿义务，以及共同共有人在经营管理共有财产中因造成他人损害产生的损害赔偿义务，应当由共同共有人连带承担。

（二）共同共有人的权利

1. 共同的使用收益权

共同共有人对共有财产享有平等的使用收益权，可以共同或单独使用共有物，共同享用共有物产生的收益而不是按份额分配。但是，共同共有人不得主张就共同共有财产有其特定的部分。[①] 部分共同共有人自己划分自己的应有部分的无效，对其他共同共有人没有拘束力。

2. 共有财产的部分处分权

在共同共有关系存续期间，对全部共有财产不能全部处分，只能处分部分共有财产。共同共有人享有的共有财产处分权，只及于部分共有财产，不能及于全部。

3. 物上追及权

当共同共有财产受到不法侵夺时，任何共同共有人均享有物上追及权，可以独自行使这一权利，以保全共有物。

4. 设置共有财产物上权的权利

行使此权利，应由全体共同共有人协商一致，或者由有代表权的共同共有人与他人以法律行为进行。

5. 代表权

共同共有人推举一个共有人作为代表的，其代表全体共同共有人的意志为代表权。

6. 管理权

对共同共有财产的管理，既是权利也是义务，原则上应当由全体共有人统一进行。法律另有规定的，依照法律规定。

7. 优先购买权

共同共有关系消灭，共有财产经过分割后，一方共有人处分自己分得的财产的，其他共有人享有有条件的优先购买权。

（三）共同共有人的义务

1. 对共有财产进行维修、保管、改良义务

此项义务为全体共同共有人的义务，全体共同共有人均应承担。具体履行，可由部

---

① 在这个问题上，要注意夫妻共同财产中的特别现象，即夫妻在夫妻关系存续期间个人使用的物品，属于个人财产。这不是对共同共有规则的破坏，而是法律的特别规定。

分共同共有人负责，所需的费用从共同收益中支出。

2. 不得分割共有财产的义务

共同共有人的这种义务是为了约束共同共有人保持共有财产的完整性和统一性。

3. 对所欠债务的连带清偿责任

对基于共同共有关系而在日常生活、经营活动中所欠的债务，各共同共有人须负连带清偿责任，为连带债务人。

4. 共有财产造成他人损害及各共同共有人造成他人损害的赔偿义务

共有财产管理不善造成他人损害的，应由全体共同共有人承担赔偿责任。

5. 为部分共同共有人擅自处分共有财产的后果承担义务

部分共同共有人擅自处分共有财产的，为无权处分；但是第三人善意、有偿取得的，为善意取得，即时取得该财产的所有权，其他共同共有人不享有物上追及权，其后果由共同共有人承担，擅自处分财产的人负有赔偿义务，受损害的共同共有人不得追夺共同共有财产，只能向处分财产的共同共有人要求赔偿损失。

四、共同共有关系的终止和共有财产分割

（一）共同共有关系终止

共同共有关系基于产生共同共有的共同关系的消灭而终止。产生共同共有关系的事实基础是共同关系，共同关系消灭，则共同共有关系存在的事实基础已经不存在，共同共有关系不会再继续存在，共同共有关系必然消灭。

共同共有关系依据下述事实而终止：一是婚姻关系消灭；二是家庭关系解体；三是合伙散伙；四是共同继承人分割遗产；五是共有财产被转让或灭失；六是共有关系的协议终止。

（二）共有财产的分割

1. 共同原则

分割共同共有财产的共同原则是协商原则。无论是夫妻共同共有财产、家庭共同共有财产，还是合伙共同共有财产、共同继承的财产，在分割时都应当贯彻协商原则，只要协商一致，不违背法律的强行规定，不损害公序良俗和他人利益，都应当承认其效力。

2. 具体原则

分割各种不同的共同共有财产，在协商不成时，应当依据各自不同的分割原则进行分割。这些原则主要是以下几条。

（1）分割夫妻共同共有财产的原则是均等分割，即在确定了夫妻共同财产范围以后，每人分得一半。根据生产、生活的实际需要和财产的来源等情况，具体处理时也可以有所差别，但差别不得过大。

（2）分割家庭共同共有财产的原则是，一般可根据均等原则，并考虑共同共有人对共有财产的贡献大小及生产、生活的实际情况，因而家庭共同财产的分割经常是不均等分割。

（3）分割合伙共同共有财产，原则上是按照约定，没有约定的，按出资比例分割。各合伙人按出资比例在共同共有财产中实际上形成一种潜在的份额，该潜在的份额决定各合伙人的盈余分配比例和承担亏损比例。分割合伙财产时，亦依此比例进行。

（4）分割共同继承的财产的，应依照《民法典》“继承”编和相关司法解释的规定进行。

（5）对其他共同共有财产的分割，按照均等原则进行。

分割共同共有财产，可以采取三种方式：一是实物分割；二是变价分割；三是作价补偿。对不可分割的共有财产，可以分配给一个共同共有人，该共同共有人对其他共同共有人作价补偿。

第四节　准共有

一、准共有概述

（一）准共有的概念和特征

准共有，是指两个或两个以上民事主体对所有权以外的财产权共同享有权利的共有。它与普通的共有既有联系，又有区别，共同组成完整的共有法律制度。《民法典》虽然没有明确使用准共有的概念，但是第310条关于“两个以上组织、个人共同享有用益物权、担保物权的，参照适用本章的有关规定”的规定，就是准共有。事实上，知识产权和债权也可以构成准共有，不过，这一条文只规定了他物权的准共有。

准共有具有以下特征。

1. 准共有的权利是所有权以外的其他财产权

这里的其他财产权，不是仅包括《民法典》“物权”编中他物权的概念，而是一个广义的概念，为广义的财产权，是指具有财产利益内容的民事权利，包括他物权和知识产权。

2. 准共有适用共有的基本原理

准共有是共有的一种特殊类型，除共有的权利有所不同外，在其他方面与一般共有适用同样的原理。

3. 准共有优先适用关于该权利立法的特别规定

准共有是物权法的制度，规定在《民法典》“物权”编的所有权内容中。关于准共有的财产权利，法律都有专门的规定，如准共有他物权规定在《民法典》“物权”编的他物权部分，其中准共有用益物权规定在“用益物权”分编中，准共有担保物权规定在《民法典》“担保物权”分编中，准共有知识产权在著作权法、商标法或者专利法中，都有专门的规定。

（二）准共有的分类

按照不同共有性质，准共有可以分为按份共有的准共有、共同共有的准共有和其他准共有。

准共有按照共有的权利的不同性质划分，可以分成以下四种类型。

1. 用益物权的准共有

用益物权的准共有是最主要的准共有。其共有的权利是用益物权，包括地上权即建设用地使用权、宅基地使用权的共有，还包括地役权的共有、土地承包经营权的共有等。

2. 担保物权的准共有

担保物权也可以共有，共有的担保物权是担保物权的准共有，包括抵押权共有、质权共有、留置权共有。例如，甲、乙、丙分别借款给债务人丁，三人同时就丁所有的不动产设定一个抵押权，应有部分均等，并办妥一个抵押权登记时，发生对该抵押权的准共有。①

3. 特许物权的准共有

特许物权也可以形成准共有。取得的采矿权、取水权和养殖权等特许物权，如果是由两个以上的民事主体共同享有，或者按份共有，或者共同共有的，也是准共有性质的权利，为准共有的一种类型。

4. 知识产权的准共有

共有知识产权是常见现象。一般是指数个主体依据共同的创造性劳动，共同取得了一个著作权、商标权或者专利权，形成准共有。知识产权的准共有包括著作权共有、专利权共有和商标权共有。

二、准共有的发生及其效力

（一）准共有的发生

准共有基于两个或两个以上民事主体共同，取得所有权以外的财产权而发生。该种所有权以外的财产权一经取得，即在共有人之间发生准共有关系，数个共有人对共有的他物权、知识产权和债权享有共同的权利，承担共同的义务。

两个或两个以上的民事主体共同取得所有权以外的财产权，是准共有发生的原因。对其他财产权的取得，分为原始取得和继受取得。

准共有的原始取得，是准共有人对其他财产权的最初取得，是依据法律规定和当事人之间的法律行为而取得。其具体的形式有：一是依法取得；二是批准取得；三是登记

---

① 王泽鉴．民法物权：通则·所有权．北京：中国政法大学出版社，2001：390．

取得；四是合意取得。

准共有的继受取得，是其他财产权的共有人通过某种法律行为或原因事实，从他人处取得这些权利并共同享有。其具体的形式有：一是转让取得；二是继承取得。

（二）准共有发生的效力

准共有发生以后，基本的效力是发生准共有的权利义务关系。

1. 准共有的权利

准共有的基本权利，是共有人共享该权利的共有权，每个共有人都对共有的客体享有按份的或者平等的权利。每个人都可以依照规定占有、用益、处分该客体，获得收益，保护该权利。

共同行使的准共有的权利有：一是共同的使用收益权；二是共同的处分权；三是行使准共同财产产生的物上请求权等权利；四是设置准共有财产物上权的权利；五是代表权。

按份行使的准共有的权利有：一是按份额行使权利；二是请求分割的权利；三是使用收益权；四是应有部分的处分权。

2. 准共有的义务

一是对共有物（或者权利标的）进行维修、保管、改良的义务；二是共同共有的准共有下的不得分割共有的义务；三是对外的连带义务或者按份义务。

三、准共有的终止及分割

准共有基于准共有的其他财产权的消灭和其他财产权的共同关系的消灭而终止。准共有终止的效力，是消灭准共有的权利义务关系，分割共有的权利或分割共有的财产利益。

（一）准共有关系的消灭

无论是按份共有的准共有还是共同共有的准共有，在准共有关系存续期间，准共有人之间都存在一种共同关系。当这种共同关系消灭之后，准共有终止。

在共同共有的准共有中，准共有关系终止是因为产生这种准共有关系的共同关系消灭。在按份共有的准共有中，终止准共有关系的事由有：一是准共有人协商一致终止准共有关系，准共有关系当然消灭。二是约定准共有关系存续的期限已经届满，准共有关系随着期限的届满而消灭。三是部分准共有人要求分割准共有，准共有关系随着准共有财产权的分割而消灭。准共有权归属准共有人中的一人享有时，准共有关系即终止。

（二）准共有的财产权以及形成的共有财产的分割

对准共有的财产权进行分割时，财产权如果是共同共有的准共有，应当平均分割，例如对共有的土地承包经营权进行分割，即应均等分割，每人分得平均的一份；如果是按份共同准共有的，则应当按照份额进行分割。在分割准共有财产权的同时，对准共有财产权已经取得的财产利益，即形成的共有财产，一并进行分割，并按照一般共有财产分割的办法，均等分割或者按份分割。

（三）准共有因财产权消灭而终止

准共有人准共有的财产权消灭，是准共有终止的另一类重要原因。准共有人准共有的财产权消灭，类似于一般共有中的共有财产灭失，都是共有的标的物灭失，使共有关系因失去共有的标的物而归于终止，所不同的是前者为权利，后者为财产而已。具体原因有：一是准共有的财产权的存续期限届满；二是准共有的财产权已经实现；三是设置该财产权的目的实现；四是准共有的财产权的标的物灭失；五是准共有的财产权被抛弃或撤销。

（四）财产利益分割

准共有基于共有的财产权消灭而终止后，因该种财产权已终止，所以不发生分割权利的后果，只发生分割因该项权利的存续而取得的财产利益的后果。这种情况只发生在对用益物权、知识产权和债权的准共有关系终止的场合，在准共有担保物权的场合不发生分割财产利益的问题，因为设立担保物权的目的是保证债务履行，不存在获益。

对准共有的财产权产生的财产利益进行分割，应按照共同共有和按份共有分割的一般规则进行。对共同共有的准共有的财产利益，应均等分割，有的要适当考虑准共有人的贡献大小；对按份共有的准共有的财产利益，应按各准共有人的份额进行分割。

问题与思考

1. 引读案例思考

李某对其生父留下的为其生父与继母宋某共有的房产，只享有部分继承权，却全部据为己有。请结合本章内容思考：（1）对本案争议的房产，宋某应当享有多少单独所有权？（2）作为宋某和李某共有的房产应当是多少？宋某和李某依据何种原因取得共有权？（3）李某作为宋某所有权的义务人和共有权的权利人，应当负有何种义务？（4）李某行为的性质是什么？（5）本案应当如何处理？

参考分析意见：

对本案应当如何处理，有两种意见：第一种意见认为，全部5间房均为共同共有财产，宋某作为李某生父的妻子，对夫妻共同财产有一半的份额，5间房应当先分出一半归宋某所有；其余一半为李某生父的遗产，由宋某与李某继承。李某未经主要的共同共有人同意，将全部房屋产权变更登记为自己个人所有，侵害了宋某的共有权，应当撤销这一登记，按上述析产方法重新分割。第二种意见认为，李某生父死亡后，所遗5间房屋由李某与宋某共同使用多年，宋某始终没有主张自己的份额，因而已成为共同共有财产，虽然李某将房屋产权擅自变更登记为其个人所有不当，但分割析产应考虑原、被告原来实际使用的面积。

分析本案应当从以下几个方面着手：第一，在本案中，先后有两个不同的共同共有关系。在宋某与李某生父共同生活期间，该5间房屋为夫妻共同财产，由夫妻双方共同共有。这一部分财产不是家庭共有财产，李某不是这一财产的权利主体。5间房屋在李某生父死后没有进行析产，由宋某和李某共同使用，应当视其为共同共有的家庭共有财产，其中有共同继承的财产。在后一个共同共有关系中，宋某和李某为共同共有人。第二，李某在宋某出国期间，将全部共有财产变更登记，据为己有，违反了共同共有财产处分须经全体共有人一致决定的原则，构成了对其他共有人共有财产权的侵害，应当承担侵权责任。第三，在李某侵占全部共同财产的情况下，宋某提出析产的请求，要求终止共同共有关系，分割共同财产，应当获得支持。第四，在确定分割这一家庭共有财产时，首先应当弄清这一共同共有财产形成的状况，确定分割财产的基础。该5间房屋为宋某和李某生父在夫妻关系存续期间所建，为双方共同共有。在李某生父死亡时，该5间房应先分割2.5间归宋某所有，另外2.5间房由宋某与李某继承。双方同为第一顺序继承人，继承份额应当相等，因而每人可分得1.25间房。按照这样的共同共有财产形成的基础，实际上宋某可分得3.75间房，李某只能分得1.25间房。

基于以上分析，宋某和李某共同共有的房屋只是从李某生父处继承的2.5间房，取得共同共有权的法律基础是共同继承，其中，宋某享有所有权的房屋是1.25间房。另外的2.5间房，则为宋某自己单独所有。作为义务人，李某应当尊重宋某的所有权，履行不可侵犯义务。作为共同共有权人，李某和宋某应当共同行使权利，共同负担义务。李某的行为，既侵害了宋某的私人所有权，又侵害了作为共同共有人之一的宋某的共同共有权。

本案原告人宋某在诉讼中提出的主张是自己分得3间房，李某分得2间房，是合情合理的，且照顾了李某的利益，因此，本案在处理时可以依法准许。对李某侵占全部他人所有的财产以及共同共有财产的行为，可予以民事制裁。

2. 重点题

(1) 共有权的概念是什么？有哪些特征？

(2) 共有关系的产生和消灭有哪些原因？

(3) 按份共有的对内、对外关系有哪些？

(4) 共同共有的权利和义务是什么？

(5) 准共有有哪些类型？具体内容是什么？

3. 法考题

(1) 按份共有管理费用的负担。

(2) 按份共有物整体的处分。

(3) 按份共有应有部分的处分。

(4) 共同共有的发生。

(5) 共同共有的对外效力。

4. 考研题

(1) 共同共有与按份共有的联系与区别。

(2) 共有财产分割的原则和方法。

第八章

用益物权及特许物权

重点知识

1. 用益物权：概念、特征
2. 用益物权的一般规则
3. 特许物权：概念、性质、法律地位
4. 特许物权的种类及其具体内容

引读案例

大凉煤矿与油米塘煤矿矿井相邻，双方多次发生矿界纠纷，后由行政主管部门确定了矿界。油米塘煤矿认为自己并未越界，但是大凉煤矿认为其长期在大凉煤矿的矿界内开采，越界开采量为183 796.52吨，价值为1 662万元。大凉煤矿诉请法院确认油米塘煤矿侵权，判决其停止侵害、赔偿损失。

第一节　用益物权概述

一、用益物权的概念和意义

（一）用益物权的概念和地位

用益物权，是指非所有权人对他人所有之物享有的占有、使用和收益的他物权。其外延包括土地承包经营权、建设用地使用权、宅基地使用权、地役权和居住权。《民法典》第323条规定："用益物权人对他人所有的不动产或者动产，依法享有占有、使用和收益的权利。"

用益物权起源于罗马法。古罗马法认为，所有权人在其所有的不动产上设定用益物权，将该财产的占有、使用和收益权让与他人行使，不仅不会使所有权人丧失所有权，而且是所有权人行使所有权的一种方式。用益物权的设定是着眼于不动产的使用价值，因此，它在一定程度上克服了传统所有权制度因强调物的归属和物的实体支配而产生的对物的利用价值相对漠视的消极观念。正因为如此，用益物权制度才为近代大陆法系国家的民事立法普遍继受，成为物权法的重要制度。在当代，各国物权法都强调效益原则，因而促使物权法的价值目标进一步由物的“归属”转向物的“利用”，用益物权成为具有独立性和发挥独特作用的物权法的核心制度。也正是用益物权这种以“利用”为中心的物权的主要表现，使许多学者认为现代物权法的核心在于用益物权。[①]

（二）用益物权的社会意义

1. 用益物权是所有权的一种实现方式

所有权是对物的全面支配的权利，其权能包括占有、使用、收益、处分。所有权人通过对自己所有之物设定用益物权，能让他人在对自己所有之物的使用中实现一定的收益，从而实现所有权本身的价值。我国的土地属于国家或集体所有，国家和集体对土地所有权的实现更要通过对土地的分散利用来完成，如果没有对国有和集体所有的土地的有偿使用，国家或者集体对土地的所有权就会只剩下空壳，不能产生收益和实效。

2. 用益物权的目的是满足非所有权人利用他人不动产的需求

土地、房屋等不动产具有永久性、安全性、供给有限性、资本价值性等诸多特点，决定了不可能人人都现实地拥有土地和房屋。法律为调节人的支配需求与资源有限性之间的矛盾，从满足需求、稳定社会目的出发，创设用益物权制度，以达到对资源的充分有效利用，满足非所有权人利用他人不动产的需要。用益物权制度以其特有的种类和效力，将不动产所有权人与用益物权人间的权利、义务明确下来，从而使对不动产的所有和利用关系得到协调和发展。

3. 用益物权有利于实现物的价值的最大利用

用益物权具有可转让性和相容性。可转让性使用益物权可以自由、平等地在不同主体之间进行流转，使不动产的使用价值在市场中实现最优化的配置。相容性则指在同一物的客体上可以设定不相冲突的多种用益物权，做到物尽其用，有利于实现物的价值的最大利用。

（三）用益物权的法律特征

1. 用益物权是一种他物权

用益物权是典型的他物权，表现为权利人对他人所有之物享有使用和收益权。用益物权与所有权相对而言，所有权是自物权，用益物权是在所有权之上设立的以使用和收益为目的的物权，就是在他人所有之物上设立一个新的物权。

2. 用益物权是以使用和收益为内容的限制物权

设置用益物权的目的是对他人所有的不动产的使用和收益，因此，用益物权的根本

---

① 房绍坤，丁海湖，张洪伟．用益物权三论．中国法学，1996（2）.

内容是对物的使用和收益，取得他人所有之物的使用价值。由于用益物权的内容体现为权利人对标的物的直接支配，因而对标的物的实际占有成为用益物权的前提，丧失了对标的物的实际占有，用益物权便失去了存在的依据。担保物权与其不同，其是着眼于物的交换价值而对债权进行担保，因而不强调担保物权人对担保物的占有、使用和收益，这是用益物权与担保物权的重要区别。

用益物权的种类不同，其基本目的也不相同，有的用益物权仅以对他人所有之物的使用为目的，如宅基地使用权；有的则同时包括使用和收益两种目的，如建设用地使用权。因此，用益物权应当贯彻效益原则，鼓励权利人充分、有效地利用和获取物的使用价值以满足权利人的需要，促进社会财富的增长。权利人首先应当实际占有标的物，如果丧失对物的占有，将导致用益物权不能行使。用益物权的内容不包括处分权，如果用益物权人可以行使法律上的标的物处分权，将会抹杀所有权和用益物权的界限，但是，用益物权人可以将其享有的土地使用权等权利予以转让、设定抵押等。

3. 用益物权为独立物权

用益物权虽然是以他人的所有权为前提而存在的他物权，但是在法律上仍然具有独立性。用益物权一旦依当事人约定或法律直接规定设立，用益物权人便能独立地享有对标的物的使用和收益权，除能有效地对抗第三人外，也能对抗所有权人。此外，用益物权是一种有期限的权利，不存在永久无期限的用益物权。在权利存续期限内，用益物权独立存在，不受其他权利的影响。与此相反，担保物权则依附于主债权而存在，为主债权的从权利，主债权一旦消灭，担保物权随之消灭。

用益物权作为一项他物权，权利人不仅可以依用益物权限定的范围支配不动产，而且有权对抗包括所有权人在内的任何人对权利行使的干涉。

4. 用益物权的客体限于不动产

用益物权的客体为不动产，其原因在于，动产以占有为公示方法，这种公示方式很难形成稳定、复杂的用益物权关系；如果需要利用他人的动产，则完全可以采取借用、租赁甚至购买的方式来实现目的。而不动产则因其固定性和价值较大的特性，只有通过设定用益物权才能解决他人的利用问题。另外，动产流通相对快捷，种类繁多，时限较短，采取用益物权的方式进行用益过于烦琐，不利于充分发挥用益物权应有的效率原则。

二、用益物权的体系和一般规则

（一）用益物权体系的形成和发展

用益物权经历了一个漫长的历史发展过程，才形成了今天的用益物权体系。罗马法的用益物权有役权（包括人役权和地役权）、永佃权和地上权三种主要类型。《法国民法典》规定了四种用益物权类型，即用益权、使用权、居住权和地役权。《德国民法典》规定了地上权、土地负担及役权，其中役权是对一类权利的统称，包括地役权、限制的人役权、用益权、居住权，其中的用益权又可分为物上用益权、权利用益权和财产用益权。

《日本民法典》借鉴罗马法和德国法的经验，在立法上确立了地上权、永佃权、地役权和入会权四种用益物权，没有采取德国民法中的人役权制度，同时规定了入会权。入会权是指居住在一定地域或村落的居民，对一定的山林原野所享有的管理、经营、使用及收益的权利，这种权利带有一定的团体色彩，是具有东方土地利用特色的制度。

我国近代民事立法借鉴日本立法规定了用益物权制度，《大清民律草案》规定了地上权、永佃权和地役权，《民国民律草案》规定了地上权、永佃权、地役权和典权，国民政府制定的民法典也规定了地上权、永佃权、地役权和典权。

可见，用益物权制度由于受各国历史传统、民众生活习惯等多种因素影响，因而在立法上各具特色，体现出物权法的固有性特点。在用益物权体系存在差异的前提下，各国立法在主要的用益物权形态上的规定颇为接近，只是在立法体例和归类上有所差别。应当看到，近现代大陆法系国家的用益物权体系是建立在土地私有制基础上的，并不能完全适合采用土地公有制的国家。

（二）《民法典》规定的用益物权体系的缺陷及原因

我国《民法典》"物权"编第三分编规定的用益物权基本内容，仍然是《物权法》的基本内容，仅增加了居住权。《物权法》规定的用益物权体系存在的以下缺陷，在《民法典》中仍然存在。

第一，对地上权分别进行规定，缺少合理性和逻辑性。《民法典》规定的建设用地使用权、宅基地使用权、分层地上权、乡村建设用地使用权这四种权利，其实都是地上权，但是分别规定在第十二章和第十三章，其中第十二章除规定建设用地使用权外，还规定了分层地上权和乡村建设用地使用权。对这些地上权应当进行系统整理，形成完善的地上权体系。

第二，在地上权中，分层地上权的规定过于简略，没有可操作性。随着社会工业化发展，特别是现代化土木建筑技术的进步，人们对土地的利用从平面化走向立体化，从地表利用扩及地表的以上、以下一定层面的空间，使分层地上权的建立具有重要的现实意义。分层地上权作为一种新兴的用益物权，有独特的调整范围，不同于传统的地上权，可以弥补土地资源的不足，需要立法对其作出详细规定。《民法典》第345条仅仅规定"建设用地使用权可以在土地的地表、地上或者地下分别设立"，显然不够完善。

第三，规定的用益物权侧重于土地的用益，忽视了建筑物的用益，《民法典》只补充了居住权，仍然没有规定典权。用益物权的根本目的在于对不动产的使用和收益，仅侧重于土地的役权而忽视建筑物的役权，是不妥当的，尤其是在我国的土地完全归属于国有或集体所有，个人私有的不动产仅限于房屋的情况下，更应当重视建筑物的役权。只规定居住权还是不够妥当。典权是中国传统的物权，承载着使用、收益和资金融通双重功能，具有其他用益物权和担保物权所不及的优点。随着经济的发展，典权的客体还会有所扩大，甚至扩大到一切可以转让、出租、抵押的土地权利。因此，应当承认典权在我国现实生活中存在的必要性和合理性，对其进行法律调整，不能任其自由发展。

第四，对国有资源的特许物权应当作出具体规定。对此，《民法典》第325条规定："国家实行自然资源有偿使用制度，但是法律另有规定的除外。"只对国有资源的特许物权作出原则规定，而没有具体规定，是不够的。传统大陆法系民法将自然资源作为土地的附属物，依附于土地，并在立法上将自然资源的利用和转让也比照不动产规则来处理。在当代，诸如水资源、渔业、动物、林业等附属于土地的资源的利用和开发已具有独特的价值，并逐渐脱离土地所有权人的效力范围，使自然资源的使用和开发权不再被简单地看作民法上的不动产用益物权，逐渐形成了独具特色的权利体系。这些权利与传统的不动产用益物权并不完全相同，是由国家直接赋予的，并不表现为对土地的简单占有、控制和利用，而是带有创造性的开发行为。只有对特许物权作出具体规定，将其归属于用益物权体系，才有利于对特许物权进行充分保护。

（三）用益物权的一般规则

《民法典》“物权”编第十章对用益物权的一般规则作了规定，规则的内容如下。

1. 用益物权的基本内容

用益物权的基本内容，按照《民法典》第323条的规定，是对用益物权的标的物享有占有、使用和收益的权利。似乎该条文规定的用益物权的标的物为不动产或者动产以及自然资源。其实，只有对不动产和自然资源才能设立用益物权，动产不能设定用益物权。

用益物权的基本内容是占有、使用和收益。这是从所有权的权能中分离出来的权能，表现的是对财产的利用关系。用益物权人享有用益物权，就可以占有、使用用益物，并对用益物进行收益。

2. 行使用益物权应当依法保护和合理开发利用资源

用益物权的标的物主要是土地，特许物权的标的物是自然资源。无论是土地还是自然资源，都具有不可再生性，用益物权人依法取得用益物权后，在行使该权利时，须依照法律规定，保护资源，对资源进行合理开发利用，不得滥用权利，破坏性地使用资源，更不得毁坏资源。

3. 所有权人对用益物权人行使权利不得干涉

用益物权是在所有权上设置的负担，所有权人依法将用益物交付用益物权人占有、使用和收益，对所有权人自己的权利就设置了限制。因此，用益物权人对用益物享有除处分权之外的其他所有的所有权权能，完全可以依照自己的意愿，对用益物进行占有、使用和收益，所有权人无权干涉。所有权人无端对用益物权人行使权利进行非法干涉的，构成对用益物权人的权利侵害，所有权人应当承担民事责任。例如，在承包农村土地后，农户是土地承包经营权人，享有完整的用益物权，可以依照自己的意愿耕种土地，收获农作物，发包人不得指手画脚，包办代替，更不得非法干涉。

4. 用益物权人在用益财产被征收、征用后有权获得补偿

用益物权的标的物被国家征收、征用，致使用益物权消灭，或者影响用益物权行使的，用益物权人有权得到补偿。应当注意的是，征收、征用时，对所有权人和用益物权人都应当进行补偿，而不能只对所有权人予以补偿，对用益物权人不予补偿。

三、进一步完善农村土地用益物权功能

2008年10月12日，《中共中央关于推进农村改革发展若干重大问题的决定》，要求在推进农村改革发展中，必须健全严格规范的农村土地管理制度。决定认为，土地制度是农村的基础制度，要按照产权明晰、用途管制、节约集约、严格管理的原则，进一步完善农村土地管理制度。其中，关于完善农村土地用益物权功能，保护农民对土地的合法权益方面，作出以下决定。

第一，完善土地承包经营权的权能，依法保障农民对承包土地的占有、使用、收益等权利。这是在立法中专家、学者追求的目标。中央决定，要加强土地承包经营权流转管理和服务，建立健全土地承包经营权流转市场，按照依法自愿有偿原则，允许农民以转包、出租、互换、转让、股份合作等形式流转土地承包经营权，发展多种形式的适度规模经营。有条件的地方可以发展专业大户、家庭农场、农民专业合作社等规模经营主体。为了保护好农民对土地的合法权益，中央要求进行土地承包经营权流转，不得改变土地集体所有的性质，不得改变土地用途，不得损害农民土地承包权益。

第二，完善农村宅基地制度，严格宅基地管理，依法保障农民宅基地用益物权。农村宅基地和村庄所节约的土地，首先要复垦为耕地，调剂为建设用地的须符合土地利用规划、纳入年度建设用地计划，并优先满足集体建设用地。

第三，在土地利用规划确定的城镇建设用地范围外，经批准占用农村集体土地建设非公益性项目，允许农民依法通过多种方式参与开发经营并保障农民合法权益。逐步建立城乡统一的建设用地市场，对依法取得的农村集体经营性建设用地，须通过统一有形的土地市场、以公开规范的方式转让土地使用权，在符合规划的前提下与国有土地享有平等权益。抓紧完善相关法律法规和配套政策，规范推进农村土地管理制度改革。

这些规定在我国的物权制度中的贯彻落实，使农民对自己的土地权利享有自主流转的权利，以充分发挥土地的效益，为农民创造更多的经济利益。立法机关根据中央的决定，将这些决定精神转化为具体的法律规则，成为有关土地承包经营权、宅基地使用权和乡村建设用地使用权的制度内容。

第二节　特许物权概述

一、特许物权的概念和特征

（一）特许物权的概念

特许物权，是指经过行政特别许可开发、利用自然资源，获得收益的准物权。它是基于开发、利用土地之外的自然资源而享有的权利，故也被称为自然资源使用权。

《民法典》第325条对特许物权作了规定：“国家实行自然资源有偿使用制度，但是

法律另有规定的除外。”其他民法的特别法，如《矿产资源法》《渔业法》《森林法》《野生动物保护法》等法律中有关于特许物权的相关规定，也是规定特许物权的特别法。

（二）特许物权的意义

特许物权是基于当代社会对土地和自然资源利用的多元化出现，并且随着多元化趋势的不断发展而日益强大起来的。

在传统民法中，对土地的归属及利用关系的调整，是通过所有权和用益物权的理论和立法模式实现的。而自然资源附属于土地，依附于土地，因此成为土地的附属物。对自然资源的开发利用，以对土地的归属和利用关系的理论和立法模式作为基础，参照不动产的规则处理也顺理成章。因而，大陆法系的物权法中并没有专门的特许物权概念，而是把对自然资源的开发利用作为土地的开发利用关系，用用益物权的规则处理。

但是，这种状况在当代受到了挑战。诸如水资源、渔业、动物、林业等附属于土地的资源的利用和开发具备了独特的价值，并逐渐脱离土地所有权人的支配范围，因而自然资源的使用和开发权不再作为一般的不动产用益物权，逐步形成了独具特色的权利体系，与传统不动产用益物权存在较大差异。在世界各国已经将环境和资源作为人类最重要的财富予以保护的今天，对自然资源的使用和开发具有更重要的意义，物权法对此必须予以高度重视，通过特许物权的规范，使环境和自然资源得到有效的开发和保护。

（三）特许物权的特征

1. 特许物权的客体是自然资源而不是土地本身

不动产用益物权的客体是土地本身，是对土地的利用，其标的物在法律上被视为不可消耗物，权利人是在保持标的物原来状态下用益的，并不是为了在标的物上直接取得自然状态的初级产品。而特许物权的客体并不是土地本身，而是土地之上附属的自然资源。因此，特许物权的标的物在法律上属于消耗物，在一般情况下，权利人不是对自然资源反复使用，而是在不改变自然资源物质属性的前提下，将其直接作为初级产品而取得其所有权等权利。尽管自然资源附着于土地，其权属界定一般与土地的权属界定密切相关，但是，这既不会影响特许物权的存在，也不会影响其他不动产用益物权的行使。所以，特许物权的权利标的并非表现为不动产的形态，不是直接占有和控制不动产，而表现为实施行政特别许可的某种行为。

2. 特许物权的权利行使方式是对自然资源的取得和开发行为

不动产用益物权的行使方式表现为对土地或者建筑物等不动产长期的实际占有和利用并获得收益，不是对不动产本身的取得和开发。其行使的前提是对不动产的实际占有和控制，在此基础上，进行排他性的占有和利用。而特许物权的行使方式是在特定的土地上进行有目的的、可间断的取得、开发和检测行为，表现为对特殊资源的检测（如探矿权）、独立利用（如养殖权和捕捞权）和取得（如取水权、采矿权）等，其行使的对象是具体的资源，如水资源和矿产资源。因此，权利人对具体的自然资源并不享有物权意义上的控制权，因为对他而言，谁享有自然资源的物权并不重要，开发和利用自然资源才是其目的。

3. 特许物权一般不具有物权的排他性效力

一般的不动产用益物权具有排他性，法律赋予不动产用益物权人排斥他人干涉的权利。依据一物一权原则，在同一不动产上不允许相同类型的权利同时存在。但是，特许物权并不受这一原则的限制，可以同时允许相同种类的特许物权存在于同一自然资源上，如同时赋予若干主体对同一水资源享有取水权，同时赋予若干主体对同一森林享有狩猎权等。

4. 特许物权的取得方式是行政许可

一般的不动产用益物权的取得基本上是依据法律行为，当事人通过合同方式取得用益物权。但是，特许物权是对自然资源的开发、利用权，这种权利的取得必须经过主管自然资源的行政部门的行政许可，因而特许物权一般依据特别法而设立，未经许可，权利人不能享有特许物权。可以比较的是，设立建设用地使用权，国家不是以管理者的身份，而是以平等主体的身份与对方当事人订立合同。而国家对特许物权予以许可并不是出于自然资源所有权人的身份，而是出于社会公共事务管理者的身份，将特许物权赋予使用人。

5. 特许物权的设定目的具有一定的公法意义

传统的不动产用益物权主要是确定不动产的归属和利用，其价值目标是对不动产本身的占有和利用作出法律调整，因而具有私法意义。而特许物权的设定目的不在于对不动产本身的归属和利用进行界定，而是在不动产已存在合法物权人的情形下，从社会公共利益的角度出发设定特许物权，既准许使用人开发自然资源，获得利益，又保证自然资源合理和可持续的利用，因而特许物权在一定程度上具有公法的意义。可见，特许物权在对标的物进行有效利用的价值取向方面，更强调在实现具体的自然资源使用权设立目的的前提下，对标的物进行有节制的利用，而不是像用益物权那样强调在不变更具体用益物权设立目的的前提下，对标的物进行充分利用。

二、特许物权的性质和地位

（一）特许物权的性质

特许物权是由国家直接赋予的物权，权利人行使特许物权，在外观上并不表现为对土地的简单占有、控制和利用，而是表现为对自然资源的带有创造性的开发行为。

正因为如此，关于特许物权是否为用益物权的一种类型，理论上存在不同认识。

1. 否定说

这种观点认为，特许物权所指向的对象不是土地而是土地上的自然资源，虽然与不动产用益物权密切相关，但是，与传统物权法上的用益物权有很大区别，不是以物的占有和归属为其目的，而是对某项自然资源进行某种形式的利用，且权利样态复杂不一；同时，特许物权的存在并不影响原有土地及自然资源的归属和利用，对自然资源进行各种形式的利用与土地的用益物权界定并无必然联系。因此，特许物权与用益物权是两种性质不同的权利，相互之间不存在从属关系，各自有独立存在的必要。①

2. 肯定说

这种观点认为，自然资源使用权属于财产权利，是非债权性的财产权，具有物权性质。依物权法基本理论，这些权利不是所有权，也不是担保物权，更不是依占有而推定的权利，因此，唯将其归入用益物权才为妥当。②《民法典》将特许物权规定在用益物权中，显然是认为特许物权的性质是用益物权。

3. 特许物权为具有用益物权性质的准物权

特许物权是具有用益物权性质的准物权。第一，特许物权首先是一种民事权利，并且是一种物权。因为特许物权不可能是债权性的权利或人身权性的权利，基于对自然资源的利用产生的权利，非物权性质莫属。第二，特许物权具有一定的用益物权性质。一方面，特许物权是一种绝对性的权利，其行使和实施不需要相对人的协助；另一方面，特许物权本身也是对土地上的自然资源的利用和开发，权利行使实际上直接涉及传统民法所指向的不动产，这一点符合用益物权的特征。第三，特许物权的基本性质不是用益物权，而是一种准物权或者类物权。其理由是：特许物权的目的不在于占有土地上的自然资源，而在于对自然资源行使某种开发性的行为，因而物权法最基本的占有和归属规则在特许物权上无法得到实现；如果将特许物权的性质界定为一种用益物权，其客体就很难统一和确定。

正因为如此，特许物权在传统民法上缺乏体系上的定位，对这种主体实施某种法律直接赋予的行为的权利，将其完全界定在用益物权的范围之内，存在较多问题，应当将其性质界定为具有用益物权性质的准物权。

（二）特许物权在法律上的地位

对于特许物权在法律上究竟处于何种地位，各国规定各不相同。在大陆法系国家，特许性的权利因涉及政府许可等公法行为，一般由公法调整，采用单行法的形式进行规范。在英美法系国家，特许性的权利不被区分公法、私法的性质，而是同其他权利一样，由判例法或成文法调整。

在已经明确了特许物权的性质后，其法律地位就已经明确了：特许物权的法律地位是其民法中物权法的基本内容之一，是物权法中的一个新型物权。其理由如下。

首先，特许物权在性质上是民事权利，是民法的基本内容。特许物权虽然是经行政机关直接许可，经过行政审批而赋予权利人的权利，但是这并不影响特许物权的私权利性质。这是因为，特许物权被赋予民事主体后，就成为民事主体所享有的一种关乎私人利益的私权利，并且可以与其他民事权利一样，在民事主体之间形成民事法律关系。尽管在特许物权赋权方面，民法无法作更多的干预，但是，其权利的主体、内容和客体都

① 梁慧星．中国物权法研究：下．北京：法律出版社，2002：631-633.
② 屈茂辉．用益物权论．长沙：湖南人民出版社，1999：271.

具有私权利的性质，在民法的调整范围之内，因而属于民法的基本内容之一。

其次，特许物权虽然与用益物权存有较大差别，但是，其仍属于物权范畴，是物权法的基本内容。不动产物权的存在，是政府赋予特许物权的前提。只有在物权法确定自然资源所有权人的情况下，才能够确定开发自然资源的特许物权。国家授权他人对自然资源从事某种开发利用行为，设立特许物权，属于物权法所调整的范围，是物权法的基本内容之一。

最后，特许物权与占有一样，都属于非典型物权，可以归属于准物权的范畴。特许物权也不是一种典型物权，将其放在用益物权体系中存在一定的问题。因此，将特许物权与占有放在一起，归属于物权法的准物权类型，有一定的道理。

第三节　特许物权的种类及其内容

一、海域使用权

（一）海域使用权的概念和特征

1. 海域使用权的概念

海域使用权，是指依法经批准获得的持续使用特定海域 3 个月以上的排他性特许物权。《民法典》第 328 条规定：“依法取得的海域使用权受法律保护。”

2. 海域使用权的特征

（1）海域使用权的客体是海域。海域，包括我国的内水、领海的水面、水体、海底和底土，海域使用权就是依法使用上述海域的特许物权。

（2）海域使用权是国家海域所有权派生的物权。海域属于国家所有，国务院代表国家行使海域所有权。海域使用权基于海域所有权而产生，是海域所有权派生的权利。

（3）海域使用权的内容具有广泛性。海域使用权类似于陆地的土地用益物权，权利人可以利用特定海域从事经营活动，如建造钻井平台开采石油或者其他矿产品，建筑房屋，修建港口，修造船厂等。因此，海域使用权是一项集合性的权利。

（二）海域使用权的取得

海域使用权的取得方式有三种：一是依法申请取得，即单位或者个人可以向县级以上人民政府海洋行政主管部门申请使用海域，得到批准后，经过登记，取得海域使用权。二是招标取得，即依法享有海域使用权审批权限的行政主管部门发布招标公告，根据投标结果确定海域使用权人。三是拍卖，即依法享有海域使用权审批权限的行政主管部门自己或者委托代理人组织符合条件的海域使用权申请人在指定的时间到场，进行公开叫价竞投，由叫价最高者获得海域使用权。

取得海域使用权的条件是缴纳海域使用金，并按照规定一次性缴纳或者按照年度缴纳。军事用海，公务船舶专用码头用海，非经营性的航道、锚地等交通基础设施用海，涉及教学、科研、防灾减灾、海难搜救打捞等公益事业用海，不用缴纳使用金。公用设施用海，国家重大建设项目用海，以及养殖用海，经过批准，可以减缴或者免缴使用金。

取得、变更、终止海域使用权，应当进行登记。

（三）海域使用权的期限

海域使用权设有期限，按照规定，养殖用海为 15 年，拆船用海为 20 年，旅游、娱乐用海为 25 年，盐业、矿业用海为 30 年，公益事业用海为 40 年，港口、修造船厂等建设工程用海为 50 年。

海域使用权期限届满前 2 个月，需要继续使用海域的，可以向原批准用海的政府申请续期，除非有公共利益或者国家安全的需要，政府应当批准续期。海域使用权人应当按照规定缴纳海域使用金。

（四）海域使用权的效力

1. 海域使用权人的权利

（1）占有海域的权利。海域使用权人有权对特定海域进行排他性的占有，他人不得干涉。

（2）使用、收益的权利。权利人有权依法使用海域并且获得收益，任何单位和个人都不得非法侵犯。

（3）处分海域使用权的权利。海域使用权人有权依法对海域使用权进行转让、继承和设定抵押。

2. 海域使用权人的义务

（1）海域使用权人在使用海域期间，未经依法批准，不得从事海洋基础测绘。

（2）海域使用权人发现所使用的海域的自然资源和自然条件发生重大变化时，应当及时报告海洋行政主管部门。

（3）海域使用权人不得擅自改变批准的海域用途，确需改变的，应当在符合海洋功能区划的前提下，报原批准用海的政府批准。

（4）海域使用权人负有依法保护和合理使用海域的义务。

（5）海域使用权人对不妨害其依法使用海域的非排他性用海活动不得阻挠。

（6）海域使用权终止后，原海域使用权人应当拆除可能造成海洋环境污染或者影响其他用海项目的用海设施和构筑物。

二、采矿权

（一）采矿权的概念

采矿权，是指自然人、法人或者非法人组织依照法定程序取得的在采矿许可证规定的范围内，开采矿产资源，获得所开采的矿产品的特许物权。

《民法典》第 329 条的规定就是对采矿权的确认。

（二）采矿权的具体规则

1. 采矿权的取得须经行政许可

权利人取得采矿权，须经过政府主管部门的行政许可。矿产资源作为不可再生的资源，国家应当保障矿产资源的合理开发利用，统一规划、合理布局，以保护环境和生态平衡，实现可持续发展。因此，国家有必要对采矿权人的资质、开采顺序、开采方法和选矿工艺等条件进行审查，通过审批等行政程序授予申请人采矿权。

2. 采矿权是有偿取得的私权利

我国的矿产资源属于国家所有，由国务院行使国家对矿产资源的所有权。国家实行采矿权有偿取得制度，开采矿产资源必须按照国家有关规定缴纳资源税和资源补偿费。权利人取得采矿权，就与国家之间形成了一种合同关系。

3. 采矿权人有权开采矿产品并获得所有权

采矿权人的主要权利就是开采国有的矿产，其对所采矿产品享有使用、收益和处分权。采矿权人对其经采掘而获得的矿产品，有权依照法律的规定出售而获得一定的经济利益，或为自己使用。

4. 采矿权的行使须由政府主管部门进行监管

采矿权虽为特许物权，但是，由于其事关社会公共利益、国家战略利益，在取得、转让、行使等方面被课予一些公法义务，法律对采矿权设置了关于监督的规定。如采矿权人依法所承担的主要义务，除按照国家规定缴纳有关税费外，还包括在规定的矿区范围内采矿，并按照国家的统一规划和布局，合理开采、综合利用，保护国有矿产不受损失和浪费。采矿权人在采矿活动中还须遵守国家劳动安全规定，具备保障安全生产的必要条件。因开采活动给他人的生产、生活造成损失的，应当负责赔偿，并采取必要的补救措施。采矿权人不履行其应负的义务，如擅自开采国家规定的实行保护性开采的特定矿种，采用破坏性的开采方法开采矿产资源等，依法应承担相应的民事责任、行政责任和刑事责任。

5. 采矿权流转须受适当限制

《矿产资源法》第 6 条对采矿权的转让进行了严格列举限制。采矿权的流转受法律严格限制，是国家管理和监督采矿权的具体体现，这种规定对切实保护对国有矿产资源的合理开发和利用具有重要意义。但是，在市场经济中，严格限制采矿权的流转并不完全合理。对于因转让采矿权而可能出现的不良后果，基本上可以通过对受让主体进行资质限制等手段来避免，而不必完全禁止流转。因此，应当参照《民法典》关于用益物权的规定，对此限制适当放开，要求采矿权的受让人、承租人必须具备某种资格，或要求买卖、出租合同应当经过政府主管部门审批，从而防止国有矿产资源遭受损失和破坏，保护国有矿产资源的合理开发和利用。按照《最高人民法院关于审理矿业权纠纷案件适用法律若干问题的解释》第 3 条的规定，受让人请求自矿产资源勘查许可证、采矿许可证载明的有效期起始日确认其探矿权、采矿权的，人民法院应予支持，确认其享有探矿权、采矿权。

三、取水权

（一）取水权的概念和特征

1. 取水权的概念

取水权，是指自然人、法人或者非法人组织依法经批准取得的利用水工程或者机械提水设施直接从江河、湖泊或者地下取水的特许物权。《民法典》第 329 条规定了取水权。

2. 取水权的法律特征

（1）取水权派生于国家拥有的水资源所有权。取水权是在国家拥有的水资源所有权的基础上产生的准物权，享有这一权利，就有权利用国家拥有的水资源。

（2）取水权的获得须经国家行政许可。民事主体要获得取水权，就必须经过法律和法规授权的行政主管部门的审批。

（3）取水权的客体是水资源。装在特定容器中的水或者自来水管中的水，都是经过加工的产品，并不是取水权的客体，只有水资源才是取水权的客体。

（二）取水权的取得

在我国，水资源属于国家所有，国家对水资源依法实行取水许可和有偿使用制度。需要直接从江河、湖泊或者地下取用水资源的单位和个人，都须按照法律规定，向水行政主管部门或者流域管理机构申请领取取水许可证，并缴纳水资源费，才能够获得取水权，农村集体经济组织及其成员使用本集体经济组织的水塘、水库中的水的除外。

（三）取水权的内容

1. 取水权人的权利

在有关主管部门核定的取水量、确定的取水地点以及取水期限等范围内，取水权人有权直接从江河、湖泊或者地下取用水资源，并加以利用。

2. 取水权人的义务

取水权人应当按照有关规定及时缴纳水资源费，不得违反规定取水，应装置量水设施并报送真实的取水数据，按照国家规定的退水水质退水。

四、渔业权

（一）渔业权概述

1. 渔业权的概念

渔业权，是指自然人、法人或非法人组织依法取得的在一定水域从事养殖或捕捞水生动植物的特许物权。《民法典》第329条规定了渔业权。

在大陆法系国家，广义的渔业权是由渔业法规定的规范渔业活动及其相关的水域使用权的权利，例如，日本和韩国的渔业权，不仅包括养殖权和捕捞权，还包括特定渔业权、入渔权和娱乐渔业经营权等。我国《渔业法》规定的渔业权采狭义的概念，仅承认养殖权和捕捞权。

2. 渔业权的法律特征

（1）渔业权的客体是特定水域中的水产生物资源。渔业权是在水面上养殖和捕捞的权利，因而特定水域的存在是渔业权存在的基础。渔业权的客体是特定水域中的水产生物资源，渔业权只能在特定的水域上发生，当原有的水域不适合水生动植物生存时，渔业权就会发生变化。

（2）渔业权在权利构成上具有复合性。渔业权并不单纯地表现为对不动产或水面的直接支配，还包括相关附属的权利，甚至这些附属的权利与对水面的支配权具有同样重要的意义。如养殖权人不仅可以占有一定水域，还可以使用该水域养殖水生动植物，享有保持该水域水生动植物的生长状态的权利。

（3）渔业权的取得方式是特定行政主管部门的许可。无论是养殖权还是捕捞权，权利的取得均须经渔业行政主管部门或相关行政主管部门的许可。因此，渔业权是基于国家的行政行为而产生的，并非由当事人之间的法律行为而产生。

（4）渔业权的效力依据不同的权利内容而不同。不同种类的渔业权具有不同的法律效力，并且与传统物权效力有较大差别。

3. 不同种类的渔业权的区别和联系

养殖权与捕捞权存在较大差别，在理论上，对两者应否归于渔业权的类型存在争议。例如日本等国家就将渔业权视为物权，准用有关土地的法律规则，这主要是基于养殖权的法律特征而作出的判断，但对捕捞权则并非一定适用。

养殖权、捕捞权都是渔业权，其理由是：第一，它们都是基于水域的水生物资源而发生的权利，并且与传统水权具有不同的功能和表现形式。第二，两种权利具有相同的特点，如两种权利都不存在严格的追及效力；捕捞权和养殖权对水面都没有物权性的占有权，所以不能基于养殖权和捕捞权要求他人返还动植物所有权，只能依照对养殖的水生物资源和捕捞的水生物资源的所有权，要求对方返还养殖物和捕捞物。第三，获得这两种权利均须经行政主管部门的特许，具有特许物权的基本特点。在此前提下，以渔业权这一范畴对两者进行归类并无不妥。

（二）养殖权

1. 养殖权的概念

养殖权，是指权利人经过批准，在国家或者集体所有的海面、河道、湖泊以及水库的水面从事养殖、经营，并排斥他人干涉的特许物权。《民法典》第329条也规定了养殖权。

2. 养殖权物权化的意义

我国海域辽阔、海岸线绵长，内陆的江河、湖泊、水库星罗棋布，水资源非常丰富，这为水域养殖提供了天然的有利条件。当前，海水和淡水养殖已经成为我国一项重要的产业。为了加强对渔业资源的保护和合理利用，保障渔业经营者在养殖、使用水域过程中的合法权益，将养殖权确定为物权，具有重要的意义。养殖权物权化的意义在于：第一，有利于鼓励和促进养殖业的繁荣，促进社会的经济增长。快速发展我国的养殖业，对调整优化农村产业结构、振兴地方经济、解决渔民生产生活问题、维护农村稳定、确保渔业资源可持续利用、保障水产品有效供给等方面将起到重要作用。第二，有利于充分保护养殖权人的合法权益。确认养殖权为物权，通过物权法保护养殖权人的合法权益，将其利用国有或集体的水面从事养殖业作为一种长期稳定的权利加以保护，能够对抗不正当的干涉和侵害，包括对抗来自政府的干涉和侵害。第三，有利于鼓励自然人、法人和非法人组织对养殖业投资，形成规模化的经营。确认养殖权为一种物权，使养殖权能够成为稳定的民事权利，就能够促使养殖权人对养殖业进行大胆投资和开发，推动养殖业的繁荣和发展。

3. 养殖权的具体规则

（1）养殖权须经行政许可，并且辅以物权登记手续依法取得。权利人取得养殖权首先要向政府主管部门提出申请，经核准以后，还应当在该部门办理登记手续，取得养殖使用证。该登记属于物权登记，其内容应当向社会公示，使第三人能够知悉，从而使权利人享有的养殖权受到物权法的保护。

（2）养殖权作为物权，受期限限制。养殖权是有期限的特许物权，在养殖权的确定期限内，具有独立性，可以对抗第三人和相关行政机关。在国外，有关养殖权的期限都规定得较长，我国立法应当借鉴这些立法经验，对养殖权的期限作出规定。养殖权的期限一般应当在 10 年至 20 年之间，最短不应低于 10 年。

（3）养殖权须在特定的水域行使，进行养殖经营。权利人取得养殖使用证，并就其取得的水面进行登记公示以后，该权利具有对抗第三人的效力，权利人有权对所取得的水面依法自主地从事养殖经营活动，有权对养殖产品依法自由处分并获取收益。对获得的收益，养殖权人享有所有权。对此，任何国家机关、集体经济组织、自然人、法人、非法人组织不得非法干预养殖权人的经营自由，不得非法侵害养殖经营活动，不得非法侵害其养殖产品的所有权。

（4）养殖权可以依法转让。养殖权是准物权，具有物权性质，因此，可以由养殖权人将养殖权依法转让、出租、设定抵押，也可以由其继承人继承。在养殖权存续期限内，国家确因建设需要收回已经确认使用权的浅海、滩涂的，应当通过正当程序进行，可以发生养殖权消灭的后果，但须给予养殖权人以合理补偿。政府因调整或者修改水产养殖布局规划，给养殖权人造成经济损失的，应当根据损失程度给予合理补偿。

（5）养殖权人在享有权利的同时，也应当承担相应义务。养殖权人必须在核准登记的用途、范围、面积和期限内从事养殖经营活动；在从事养殖经营过程中，养殖权人应当注意保护环境、维护生态状况，不得向养殖水域投放剧毒化学药品，不得向养殖水域倾倒生产、生活垃圾，不得将废弃的养殖设施弃置于养殖水域，对病、死鱼体和贝体应当及时处理；应当按照规划布局的要求进行养殖等。

（三）捕捞权

1. 捕捞权的概念

捕捞权，是指自然人、法人或者非法人组织依法经批准获得的，在我国管辖的内水、滩涂、领海、专属经济区以及我国管辖的一切海域内从事捕捞水生动植物等活动的特许物权。《民法典》第329条规定了捕捞权。

2. 捕捞权与养殖权的区别

捕捞权与养殖权相比较，在权利及行使规则上有如下区别。

（1）二者的权利客体不同。养殖权是针对特定的水域进行利用而享有的权利，因此，养殖权人对特定的水域具有相对的独占效力。而捕捞权只是在特定的水域从事捕捞行为的权利，并非直接针对特定水域这种物而享有的权利，也不是直接支配一定水域的权利，捕捞权人所使用的水面也较难实现特定化。因此，在特定的水域，一般只能设立一个养殖权，但是可以设立数个捕捞权。

（2）二者的立法价值取向不同。捕捞权的对象主要是天然水生动物和植物，捕捞权人享有捕捞权，就享有在特定水域实施捕捞行为，获得捕捞品的所有权的权利。因此，基于保护自然资源和自然环境、实现可持续发展的需要，立法对捕捞尤其是在内水和近海的捕捞多作限制，主要体现为对配额的限制，捕捞权的义务性质更为强烈。而养殖权则较少涉及自然资源的保护问题，其立法着重于保护养殖权人的利益，来自公法的限制较少。

（3）二者的权利性质不同。相比较而言，养殖权更接近物权，具有更多的用益物权属性，可以作为独立的用益物权规定。而捕捞权的法律属性则与物权的法律属性相距较远，是严格意义上的特许物权。

（4）二者的法律效力不同。养殖权具有物权意义上的排他性，在一个特定的水域上不允许两个以上内容相同的养殖权同时存在；而捕捞权则没有严格的排他性，在一个特定的水域上可以同时存在多个捕捞权。养殖权具有物权的追及效力，当合法占有的水域受他人非法占有时，权利人可以行使追及权；而捕捞权则无此效力。

《问题与思考》

1. 引读案例思考

油米塘煤矿长期在大凉煤矿的矿界内开采，造成了大凉煤矿的财产利益损失。请结合本章内容思考：（1）油米塘煤矿越界开采行为侵害的是大凉煤矿享有的何种权利？（2）这种权利与典型的用益物权有何联系与区别？（3）对采矿权等特许物权应当怎样进行保护？

参考分析意见：

在本案中，大凉煤矿与油米塘煤矿矿井相邻，两者都是经过行政主管部门批准获得许可的矿产经营者，依法享有采矿权，是合法的采矿权人，享有采矿的权利，负有相应的义务。这种权利的性质属于特许物权，是特殊的用益物权。采矿权人依照法律的规定，对所属的矿山进行开采，是合法的行为，应当得到法律保护。

应当注意的是，一方面，特许物权具有物权性，是基于对自然资源的利用而取得的物权，具有一定的用益物权性质，特许物权本身也是对土地上的自然资源的利用和开发，权利行使实际上直接涉及传统民法所指向的不动产，这一点也符合用益物权的特征。另一方面，特许物权又不完全等同于用益物权，是一种准物权或者类物权，其理由是，特许物权的设定目的不在于占有土地上的自然资源，而仅在于对其行使某种开发性的行为，因而物权法最基本的占有和归属规则在特许物权上无法得到实现。如果将特许物权的性质界定为一种纯粹的用益物权，其客体就很难统一和确定。因此，将特许物权作为用益物权来对待，并非将其等同于用益物权。

依照《民法典》第329条的规定，依法取得的探矿权和采矿权受法律保护。采矿权人在取得采矿权之后，应当按照行政主管部门规定的开采范围进行开采，不能越界开采。在本案中，双方当事人尽管都是合法的采矿权人，但是多次发生矿界纠纷，争执不下。行政主管部门介入纠纷，对双方划定的矿界进行勘查，确定了各自的矿界。双方应当按照重新划定的矿界进行开采。油米塘煤矿无视行政主管部门行政行为的效力，不承认行政主管部门划定的矿界，继续按照自己对矿界的理解，长期在大凉煤矿的矿界内开采，造成了大凉煤矿的巨大经济损失。油米塘煤矿长期越界开采，侵害了大凉煤矿的采矿权，权利人有权依照《民法典》的规定，请求保护自己享有的特许物权。

2. 重点题

（1）用益物权的概念和特征应当怎样理解？

（2）《民法典》对用益物权的一般规则是怎样规定的？

（3）特许物权是何种性质的物权？在我国物权法体系中处于何种法律地位？

（4）特许物权有哪些种类？具体内容是什么？

3. 考研题

（1）用益物权的体系。

（2）特许物权的性质。

第九章
土地承包经营权

重点知识

1. 土地承包经营权：概念、特征
2. “三权分置”的含义与土地经营权的流转
3. 土地承包经营权的取得
4. 土地承包经营权的效力
5. 土地经营权的性质及权利人享有的权利

引读案例

乔某承包村里发包的水塘养鱼，经营效果很好。村委会为吸引投资，以该鱼塘涉及全村利益为由，对承包地进行调整，强行收回鱼塘，发包给能为本村投资的开发商的亲属承包。乔某诉请法院保护其土地承包经营权。

第一节　土地承包经营权概述

一、土地承包经营权的概念和特征

（一）土地承包经营权的概念

土地承包经营权，是指农村集体经济组织成员对集体所有或国家所有，由集体经济组织长期使用的耕地、林地、草地等农业土地，采取家庭承包、公开协商等方式进行承包，依法对所承包的土地等享有占有、使用和收益权利的用益物权。土地承包经营权人享有对其承包经营的耕地、林地、草地等的占有、使用和收益权利，有权自主从事种植业、林业、畜牧业等农业生产。

（二）土地承包经营权的发展

土地承包经营权是我国农村经济体制改革的产物，对促进我国农村经济的发展发挥了重大推动作用。原《民法通则》第 80 条正式确立农村土地承包经营权，并将其置于第五章第一节“财产所有权和与财产所有权有关的财产权”之中。1988 年《土地管理法》第 12 条规定：集体所有的土地，可以由集体或者个人承包经营，从事农、林、牧、渔业生产。承包经营土地的集体或者个人，有保护和按照承包合同规定的用途合理利用土地的义务。土地的承包经营权受法律保护。1998 年、2004 年《土地管理法》第 14 条再次确认了这一规定。2003 年《农村土地承包法》对土地承包经营权作了详细规定。2007 年《物权法》对这一权利作了专章规定。2018 年 12 月 29 日通过的《全国人大常委会关于修改〈中华人民共和国农村土地承包法〉的决定》，对土地承包经营权实行“三权分置”，增加规定了土地承包经营权的内涵。《民法典》继续坚持《物权法》对土地承包经营权的规定，增加了“三权分置”的内容。

（三）农村土地的“三权分置”及价值

改革开放初期，我国农村实行了家庭联产承包责任制，将土地所有权和土地承包经营权分设，土地所有权归农村集体经济组织享有，土地承包经营权归农户享有，调动了农民对土地的积极性，有效地解决了农民的温饱问题，农村经济体制改革取得了重大成果。在现阶段，我国进一步深化农村土地制度改革，顺应农民保留土地承包权、流转土地经营权的意愿，将土地承包经营权分为承包权和经营权，实行所有权、承包权、经营权（以下简称三权）分置并行的制度，推进农业现代化，是我国农村经济体制改革的重大进展。“三权分置”是农村基本经营制度的自我完善，符合生产关系适应生产力发展的客观规律，有利于明晰土地产权关系，更好地维护农民集体、承包农户、经营主体的权益；有利于促进土地资源合理利用，构建新型农业经营体系，发展多种形式适度规模经营，提高土地产出率、劳动生产率和资源利用率，推动现代农业发展。

在农业土地上的“三权分置”，是在农村集体经济组织对土地的所有权、农户对土地的承包经营权“两权分置”的基础上，从土地承包经营权中分离出一个土地经营权，形成土地的所有权、土地承包经营权和土地经营权的“三权分置”。在“三权分置”的情况下，土地所有权人、土地承包权人和土地经营权人各自享有自己的权利，各得其所，使新增加的土地经营权能在市场进行流转，使农村土地能更好地被利用，发挥其生产资料的作用，为土地所有权人、土地承包权人和土地经营权人创造更多的财产利益。

（四）土地承包经营权的法律特征

1. 土地承包经营权的主体具有特殊性

土地承包经营权的主体是从事农业生产的自然人或集体，其他非从事农业生产的自然人或集体不能成为农村土地承包经营权的主体。在农村土地承包经营权的主体方面，权利主体根据农地承包经营方式的不同而略有差异。采取家庭农地承包经营方式的，土地承包经营权的主体是农村集体经济组织的农户，而不是单个的集体成员；采取其他农地承包经营方式的，土地承包经营权的主体既可以是本村集体经济组织的成员，也可以是符合条件的非本集体经济组织的单位或者个人。随着农村经济的发展，土地经营权的主体已不再限于农地所属集体经济组织内的成员，而是扩大到一切从事农业生产的民事主体。

2. 土地承包经营权的标的物具有特殊性

土地承包经营权与建设用地使用权一样，标的物都为土地，但是具有特殊性，即不含城市国有土地，仅限于集体所有或国家所有由集体使用的以种植、畜牧等农业生产为目的的土地，包括土地、山岭、森林、草原、水面、荒地、滩涂等。随着农村经营方式的发展和自然资源利用的多样化，土地承包经营权的标的物范围已经逐渐扩大，国家所有的农用地实行承包经营的，也适用土地承包经营权的规则。

3. 土地承包经营权的目的具有特殊性

自罗马法以来，各国民法基于土地利用的目的不同，形成了两种不同的土地利用权利：以农业生产为目的的永佃权和以建设为目的的地上权。土地承包经营权的目的具有特殊性，是在集体所有或国家所有由集体使用的土地上进行农业活动，因而土地承包经营权与永佃权相似。不以从事农业活动为目的而使用他人土地的，不成立土地承包经营权。例如，以营造建筑物或者其他工作物为目的使用国有或集体土地的，为建设用地使用权；以生活居住为目的而使用国有或集体所有的土地的，为住宅建设用地使用权或宅基地使用权。故土地承包经营权不包括地下及地上空间的使用权即分层地上权，而限于使用农用土地地表的权利。

我国的土地承包经营权与永佃权有明显区别。永佃权，是指承租人因支付佃租，而享有的永久在他人土地上耕作或牧畜的权利。其特征包括：（1）是存在于他人土地上的物权；（2）是以耕作或牧畜为目的的物权；（3）系通过支付佃租而成立的物权；（4）是永久使用他人土地的物权。[①] 尽管土地承包经营权与永佃权相似，但两者是不同的权利，无法用永佃权取代土地承包经营权。土地承包经营权和永佃权的区别如下：（1）建立的基础不同。永佃权是建立在土地私有制基础上的，是耕作者与地主之间的关系。土地承包经营权是建立在土地公有制基础上的，是承包人与发包人之间的关系，承包人一般是土地所属集体经济组织的成员。（2）性质不同。永佃权是地主利用土地获取收益的一种法律形式，具有一定的剥削性质。土地承包经营权并非土地所有权人利用土地获取收益，而是通过承包人更好地发挥土地的效用。即使是土地承包经营权人也要支付一定的费用，但该费用仍属于集体所有。（3）存续期限不同。永佃权是一种无限期物权，永佃权人可以永久地使用他人土地。土地承包经营权则是一种有期物权，只能在一定期限内存在。

4. 土地承包经营权的产生方式具有特定性

由于土地承包经营权是基于土地承包经营合同而产生的，其具体内容和土地承包经营权的期限都是由承包经营合同确立的，因而在现实生活，土地承包经营纠纷大多依据《民法典》“合同”编的基本规则处理。《农村土地承包法》《民法典》将土地承包经营权规定为用益物权，使通过合同这种特定方式建立的土地承包经营权被界定为用益物权，受到物权的保护。

---

① 谢在全．民法物权论：上册．北京：中国政法大学出版社，1999：396.

二、土地承包经营权的性质

由于现实生活中的土地承包经营权是基于土地承包经营合同而产生的，因而对土地承包经营权法律性质的认识存在分歧，有债权说和物权说两种主要观点。一是债权说，认为土地承包经营权是通过合同来设立的，其本质上是一种债的关系，仅在特定的合同当事人之间产生约束力，不具有对抗第三人的效力，因此，土地承包经营权是一种债权性的权利。① 二是物权说，认为土地承包经营关系是一种物权类型关系，在性质上属于支配权范畴。这种观点为通说。

我国立法把农村土地承包经营权作为一种物权规定，确立了土地所有权人与土地承包经营权人的权利义务，其性质已经法定化，没有必要继续争论。土地承包经营权与土地承包经营合同具有密切关系，土地承包经营权的设定须采用土地承包经营合同的方式，规定土地承包经营权人与土地所有权人的权利义务关系，但是，这并不能说明农村土地承包经营权的性质为债权。在各种物权中，多数都是通过合同的形式设立的，例如设定抵押权通过抵押合同，设定地役权也通过合同，但是不能将两者等同。土地承包经营权是具有支配性的对世权，为物权，以对土地的使用、收益为目的，是对土地使用价值支配的权利，属于用益物权。土地承包经营合同是产生土地承包经营权的基础行为，依该合同产生的土地承包经营权的性质是用益物权。

第二节　土地承包经营权的取得

土地承包经营权依法律行为而取得。

土地承包经营权的法律行为取得方式，是指土地承包经营权人与土地所有权人通过签订农村土地承包合同设定土地承包经营权，或者通过招标、拍卖、公开协商等方式，或者通过土地承包经营权的流转，由有关当事人取得土地承包经营权。

一、基于签订农村土地承包合同取得

通过签订农村土地承包合同取得土地承包经营权，是土地承包经营权取得的主要方式。

土地承包经营权以承包合同的方式设定时，土地所有权人应当与承包人签订土地承包合同，通过合同确定双方当事人的权利义务关系。土地承包合同为要式合同，应当采用书面形式，这有利于明确当事人的权利义务，防止和避免土地所有权人任意改变和撤销合同。《农村土地承包法》对这种合同作了明确规定，应当按照其规定订立土地承包合同。

---

① 中国社会科学院法学研究所物权法研究课题组．制定中国物权法的基本思路．法学研究，1995（3）．

土地承包合同具有特殊性，法律对其内容有特殊要求。根据《农村土地承包法》的规定，承包合同一般包括以下条款：（1）土地所有权人、土地承包经营权人的名称，土地所有权人的负责人和土地承包经营权人代表的姓名、住所；（2）承包土地的名称、坐落、面积、质量等级；（3）承包期限和起止日期；（4）承包土地的用途；（5）土地所有权人和土地承包经营权人的权利和义务；（6）违约责任。

土地承包经营权的取得时间，是土地承包经营合同生效的时间。《民法典》第 333 条第 1 款规定："土地承包经营权自土地承包经营权合同生效时设立。"土地承包经营合同成立，并且具备生效要件时，该合同生效，土地承包经营权人取得土地承包经营权。

当事人通过订立土地承包经营权合同设定土地承包经营权是否应当进行登记，《民法典》对此明确规定，登记机构应当向土地承包经营权人发放土地承包经营权证、林权证等证书，并登记造册，确认土地承包经营权。颁发土地承包经营权证或者林权证等证书，除按规定收取证书工本费外，不得收取其他费用。土地承包经营权人将土地承包经营权互换、转让，当事人要求登记的，应当向县级以上地方政府申请土地承包经营权变更登记；未经登记，不得对抗善意第三人。

土地承包经营权的期限，耕地的承包期为 30 年，草地的承包期为 30 年至 50 年，林地的承包期为 30 年至 70 年。耕地的承包期届满后，土地承包经营权人依照农村土地承包的法律规定继续承包。

承包合同生效后，土地所有权人不得因承包人或者负责人的变动而变更或者解除合同，也不得因集体经济组织的分立或者合并而变更或者解除合同。

二、通过招标、拍卖、公开协商而取得

对"四荒"土地，即荒山、荒沟、荒丘、荒滩等农村土地，可以通过招标、拍卖和公开协商的方式进行承包经营，取得合意后，土地所有权人应当将"四荒"土地交给土地承包经营权人经营。

通过这种方式取得的土地承包经营权可以参加民事流转，例如以转让、入股、抵押或者以其他方式进行流转。

三、基于土地承包经营权流转取得

土地承包经营权的流转，是指土地承包经营权通过合法的方式在有关当事人之间发生转移，土地承包经营权人发生变动。流转的期限不得超过承包期的剩余期限。未经依法批准，不得将承包地用于非农建设。

（一）基于通过家庭承包取得的土地承包经营权流转而取得

土地承包经营权具有可让与性。土地承包经营权采取转让、转包、互换或者其他方式流转的，当事人双方应当签订书面合同。采取转让方式流转的，应当经土地所有权人同意；采取转包、互换或者其他方式流转的，应当报土地所有权人备案。土地承包经营

权采取互换、转让方式流转，当事人可以向县级以上地方政府申请登记，未经登记不得对抗善意第三人。

基于现实需要，土地承包经营权可以在不同的土地承包经营权人之间互换。土地承包经营权人之间为方便耕种或者各自需要，可以对属于同一集体经济组织的土地的承包经营权进行互换，并向发包人备案。经发包人同意，土地承包经营权人可以将全部或者部分的土地承包经营权转让给本集体经济组织的其他农户，由该农户同发包人确立新的承包经营关系，原承包人与发包人在该土地上的承包关系即行终止。

国家保护进城务工农民的土地承包经营权，规定不得以让出土地承包经营权作为农民进城落户的条件。是否保留土地承包经营权，由农民自主决定。承包经营期内，土地承包经营权人全家迁入城镇落户，被纳入城镇住房和社会保障体系，丧失农村集体经济组织成员身份的，支持引导其按照国家有关规定转让土地承包经营权益，将全部或者部分土地承包经营权转让给其他从事农业生产经营的农户，由该农户同土地所有权人确立新的承包经营关系，原土地承包经营权人与土地所有权人在该土地上的承包经营关系即行终止。

上述这些方式，都是基于通过家庭承包取得的土地承包经营权流转而取得土地承包经营权。这些土地承包经营权的取得都是继受取得。

（二）通过招标、拍卖、公开协商等方式取得的土地经营权的流转

《民法典》第 342 条规定：通过招标、拍卖、公开协商等方式承包农村土地，经依法登记取得权属证书的，可以依法采取出租、入股、抵押或者其他方式流转土地经营权。

第三节　土地承包经营权的效力

一、土地承包经营权人的权利和义务

土地承包经营权取得后即发生法律效力，对外排除第三人非法侵害，对内发生对土地承包经营权人与土地所有权人（发包人）的拘束力。土地承包经营权是用益物权，其效力主要是指在土地承包经营权人与土地所有权人之间发生的权利和义务关系。

（一）土地承包经营权人的权利

1. 占有、使用、收益权

土地承包经营权是用益物权，其价值在于承包经营权人对承包地进行占有、使用、收益，这是土地承包经营权人的主要权利。

占有，是土地承包经营权人对土地所有权人所有土地的事实上的管领。如果不对承包地进行占有，土地承包经营权人无法在其上从事农业生产。

使用，是土地承包经营权人有权按照承包地的自然属性和承包合同的约定用途对承包地进行使用。自然属性，是指承包地为何性质。我国允许承包经营的农村土地为耕地、

林地、草地以及其他依法用于农业的土地，因此土地承包经营权人应当按照土地的性质进行使用，即在耕地上种植农作物、经济作物等，而不能在承包地上建住宅、建窑等。约定用途，是指土地承包经营权人与土地所有权人在土地承包经营权合同中约定的用途。在法律、法规允许的范围内，土地承包经营权合同的双方当事人可以进一步对承包地的用途作出约定，按照这种约定的用途使用。土地承包经营权人在行使使用权时，有权自主组织农业生产经营活动，自主决定种植什么作物、种植多少面积，或者安排种植、养殖项目，不受其他组织和个人的干涉。只要土地承包经营权人的生产经营活动不违反法律规定和合同约定，土地所有权人就不得随意干涉，更不能违背土地承包经营权人的意愿，强制土地承包经营权人从事或者不从事某种生产经营活动。

收益，是土地承包经营权人有权获取使用土地获得的收益。土地承包经营权人有权自主处理产品，出售产品的数量、价格等由土地承包经营权人与购买人自行协商确定，其他任何人包括土地所有权人都无权干涉。土地承包经营权人为更好地使用土地、获取更多的收益，可以在承包地上修建必要的附属设施，其所有权归属于土地承包经营权人，但是不能建造建筑物。

2. 依法互换和转让

土地承包经营权是他物权，可以进行互换、转让和流转，尤其可以进行流转。土地承包经营权人可以自主决定依法采取出租（转包）、入股或者其他方式向他人流转土地承包经营权和土地经营权，并向发包方备案。

转让土地承包经营权的方式，主要是互换和转让。一是互换，土地承包方之间为方便耕种或者各自需要，可以对属于同一集体经济组织的土地的土地承包经营权进行互换，并向发包人备案。二是转让，经发包人同意，土地承包经营权人可以将全部或者部分的土地承包经营权转让给本集体经济组织的其他农户，由该农户同发包人确立新的承包关系，原土地承包经营权人与发包经营权人在该土地上的承包关系即行终止。土地承包经营权互换、转让的，当事人可以向登记机构申请登记。未经登记，不得对抗善意第三人。

3. 承包地被依法征收、征用、占用时，土地承包经营权人有权依法获得相应的补偿

土地征收是国家为了公共利益的需要，通过法定程序，将农民集体所有的土地征为国有土地。《民法典》第 338 条规定：“承包地被征收的，土地承包经营权人有权依据本法第二百四十三条的规定获得相应补偿。”第 117 条也规定：“为了公共利益的需要，依照法律规定的权限和程序征收、征用不动产或者动产的，应当给予公平、合理的补偿。”补偿费用主要包括三项：（1）土地补偿费，这部分费用主要属于土地所有权人所有，通常支付给被征地的集体经济组织，其中包括对土地承包经营权人的补偿。（2）安置补助费，应当按照一定的数额向需要被安置的农民发放。（3）农村村民住宅、其他地上附着物、青苗等的补助费用。

征收承包期内的土地的，应当对土地承包经营权人给予合理补偿。征地的补偿标准、安置办法应当告知土地承包经营权人。土地补偿费等费用的使用、分配办法，应当依法经村民委员会讨论决定。任何单位和个人不得贪污、挪用、截留土地补偿费等费用。

对承包地的征用、占用，应当严格限制在公益的范围之内，不得为了某些单位或个人的利益进行征用、占用。在征用、占用承包地时，应当严格遵循公益目的，应当尽量利用荒地、空闲地，不能违法征用、占用或者随意扩大征用、占用的范围。

4. 其他权利

土地所有权人或者其他组织、个人针对承包地收取法律、法规规定以外的费用，或者违法进行集资、摊派、罚款等的，土地承包经营权人有权拒绝。

（二）土地承包经营权人的义务

1. 维持土地的农业用途，不得用于非农建设

土地承包经营权具有特指性，指的是为了农业发展而设定的权利只能在农业用地上存在，只能为了发展农业的目的存续。故土地承包经营权人应当维持土地的农业用途，遵守法律、法规，保护土地资源的合理开发和可持续利用，未经批准，不得将承包地用于非农建设，禁止实施占用承包地建窑、建坟或者擅自在承包地上建房等非法行为。土地承包经营权人违法将承包地用于非农建设的，由县级以上地方政府有关行政主管部门依法予以处罚。

2. 依法保护和合理利用土地，不得给土地造成永久性损害

土地承包经营权人在承包经营过程中，应当保持承包地的土地生态及环境的良好性能和质量，在利用土地、提高土地生产能力的同时，注意采取相应的措施，保护土地的质量和生态环境，防止水土流失和盐碱化等，保护和提高地力。国家鼓励增加对土地的投入，培肥地力，提高农业生产能力。要求土地承包经营权人严格执行土地管理法律、法规的规定，不得擅自在承包地上采矿、采石、挖砂、取土、造砖等，不得在承包的基本农田上种植林木和挖塘养鱼，不得毁坏森林、草原开垦耕地，不得围湖造田、侵占江河滩地。如果土地承包经营权人违反了这些义务，对承包地造成永久性损害，土地所有权人有权制止，并有权要求土地承包经营权人赔偿因此造成的损失。

二、土地所有权人的权利和义务

（一）土地所有权人的权利

1. 发包本集体所有或者国家所有的依法由本集体使用的农村土地

集体土地由集体经济组织享有所有权，国家对国家所有并依法由集体经济组织使用的农业土地享有所有权，使用、收益权归集体经济组织享有。对这些土地，集体经济组织有权发包：（1）农民集体所有的土地依法属于村农民集体所有的，由村集体经济组织或者村民委员会发包；（2）已经分别属于村内两个以上农村集体经济组织的农民集体所有的，由村内各该农村集体经济组织或者村民小组发包；（3）国家所有依法由农民集体使用的农村土地，由使用该土地的农村集体经济组织、村民委员会或者村民小组发包。

农村集体经济组织对上述土地发包，只是该土地使用、收益权的变动，并不改变村内各集体经济组织农民集体所有的土地所有权，更不能改变国家所有土地的所有权。

2. 对承包土地的必要调整权

集体经济组织享有对承包土地的必要调整权。《民法典》第336条第2款规定："因自然灾害严重毁损承包地等特殊情形，需要适当调整承包的耕地和草地的，应当依照农村土地承包的法律规定办理。"内容是：（1）调整权行使的条件，即基于自然灾害严重毁损承包地等特殊情形，对个别农户之间承包的耕地和草地需要适当进行调整。（2）调整权行使的程序，须坚持土地承包关系稳定、不得打乱重分的原则，须经本集体经济组织成员的村民会议2/3以上成员或者2/3以上村民代表的同意，并报乡（镇）人民政府和县级人民政府农业农村、林业和草原等行政主管部门批准。（3）行使调整权的除外条款是，如果土地承包经营权合同约定不得进行调整，应当按照约定，不得行使这一调整权。

3. 监督土地承包经营权人依照承包合同约定的用途合理利用和保护土地

基于土地承包经营权的特殊性，土地承包经营权人负有依照合同约定的用途合理利用和保护土地的义务，对此，土地所有权人有监督权。农村集体经济组织实施监督应当合理，不能进行粗暴干涉。土地所有权人也不能借实施监督权而干涉土地承包经营权人的自主经营权，不能强行要求土地承包经营权人种植何种作物。

4. 制止土地承包经营权人损害承包地和农业资源的行为

土地承包经营权人在通过订立土地承包经营合同取得承包地的经营权后，有的土地承包经营权人认为土地就归自己支配，自己可以任意使用，在承包地上建房、建窑、采石、挖砂、取土、造砖、建坟等。对这些损害承包地的行为，土地所有权人有权制止。

农业资源包括种植业、林业、畜牧业、渔业可以利用的土地、草原、水、生物、气候等自然资源。对这些农业资源，土地承包经营权人不得损害，土地承包经营权人若有损害农业资源的行为，土地所有权人有权加以制止。

（二）土地所有权人的义务

1. 维护土地承包经营权人的土地承包经营权的义务

农地的所有权归属于集体经济组织，但是，集体经济组织在自己的土地上设置了土地承包经营权后，就在自己的土地上设置了负担，须尊重和维护土地承包经营权人的他物权。土地承包经营权人所享有的土地承包经营权受国家法律保护，土地所有权人作为土地的所有者，也不得侵犯土地承包经营权人的土地承包经营权，有义务维护土地承包经营权人的土地承包经营权，不得非法变更、解除土地承包经营合同。《民法典》第336条第1款规定："承包期内发包人不得调整承包地。"第337条规定："承包期内发包人不得收回承包地。法律另有规定的，依照其规定。"

最初的土地承包经营权是债权，没有赋予土地承包经营权人以物权人的地位，在实践中出现了一些土地所有权人随意撕毁合同，侵害土地承包经营权人合法权益的现象。法律将土地承包经营权规定为物权，赋予了土地承包经营权人以物权人地位，不允许土地所有权人非法变更、解除承包合同，侵害土地承包经营权人的土地承包经营权。

2. 尊重土地承包经营权人的生产经营自主权的义务

土地所有权人对土地承包经营权人的生产经营自主权负有尊重的义务，对于土地承包经营权人自主组织生产经营并对有关产品进行处置的行为不能进行干预。土地所有权人随意干涉土地承包经营权人正常的生产经营活动的，属于违法行为，应当承担相应的法律责任。

3. 依照约定为土地承包经营权人提供生产、技术、信息等服务的义务

农村土地承包经营具有特殊性，如果在合同中约定了由土地所有权人提供生产、技术、信息等服务，则土地所有权人应当履行义务。我国的农村土地所有权人即集体经济组织具有优势，可以聘请有关专家对土地承包经营权人的生产经营进行指导，为土地承包经营权人销售农产品提供信息等，这都有利于土地承包经营权人的生产经营。

4. 执行土地利用总体规划，组织农业基础设施建设的义务

土地利用总体规划是根据经济建设的需要和土地的适宜性，在较长的规划时期内对土地资源在各部门的分配和土地开发、利用、整治、保护进行统筹协调，合理安排的战略性规划。土地利用总体规划是土地利用的基本依据，土地所有权人在发包土地、依法调整承包地的过程中，必须认真执行县、乡（镇）土地利用总体规划，不得违反规划占用耕地或者开发利用其他土地资源。

农业基础设施主要是指乡村机耕道路、机井和灌溉排水等农田设施。农业基础设施建设通常由本集体经济组织全体成员使用，而且依靠个别承包户的力量很难完成，必须由土地所有权人统一组织进行。

第四节　土地承包经营权的消灭

土地承包经营权作为一种用益物权，既有物权消灭的一般事由，如承包地被征用、承包地灭失等，也有土地承包经营权的特定消灭事由，如土地所有权人的提前收回、土地承包经营权人的提前交回、承包期限届满等。

一、土地承包经营权基于特定事由而消灭

（一）土地承包经营权提前收回

在土地的承包期内，土地所有权人不能提前收回承包地。只有在发生特定事由时，土地所有权人才有权提前收回承包地，使存在于该承包地上的土地承包经营权归于消灭。

土地承包经营权提前收回，是指在土地承包经营合同约定的承包期限届满之前，土地所有权人在发生特定事由时将承包地提前收回，使土地承包经营权归于消灭的行为。

在某些情形下土地所有权人不得收回承包地，以加强对土地承包经营权人的保护。具体情形有：（1）承包期内，妇女结婚，在新居住地未取得承包地的，土地所有权人不得

收回其原承包地；（2）妇女离婚或者丧偶，仍在原居住地生活或者不在原居住地生活但在新居住地未取得承包地的，土地所有权人不得收回其原承包地；（3）承包期内，土地所有权人不得单方面解除承包合同，不得假借少数服从多数强迫土地承包经营权人放弃或者变更土地承包经营权，不得以划分“口粮田”和“责任田”等为由收回承包地搞招标承包，不得将承包地收回抵顶欠款。土地所有权人违反规定收回承包地、将承包地收回抵顶欠款的，应当承担民事责任。

（二）土地承包经营权人的提前交回

土地承包经营权的提前交回，是指在土地承包经营合同约定的承包期限届满前，土地承包经营权人将承包地交回给土地所有权人，其土地承包经营权归于消灭的行为。

承包期内，土地承包经营权人可以自愿将承包地交回发包人。土地承包经营权人自愿交回承包地的，可以获得合理补偿，但是应当提前半年以书面形式通知发包人。土地承包经营权人在承包期内交回承包地的，在承包期内不得再要求承包土地。

（三）土地承包经营权的期限届满

土地承包经营权是一种有期物权，在期限届满时归于消灭。

承包期届满，由土地承包经营权人按照国家有关规定继续承包，即承包期相应延长。土地承包经营期限届满，或者相应延长的承包期亦届满，土地承包经营权人不续包的，土地承包经营权消灭，应当将承包地交回土地所有权人。

土地承包经营权人对承包地进行长期使用、收益，在承包地上建造了附属设施，以及对承包地进行了改良的，对附属设施、种植物以及改良费用的处理，应当分为以下几种情况。

1. 土地承包经营权续期的

土地承包经营权的期限届满后，土地承包经营权人续期的，土地承包经营权继续存在，原来对土地的投入仍然由该土地承包经营权人承受，因此存在补偿。

2. 土地承包经营权终局消灭的

（1）附属设施的归属。土地承包经营权人在期限届满交回土地时，有权取回附属设施，恢复土地原状。但是，土地所有权人要求以市价购买的，土地承包经营权人不得拒绝。土地承包经营权人不取回附属设施，且保留附属设施对土地使用有益的，土地所有权人应当给予相应的补偿。

（2）种植物的处理。土地承包经营权期限届满而没有续期时，土地所有权人应当就土地上的竹木或未收获的农作物，对土地承包经营权人给予一定的补偿。

（3）改良费用和其他有益费用的处理。土地承包经营权人为增加地力或为促进土地利用的便利，而支出特别改良费用或其他有益费用，土地所有权人知道或应当知道而没有立即反对的，在承包经营合同期限届满没有续期时，土地承包经营权人有权向土地所有权人提出返还费用请求。返还的数额，以现存的价值增加额予以计算。

二、土地承包经营权基于物权消灭的一般事由而消灭

（一）承包地被征收

国家基于社会公共利益的需要而征收集体所有的农村土地时，在该土地上设立的土地承包经营权当然消灭。国家在征收承包经营的土地时，应当给予土地承包经营权人充分、合理的补偿。对此，应当告知土地承包经营权人征地的补偿标准、安置办法。土地补偿费等费用的使用、分配办法，应当依法经村民会议讨论决定。任何单位和个人不得贪污、挪用、截留土地补偿费等费用。

（二）承包地灭失或使用价值丧失

承包地灭失虽然罕见，但确实存在，比如靠近河流的耕地随着河床的冲刷而坍塌，土地因地下采矿被掏空而塌陷等。此时，存在于所灭失的承包地上的土地承包经营权因此而消灭。

土地承包经营权人签订承包合同后，依法享有对所承包的土地进行占有使用、收益的权利，由于自然原因的变化，该承包地上的使用价值丧失的，土地承包经营权也相应随之消灭。如牧民承包了草地进行放牧，但是，随着沙漠的推进，所承包的草地变成沙漠，土地承包经营权因此消灭。

（三）土地承包经营权人死亡且无继承人或继承人放弃继承

土地承包经营权的存续必须以土地承包经营权人的存在为前提，如果作为权利主体的土地承包经营权人死亡且无继承人，其所享有的土地承包经营权也失去了存在的意义，相应地随之消灭。继承人放弃继承也会使土地承包经营权消灭。

（四）土地承包经营权转让

土地承包经营权人有稳定的非农职业或者有稳定的收入来源的，经土地所有权人同意，可以将全部或者部分土地承包经营权转让给其他从事农业生产经营的农户，由该农户同土地所有权人确立新的承包关系，原土地承包经营权人与土地所有权人在该土地上的承包关系即行消灭。

《最高人民法院关于审理涉及农村土地承包纠纷案件适用法律问题的解释》（以下简称《农村土地承包案件司法解释》）第 13 条规定，承包方未经发包方同意，转让其土地承包经营权的，转让合同无效。但是，发包方无法定理由不同意或者拖延表态的除外。第 18 条规定了本集体经济组织成员的承包优先权，即本集体经济组织成员在承包费、承包期限等主要内容相同的条件下主张优先承包的，应予支持。但是，在发包方将农村土地发包给本集体经济组织以外的组织或者个人，已经法律规定的民主议定程序通过，并由乡（镇）人民政府批准后主张优先承包的，不予支持。

第五节 土地经营权

一、土地经营权的概念和性质

(一)土地经营权的概念

土地经营权，是指享有土地承包经营权的农村集体经济组织成员，保留自己的土地承包经营权，将其承包的土地流转给他人经营，在土地承包经营权上设立的用益物权。

土地承包经营权是农村集体经济组织成员基于集体所有的土地而取得的用益物权。如果土地承包经营权人自己对承包的土地进行经营，行使的就是土地承包经营权本身；如果土地承包经营权人把土地承包经营权中的经营权流转给他人经营，该他人取得的经营他人承包土地的权利，就是土地经营权。

(二)土地经营权的性质和保护

土地经营权的性质仍然是用益物权，所不同的是，一般的用益物权是建立在所有权上的他物权，而土地经营权则是建立在用益物权之上的用益物权，在他物权上设置的他物权，因而成为“用益用益物权”，是“他他物权”，即用益物权的用益物权，他物权的他物权。

《农村土地承包法》第 10 条规定：国家保护承包方依法、自愿、有偿流转土地经营权，保护土地经营权人的合法权益，任何组织和个人不得侵犯。《民法典》第 339 条规定：“土地承包经营权人可以自主决定依法采取出租、入股或者其他方式向他人流转土地经营权。”

(三)土地经营权流转的原则

《农村土地承包法》第 10 条和第 17 条第 3 项规定，承包方有权依法流转土地经营权。土地经营权流转应当遵循以下原则：依法、自愿、有偿，任何组织和个人不得强迫或者阻碍土地承包经营权人进行土地经营权流转；不得改变土地所有权的性质和土地的农业用途；流转的期限不得超过承包期的剩余期限；受让方须有农业经营能力。土地经营权流转的主体是土地承包经营权人。土地承包经营权人有权依法自主决定土地经营权是否流转及流转方式。土地承包经营权人对土地经营权的流转方式主要有出租即转包、入股、抵押等。

土地经营权流转应当遵循的原则是：第一，依法、自愿、有偿，任何组织和个人不得强迫或者阻碍土地经营权流转；第二，不得改变土地所有权的性质和土地的农业用途，不得破坏农业综合生产能力和农业生态环境；第三，流转期限不得超过承包期的剩余期限；第四，受让方须有农业经营能力或者资质；第五，在同等条件下，本集体经济组织成员享有优先权。

二、土地经营权的取得

土地经营权流转，当事人双方应当签订书面流转合同。合同生效，受让方即取得土地经营权。

土地经营权流转合同一般包括的条款是：（1）双方当事人的姓名、住所；（2）流转土地的名称、坐落、面积、质量等级；（3）流转期限和起止日期；（4）流转土地的用途；（5）双方当事人的权利和义务；（6）流转价款及支付方式；（7）土地被依法征收、征用、占有时有关补偿费的归属；（8）违约责任。

承包方即土地承包经营权人将土地交由他人代耕，且期限不超过 1 年的，不是土地经营权流转，可以不签订书面合同。

土地经营权流转的价款，应当由当事人双方协商确定。流转的收益归承包方所有，任何组织和个人不得擅自截留、扣缴。土地所有权人即发包方不得主张获取土地经营权流转获得的利益。

土地经营权流转期限为 5 年以上的，当事人可以向登记机构申请土地经营权登记。未经登记，不得对抗善意第三人；不满 5 年的，不用申请土地经营权登记。

通过招标、拍卖、公开协商等方式承包农村土地，经依法登记取得权属证书的，可以依法采取转让、出租、入股、抵押或者其他方式流转其土地经营权。

三、土地经营权的效力

（一）转让方（土地承包经营权人）的权利

（1）获得土地经营权转让的利益。这是土地承包经营权人的基本权利，将土地承包经营权中的土地经营权转让他人，就是要获得转让利益。

（2）转让方向他人流转土地经营权，不影响其依法享有的土地承包权，承包方与发包方的承包关系不变。

（3）在土地经营权转让期间，受让方有违约行为的，转让方可以解除合同，具体违约情形是：一是擅自改变土地的农业用途；二是弃耕抛荒连续 2 年以上；三是给土地造成严重损害或者严重破坏土地生态环境；四是有其他严重违约行为。除此之外，转让方不得单方解除土地经营权流转合同。

（4）通过招标、拍卖、公开协商等方式取得土地经营权，受让方死亡的，其应得的经营收益，依照《民法典》“继承”编的规定继承；在转让的有效期内，其继承人可以继续经营。

（二）受让方的权利

（1）受让方有权在合同约定的期限内占有、使用农村土地，自主开展农业生产经营并取得收益。

（2）经转让方同意，受让方可以依法投资改良土壤，建设农业生产附属、配套设施，并按照合同约定对其投资部分获得合理补偿。

（3）经转让方书面同意，并向本集体经济组织备案，受让方可以再流转土地经营权。

（4）转让方可以用承包地的土地经营权向金融机构融资担保，并向发包方备案。受让方通过流转取得的土地经营权，经承包方书面同意并向发包方备案，可以向金融机构融资担保。担保物权自融资担保合同生效时设立。当事人可以向登记机构申请登记；未经登记，不得对抗善意第三人。实现担保物权时，担保物权人有权就土地经营权优先受偿。

（三）发包方的权利

工商企业等利用社会资本流转取得土地经营权的，本集体经济组织作为发包方，可以收取适量管理费用。具体办法，应当由国务院农业农村、林业和草原行政主管部门规定。

四、土地经营权流转中的纠纷处理规则

对于土地经营权流转中发生的纠纷如何处理，《农村土地承包案件司法解释》规定了以下规则。

（一）本集体经济组织成员对土地经营权流转享有优先权

依照《农村土地承包案件司法解释》第 11 条的规定，在土地经营权流转中，本集体经济组织成员享有优先权。土地经营权的受让方是本集体经济组织成员的，其在土地经营权流转价款、流转期限等主要内容相同的条件下，主张优先权的，是符合法律规定的，应予支持。

在以下情形，本集体经济组织成员不得主张优先权：（1）在书面公示的合理期限内未提出优先权主张的；（2）未经书面公示，在本集体经济组织以外的人开始使用承包地 2 个月内未提出优先权主张的。前者是书面公示了合理期限，而在合理期限内未主张优先权，优先权消灭；后者是没有书面公示，本集体经济组织以外的人已经使用了承包地 2 个月，于该除斥期间完成前未主张的，也消灭优先权。

（二）发包方胁迫、阻碍承包方流转土地经营权的救济方法

（1）依照《农村土地承包案件司法解释》第 12 条的规定，土地发包方不得强行干预承包方转让土地经营权。如果发包方胁迫承包方将土地经营权流转给第三人，依照《民法典》关于胁迫行为的规定，承包方享有撤销权，请求撤销其与第三人签订的流转合同的，法院应予支持。

（2）发包方阻碍承包方依法流转土地经营权，承包方主张行使物权请求权或者侵权

请求权，请求排除妨碍、赔偿损失的，符合法律规定，法院应予支持。

（3）依照《农村土地承包案件司法解释》第14条的规定，承包方依法采取出租、入股或者其他方式流转土地经营权，发包方仅以该土地经营权流转合同未报其备案为由，请求确认合同无效的，也是阻碍承包方行使流转土地经营权的行为，法院对此不予支持。

（4）发包方等擅自截留、扣缴承包收益或者土地经营权流转收益的，《农村土地承包案件司法解释》第17条规定，发包方或者其他组织、个人擅自截留、扣缴承包收益或者土地经营权流转收益的，属于侵害土地承包经营权的行为，承包方请求返还的，法院应予支持。即使发包方或者其他组织、个人主张抵销，法院也不应支持。

（三）土地经营权流转纠纷的处理方法

对于在土地经营权流转的双方当事人之间因土地经营权流转发生的纠纷，《农村土地承包案件司法解释》规定了以下几种情形。

（1）按照该解释第15条的规定，因承包方不收取流转价款或者向对方支付费用的约定产生纠纷，当事人协商变更无法达成一致，且继续履行又显失公平，当事人向法院起诉的，人民法院可以根据发生变更的客观情况，按照公平原则处理。

（2）该司法解释第16条规定，当事人对出租地流转期限没有约定或者约定不明的，参照《民法典》第730条关于没有约定租赁期限或者约定不明确时的法律后果的规定处理。除当事人另有约定或者属于林地承包经营外，承包地交回的时间应当在农作物收获期结束后或者下一耕种期开始前。在土地经营权期限届满时，对提高土地生产能力的投入，对方当事人请求承包方给予相应补偿的，应予支持。

（四）多重流转土地经营权的效力顺序

在土地经营权流转中，如果发包方向多方当事人流转同一土地经营权，构成多重转让。依照《农村土地承包案件司法解释》第19条的规定，发包方就同一土地签订两个以上承包合同转让土地经营权，承包方均主张取得土地经营权的，按照下列情形，分别处理，确定流转的效力：（1）已经依法登记的承包方，取得土地经营权，这是登记在先效力优先；（2）均未依法登记的，生效在先合同的承包方取得土地经营权，这是合同生效在先效力优先；（3）依前两项规定无法确定的，已经根据承包合同合法占有使用承包地的人取得土地经营权，但是，争议发生后一方强行先占承包地的行为和事实，不得作为确定土地经营权的依据。

五、土地经营权的消灭

（一）土地经营权约定的期限届满

承包方与受让方签订的土地经营权流转合同期限届满的，受让方享有的土地经营权消灭。

（二）土地经营权流转合同约定终止的情形出现

承包方与受让方签订的土地经营权流转合同约定有土地经营权终止情形的，当约定的终止情形出现时，合同终止，土地经营权消灭。

（三）土地经营权人由违约被解除合同

在土地经营权存续期间，土地经营权人擅自改变土地的农业用途、弃耕抛荒连续2年以上、给土地造成严重损害或者严重破坏土地生态环境的，土地所有权人有权单方面要求解除土地经营权流转合同，收回土地经营权。

其他用益物权消灭的原因，一般都适用于土地经营权。

第六节　对土地承包经营权和土地经营权的保护

一、侵害土地承包经营权、土地经营权和侵害土地经营权收益的民事责任

《民法典》第113条规定："民事主体的财产权利受法律平等保护。"土地承包经营权和土地经营权都是物权，都是财产权，平等受到法律保护。任何组织和个人侵害承包经营当事人的土地承包经营权、土地经营权的，应当承担民事责任。这种民事责任是侵权责任，应当依照《民法典》"侵权责任"编的规定，由侵权人对被侵权人承担。

土地经营权流转的收益，是承包方行使用益物权的收益。对收益的享有权也是财产权利，是行使用益物权获得收益的权利。任何组织和个人擅自截留、扣缴土地承包经营权互换、转让和土地经营权流转收益的，均构成侵权，应当依照《民法典》"侵权责任"编的规定，承担返还责任。

依照《农村土地承包案件司法解释》第20条的规定，承包地被依法征收，承包方请求发包方给付已经收到的地上附着物和青苗的补偿费的，应予支持。承包方已将土地经营权以出租、入股或者其他方式流转给第三人的，除当事人另有约定外，青苗补偿费归实际投入人所有，地上附着物补偿费归附着物所有权人所有。

二、发包方的民事责任

发包方有下列行为之一的，应当承担停止侵害、排除妨碍、消除危险、返还财产、恢复原状、赔偿损失等民事责任：一是干涉承包方依法享有的生产经营自主权；二是违反《农村土地承包法》的规定收回、调整承包地；三是强迫或者阻碍承包方进行土地承包经营权的互换、转让和土地经营权流转；四是假借少数服从多数强迫承包方放弃或者变更土地承包经营权；五是以划分"口粮田"和"责任田"为由收回承包地搞招标承包；六是将承包地收回抵顶欠款；七是剥夺、侵害妇女依法享有的土地承包经营权；八是其

他侵害土地承包经营权的行为。

三、违约责任

土地承包经营由于实行“三权分置”，故成立两个合同。一是土地承包经营权合同，当事人是发包方和承包方。二是土地经营权流转合同，当事人是转让方和受让方。在这两个合同中，任何当事人一方不履行合同义务，或者履行义务不符合约定的，都应当依法或者依照合同约定承担违约责任。

四、损害农地的侵权责任

在土地承包经营领域中，无论是承包方还是受让方，都须遵守法律、法规，依照合同约定开发利用承包土地，未经依法批准不得将承包地用于非农建设。任何一方违反义务，给农地以及生态环境造成损害的，都应当承担侵权责任。

承包方、土地经营权人违法将承包地用于非农建设的，县级以上地方人民政府有关行政主管部门有权依法予以处罚，如果承包方、土地经营权人的行为给承包地造成永久性损害，发包方作为土地所有权人，有权予以制止，并且有权要求承包方和土地经营权人承担赔偿由此造成的损失的责任。

五、国家机关及其工作人员的损害责任

在土地承包经营领域中，国家机关及其工作人员如果利用职权干涉农村土地承包经营，变更、解除承包经营合同，干涉承包经营当事人依法享有的生产经营自主权，强迫、阻碍承包经营当事人进行土地承包经营权互换、转让或者土地经营权流转等，侵害土地承包经营权、土地经营权，给承包经营的当事人（包括承包人和受让人）造成损失的，应当承担损害赔偿等责任。

问题与思考

1. 引读案例思考

引读案例中提到，村委会为吸引投资，以该水塘涉及全村利益为由，强行收回乔某承包的鱼塘。请结合本章内容思考：（1）土地承包经营权的性质是什么？（2）土地承包经营权人的权利和义务是什么？（3）土地所有权人的权利和义务是什么？（4）村委会提出的吸引投资、涉及全村利益的调整承包地的理由是否成立？（5）对这样的纠纷案件应当如何处理？

参考分析意见：

在本案中，乔某对鱼塘的土地承包经营权，是通过与村委会签订承包经营合同的方式取得的，属于依法取得。土地承包经营权的性质是用益物权，乔某取得土地承包经营

权后，受到《民法典》《农村土地承包法》等法律的保护，取得对承包地的占有、使用、收益权和依法流转权。承包地被依法征用、占用的，土地承包经营权人有依法获得相应补偿的权利以及其他权利，任何人都不得侵害这些权利，即使作为发包人的村委会也不能侵害这些权利。

村委会是土地所有权人，在其所有的土地设立了土地承包经营权之后，须尊重土地承包经营权人的权利，履行维护土地承包经营权人所享有的土地承包经营权的义务、尊重土地承包经营权人的生产经营自主权的义务、依照约定为土地承包经营权人提供生产、技术、信息等服务的义务和执行土地利用总体规划、组织农业基础设施建设的义务，不得违法收回承包地。

村委会收回乔某承包鱼塘的理由是，将其交给能够为本村投资的开发商的亲属承包，能增加全村村民的利益，因为这是该开发商答应投资的条件。依照法律规定，这不是收回承包鱼塘的正当理由，村委会不能因此而收回承包地。乔某据此向法院起诉，请求法院判决保护其土地承包经营权，是有正当理由的，法院应当支持。

2. 重点题

（1）土地承包经营权具有哪些法律特征？

（2）土地承包经营权与永佃权有哪些不同？

（3）土地承包经营权的取得方式有哪些？

（4）农村土地“三权分置”的基本原理是什么？土地经营权的内容有哪些？

3. 法考题

土地承包经营权的设定。

4. 考研题

土地承包经营权的性质。

第十章

地上权

重点知识

1. 地上权的概念和体系
2. 建设用地使用权：概念、特征、取得、内容、消灭
3. 分层地上权：概念、特征、取得
4. 乡村建设用地使用权
5. 宅基地使用权：概念、特征、取得

引读案例

原告与被告的宅院南北相邻。被告建房时，将新建房屋的地下部分延伸到原告的宅基地内20厘米。原告要求被告停止施工，解决纠纷。被告不同意。原告诉请法院判决被告停止侵权，恢复原告对该宅基地的使用权。被告答辩认为，被告建房的地基在地下，而地表的房屋并未越界，因此未妨害原告对宅基地的正常使用，并非侵权。

第一节　地上权概述

一、地上权的概念和我国现行地上权

（一）地上权的概念

地上权，是指在他人的土地上营造建筑、隧道、沟渠等工作物而使用该他人土地的权利。[①]

① 按照传统民法的观念，地上权还应当包括在他人的土地上种植竹木的权利，但是，在我国现行法律中，这种权利属于土地承包经营权的内容，不再属于地上权的内容。

（二）地上权的沿革

地上权起源于罗马法。罗马法准许将土地出租给他人建筑房屋，但按照罗马法关于地上物属于土地的规则，定着于他人土地上的建筑物均属于土地所有权人所有，因而造成不便和不公平。嗣后，罗马法创立了地上权制度，确定支付地租给土地所有权人且在其土地上建造建筑物的，取得与土地所有权人几乎相同的权利，从而形成了完善的地上权制度。近现代民法中的地上权制度，均可溯源于罗马法，但是效力已不如罗马法的广泛。[①]

在我国，周朝时就已存在地上权的事实，但是，我国古代法律没有关于地上权的明文规定。后至《大清民律草案》和《民国民法草案》开始设立地上权条文，最后制定中华民国民法，正式建立此制。

（三）我国现行的地上权

关于我国现行立法上是否存在地上权，有不同见解。一说认为我国没有地上权，仅有对国有土地、自然资源的使用权。[②] 另一说认为，我国因营造建筑物或其他工作物而使用国家或集体所有的土地的权利就是地上权。[③]

地上权与国有资源使用权是两种不同的权利。对此，《民法典》第 344 条和第 324 条的规定有别。开发土地资源为使用的权利，如挖掘土地之泥土烧制建筑材料，以及对其他国有资源的开发利用的权利，为特许物权。而利用国有土地建造建筑物的权利，则为地上权。应当确认，我国的建设用地使用权和宅基地使用权都是为建造而使用国家、集体土地的用益物权，符合地上权的特征，是地上权。

地上权的基本特点是，在建筑的土地关系中，土地为土地所有权人所有，土地之上的建筑物等工作物为地上权人所有。在我国，国家或集体是土地的所有权人，这与国外的土地私有制有本质的不同，但是，这只决定了我国的地上权与传统民法上的地上权性质不同，并不能否定地上权在我国存在的必要和可能。国家或集体在自己的土地上为建造，不发生地上权；法人、非法人组织、自然人在国家和集体的土地上为建造，即为在他人的土地上行使地上权，并取得在该土地上设置的不动产的所有权，而土地所有权仍归国家和集体所享有。确认地上权法律关系，是明确国家、集体作为转让人与法人、非法人组织、自然人之间在土地使用上的权利义务关系的需要，也是利用土地发展经济、保障人民生活的需要。

故本书用地上权的概念概括建设用地使用权、乡村建设用地使用权和分层地上权这一类用益物权。

二、我国地上权的特点及体系

（一）我国地上权的特点

我国的地上权与传统民法的地上权不同，其特点有以下几点。

---

① 江平．罗马法基础．北京：中国政法大学出版社，1991：182.

② 孙宪忠．论我国的土地使用权．中国社会科学院研究生院学报，1987（8）.

③ 钱明星．物权法研究．北京：北京大学出版社，1994：293.

1. 我国《民法典》“物权”编不使用地上权的概念

我国法律没有专门规定地上权，也不使用地上权的概念，而是分别规定不同的地上权。

2. 对地上权的不同种类分别作出不同的规定

我国的地上权的种类有建设用地使用权、分层地上权、乡村建设用地使用权和宅基地使用权。这些土地权利虽然是被分别作出规定的，但它们的属性都是地上权。

3. 各种不同的地上权具有不同内容

在我国，不同的地上权具有不同内容，并非适用同一规则，特别是在建设用地使用权和宅基地使用权这两个地上权，其规则具有明显差别，对不同的地上权不可适用同样的规则。

（二）我国地上权的体系

我国的地上权是由多种地上权类型组成的，构成了一个体系。我国地上权的体系由四个权利组成，分为以下两大类。

1. 国有土地上设立的地上权

在国有土地上设立的地上权，主要是建设用地使用权和分层地上权。

建设用地使用权的性质，是在国有土地上设立的建筑物、构筑物以及附属设施的地上权。

分层地上权则是空间地上权，是分层建设用地使用权。《民法典》把这两个权利规定在一起，确定它们具有相同的性质。

2. 集体土地上设立的地上权

在集体土地上设立的地上权，包括宅基地使用权和乡村建设用地使用权。

宅基地使用权是农村集体组织成员在集体所有的土地上建造住宅的权利，其性质是地上权，只是在土地的权属性质以及权利主体的性质上，与一般的地上权有所区别。

乡村建设用地使用权是地上权，属于广义的建设用地使用权，只是土地的权属为集体所有，其地上权的主体是乡镇企业或者乡村集体组织。

第二节　建设用地使用权

一、建设用地使用权的概念、特征及沿革

（一）建设用地使用权的概念

建设用地使用权，是指自然人、法人、非法人组织依法对国家所有的土地享有的占有、使用、收益和建造并经营建筑物、构筑物及其附属设施的地上权。建设用地使用权人依法享有对国家所有的土地占有、使用和收益的权利，有权自主利用该土地建造并经

营建筑物、构筑物及其附属设施。《民法典》第344条规定：建设用地使用权人依法对国家所有的土地享有占有、使用和收益的权利，有权利用该土地建造建筑物、构筑物及其附属设施。

（二）建设用地使用权的法律特征

1. 建设用地使用权以开发利用、生产经营和社会公益事业为目的

建设用地使用权的设立目的，因土地出让方式不同而有差别。通过出让方式取得建设用地使用权的，土地使用者有权以开发利用、生产经营为目的使用该国有土地；通过划拨方式取得建设用地使用权的，土地使用者应当使用该土地从事社会公益事业，不得以营利目的使用该土地。建设用地使用权的这一特点使之与土地承包经营权和宅基地使用权相区别。

2. 建设用地使用权的标的物为国家所有的土地

建设用地使用权的标的物是国家所有的土地，不包括集体所有的农村土地。如果在农村集体所有的土地上设立建设用地使用权，需要先对集体所有的土地进行征用，将其变为国有土地之后，才可以设立建设用地使用权。国家严格限制将农用地转为建设用地，控制建设用地总量，对耕地实行特殊保护。禁止违反法律规定的权限和程序出让土地。

3. 建设用地使用权的适用范围限于建造并经营建筑物、构筑物及其附属设施

建设用地使用权与传统的地上权不同，适用范围限于建造并经营建筑物、构筑物及其附属设施，但不包括种植竹木。这与传统的地上权包括种植竹木有所不同。建筑物，是指在土地上所建设的房屋；构筑物，是指除建筑物之外的桥梁、沟渠、池塘、堤防、地窖、隧道、纪念碑等；建筑物、构筑物的附属设施，就是这些工作物的附属部分。

4. 建设用地使用权的性质是地上权

建设用地使用权的基本特点是使用权人在国有的土地上设立用益物权，而这种用益物权的性质是地上权。它具有地上权的一切特征，其设立、变更和消灭都适用地上权的规则。

（三）建设用地使用权的发展沿革

建设用地使用权是我国国有土地使用制度改革的产物，它实现了我国土地利用从无偿使用到有偿使用的转变。

自20世纪80年代中期以来我国实行国有土地使用制度的改革，使建设用地使用权进入市场进行交易。这样的改革，增加了国家的财政收入，改变了无偿使用土地造成的土地盲目占有、大量浪费、使用效益低下的现象。1988年的《宪法修正案》第2条规定：土地的使用权可以依照法律的规定转让。2004年修改的《土地管理法》规定：国家依法实行国有土地有偿使用制度。但是，国家在法律规定的范围内划拨国有土地使用权的除外。1990年国务院颁布的《城镇国有土地使用权出让和转让暂行条例》，较为全面地规定了建设用地使用权的出让、转让、出租、抵押、终止以及划拨建设用地使用权等问题。于1994年颁布、2007年修正、2009年和2019年再次修正的《城市房地产管理法》对建设用地使用权的出让、划拨等问题作了更为详细的规定。通过这些法律规定，我国建设用地使用权制度的体系确立了。

2020 年 3 月，国务院印发的《关于授权和委托用地审批权的决定》规定：按照《土地管理法》第 44 条第 3 款规定，对国务院批准土地利用总体规划的城市在建设用地规模范围内，按土地利用年度计划分批次将永久基本农田以外的农用地转为建设用地的，国务院授权各省、自治区、直辖市人民政府批准；按照《土地管理法》第 44 条第 4 款规定，对在土地利用总体规划确定的城市和村庄、集镇建设用地规模范围外，将永久基本农田以外的农用地转为建设用地的，国务院授权各省、自治区、直辖市人民政府批准。对《土地管理法》第 44 条第 2 款规定的永久基本农田转为建设用地审批事项，以及第 46 条第 1 款规定的永久基本农田、永久基本农田以外的耕地超过 35 公顷的、其他土地超过 70 公顷的土地征收审批事项，国务院委托部分试点省、自治区、直辖市人民政府批准。[①] 这个决定进一步扩大了建设用地使用权的适用范围，有利于设立更多的建设用地使用权。

二、建设用地使用权的设立

建设用地使用权的设立，是指建设用地使用权的取得或发生。建设用地使用权的设立方式有两种，即出让和划拨。《民法典》第 347 条规定：设立建设用地使用权，可以采取出让或者划拨等方式。工业、商业、旅游、娱乐和商品住宅等经营性用地以及同一土地有两个以上意向用地者的，应当采取招标、拍卖等公开竞价的方式出让。严格限制以划拨方式设立建设用地使用权。

（一）出让设立

1. 设立方式

出让设立建设用地使用权，是指国家以土地所有权人的身份，将建设用地使用权在一定年限内出让给土地使用者，由土地使用者向国家支付建设用地使用权出让金的行为。工业、商业、旅游、娱乐和商品住宅等经营性用地以及对同一土地有两个以上意向用地者的，应当采取招标、拍卖等公开竞价的方式出让。

出让设立建设用地使用权的当事人包括国家和土地使用者，双方当事人通过法律行为的方式，为土地使用者设立建设用地使用权。

2. 双方的主要权利义务

出让是建设用地使用权的原始取得方式之一。国家作为土地使用权出让一方，主要义务是将作为建设用地使用权客体的国有土地，在一定年限内出让给建设用地使用权人使用；主要权利是收取建设用地使用权出让金。土地使用者作为建设用地使用权人，主要义务是支付建设用地使用权出让金，主要权利是请求国家交付作为建设用地使用权客体的国有土地由其使用。

---

① 国务院印发《关于授权和委托用地审批权的决定》. 人民日报，2020－03－12（2）.

3. 出让设立建设用地使用权的要求

建设用地使用权出让，应当遵循以下两个要求。

（1）建设用地使用权出让的客体是国有土地。集体所有的土地上要设立建设用地使用权，须依法被转为国有土地后才能出让，即集体土地须通过依法征用才能够转为国有土地，出让设立建设用地使用权。

（2）建设用地使用权出让应当采取法定的合同形式。为防止国有资产流失，保护建设用地使用权人的利益，建设用地使用权的出让应当采取拍卖或招标的形式。拍卖或招标都是以竞争方式订立合同的形式，有利于实现国有土地的价值。拍卖和招标的具体程序，分别依照《拍卖法》和《招标投标法》的规定进行。当事人通过拍卖或招标方式达成建设用地使用权出让协议的，应当签订书面的建设用地使用权出让合同。

4. 建设用地使用权出让合同

《民法典》第 348 条第 1 款规定：通过招标、拍卖、协议等出让方式设立建设用地使用权的，当事人应当采用书面形式订立建设用地使用权出让合同。依此，在建设用地使用权出让合同中，由代表国家的各级人民政府的土地管理部门作为出让方，与土地使用者之间订立建设用地使用权出让合同。

建设用地使用权出让合同具有如下特征。

（1）建设用地使用权出让合同属于民事合同。有人认为，建设用地使用权出让金不是建设用地使用权的商品价格，出让方也并非单纯追求收取最高的建设用地使用权出让金，而是要考虑如何实现行政管理目的，且发生争议时出让方可以直接根据法律收回建设用地使用权，据此，出让建设用地使用权属于行政行为，建设用地使用权出让合同是行政合同。这种认识是不正确的，理由在于：第一，应当确定国家的身份。当国家参与政治、社会管理活动时，国家的身份是主权者或管理者而不是民事主体。但是，当国家参与民事活动时，国家是以民事主体而不是主权者或管理者的身份出现的。在建设用地使用权出让合同中，各级人民政府的土地管理部门代表国家以土地所有权人的身份与土地使用者订立合同，其身份是民事主体，并以此与其他民事主体从事交易行为，故他们之间发生的关系属于平等主体之间的民事关系。第二，在建设用地使用权出让合同中，土地管理部门确实享有一些特权，如基于社会公共利益的需要提前收回土地、监督土地的使用等，但是，这些特权并不是行政权力，而是国家作为所有权人行使所有权的表现，而不是国家行使行政权力的表现。第三，收取土地出让金不是管理手段，出让金是建设用地使用权的商品价格。出让金的数额并不是完全由出让方确定的，而是通过拍卖、招标或双方协商的方式确定的。这些都表明，建设用地使用权出让合同属于民事合同，而不是行政合同。①

（2）建设用地使用权出让合同以设立物权为目的。建设用地使用权出让合同的目的，是设立建设用地使用权。当事人通过建设用地使用权出让合同，确立双方的权利义务，使受让人取得建设用地使用权这种用益物权。

---

① 王利明．物权法论．北京：中国政法大学出版社，1998：592－597．

（3）建设用地使用权出让合同属于要式合同。建设用地使用权出让合同为要式合同，应当采取书面形式，并应当办理法律规定的登记手续，取得建设用地使用权证书。建设用地使用权出让合同应当包括以下内容：一是当事人的名称和住所，二是土地的位置、面积等，三是建筑物、构筑物及其附属设施占用的空间，四是土地用途，五是使用期限，六是出让金等费用及其支付方式，七是解决争议的办法。

（二）划拨设立

1. 设立方式

划拨也是建设用地使用权的原始取得方式之一。建设用地使用权划拨是指经县级以上人民政府依法批准，在土地使用者缴纳补偿、安置等费用后，国家将国有土地交付其使用，或者将建设用地无偿交付给土地使用者使用的行为。因此，建设用地使用权的划拨设立有两种方式：一是经县级以上人民政府依法批准，在土地使用者缴纳补偿、安置等费用后，国有土地被交付给土地使用者使用；二是经县级以上人民政府依法批准，建设用地被无偿交付给土地使用者使用。严格限制以划拨方式设立建设用地使用权。采取划拨设立方式的，应当遵守法律、行政法规关于土地用途的规定。

2. 划拨设立建设用地使用权的性质

关于建设用地使用权划拨设立的性质，在理论上有民事行为说和行政行为说两种观点。事实上，划拨应属于行政行为而不是民事行为，因为在建设用地使用权划拨中，国家与土地使用者之间并不是平等主体之间的关系。但是，也有人因此认为：以无偿划拨方式取得的建设用地使用权与以出让方式取得的建设用地使用权是两种不同的权利。建设用地使用权划拨设立实质上是国家通过社会成员行使其占有、使用土地的权能，而不是将建设用地使用权作为一项财产权利让与他人。因此，事实上不存在土地所有权与使用权的分离，二者合二为一，土地使用者取得权利是无偿的、不定期的。但是，这种权利由于不是属于使用者的一项独立的财产权利，因而不能进入流通领域，不得作为民事法律行为的标的进行转让、出租、抵押。[①] 这种观点值得商榷。

划拨与出让，只是建设用地使用权取得的方式，不能以划拨为行政行为为由，而否定基于划拨而取得的建设用地使用权是一项独立的财产权利。行政行为也可以作为民事权利的取得方式，这不违反民法的基本原理。因此，虽然建设用地使用权的划拨属于行政行为，但不影响以这种方式取得的建设用地使用权成为一项用益物权。当然，建设用地使用权由于取得方式不同，在权利的行使上有所不同。

3. 划拨设立建设用地使用权的限制

由于划拨设立建设用地使用权是无偿的，取得建设用地使用权的一方没有支付对价即取得该用益物权，因而，通过划拨方式设立建设用地使用权须为了公共利益或者公益事业。国家严格限制以划拨方式设立建设用地使用权。采取划拨方式取得这一权利的人，应当遵守法律、法规关于土地用途的规定。

---

① 吕来明．走向市场的土地：地产法新论．贵阳：贵州人民出版社，1995：177.

三、建设用地使用权的内容

（一）建设用地使用权人的权利

建设用地使用权人对作为权利客体的土地，享有占有、使用、收益的权利，有权自主利用该土地建造并经营建筑物、构筑物及其附属设施。

以出让方式取得建设用地使用权的，按照《民法典》第353条、第354条和第355条的规定，建设用地使用权人有权将建设用地使用权转让、互换、出资、赠与、出租或者抵押，但法律另有规定的除外。建设用地使用权转让、互换、出资、赠与、出租或者抵押的，当事人应当采取书面形式订立相应的合同，使用期限由当事人约定，但不得超过建设用地使用权的剩余期限。建设用地使用权转让、互换、出资或者赠与的，应当向登记机构申请变更登记。

当然，建设用地使用权由于取得方式的不同，在权利的行使上也有所不同，例如：通过出让方式取得建设用地使用权的，土地使用者有权以开发利用、生产经营为目的使用国有土地；通过划拨方式取得建设用地使用权的，土地使用者应当从事社会公益事业，不得以营利为目的使用国有土地。

（二）建设用地使用权人的义务

1. 支付建设用地使用权费用的义务

《民法典》第351条明确规定，以出让方式取得建设用地使用权的，建设用地使用权人应当依照法律规定以及合同约定支付出让金等费用。

2. 合理利用土地的义务

根据《民法典》第350条的规定，建设用地使用权人应当合理利用土地，不得改变土地用途，如不得将公共事业用地改为住宅用地或商业用地。需要改变土地用途的，应当依法经过有关行政主管部门批准。

3. 保护土地义务

建设用地使用权人应当保护土地完好，不受他人侵害；应当按照土地的自然属性和法律属性合理地使用土地，维护土地的价值和使用价值。

4. 恢复土地原状的义务

在建设用地使用权期限即将届满时，建设用地使用权人负有恢复土地原状的义务，应取回地上建筑物或者其他附着物。

四、建设用地使用权的变动

建设用地使用权人有权将建设用地使用权转让、互换、出资、赠与、出租或者抵押。

建设用地使用权的期限届满时，建设用地使用权消灭。这些都是建设用地使用权的变动问题，以下重点介绍其转让、抵押、出租与消灭。

（一）建设用地使用权的转让

1. 建设用地使用权转让的概念

建设用地使用权转让，是指建设用地使用权人将建设用地使用权以合同方式再行转移的行为。关于建设用地使用权的转让方式，《城市房地产管理法》第 37 条列举了买卖、赠与或者其他合法方式。

2. 建设用地使用权转让的规则

（1）只有在自然人、法人、非法人组织之间才可以进行转让。国家不能充当建设用地使用权转让合同的当事人，从而使转让合同为一纯粹的民事交易行为，不带有任何行政色彩。

（2）转让的标的是建设用地使用权人以出让方式取得的建设用地使用权。对于以出让方式取得的建设用地使用权，权利人有权予以转让。对于以划拨方式取得的建设用地使用权，建设用地使用权人只有在办理了出让手续并缴纳了出让金后，才可以转让。

（3）须订立书面合同。建设用地使用权的转让为要式行为，无论是买卖、互换、出资还是赠与，当事人都应当采取书面形式订立相应的合同。合同的期限由当事人约定，但是不得超过原建设用地使用权出让合同约定期限的剩余期限。

（4）进行物权变动登记。建设用地使用权人将建设用地使用权转让的，应当向登记机构申请变更登记。

（5）建设用地使用权转让与其地上物的所有权转移一并进行。建设用地使用权人将建设用地使用权转让的，附着于该土地上的建筑物、构筑物及其附属设施应当一并处分；建筑物、构筑物及其附属设施的所有权人将建筑物、构筑物及其附属设施转让的，建设用地使用权应当一并处分。

（二）建设用地使用权的抵押

1. 建设用地使用权抵押的概念

建设用地使用权抵押，是指抵押人以其建设用地使用权向抵押权人提供债务履行担保的行为。债务人不履行债务时，或者发生当事人约定的实现抵押权的情形，抵押权人有权依法从被抵押的建设用地使用权拍卖所得价款中优先受偿。

2. 建设用地使用权抵押的规则

（1）建设用地使用权抵押的客体是建设用地使用权。在债务人不能履行债务时，抵押权人可以以建设用地使用权拍卖所得的价款优先受偿，但是不得拍卖土地所有权，因为无论何人取得建设用地使用权，均不得影响国家对土地的所有权。对于以出让方式取得的建设用地使用权可以抵押，对于以划拨方式取得的建设用地使用权只有在办理了出让手续后才可以设定抵押。

（2）须订立书面合同。建设用地使用权抵押合同也属要式合同，依照法律规定，抵押合同订立后，当事人还须到土地登记部门进行抵押登记，抵押权才正式设立。抵押合同的内容必须符合出让合同的约定，不得与出让合同规定的年限、条件相违背。

（3）建设用地使用权抵押时，其地上建筑物、其他附着物也随之抵押。依《城镇国有土地使用权出让和转让暂行条例》第 33 条的规定，土地使用权抵押时，其地上建筑物、其他附着物随之抵押；地上建筑物、其他附着物抵押时，其使用范围内的土地使用权随之抵押。在设定抵押时，原则上要遵守“房随地走”的规则。

（4）在建设用地使用权抵押设定以后，抵押人可以转让建设用地使用权。建设用地使用权抵押设定，不影响抵押人对建设用地使用权的处分，否则将影响建设用地使用权的流通。法律允许建设用地使用权人在将建设用地使用权抵押后，在抵押期间转让建设用地使用权，但是，在转让已抵押的建设用地使用权时，抵押人应当及时通知抵押权人，并在转让时向受让人告知建设用地使用权已设定抵押的情况，否则，转让行为无效。

（5）建设用地使用权抵押设定时，在建设用地的建筑物等之上已经设定了租赁关系的，原则上不应影响原租赁关系的存在，但是抵押人应当将建设用地使用权抵押的情况书面告知承租人。在建设用地使用权抵押设定以后，抵押人在土地之上设定用益物权的，新设定的用益物权不得影响已经设定的抵押权的实现。

（三）建设用地使用权的出租

1. 建设用地使用权出租的概念

建设用地使用权出租，是指土地使用权人作为出租人，将建设用地使用权与地上建筑物等一同租赁给承租人使用，由承租人向出租人交付租金的行为。

长期以来，我国法律只承认房屋租赁关系，禁止土地出租。1988 年《宪法修正案》不再禁止建设用地使用权出租，1990 年国务院颁布的《城镇国有土地使用权出让和转让暂行条例》进一步明确规定建设用地使用权可以出租。

2. 建设用地使用权出租的规则

（1）建设用地使用权出租的客体为建设用地使用权，而不是所有权。这是因为建设用地使用权人无权出租土地，只有权出租建设用地使用权。我国现行立法对建设用地使用权出租的客体有一定限制。《城镇国有土地使用权出让和转让暂行条例》第 28 条第 2 款规定：未按土地使用权出让合同规定的期限和条件投资开发、利用土地的，土地使用权不得出租。这样限制的目的既在于防止通过租赁的方式“炒地皮”，也在于防止土地使用权人在获得建设用地使用权后，不对土地实际作任何投资，造成土地的闲置和浪费。因此，单纯的建设用地使用权出租是不存在的，土地使用权人必须对土地进行投资、开发，达到一定的条件后才能出租建设用地使用权。建设用地使用权出租时，建设用地使用权人应当将地上建筑物等一同出租给承租人使用。这与我国法律关于“房随地走”的规定相一致。

（2）须签订书面合同。建设用地使用权出租时，使用权人与承租人应当签订书面租赁合同。租赁期限由当事人协商确定，但是不得超过建设用地使用权合同约定期限的剩余期限。建设用地使用权租赁期满，对地上建筑物等的处理，应当适用租赁合同的一般原理：除租赁合同另有约定外，租赁期限届满，承租人应当返还建设用地使用权并恢复原状，但是，基于建设用地使用权的特殊性，使用权人在收回建设用地使用权时，也应当就出租后新增的建筑物等对承租人予以适当补偿。

（3）建设用地使用权出租人不包括国家，仅限于建设用地使用权人。土地使用权人主要是以出让方式取得建设用地使用权的人，以及通过转让合同从他人手中获得建设用地使用权的受让人。有的划拨土地的使用权人在经过批准以后，也可以将建设用地使用权出租。

（四）建设用地使用权的消灭

1. 建设用地使用权消灭的原因

建设用地使用权的期限届满，建设用地使用权消灭。这种消灭是终局消灭，建设用地使用权不再存在。

《民法典》第359条规定，住宅建设用地使用权期限届满的，自动续期。也即不存在期限届满而消灭的问题。当然，业主不同意续期或者自动放弃该权利的，权利消灭。

在非住宅建设用地使用权期限届满之前，建设用地使用权人需要继续使用该土地的，应当在期限届满之前1年申请续期。对于建设用地使用权人申请续期的要求，土地出让人应当准许，除非出于公共利益的目的需要收回该土地。建设用地使用权要续期的，建设用地使用权人应当办理续期手续，交付出让金。交付出让金应当按照约定，没有约定或者约定不明确的，按照国家的规定。续期手续完备后，建设用地使用权继续存在，并不消灭。

2. 建设用地使用权消灭的效果

建设用地使用权消灭的，出让人应当及时办理注销登记，收回土地。登记机构应当收回建设用地使用权证书。

关于收回建设用地使用权后是否应当对地上建筑物等予以适当补偿的问题，存在两种观点：肯定说认为，我国法律明确保护自然人和法人、非法人组织的财产所有权，无偿收回有违这一原则；否定说认为，国家不应当给予补偿，因为国家土地管理部门将建设用地使用权出让给土地使用者时，确定的土地出让金或地价款已将一定的出让年限和期限届满后土地使用者无偿取得地上物这些因素考虑在内，在此前提下，如果国家给予补偿，有违民法的等价有偿原则。本书同意前一种观点。

五、建设用地使用权与地上建筑物等的所有权的关系

（一）建设用地使用权与地上建筑物等的所有权关系概述

对土地权利和地上建筑物等的权利是否可以分开，即土地和地上建筑物等是否可以作为相互独立的不动产，民法历来有不同立法例。

一是在罗马法上，地上建筑物等依附于土地，附着于土地之物即属该土地。此种立法模式为德国、瑞士民法所完全继受，认为：定着于土地之物以及与土地所有权结合形成的权利，都不是独立的不动产，而只是土地的重要组成部分。

二是法国、日本民法对此的规定类似于日耳曼法，将不动产中的土地与建筑物等相互区别，作为不同的不动产区别对待。

我国现行立法采纳了建设用地使用权与建筑物等的所有权相结合的立场。在房产和地产的交易中，建设用地使用权以及地上建筑物所有权须共同作为交易标的，必须同时转移、抵押和出租，不能单独流转。这就是通常所说的“房随地走”或“地随房走”。《民法典》第352条规定的规则是：建设用地使用权人建造的建筑物、构筑物及其附属设施的所有权属于建设用地使用权人，但有相反证据证明的除外。第356条规定，建设用地使用权转让、互换、出资或者赠与的，附着于该土地上的建筑物、构筑物及其附属设施一并处分。第357条规定，建筑物、构筑物及其附属设施转让、互换、出资或者赠与的，该建筑物、构筑物及其附属设施占用范围内的建设用地使用权一并处分。

这种立法的好处是：第一，可以使建设用地使用权主体和建筑物等的所有权的主体保持一致，从而最大限度地避免各种产权纠纷。如果采土地和建筑物等分离的观点，则会导致建设用地使用权主体和建筑物等的所有权主体的分离。在此情况下，建筑物等的所有权人可能会禁止建设用地使用权人使用土地，建设用地使用权人也可能要求建筑物等的所有权人拆除建筑物等，最终使当事人都难以行使权利。第二，可以为房地产交易消除障碍，促进交易发展。如果建设用地使用权主体和建筑物等的所有权的主体分离，会对不动产的交易形成巨大的障碍。如果建设用地使用权人只是享有对土地的权利，而对地上的建筑物等不享有权利，则建设用地使用权本身也很难转让，即使能够转让，买受人也难以对该土地进行利用。只有使建设用地使用权和建筑物等的所有权相结合，才有利于促进不动产的交易。

法律确认建设用地使用权和建筑物等的所有权保持一致，并不意味着建筑物等的所有权和建设用地使用权在任何交易中都须同一进行，不应当分别作为交易的对象；也不能认为将建设用地使用权和建筑物等的所有权分别转让、出资、赠与、出租或者抵押，从而使两者的权利发生分离的交易都是无效的。在当代社会，随着经济的发展和对资源利用效率的提高，土地利用同时向地上和地下发展，对土地的各个部分可以作各种不同用途的利用，权利结构呈现复杂的状态。如果要求建筑物等的所有权和建设用地使用权在任何形式的交易中都须为同一，即只能作为一项交易的财产，也是不经济、不客观的。因此，在交易过程中是否只能将所有权和建设用地使用权作为一项交易的财产，应当根据各类交易的具体情况分析，但是要有证据证明。有证据证明建设用地使用权和地上建筑物等的所有权是发生分离的，也应当承认其效力。

（二）建设用地使用权与地上建筑物等的所有权的冲突及其解决

在我国，自然人和法人、非法人组织可以通过买卖、继承、赠与等各种合法方式取得建筑物等的所有权。非因建筑物等的所有权的转让、建筑物等的灭失等原因，建筑物等的所有权不发生消灭。但由于建设用地使用权是有期限的，在建设用地使用权人在土地上建造了建筑物等以后，建筑物等的所有权就受到了建设用地使用权期限的限制。如果长期坚持这样的做法，就会出现在建设用地使用权到期之后，地上建筑物等的所有权受到限制，须无偿交还国家，或者在交回国家之后获得适当补偿，但是，这些做法都不能从根本上解决建设用地使用权有期限与对土地的长期和重大投资之间的矛盾。

《民法典》第358条规定：建设用地使用权期限届满前，因公共利益需要提前收回该土地的，应当依据本法第243条的规定对该土地上的房屋及其他不动产给予补偿，并退还相应的出让金。第359条规定：住宅建设用地使用权期限届满的，自动续期。续期费用的缴纳或者减免，依照法律、行政法规的规定办理。非住宅建设用地使用权期限届满后的续期，依照法律规定办理。该土地上的房屋及其他不动产的归属，有约定的，按照约定；没有约定或者约定不明确的，依照法律、行政法规的规定办理。这种做法能够解决这个矛盾，理由在于：第一，建设用地使用权人已经在土地上建造了建筑物等，如果这些建筑物等有继续利用的价值，则建设用地使用权人会愿意延长建设用地使用权的期限。如果此时不允许其续期，而是由他人取得建设用地使用权，则这些建筑物等对他人并不一定具有利用价值，会造成社会财富的损失和浪费。第二，在建设用地使用权期限届满后不允许续期，随着建设用地使用权期限临近届满，地上建筑物等的价值必然会不断降低，这也不利于使用权人在该土地上长期投资或吸引他人投资。所以，在法律中明确允许当事人在出让年限届满后续期，具有重要的现实意义。

六、乡村建设用地使用权

（一）乡村建设用地使用权的概念

乡村建设用地使用权，是指乡（镇）村企业等自然人、法人、非法人组织依法对集体所有的土地享有的占有、使用和收益，建造并经营建筑物、构筑物及其附属设施的地上权。《民法典》第361条规定："集体所有的土地作为建设用地的，应当依照土地管理的法律规定办理。"

（二）乡村建设用地使用权的基本内容

因设立乡（镇）、村企业或者乡村公共设施、公益事业建设等需要使用集体所有的土地的，依照有关法律规定取得建设用地使用权；法律没有规定的，参照关于建设用地使用权的规定。设立乡村建设用地使用权，应当依照《土地管理法》的规定进行，没有具体规定的，应当参照适用关于建设用地使用权的规定。

关于乡村建设用地使用权是否可以采取出让的方式设立，在理论上有不同看法：肯定的观点认为，乡村建设用地使用权可以采取出让的方式设立。其理由主要是，在市场经济条件下，集体土地所有权与国有土地所有权在民事法律地位上是平等的，应当被同等对待，既然允许国有建设用地使用权以出让的方式取得，那也就应当允许乡村建设用地使用权以出让的方式取得。否定的观点认为，集体土地只有在被征用为国有土地后，才能以出让的方式设立建设用地使用权。

集体土地所有权与国有土地所有权在法律地位上是平等的，但是，平等并不意味着法律对它们的规范和调整没有差别。由于集体土地所有权的行使、处分与国家的农业政策紧密相关，而且集体土地所有权的主体众多，因而对集体所有权的行使须加以适当限制。在乡村建设用地使用权设立方面的限制，表现在不允许乡村建设用地使用权以出让的方式设立。如果允许乡村建设用地使用权以出让的方式设立，则由于出让收益远大于农业经营收益，大量的耕地将会被出让，国家的土地利用总体规划将难以实施。因此，乡村建设用地使用权不能采取出让的方式设立，而应采取审批的方式设立，由土地管理部门依照权限根据土地所有权人和土地使用者的申请予以审批。对乡村建设用地使用权的审批，不得损害国家的土地利用总体规划和对耕地的强制保护制度。

第三节 分层地上权

一、分层地上权的概念和特征

（一）分层地上权的概念

分层地上权也叫作分层建设用地使用权、空间权或者空间地上权①，是指在他人所有的土地的上、下一定空间内设定的地上权。《民法典》第 345 条规定：建设用地使用权可以在土地的地表、地上或者地下分别设立。其中在地表设立的，是建设用地使用权；在地上或者地下空间设立的，就是分层地上权。例如，在“西气东输”的天然气管道建设用地上，尽管根据现实的土地管理制度，批准的是临时建设用地使用权，但的，其实批准的是在地表之下设立的分层地上权。同样，在大城市建设地铁、地下商场等，也是在地表以下设立了分层地上权。

分层地上权与建设用地使用权同样是地上权，其区别在于，设定普通地上权时，该地上权的范围与该设定面积内土地所有权的范围相同；但是，如果设定分层地上权，则于设定面积内，其上下所及的效力范围，不是该面积内的土地所有权的全部，而仅为其中的空间部分。②

（二）分层地上权的特征

1. 分层地上权的性质是用益物权

分层地上权的性质属于用益物权，是用益物权中的地上权。分层地上权不是对土地之上、下空间的所有权，而是在他人所有的土地的上、下空间建立的役权，因此，其性质是用益物权，是用益物权中的地上权。

---

① 陈祥健．空间地上权研究．北京：法律出版社，2009：22.

② 谢在全．民法物权论：中册．3 版．台北：三民书局，2004：128.

2. 分层地上权是在土地的地上或者地下的空间设定的用益物权

地上权的客体是他人所有的土地，在他人的土地之上设立建设用地使用权、宅基地使用权，设定的都是普通的地上权。但是，普通的地上权设置在土地的地表，尽管按照传统民法的理解，土地的权利（包括地上权的权利）的纵向范围，上至大气层，下至地心，但是，在科技高度发展的当今时代，这种观念已经被打破，在土地的上空和地下还可以建立地上权。因此，分层地上权的客体，是他人所有的土地的地上空间和地下空间。

3. 分层地上权是可以与普通地上权重合的他物权

分层地上权可以与普通地上权重合，即在他人的土地上设立了普通地上权后，还可以在土地的上、下空间设定分层地上权，只要界定好它们之间的垂直空间距离，这些地上权相互之间就不会发生权利冲突。当然，在土地所有权之上，也可以不设置普通地上权而直接设定分层地上权。

（三）分层地上权的必要性

法律确认分层地上权是十分必要的，其必要性体现在以下方面：

第一，扩大土地利用范围，解决社会发展需要。人类生活不能脱离土地，然而，土地有不可增性，而近代以来人口不断增加，使用土地的需求日益迫切，同时，建筑科技不断进步，使对土地的立体空间向上、向下的扩大利用不仅有可能而且有实益。因此，对土地的利用由传统的平面利用，逐渐向立体利用发展，从而影响土地的物权，形成了物权立体演进的趋势，分层地上权应运而生。

第二，确定普通地上权和分层地上权的合理界限，防止权利发生冲突。在传统的普通地上权和现代的分层地上权之间，须界定合理的界限，防止这两种权利因界限不清而发生冲突。应当看到，当今社会分层地上权的存在和设定已经不可避免，如果不解决这个问题，就必然发生冲突。确认分层地上权，就可以界定好这两种权利的界限，防止冲突的发生。

第三，确认分层地上权对解决实际纠纷具有重要意义。对土地的分层利用是不可避免的，进而在现实生活中带来了一系列的问题，引发了不同纠纷。确认分层地上权，有利于解决实践中遇到的对土地分层利用的纠纷，稳定社会秩序。

二、分层地上权的设定

分层地上权的设定，应当依照一般的设定建设用地使用权的方法进行，但是在以下方面具有特殊之处。

（一）分层地上权的客体

分层地上权的客体，是土地的地上和地下空间，而不是地表，因此，普通地上权即建设用地使用权的客体是地表，分层地上权的客体是土地上、下的一定空间，即地上空间和地下空间。

作为分层地上权客体的地上、地下空间的确定，首先是确定垂直的空间范围，即以地表为准，例如地上 50 米至 100 米，或者地下 20 米至 50 米。其次是界定该空间的平面面积。这种范围的界定应当与建设用地使用权的范围界定没有区别。垂直的和平面的范围界定准确了，分层地上权的具体客体就确定了。

（二）分层地上权设定的目的

设定分层地上权的目的，应当与设定建设用地使用权的目的相同，都是对国家所有的土地占有、使用和收益的权利，权利人有权自主利用该空间建造并经营建筑物、构筑物及其附属设施，例如建设地铁工程，地下电信、电缆，排水管道、输油管、输气管，地下街道、地下商场等。

（三）分层地上权设定的特别要件

分层地上权是分层建设用地使用权，其设定条件应当与建设用地使用权的设定条件相同。但是，当设定分层地上权时，须符合法律的特别要求。

1. 不得损害已设立的用益物权

在作为分层地上权客体的地上或者地下空间范围内，已经设立的用益物权包括地上权［包括建设用地使用权、宅基地使用权，乡（镇）、村建设用地使用权以及已经设立的分层地上权］、土地承包经营权、地役权等用益物权，不得受损害。租借土地的使用权利不在此范围内。

2. 不得设立与已设立的用益物权的垂直空间重合的分层地上权

在界定分层地上权的界限时，必须划清已经设立的用益物权的权利界限，使之权利边界清晰，不发生冲突。一般而言，分层地上权的平面范围可以与已经设立的用益物权的平面范围相重合，但是，这两种权利在垂直空间上不能重合，因为一旦重合，权利的边界即出现模糊，无法确定权利的界限，会损害已经设立的用益物权。

3. 不得妨害已设立的用益物权的权利人行使权利

设立分层地上权，必须保证不能妨害已设立的用益物权的权利人行使权利。如果已设立的用益物权的权利人之权利行使因新设立的分层地上权而受到了妨害或者限制，设立分层地上权者应当承担民事责任。

4. 设立分层地上权妨害或者损害了已设立的用益物权的后果

如果分层地上权的设立，妨害或者损害了已经设立的用益物权，应当对分层地上权的范围进行修正，调整到保证已设立的用益物权不受到损害。如果出于公共利益的需要，必须如此设立分层地上权，则应当对已设立的用益物权所受妨害或者损害予以赔偿。

应当注意的是，设定分层地上权是土地所有权人的权利，并不是该土地的用益物权人的权利，因此，土地所有权人设定分层地上权，只要不妨害或者损害已设立的用益物权即可。也即既不是用益物权人可以就用益的土地设定分层地上权，也不是土地所有权人设定分层地上权须经过用益物权人同意。

三、分层地上权的效力及消灭

（一）分层地上权的效力

1. 对土地所有权之使用、收益权能的限制

分层地上权设定之后，将对土地所有权人的用益权能在分层地上权客体范围内进行限制。但是，在该分层地上权客体的范围之外土地所有权人则不受限制，仍享有完全的使用、收益权能，可以自己使用、收益，也可以另行设定用益物权，但不得妨害分层地上权的行使。例如，设置地表50米以上空间的分层地上权，则在该空间设立建筑物等，须在该建设用地的地表上设立支撑[①]，这必然要求使用该土地，因此，须因对土地的使用给予建设用地使用权人以适当补偿。

2. 与相邻用益物权的相互调整

在传统的土地用益物权法律关系中，相邻关系仅存在于平面之中，但是，在分层地上权法律关系中，相邻关系除包括平面相邻关系之外，还包括立体垂直的相邻关系。因此，在分层地上权设定后，应当对立体垂直的相邻关系进行特别的约定，对使用、收益关系进行特别的限制。在分层地上权登记中对此予以记载后，具有法律效力。

3. 对分层地上权不得为部分处分

对分层地上权的处分与对普通地上权的处分相同，但是，为了避免法律关系的复杂化，分层地上权不得被部分处分。同时，普通地上权人也不能就所设地上权的土地之上、下空间进行处分。

4. 土地所有权人可以设定其他用益物权

在国有土地或者集体所有的土地上设定分层地上权之后，还可以就该土地设立其他用益物权，但是，新设立用益物权，以不得妨害或者损害分层地上权的行使为限。

5. 分层地上权的优先效力

分层地上权是物权，因此，在相同的物上设立的物权，依设立时间的先后确定其效力。同时，分层地上权有优先于债权的效力。此外，相对于在同一标的物上已经设立的用益物权分层地上权还具有优先的效力，这是物权优先原则的例外，理由是，分层地上权如果没有这样的效力，就没有设立的必要。

（二）分层地上权的消灭

分层地上权的消灭原因，与建设用地使用权（广义）的消灭原因相同。例如，分层地上权的期限届满，土地被征收、征用等，都消灭分层地上权。

分层地上权的消灭后果也与建设用地使用权（广义）的消灭后果相同。唯应注意的

---

① 杨立新，王竹．不动产支撑利益及其法律规则．法学研究，2008（3）：52-62.

是，消灭分层地上权时，应斟酌相关的用益物权人的利益，对行使分层地上权给用益物权人造成的损害，予以赔偿。

第四节 宅基地使用权

一、宅基地使用权的概念和特征

（一）宅基地使用权的概念

宅基地使用权，是指农村居民对集体所有的土地占有和使用，自主利用该土地建造住房及其附属设施，以供居住的地上权。宅基地使用权人依法对集体所有的土地享有占有和使用的权利，有权自主利用该土地建造住房及其附属设施。《民法典》第362条规定：宅基地使用权人依法对集体所有的土地享有占有和使用的权利，有权依法利用该土地建造住宅及其附属设施。

（二）宅基地使用权的特征

宅基地使用权是我国特有的一种用益物权形式，其具有如下主要特征。

1. 宅基地使用权是我国农村居民因建造住宅及其附属设施而享有的地上权

我国的现行宅基地，分为农村宅基地和城镇宅基地。法律规定的宅基地使用权是专指农村居民因建造住宅及其附属设施而享有的地上权。

2. 宅基地使用权与农村集体经济组织成员的资格和福利不可分离

我国的农村宅基地使用权与农村集体组织成员的成员权联系在一起，因而，农村宅基地具有一定的福利性质。这种福利体现为农民可以无偿取得宅基地使用权，以获取最基本的生活条件，而集体经济组织以外的人员则不享有这种权利。宅基地属于集体所有的土地，农村宅基地的主体主须为农村集体经济组织的成员，他人不得享有这一种地上权。

3. 宅基地使用权是特定主体在集体所有的土地上设定的用益物权

宅基地使用权的取得采取审批方式，其程序包括三个步骤：（1）使用权申请；（2）土地所有权人同意；（3）行政审批。自然人经审批取得宅基地使用权的，土地管理部门应予以登记，并明确宅基地使用权的范围。宅基地使用权一经设立，便具有用益物权的效力。

4. 集体经济组织的成员只能申请一处宅基地

《土地管理法》第62条规定，农村村民一户只能拥有一处宅基地，其宅基地的面积不得超过省、自治区、直辖市规定的标准。这样规定，是由我国目前土地资源的有限性决定的。

农村居民只能以户的形式申请宅基地，并且一户只能享有一处宅基地使用权。在因转让住宅等的所有权或者实现抵押权而使宅基地使用权发生转移时，原权利人不得再申请宅基地使用权。

5. 宅基地使用权的性质是地上权

宅基地使用权在我国是一种特殊的用益物权，与传统民法上的地上权存在一些区别，例如：宅基地使用权的取得采取审批方式，而地上权的取得则由当事人采取合同的方式；宅基地使用权的取得大多无偿或仅支付较少费用，而地上权人使用他人的土地通常应依市价支付地租；宅基地使用权不能转让、不能投资入股；权利主体的身份限制不同。尽管如此，宅基地使用权的基本性质仍属于地上权，是在他人的土地上设立房屋等的用益物权，其行使等应当接受地上权规则的约束。

二、宅基地使用权的内容

（一）宅基地使用权人的权利

1. 有权在宅基地上建造住房及其附属设施

自然人经法定审批程序取得宅基地使用权后，有权在宅基地上建造房屋及其附属设施。这是宅基地使用权存在的主要目的。在宅基地的空地上，权利人也有权种植树木。对宅基地上的房屋及其附属设施，权利人享有完全的所有权。

2. 有权依照法律的规定转让宅基地使用权

宅基地使用权人在经过本集体经济组织同意后，可以将建造的住房等转让给本集体经济组织内符合宅基地使用权分配条件的农户；住房等转让时，宅基地使用权一并转让。同时，自然人在订立遗嘱确定住房等的继承人时，有权将宅基地使用权一并作为继承财产处理。

3. 行使宅基地使用权不受期限限制

宅基地使用权没有期限限制。宅基地上的住房或者其附属物灭失时，不影响宅基地使用权的效力，权利人仍有权在宅基地上重建住房等，以供居住。

（二）宅基地使用权人的义务

1. 不得非法转让宅基地使用权的义务

权利人除在转让住房等时一并转让宅基地使用权外，不得将宅基地使用权非法转让。以馈赠钱款、索取物资、土地入股等方式变相买卖宅基地使用权的，不产生宅基地使用权转移的法律效力。因村民迁居并拆除住房等腾出的宅基地，应当由集体经济组织收回，以作统一安排。村民长期闲置或抛弃的宅基地，应由集体经济组织收回。即使是合法转让宅基地使用权的，转让人也不得再申请宅基地使用权。

2. 接受政府和乡村统一规划的义务

因公共利益需要征用土地，或者因乡村公共设施和公益事业建设需要，经县级人民政府批准，本集体经济组织可以收回宅基地。对此，权利人应当接受政府统一规划和村的统一安排，但是，政府应当对宅基地被占用的农户重新分配宅基地。因此造成宅基地使用权人损失的，应当给予补偿。

3. 正当使用宅基地的义务

宅基地使用权人未经依法批准，不得改变宅基地的用途。权利人不得将宅基地作为生产资料使用，如盖厂房或改作鱼塘等，也不得改作其他用途。

三、宅基地使用权的消灭

（一）宅基地使用权消灭的原因

宅基地使用权的消灭，有下列几种原因。

1. 宅基地的收回和调整

土地所有权人根据乡村的发展规划，可以收回宅基地使用权。宅基地使用权被收回的，宅基地使用权消灭。本集体经济组织也可以对宅基地使用权进行调整，宅基地使用权被调整后，权利人原来的宅基地使用权消灭。

土地所有权人收回农户宅基地的，应当为其另行批准相应的宅基地使用权，以保障农户的生活。

2. 宅基地被征收

国家为了社会公共利益的需要，可以征收宅基地，并就宅基地上的住房等给予相应的补偿。宅基地被征收后，宅基地使用权消灭。宅基地被征收后，经原宅基地使用权人申请，土地所有权人应当另行给予相当的宅基地使用权。

3. 宅基地使用权抛弃

宅基地使用权人有权抛弃宅基地使用权，宅基地使用权因权利人抛弃权利而消灭。为防止权利人利用抛弃宅基地使用权而取得其他更为有利的宅基地使用权，宅基地使用权人抛弃宅基地使用权的，不得再申请新的宅基地使用权。

4. 宅基地灭失

如果作为宅基地使用权客体的土地发生灭失，则宅基地使用权丧失了存在的基础，应归于消灭。对此，《民法典》第 364 条后段规定："对失去宅基地的村民，应当依法重新分配宅基地。"但是，如果只是宅基地上的住房或其附属设施灭失，则不影响宅基地使用权的效力，宅基地使用权人有权在宅基地上重新建造住房或其附属设施。

5. 宅基地长期闲置

宅基地长期闲置的，土地所有权人有权收回该宅基地使用权，从而导致宅基地使用权消灭。

（二）宅基地使用权消灭的登记

《民法典》第365条规定："已经登记的宅基地使用权转让或者消灭的，应当及时办理变更登记或者注销登记。"对宅基地使用权的取得，法律并没有要求进行登记。已经登记的，在消灭时，应当及时办理注销登记。

《问题与思考》

1. 引读案例思考

被告建房时将新建房屋的地基延伸到原告的宅基地内20厘米，但是在地表并没有越界。

请结合本章内容思考：

(1) 宅基地使用权的权利性质是什么？

(2) 地上权的权利界限应当怎样界定？

(3) 你认为被告的行为是否侵害了原告的宅基地使用权。

参考分析意见：

在我国，农户尽管不享有土地所有权（因为农村土地是集体所有），但是，对自己的宅基地依法享有宅基地使用权。这种权利是地上权，农民户有这项权利，就可以在集体所有的土地上建造自己的住房，任何人都不得侵害。在本案中，原告和被告都是农民，都依法享有宅基地使用权，该权利依法受到平等保护，其他任何人包括相邻的宅基地使用权人，不得予以侵犯。

应当明确的是，宅基地使用权的界限，从平面来说是"四至"，即以土地东、南、西、北所达到的位置为限。这是确定宅基地使用权人行使权利的平面界限。此外，宅基地使用权与其他土地上的权利一样，存在立体空间的界限问题。从原则来说，土地上的权利的立体范围为上至大气层，下至地心。在当代，土地权利还受分层建设用地使用权的限制。在没有设置分层建设用地使用权的情况下，这样认为是可以的。如果对地表之上和之下的空间另设立分层建设用地使用权，将上至大气层、下至地心的空间进行分割，则地表上的权利的立体界限就会受到影响。

宅基地使用权的立体空间界限也是如此。被告建房时，将新建房屋的地基在地下延伸到原告的宅基地内20厘米，当然就侵害了原告之宅基地使用权的立体空间，构成侵权。被告提出的虽建房地基在地下越界，但是在地表并未越界，不妨害原告对他的宅基地地表的正常使用的抗辩，不能成立，不能对抗原告的权利主张。因此，法院应当判决支持原告的诉讼请求。

2. 重点题

(1) 我国的地上权制度有哪些特点？

(2) 建设用地使用权的设立有哪些方式？不同的设立方式有何区别？

(3) 建设用地使用权的取得和变动的基本规则是什么?

(4) 建设用地使用权与建筑物等的所有权之间的关系应当怎样确定?

(5) 分层地上权的性质和特征是什么?

(6) 宅基地使用权作为地上权，其特点是什么?

3. 法考题

(1) 建设用地使用权的特征。

(2) 宅基地使用权的特征。

4. 考研题

(1) 建设用地使用权的性质。

(2) 分层地上权的取得。

第十一章
居住权与地役权

重点知识

1. 居住权：概念、特征、效力、期限
2. 地役权：概念、特征、取得、内容

引读案例

甲房地产公司购得位于市中心的一块土地的建设用地使用权，以“观海”为理念设计并建造高层观海商品住宅楼。为防止观海公寓的景观受到损害，甲公司与前面相邻的乙学校商定，乙在20年内不得在该处兴建高层建筑，甲每年向乙支付10万元补偿金。甲、乙合意后，未到物权登记机构登记。3年后乙迁址，将房屋转让给丙房地产公司，未向丙提及与甲之间的协议。丙在购得该房屋后改建高层住宅。甲要求丙立即停止建设，遭到拒绝后诉请法院确认乙、丙之间的转让房屋合同无效，并要求赔偿损失。

第一节　居住权

一、居住权的概念与特征

（一）居住权的概念

居住权，是指自然人为满足生活居住的需要，按照合同的约定，对他人所有的住宅享有的占有、使用的用益物权。《民法典》第366条规定：居住权人有权按照合同约定，对他人的住宅享有占有、使用的用益物权，以满足生活居住的需要。

私法上的居住权与公法上的居住权不同。在公法上，国家保障人人有房屋居住的权利是居住权，或者被称为住房权，是宪法权利，是基本人权和自由，并不是民法上的用益物权。

(二)居住权的特征

1. 居住权的基本属性是他物权，具有用益性

居住权是在他人所有的房屋之上设立的物权，其基本属性是他物权。居住权的设立，是房屋所有权人行使所有权的结果，也是房屋所有权在经济上得到实现的手段和途径[①]，故居住权是房屋所有权的负担，性质是用益物权，设立的目的是解决房屋的占有和使用问题，故用益性是居住权的基本性质。

2. 居住权是为特定自然人基于生活用房而设立的物权，具有人身性

居住权的基本性质虽然是用益物权，但是，其设立并不是为了商业目的或者其他经济目的，而是为了满足自然人的赡养、扶养等的需要，满足自然人对生活用房的特定生活需要，因而具有人身性；其主体一般都是具有特定身份的自然人，而不是法人或者非法人组织。

3. 居住权是一种长期存在的物权，具有独立性

居住权是一种物权而不是债权，因而其特点是长期性和稳定性。居住权通常是根据合同的约定或者遗嘱或裁判的内容而设立/确定，具有独立的物权属性。居住权的期限由设立/确定居住权的合同或遗嘱约定；如果没有约定居住权的期限，则应当推定居住权的期限为至居住权人死亡时止。居住权的最长期限，不应当超过居住权人的终生。

4. 居住权的设定是一种恩惠行为，故居住权具有不可转让性

居住权的设立通常是无偿的，居住权人取得居住权一般不必支付对价。《民法典》第368条规定：居住权无偿设立，但是当事人另有约定的除外。因此，居住权的设定是一种恩惠行为，不过，也可以约定支付费用，但其费用不应当超过租金，因为一旦居住权的费用等于或者超过租金，将导致居住权与租赁权混同。

二、居住权的发展历史

居住权最早出现在罗马法上，居住权包括在人役权和用益权中。在用益权中，对物的使用的权利是使用权，对物的利用的权利为收益权，其创设的目的在于使某些有继承权的家庭成员，特别是使继承权被剥夺的寡妇或者未婚女儿，以遗赠用益权的方式，有可能取得一种供养。由于用益权的期限可以被设定为用益权人的终生，因而负担用益权的所有权的权利内容被掏空，成为“空虚的所有权”[②]。那时的居住权，是指因居住而使用他人房屋的权利，是变相的用益权、使用权，但是，其范围广于使用权的而狭于用益权的，其终止原因也少于上述两种物权的。[③]

《法国民法典》规定的居住权基本沿袭自罗马法，但是限制更为严格。法律规定用益权包括使用权，而居住权则为一种使用权：居住权的设定、范围、消灭等，都与使用权

① 钱明星．关于在我国物权法中设置居住权的几个问题．中国法学，2001（5）.

② 民法大全・学说汇纂：第7卷．北京：法律出版社，1999：6.

③ 陈朝璧．罗马法．北京：商务印书馆，1936：362.

相同，但是比使用权更严格，例如：对房屋享有居住权的人，得与家庭在该房屋内居住，即使在给予此项居住权利时本人尚未结婚，亦同；居住权仅以享有者与其家庭居住为限；居住权既不得让与，也不得出租。

《德国民法典》规定了用益权制度，同时也规定了限制的人役权制度。人役权与用益权的区别在于，限制的人役权只能在不动产上设定，并且只能为某一特定的人设定，是介于地役权和用益权之间的权利。[①] 居住权是限制的人役权的一种，是指对他人的房屋以居住为目的而加以使用的权利，因此，排除了所有权人将建筑物或者建筑物的一部分作为住房使用的权利；居住权人有权在住房中接纳其家属以及与其地位相当的服务或护理人员，该权利不得转让也不得继承，只能由；居住权人自己享有。此外，德国《住宅所有权及长期居住权法》规定的长期居住权不同于前述居住权，是一种独立物权，可以独立地转让、继承、出租。

《瑞士民法典》也承认居住权，将该居住权规定在用益权之下，规定它是居住在建筑物全部或者一部的权利，该权利不得转让或者继承，如无相反规定，适用用益权的有关规定。

三、在我国居住权存在的必要性

在我国，居住权存在的必要性表现在以下几个方面。

第一，充分发挥房屋的效能。用益物权是为充分发挥不动产的利用效能而设立的他物权，包括土地的用益权和房屋的用益权。我国的用益物权体系原本只重视土地的役权，忽视、轻视房屋的役权，因而对房屋利用效能的发挥产生阻滞作用。居住权可以更好地发挥房屋的利用效能，建立全面的用益物权体系。

第二，充分尊重所有权人的意志和利益。所有权是最充分的物权，所有权人对自己所有的财产具有最完全的支配力。针对自己所有的房屋设定居住权，是所有权人支配自己财产意志的体现，符合所有权人的利益。通过遗嘱、遗赠以及合同等方式，对所有权人自己的房屋设定居住权，体现了所有权人支配财产的意志，即使在其死后根据其遗嘱或者遗赠而设立的居住权，也完全是其支配财产意志的体现。确立居住权，能使所有权人支配自己权利的意志得到充分尊重。

第三，有利于发挥家庭职能，体现自然人之间的互帮互助。居住权可以在亲属之间设立，也可以在非亲属的自然人之间设立。在亲属之间设立居住权，能为家庭成员、亲属之间提供必要的生活条件，实现养老育幼的家庭职能。在自然人之间设定居住权，能够互通有无，弘扬社会道德，醇化社会风气。

四、居住权的设立和效力

（一）居住权的设立

居住权分为两种类型：一种是意定居住权，另一种是法定居住权。二者采不同的设

---

① 孙宪忠．德国当代物权法．北京：法律出版社，1997：250.

立方法。

1. 意定居住权及其设立

意定居住权，是指根据房屋所有权人的意愿而设定的居住权。设立人须是房屋所有权人，其他人不得在他人所有的房屋之上设定居住权。

意定居住权的设定方式为以下三种。

（1）依据合同的方式设定。房屋所有权人可以通过合同的方式，与他人协议设定居住权。《民法典》第 367 条第 1 款规定："设立居住权，当事人应当采用书面形式订立居住权合同。"例如，男女双方在离婚时在离婚协议中约定，离婚后的房屋所有权归一方所有，但是，另一方对其中的一部分房屋享有一定期限或者终生的居住权。《民法典》第 367 条规定："居住权合同一般包括下列条款：（一）当事人的姓名或者名称和住所；（二）住宅的位置；（三）居住的条件和要求；（四）居住权期限；（五）解决争议的方法。"由此可见合同的内容应当包括当事人的姓名或者名称和住所、住宅的位置、居住的条件和要求、居住期限、解决争议的方法。

（2）依据遗嘱的方式设立。房屋所有权人可以在遗嘱中就死后房屋作为遗产的使用问题，为法定继承人中的一人或者数人设定居住权，但是，必须留出适当房屋由其配偶终生居住。《民法典》第 371 条规定："以遗嘱方式设立居住权的，参照适用本章的有关规定。"

（3）依据遗赠的方式设立。《民法典》第 371 条规定："以遗嘱方式设立居住权的，参照适用本章的有关规定。"房屋所有权人可以在遗嘱中，为法定继承人之外的人设定居住权。例如，以遗嘱指定将自己所有的房屋中的一部分，让自己的保姆终生或者非终生居住。

2. 法定居住权及其设立

法定居住权，是指依据法律的规定直接产生的居住权。法律可以直接规定，父母作为监护人对未成年子女的房屋享有居住权，或者未成年子女对其父母的房屋享有居住权。[①]

对于以裁判方式取得的居住权，法律也予以认可。例如，法院在离婚裁判中，将居住权判给有特殊需要的一方。有学者认为，这也是依照法律设定居住权的一种方式。[②] 另有学者对此持反对意见。以裁判方式取得居住权的根据在于法律的规定，而不在于当事人的意志，因而其属于法定居住权的物权取得方式。

法定居住权为特定的人依据法律的规定而当然享有，所有权人不得通过遗嘱、遗赠或者合同的方式予以剥夺。

3. 居住权登记

设立意定居住权，应当向登记机构申请居住权登记。《民法典》第 368 条后段规定："设立居住权的，应当向登记机构申请居住权登记。居住权自登记时设立。"可见，没有

---

① 钱明星．关于在我国物权法中设置居住权的几个问题．中国法学，2001（5）．

② 钱明星．论我国用益物权的基本形态//易继明．私法：第 1 辑第 2 卷．北京：北京大学出版社，2002：117．

经过登记的居住权，不具有对抗第三人的效力。

（二）居住权的效力

1. 居住权人的权利

（1）使用权。居住权人对设立了居住权的房屋享有占有和使用权，居住权人对部分房屋享有居住权的，可以使用该房屋的共用部分。其使用的范围，以居住权合同约定或遗嘱确定的内容为准。如果是区分所有的建筑物，则依照建筑物区分所有权的内容确定使用权的内容：就建筑物的部分取得居住权的，使用权的范围包括该建筑物的共用部分；对建筑物附属的树木及果实等自然孳息，如果没有特别约定，居住权人应当享有收取的权利。至于对房屋的使用方式，应以保障居住权人正常居住、生活为限。居住权人使用该房屋一般不支付使用费。

（2）进行必要改良和修缮的权利。居住权人为了正常使用房屋，可以对房屋进行必要的改良和修缮，例如进行装修、安装空调等，但是不得进行重大的结构性改变。居住权人就对房屋进行必要改良和修缮所产生的费用，在居住权消灭，返还原物时，不享有返还请求权。

（3）排除所有权人侵害的权利。居住权人取得居住权，能够对抗房屋的所有权人，有权要求所有权人不为妨害其居住的行为。所有权人不得对居住权人行使排除妨害、返还原物等物上请求权。

（4）对抗房屋所有权人变更的权利。在居住权存续期间，即使房屋所有权人发生变更，由于居住权是所有权的负担，居住权跟随所有权的转移而转移，故所有权人的变更并不影响居住权，居住权人的权利不受其影响，所有权人不得以此为理由而撤销居住权。

（5）抛弃权。按照私法自治原则，既然居住权是一种他物权，那么权利人可以将居住权予以抛弃。

2. 居住权人的义务

（1）合理使用房屋的义务。居住权人不得将房屋用于生活消费以外的目的，不得改建、改装和作重大的结构性改变。

（2）支付必要费用的义务。居住权人应当支付房屋及其附属设施的日常保养维护费用和物业管理费用，但是，应以通常的保养维护费用、物业管理费用为限。如果房屋需要进行重大的修缮或者改建，只要没有特别的约定，居住权人不承担此项费用。约定有偿使用的，居住权人还是应当按照约定支付费用。

（3）对房屋的合理保管义务。居住权人在居住期内，应当尽到善良管理人的注意义务，不得从事任何损害房屋的行为。如果房屋存在毁损的隐患，居住权人应当及时通知所有权人进行修缮或者采取必要措施。

（4）不得转让、出租和继承的义务。《民法典》第369条规定："居住权不得转让、继承。设立居住权的住宅不得出租，但是当事人另有约定的除外。"居住权人对其居住的房屋不得转让，不得出租；该房屋也不能成为居住权人的遗产，不能通过继承来由其继承人继承。但是，依照《民法典》第369条后段的规定，不得出租有例外，即当事人另有约定的除外。这是就有偿设立的居住权而言的。无偿取得的居住权原则上不得用于出租。

五、居住权的期限和消灭

（一）居住权的期限

依合同产生的居住权的产生时间，是设立居住权的合同生效的时间。居住权依据遗嘱或者裁判而发生的，则应当在遗产分割或者裁判生效时发生。

居住权存续的期限分为四种。一是确定一定期限。当事人设立居住权时对存续期限有明确表示和约定的，应当依照明确表示和约定确定居住权的期限。二是确定为终生期限，以居住权人的终生为居住权存续期间，至居住权人死亡时该权利消灭。三是没有约定期限，应当推定其存续期限为居住权人的终生。四是未成年居住权人的居住权的截止时间为能够独立生活时。

（二）居住权的消灭

1. 居住权消灭的原因

（1）居住权被抛弃。居住权人采用明示方法抛弃居住权的，居住权消灭。明示抛弃的意思表示应当对所有权人作出。居住权人作出抛弃表示的，即时发生消灭居住权的效力，不得撤销，除非得到所有权人的同意。

（2）设定的居住权期限届满或居住权人死亡。依照《民法典》第370条的规定，居住权设定的期限届满，居住权即时消灭，所有权上的负担被解除；居住权人死亡，因权利主体消灭，居住权也随之消灭。

（3）解除居住权的条件成就。在设定居住权的遗嘱或者合同中，对居住权设有解除条件的，该条件成就时居住权消灭。

（4）居住权被撤销。居住权人具有以下两种情形之一的，房屋所有权人有权撤销居住权：一是故意侵害住房所有权人及其亲属的人身权或者对其财产造成重大损害，二是有危及房屋安全等严重影响房屋所有权人或者他人合法权益的行为。房屋所有权人行使撤销权，应当经过法院裁决，不得自行为之。

（5）房屋被征收、征用或者灭失。房屋被征收、征用，以及房屋灭失的，居住权都消灭。

（6）权利混同。房屋所有权和居住权发生混同，即两个权利归属于同一人的，发生居住权消灭的后果。例如，房屋所有权人将房屋转让或者赠与给居住权人的，此时居住权的存在已经丧失意义，发生居住权消灭的后果。

2. 居住权消灭的后果

居住权消灭，在当事人之间消灭居住权的权利义务关系，居住权人应当返还房屋。

房屋被征用、灭失的，如果房屋所有权人因此取得补偿费、赔偿金、保险金，居住权人有权请求分得适当的份额；居住权人如果没有独立生活能力，也可以放弃补偿请求权而要求得到适当安置。

因居住权人故意或者重大过失致使房屋毁损或者灭失的，居住权人不仅不享有上述权利，还应当对房屋所有权人承担损害赔偿责任。

第二节　地役权

一、地役权概述

（一）地役权的概念、特征和沿革

1. 地役权的概念

地役权，是指在他人的不动产上设立的以供自己的不动产便利使用的他物权。《民法典》第372条第1款规定："地役权人有权按照合同约定，利用他人的不动产，以提高自己的不动产的效益。"地役权主要调整的是土地利用关系，但是对建筑物等其他不动产的利用关系也适用。

在地役权法律关系中，为自己不动产的便利而使用他人不动产的一方当事人被称为地役权人（也叫需役地人），把自己的不动产提供给他人使用的一方当事人被称为供役地人；因使用他人不动产而获得便利的不动产为需役地，为他人不动产的便利而供使用的不动产为供役地。为此，《民法典》第372条第2款规定："前款所称他人的不动产为供役地，自己的不动产为需役地。"

可见，地役权的产生必须有两个权属不同的不动产存在。地役权法律关系的成立并不要求供役地和需役地必须相邻，即使在不相互毗邻的不动产之间也可能设立地役权。例如，甲、乙的和乙、丙的土地各自相邻，甲行使其土地权利须经过乙、丙的土地，为此，甲、乙、丙三方可以就此达成协议，并通过登记予以公示，在乙、丙的土地之上设立通行地役权，从而使甲的不动产的效用增大。

2. 地役权的法律特征

地役权是用益物权的一种，具有如下法律特征。

（1）地役权是存在于他人不动产之上的他物权。地役权是在他人的不动产上设立的负担，性质是用益物权。首先，地役权的标的物是不动产，而不是动产。《民法典》规定地役权适用于不动产，不限于土地。其次，地役权是在他人的不动产之上设立的，因此，设定地役权的目的并不在于调节不动产的所有关系，而在于调节不动产的利用关系。所谓"他人的土地"，既包括他人所有的不动产，也包括他人享有用益物权的不动产。我国的地役权，主要是在国家所有的或者集体所有的土地上设立，而更多的是在建设用地使用权、土地承包经营权、宅基地使用权等用益物权上设立。如果不是利用他人的不动产而只是利用他人的空间，则不必设立地役权，设立分层地上权就可以解决。

（2）地役权是利用他人不动产的用益物权。地役权包含的"利用"，在多数情况下以供役地人的不作为为其内容，也不以需役地人实际占有他人的不动产为要件，而只是在

他人的不动产上设置一定的负担。如果需要供役地人承担积极的作为义务，则须当事人双方订立某项合同，但是，此项约定不属于地役权的内容，而仅产生债的约束效力。供役地的使用范围较为广泛，法律上并没有严格的限制，由双方当事人通过约定来确定。只要双方约定的内容不违反法律的强制性规定，应当尊重当事人的约定。

（3）地役权是为需役地的便利而设定的他物权。设定地役权是为了自己对不动产即需役地利用的便利，并不在于使用他人的不动产，因此，地役权就是为自己对不动产的使用提供便利，以增加自己不动产的效用。如果不是为了这样的目的，而是设定以禁止袋地通行为内容的地役权，或设定滥用容忍权利的地役权，设立都是无效的。需役地的便利，包括在供役地上通行、取水、排水、铺设管线、眺望等，以及其他需要供役地人负容忍或者不作为义务的便利。便利的内容，既可以是有财产价值的利益，如通行地役权中的通行利益，也可以是非财产性利益，如眺望地役权的美观舒适利益；既可以是为需役地提供现实利用不动产的利益，也可以是为需役地提供将来利用不动产的利益；既可以是为了需役地的直接便利，如设定通行地役权，也可以是为了需役地的间接利益，如设定眺望地役权。

（4）地役权具有从属性和不可分性。地役权虽然是一种独立的用益物权，但从属于需役地而存在。地役权的从属性包括以下两个方面的内容：第一，地役权不得与需役地分离而为让与，需役地人不得自己保留需役地的所有权（或者使用权）而仅将地役权让与他人；不得自己保留地役权而将需役地的所有权（或者使用权）让与他人；不得将需役地的所有权（或者使用权）和地役权分别让与不同的人。第二，地役权不得与需役地分离而为其他权利的标的，不能单独以地役权抵押、出租等。地役权须存在于需役地和供役地的全部，不能被分割为各个部分或仅在一部分上单独存在。其具体表现有二：一是地役权发生和消灭上的不可分性。在地役权设定时，需役地为多人共有的，各共有人不得仅就自己的应有部分取得地役权；供役地为共有的，各共有人也不能仅就自己的应有部分为他人设定地役权。在地役权设定后，需役地为共有的，各共有人不能按其应有部分，使已经存在的地役权一部分消灭；供役地为共有的，各共有人也不能仅就其应有部分消灭地役权。二是地役权享有或负担上的不可分性。需役地为共有的，地役权由需役地共有人共同享有，不得由需役地各共有人分别享有；供役地为共有的，地役权由供役地共有人共同负担，不得由供役地各共有人分别负担。因此，需役地经分割的，其地役权对各部分的利益仍然存续；供役地经分割的，地役权就各部分仍然存续。但是，如果地役权的行使，依其性质只涉及需役地或供役地的一部分，则地役权仅就该部分存续。

3. 地役权的沿革

地役权制度起源于罗马法上的不动产役权，与人役权相对。不动产役权包括乡村（田野）地役权和建筑物役权。前者为特定土地的利益而设定，例如为人、牲畜、车辆的通过而设定的人的通行权、车辆通行权，可以通过供役地而引水的引水权，可以自供役地取水的取水权。后者则为建筑物的利益而设定，例如需役地建筑物可以使用供役地建筑物的支柱的权利，需役地建筑物的雨水可以流入供役地的权利。可见，罗马法上的役权包含的内容极为广泛，凡是可被他人利用之物，其上均可设立役权。后来，因地上权、永佃权逐渐发达，役权的内容逐渐减少。

至近代物权法定主义兴起，法律已将复杂的物权制度有所整理，再加上所有权自由化的兴起和土地解放理论的盛行，法律就对土地所有权加以限制的役权逐渐采取排斥态度，于是欧陆各国民法中地役权的内容大受限制。[①] 近现代各国的民法，如德、法、意、瑞士、奥等的民法，都继承和发展了罗马法中的役权制度，其中日本民法均只规定地役权，而不再采用人役权制度。

（二）地役权与相邻权的区别

我国民法长期未设地役权制度，只规定相邻关系。但是，相邻关系不能代替地役权，因两种权利属于不同领域的制度，不能相互替代：相邻关系虽具有调节不动产利用的社会机能，但其只是就不动产利用作最低限度的调节，其适用范围以相邻不动产为限。而地役权则可经由当事人的设定，扩大对不动产利用的调节，提高自己不动产的价值，其设定范围并不以相邻不动产为限。所以，地役权的社会机能为相邻关系的社会机能所不及。具体而言，两者存在明显的区别。

1. 权利性质的区别

相邻关系即相邻权并不是一项独立的权利，而是不动产所有权以及其他物权的权能，仍属于所有权和他物权的范畴，是权利效力的自我扩张或限制。在相邻权受到侵害的情况下，受害人一般不得以独立的相邻权受到侵害为由，要求停止侵害、排除妨碍、恢复原状、赔偿损失，只能以所有权受侵害为由提出相应请求。而地役权是一种物权，是需役地人享有的用益物权。在地役权受到侵害的情况下，受害人可以直接以地役权受到侵害为由行使物上请求权。

2. 权利的取得方式不同

相邻权是法定的权利，依照法律的规定而取得。而地役权是约定的权利，须经当事人约定设立。在一定条件下，地役权也可基于取得时效的完成等法定方式而取得，但这并不排斥地役权在绝大多数情况下是以约定方式设定的。由于相邻权本质上依附所有权，不可能作为独立的物权转让或对抗第三人，因而，相邻权的成立无须特定的公示方式。地役权是独立的用益物权，可能因相对人的意志而发生变动，在变动过程中会产生对抗第三人的问题，因此，地役权尽管是在地役权合同生效时取得的，但是，须经过登记才能取得对抗第三人的效力。为此，《民法典》第 374 条将地役权的登记规定为登记对抗主义：当事人要求登记的，可以向登记机构申请地役权登记；未经登记，不得对抗善意第三人。

3. 权利的内容不同

在相邻关系中，一方为了使自己的权利得到正常的行使，或者使自己能够正常地生活和生产，有权对相邻的另一方提出提供便利的最低要求。故相邻关系的制度目的在于维护社会最基本的生产和生活秩序。而地役权设定的目的并非满足不动产权利行使中的最低要求，而是使自己的权利更好地得到行使，故而对相对方提出了更高的提供便利的

---

① 谢在全．民法物权论：中册．3 版．台北：三民书局，2004：187.

要求。

4. 对不动产是否相邻的要求不同

相邻关系依法发生在相互毗邻的不动产的合法占有人之间，而地役权则既可以发生在相邻的不动产的合法占有人之间，也可以发生在不相邻的不动产的合法占有人之间，即不受不动产是否相互毗邻的限制。尽管在现代民法中，相邻关系也适用于两个不动产的所有权人或使用人相距甚远的情况，如在上游的用水人和下游的用水人之间也可以发生相邻关系，但是仍未脱离相邻关系的基本范畴。而地役权则可以完全不受不动产是否相邻这一条件的限制。

5. 权利是否有偿和有期限限制不同

相邻权是无偿的、无固定期限的，只要不动产上的物权存续，相邻关系便当然存在。此外，除非相邻权的行使损害了相邻方的合法利益，否则提供便利的一方不得要求对方支付费用。而地役权一般是有偿的、有固定期限限制的。因为供役地人为需役地人提供了额外的便利，而这种便利不是供役地人依法必须提供的，所以，需役地人应当将向对方支付一定的费用作为自己获得一定的便利的对价。《民法典》第 376 条规定，地役权人应当按照合同约定的利用目的和方法利用供役地，尽量减少对供役地权利人物权的限制。

综上，地役权与相邻权在调整不动产之间的关系方面的地位和作用并不相同，不能相互替代。正是由于地役权与相邻权的差别，《民法典》将相邻权规定在“所有权”分编，而将地役权规定在“用益物权”分编，其区别十分明显。

（三）地役权的分类

对地役权可以作如下分类。

1. 积极地役权与消极地役权

根据地役权的行使内容不同，可以将地役权分为积极地役权和消极地役权。积极地役权也被称为作为地役权，是指地役权人可以在供役地上设定以一定行为为内容的地役权。在这种地役权中，供役地所有权人负有一定的容忍义务，对需役地人在供役地上为一定行为予以容忍，而不得禁止、干涉。例如，通行地役权和排水地役权都属于积极地役权。消极地役权也被称为不作为地役权，是指以供役地所有权人在供役地上不得为一定行为为内容的地役权。在消极地役权中，供役地所有权人并非单独地负容忍义务，而应负不作为的义务。如在供役地上不建筑妨害观望的建筑物，不在需役地附近栽植竹木等的地役权，均属于消极地役权。

2. 继续地役权与非继续地役权

根据地役权的行使方法不同，可以将地役权分为继续地役权和非继续地役权。于地役权的行使，无须每次依赖地役权人的行为就能继续行使的地役权，是继续地役权；每次行使均须有地役权人的行为的地役权，为非继续地役权。继续地役权因具备了适当的状态，适于地役权的行使，所以不需要在每次行使时，都要求有地役权人的行为。例如，眺望地役权、筑有道路的通行地役权、装有水管的引水地役权等均属于继续地役权。一般地说，消极地役权属于继续地役权。非继续地役权，如汲水地役权、放牧地役权等，因在大多数情况下缺乏固定的设施，所以每次行使需要有地役权人的行为。

3. 表见地役权与非表见地役权

根据地役权的行使状态不同，可以将地役权分为表见地役权和非表见地役权。表见，即表现，是表现于外部的意思。表见地役权是指地役权的存在有外形事实为表现，能依外部标志而辨别的地役权，如通行、地面汲水、地面排水等地役权。非表见地役权是指地役权的存在无外形事实为表现，没有外部标志能据以辨别的地役权，例如埋设涵管的汲水、排水地役权，眺望、采光等消极地役权。

4. 其他分类

除可对地役权作上述分类外，还可以根据需役地的性质，将地役权分为田野地役权与城市地役权。前者是为土地耕作的便利而设定的地役权，故又被称为耕作地役权；后者是为房屋建筑的便利而设定的地役权，故又被称为建筑地役权。

还可以直接依据目的的不同而设定地役权，如通行地役权、汲水地役权、引水地役权、排水地役权及建筑物地役权等。除此之外，不同的地役权又有不同表现形式，如建筑物地役权包括眺望地役权、光线地役权、开窗地役权、泄水地役权、防止干扰地役权等。

二、地役权的取得和内容

（一）地役权的取得

地役权的取得就是地役权的发生。地役权的取得原因，可以是法律行为，也可以是法律行为以外的事实。

1. 约定取得

地役权的约定取得，也被称为地役权基于法律行为取得[①]，即当事人之间以地役权合同来设定地役权。《民法典》第 373 条第 1 款规定："设立地役权，当事人应当采用书面形式订立地役权合同。"

设定地役权的原则是，应当以对供役地损害最小的方法为之，且不得违背公序良俗。当事人设定以禁止袋地通行为内容的地役权，或设定容忍权利滥用的地役权，都违背了公序良俗原则，设定不具有法律效力。

当事人设定地役权，应当采取书面形式，订立地役权合同。地役权合同一般包括下列条款：（1）当事人的姓名或者名称和住所；（2）供役地和需役地的位置；（3）利用目的和方法；（4）利用期限；（5）费用及其支付方式；（6）解决争议的方法。当事人应当按照上述要求，订立地役权合同，内容可以适当增减，但基本内容应当完整。

《民法典》第 374 条规定：地役权自地役权合同生效时设立。当事人要求登记的，可以向登记机构申请地役权登记；未经登记，不得对抗善意第三人。由此可见，地役权登

① 谢在全．民法物权论：中册．3 版．台北：三民书局，2004：208.

记并非强制性登记，而是基于当事人的约定进行。

2. 时效取得

时效取得地役权，是各国民法普遍承认的地役权取得方法。需役地人持续、公开、和平且表见地使用供役地达 10 年者，可以取得地役权。对此，《民法典》没有作明确规定，原因在于没有规定取得时效制度。在实践中，可以依据法理承认因时效取得地役权。

地役权的时效取得须具备以下必要的条件：

（1）需役地人须持续、公开、和平且表见地使用供役地。持续、公开、和平且表见地使用供役地，是四个必要的条件，均须具备。持续，是指需役地人连续不断地使用供役地；公开，是指需役地人不是隐蔽地使用供役地，即其使用应当为供役地人所知；和平，是指需役地人不是以暴力使用供役地；表见，则是指需役地人的使用从外部能够辨别。依据这样的条件，只有继续地役权和表见地役权才能因时效取得。继续而非表见地役权或表见而非继续地役权，均不能依时效而取得。

（2）需役地人使用供役地须达到一定期限。该期限应以法律规定的时效取得期限为准。立法例通常以 10 年为限，只有需役地人使用供役地达 10 年，且没有时效中断或中止事由的，需役地人才能依时效取得地役权。

3. 法定取得

地役权可因某种法定事由的发生而取得，此为地役权的法定取得。地役权的法定取得有两种类型。

（1）因用益物权的设定而取得地役权。《民法典》第 378 条规定："土地所有权人享有地役权或者负担地役权的，设立土地承包经营权、宅基地使用权等用益物权时，该用益物权人继续享有或者负担已经设立的地役权。"也即就一宗土地的一部分设立建设用地使用权、土地承包经营权等，权利人对既存的供整宗土地使用的设施有继续使用的必要时，取得以使用该设施为内容的地役权。换言之，在国有或集体所有的土地上，如果已经存在供整宗土地使用的设施，如引水设施、道路等，就该土地的一部分设立建设用地使用权、土地承包经营权、宅基地使用权等用益物权时，权利人有继续使用这些设施的必要的，权利人依法取得使用既存设施的地役权。按照《民法典》第 379 条的规定，土地上已设立土地承包经营权、建设用地使用权、宅基地使用权等权利的，未经用益物权人同意，土地所有权人不得设立地役权。

（2）因用益物权的分割转让而取得地役权。建设用地使用权人、土地承包经营权人将其权利分割转让，受让人对既存的供整宗土地使用的设施有继续使用的必要的，取得以使用该设施为内容的地役权。按照《民法典》第 382 条和第 383 条的规定，需役地以及需役地上的土地承包经营权、建设用地使用权等部分转让时，转让部分涉及地役权的，受让人同时享有地役权；供役地以及供役地上的土地承包经营权、建设用地使用权等部分转让时，转让部分涉及地役权的，地役权对受让人具有法律约束力。

4. 继承取得

地役权人死亡时，由其继承人继承地役权。无论就地役权的从属性而言，还是就其作为用益物权的让与性而言，继承人继承地役权都不必登记，但是，办理登记后，才可以处分通过继承取得的地役权。[①]

（二）地役权的内容

地役权的内容，是指在地役权设定以后，在有关当事人之间发生的权利义务关系，即地役权人和供役地人的权利、义务。

1. 地役权人的权利和义务

（1）对供役地的使用权。

《民法典》第376条规定："地役权人应当按照合同约定的利用目的和方法利用供役地，尽量减少对供役地权利人物权的限制。"这是确定地役权人的权利、义务的基本规则。地役权存在的目的，在于让供役地为需役地提供便利，所以，地役权人当然享有使用供役地的权利。地役权人行使对供役地的使用权，表现为四个方面。

第一，对供役地有权使用。由于地役权的内容多种多样，利用形态复杂，因而地役权人对供役地使用的方法、范围及程度等，应依当事人的约定而定，不得超过或变更当事人约定的范围。

第二，依据诚实信用原则，地役权人应在实现自身土地便利的范围内，选择对供役地损害最小的方法行使权利。在供役地人也利用供役地的情形下，如设定引水或眺望地役权，对供役地的利用应由合同加以约定，如果合同对此没有约定，则地役权人享有优先利用的权利。

第三，如果在一块供役地上有数个内容相同的积极地役权，则依物权效力顺位，设定在先的地役权优先于设定在后的地役权行使。消极地役权则不存在上述问题。

第四，地役权人在行使对供役地的使用权时，对供役地造成变动或损害的，应当在事后恢复原状并给予供役地人相应的补偿。

（2）地役权的行使处所或方法变更权。

地役权人对地役权的行使处所和方法，有权进行适当变更。地役权人主观上认为行使地役权的处所或者方法有变更的必要，并且变更无碍于供役地人行使权利的，地役权人方可行使变更权。因变更所生的费用，由地役权人自行负担。同时，这种变更不得妨害相关用益物权人行使权利。

（3）为必要的附随行为修建必要的附属设施的权利。

地役权人为实现地役权的设定目的，有权在供役地上为必要的附随行为。必要的附随行为，并不是指行使地役权的行为，而是指为达到地役权设定的目的或者实现其权利内容而不得不实施的行为，如为达到排水的目的而开挖沟渠等。这种附随行为不仅包含单纯行为，而且包括设置定着物或者其他工作物的行为，但是，地役权人为必要的附随行为时，应采取对供役地损害最小的方式。

地役权人为行使权利，可以在供役地上修建必要的附属设施，并取得该设施的所有权。如为了通过他人的土地取水，地役权人须在他人的土地下埋设管道。当然，设置附属设施也应采取适当的方法，尽量减少对供役地人造成的损失。在地役权消灭以后，地

---

① 谢在全．民法物权论：中册．3版．台北：三民书局，2004：215.

役权人应当拆除所有的设施，恢复土地的原状。

（4）行使所有权之物上请求权的权利。

地役权不具独占性，与其他用益物权均占有标的物不同，所以，应当特别强调，为确保地役权的行使，地役权人享有所有权之物上请求权，包括：一是所有物返还请求权，二是所有权妨害除去请求权，三是所有权妨害预防请求权。当地役权的行使受到上述侵害或者妨害时，地役权人可以行使物上请求权来保护地役权。

（5）支付地租的义务。

地役权可以是有偿的，也可以是无偿的。设定了有偿地役权，则地役权人负有支付约定租金的义务。设定时地役权为无偿，但是，因土地所有权人于土地上的负担增加，非当时所能预料且仍无偿使用显失公平的，供役地人可以申请酌定其地租。地役权设定后，因土地价值的降低而依原定地租给付显失公平的，地役权人也可以请求适当减少地租。

（6）维持附属设施的义务。

地役权人对于其在权利行使的必要范围内设置的附属设施，负有维持义务，以防止供役地因此而受到损害。因未尽保养维修义务供役地受有损害时，地役权人应负赔偿责任。如果地役权人与供役地人就附属设施的保养维修另有约定，从其约定。

2. 供役地人的权利和义务

《民法典》第375条规定：供役地权利人应当按照合同约定，允许地役权人利用其不动产，不得妨害地役权人行使权利。这是确认供役地人的权利与义务的基本规则。供役地人的权利和义务具体包括如下内容。

（1）容忍土地上的负担或不作为义务。一旦地役权设立，供役地人便负有容忍土地上负担的义务。供役地人应当根据设定的地役权的不同性质，承担不同的义务。供役地人负有容忍土地上负担的义务，应主动放弃对自己的土地部分使用的权利，甚至容忍他人对自己的土地实施合同约定的某种程度上的干预和损害等。

（2）附属设施使用权及费用分担义务。对于地役权人于供役地上所设置的附属设施，供役地人在不影响地役权行使的范围内，有权加以利用。例如，对于地役权人铺设的管道，在地役权人没有使用的情况下，或者已经使用但是不妨害地役权人行使权利的情况下，供役地人有权利用。在为这种使用时，供役地人应当按收益的比例，分担附属设施的保养维修费用。当事人另有约定的，从其约定。

（3）变更使用场所及方法的请求权。供役地人也享有对地役权的行使场所和方法的变更权。当事人在设定地役权时，如果定有权利行使的场所及方法，供役地人可以提出变更。变更的条件是，变更该场所及方法对地役权人并无不利，而对供役地人有利。符合条件的供役地人请求地役权人变更地役权的行使场所及方法的，地役权人不得拒绝。因此支出的费用，由供役地人负担。

（4）租金及其调整请求权。于有偿地役权，供役地人依约享有请求地役权人按期支付租金的权利。地役权人如果不按期支付租金，则应承担违约责任。地役权人长期拖欠租金的，供役地人可依法终止地役权合同。于无偿地役权，供役地人于土地上的负担增加，非当时所能预料，以及依原约定显失公平的，供役地人有权请求酌定地租。地役权设定后，土地价值有所升高，依原定地租给付显失公平的，供役地人也可以请求予以增加。

三、地役权的消灭及其后果

（一）地役权消灭的原因

1. 期限届满

地役权的期限由当事人约定。在用益物权上设定地役权，其期限应当不超过该用益物权的期限，即使是在所有权上设定地役权，也不得为永久约定。因此，需役地或者供役地上的权利本身有期限限制时，地役权不得超过该权利的剩余期限。

地役权期限届满，而地役权人又不续期时，该地役权消灭。地役权期限届满时，如果地役权人在供役地上设置了附属设施，其应当按照土地使用权期限届满时的有关规定处理附属设施。

2. 约定的消灭地役权的事由出现

在地役权合同中，双方当事人可以约定导致地役权消灭的具体事由，约定的事由在性质上为解除条件。在所约定的事由出现时，地役权合同消灭，随之地役权归于消灭。

3. 目的实现不能

供役地的自然属性发生变化而导致不能实现地役权的设立目的时，地役权已无存续的必要，地役权消灭。地役权人不同意消灭地役权的，供役地人可以申请法院判决地役权消灭。例如，水源枯竭导致引水地役权的存在没有意义，引水地役权当然消灭。

4. 供役地人依法解除地役权法律关系

在地役权设定后，任何一方当事人都须遵守约定，行使各自的权利，履行其义务，而不得擅自解除地役权法律关系。按照《民法典》第384条的规定，由于地役权人违反法律规定或者合同约定，滥用地役权，或者有偿利用供役地，约定的付款期限届满后在合理期限内经过两次催告未支付费用的，供役地人有权解除地役权法律关系，地役权消灭。

5. 地役权被抛弃

地役权人有权抛弃地役权。但是，对于有偿取得的地役权，地役权人须在向供役地人支付地役权剩余期限的租金后，才能抛弃；对于无偿取得的，地役权人可以随时抛弃。如果需役地的地役权已与需役地一同抵押，因涉及抵押权人的利益，地役权人在获得抵押权人的同意后方可抛弃。地役权人抛弃地役权的，地役权消灭。

6. 让与

地役权让与，则在出让人一方消灭地役权。

《民法典》规定了四种地役权因转让而消灭的情形：

（1）设置了地役权的土地承包经营权、建设用地使用权等依法转让，地役权随之一并转让，则在地役权人一方，地役权一并消灭。

（2）设定了地役权的土地承包经营权、建设用地使用权等依法抵押的，在实现抵押权时，地役权也一并随之转让给抵押权人或者被抵押土地的权利的受让人，则在地役权人一方，地役权消灭。

（3）需役地以及需役地上的土地承包经营权、建设用地使用权等部分转让时，转让部分涉及地役权的，受让人同时享有地役权。此时，原地役权人的地役权消灭。

（4）供役地以及供役地上的土地承包经营权、建设用地使用权等部分转让时，转让部分涉及地役权的，地役权对受让人具有约束力，在转让人一方，地役权消灭。

7. 土地征收

国家因社会公共利益的需要而征收需役地或者供役地，致使地役权的存在不必要或者其行使不能的，地役权消灭。土地征收以后，应当给予地役权人合理补偿。

（二）地役权消灭的后果

地役权消灭以后，地役权人不享有继续支配供役地的权能，所以，地役权已经登记的，应当及时办理注销登记。除供役地人单独申请注销地役权登记外，地役权人应当承担协助注销登记的义务。此外，地役权人占有供役地人的土地的，应当恢复土地原状，交还土地；已在供役地上修建了必要的附属设施的，应当及时清除土地上的各种设施和附属物，恢复原状。在交还土地或者恢复原状时，对于供役地上的有关附属物，供役地人有继续使用的必要的，应当转移附属物的权属，由供役地人适当地补偿费用，需役地人享有补偿费用的请求权。当事人另有约定的，则按照约定处理。

问题与思考

1. 引读案例思考

甲房地产公司与前邻的乙学校商定，乙在 20 年内不得在该处兴建高层建筑，甲每年向乙支付 10 万元补偿金，以确保观海公寓的眺望。

请结合本章内容思考：

（1）甲、乙之间约定取得的是何种物权？

（2）这种物权与相邻权有何区别？

（3）该物权没有进行登记，能否对抗丙建设高层建筑的行为？

（4）你如果作为审理本案的法官，会如何判决这个案件？

参考分析意见：

本案的甲公司与乙学校之间签订的协议，是设定地役权的合同。依据该合同，甲公司取得地役权。这种地役权按照地役权的种类分析，属于消极地役权、继续地役权和非表见地役权。

从甲公司和乙学校之间的协议可以清楚地看出，地役权与相邻关系是不同的，具体表现在：第一，甲公司取得的地役权是一种用益物权，并不是不动产物权人依照法律规定所享有的权利义务，因此不是相邻权。第二，甲公司的地役权是通过约定取得的，是通过双方的协议设定的权利，不像相邻权那样是法定权利。第三，双方设定地役权，并不是为了满足不动产权利行使过程中的最低要求，而是为了使一方的权利能更好地行使，使观海公寓的业主能够眺望海景景观。这是为了满足权利人的更高要求，不是一方为了使自己的权利得到正常行使，或者使自己能维持正常的生活和生产而对相邻的另一方提出的提供便利的最低要求。第四，双方约定的地役权有20年存续期间，并且一方须支付每年10万元的对价，因此，该权利具有有偿性和期限性，而相邻权是无偿、无固定期限的。因此，甲公司享有的权利是地役权而不是相邻权。甲公司是地役权人，享有约定的涉地役权的权利和义务；乙学校是供役地人，负有约定的涉地役权的义务，享有相应的权利。

按照《民法典》关于地役权的规定，地役权设定后，可以登记，也可以不登记。不登记的地役权不能对抗第三人；已经登记的地役权，在地役权消灭时应当进行注销登记。在本案中，丙公司通过转让合同，取得了乙学校的房屋的权利，将后者拆建后建设高层住宅。这究竟算不算侵害地役权呢？相对于甲公司和乙学校，丙公司并不是地役权的当事人，不是供役地人，因此，其并不受该地役权的约束。该地役权如果经过登记，就具有了对抗效力，甲公司当然可以依据地役权对抗丙公司。但是，该地役权由于没有进行登记，因而，不能对抗丙公司的行为。法官不应当支持甲公司的诉讼请求，但是甲公司从此也无义务对乙学校继续支付补偿费。

2. 重点题

（1）居住权的概念是什么？其法律价值是什么？

（2）居住权通过什么方式设立？设立后有哪些效力？

（3）地役权的概念是什么？地役权有哪些种类？

（4）地役权人、供役地人分别有哪些权利和义务？

3. 法考题

（1）地役权的法律特征。

（2）地役权的取得。

4. 考研题

地役权与相邻权的关系。

第十二章

担保物权概述

重点知识

1. 担保物权：概念、特征、类型
2. 担保财产
3. 担保人
4. 反担保
5. 担保物权和用益物权的联系与区别

引读案例

银行吸储员王某请于某帮助吸储，于某将5万元现金交给王某代办存款。王某将款存入银行，却将存款单质押给郑某，向郑某借款5万元，但是存款单没有背书。借款逾期后，王某未偿还借款，郑某持存款单向银行要求提前支取5万元存款。于某得知后，要求银行向自己支付存款。银行对郑某和于某均予拒付。于某遂向法院起诉，要求银行支付5万元存款。

第一节　担保物权的一般问题

一、担保物权的概念和特征

（一）担保物权的概念

担保物权，是指债权人所享有的为确保债权实现，在债务人或者第三人所有的物或者权利之上设定的，当债务人的债务不履行或者发生当事人约定的实现担保物权的情形时，优先受偿的他物权。《民法典》第386条规定：担保物权人在债务人不履行到期债务或者发生当事人约定的实现担保物权的情形，依法享有就担保财产优先受偿的权利，但是法律另有规定的除外。

（二）担保物权的特征

1. 担保物权以担保债权的实现为目的

设立担保物权的根本宗旨，在于担保债权的实现。按照“担保物权所担保债权必须特定”原则的要求，在担保物权设定或实现之前，须有需要担保的合法债权的存在，且在担保物权成立之后，担保物权与被担保的债权同呼吸、共命运。被担保的债权须特定，否则担保物权的设定属于无的放矢，因此，不得为担保债权人与债务人之间可能发生的债务而设定担保物权。《民法典》第420条至第424条规定的最高额抵押权、第439条规定的最高额质权，以及第396条规定的浮动抵押，当属例外。

2. 担保物权的标的是债务人或第三人所有的特定动产、不动产或其他财产权利

担保物权以确保债权的实现为目的而设立，故担保物权的标的须是债权人以外的债务人或第三人所有的物或权利。同时，作为担保物权标的的动产、不动产或其他财产权利，都须为既存的、特定的。随着商业实践的发展，对标的特定化的要求在现实生活中也出现了一些例外，例如，英美等国家的法律对于实践中发展起来的浮动担保及以仓库中不断变动的库存品为标的设定的动产抵押权，承认其抵押效力。在我国《民法典》也承认浮动抵押。

3. 担保物权限制了担保人对担保标的物的处分权

担保人在担保标的物上设定了担保物权，担保权人取得担保物权后，对担保物的权利行使就受到了法律上的限制。担保物权人通过两种方法实现这一限制：第一，移转占有，由债权人直接占有担保标的物。这是一种事实状态的限制。第二，尽管不转移占有标的物，但是登记担保物权。这是一种法律状态的限制。[①] 正因为如此，担保物权才被称为限制物权或定限物权。

4. 债权人享有对担保标的物的换价权

对担保标的物的换价权，是指当债务人届期不清偿债务时，债权人即担保物权人有权将担保标的物拍卖、变卖或折价，从而优先实现其债权。债权人享有换价权，就可以确实支配担保物的交换价值，确保债务的清偿，实现担保物权的功能。

5. 担保物权能够担保债权享有优先受偿权

有担保物权担保的债权享有优先受偿权。当债务人不履行债务，或者发生当事人约定的实现担保物权的情形时，担保物权人即债权人的债权，就拍卖、变卖担保标的物所得的价款，优先于其他普通债权而受清偿。

二、担保物权的法律属性

（一）从属性

担保物权的从属性，是指担保物权从属于债权而存在。担保物权与用益物权完全不

---

① 谢怀栻．外国民商法精要．北京：法律出版社，2002：157.

同，不具有独立性而具有从属性：其成立以债权的成立为前提，并因债权的移转而移转，因债权的消灭而消灭。应当强调，担保物权的从属性因其种类不同而不完全相同。法定的担保物权是法律为了保障特定债权的实现而设定的，因此其从属性表现得更强；约定的担保物权是为了便利融资而生，因此，为了防止产生融资上的不当障碍，其从属性通常比较缓和，在有的制度中甚至被否认。例如，证券抵押，相对于所担保的债权，从属性就非常弱：债权与抵押权的主从关系被颠倒过来，本来抵押权具有从属性质，但是，为了保证证券流通，债权的存在逐渐地被淡化，最后被完全贬低为附从的拟制的存在。①

（二）不可分性

担保物权的不可分性，是指在被担保的债权受全部清偿前，担保物权人可以就担保物的全部行使权利。即使被担保的债权被分割、部分受清偿或消灭，担保物权仍为了担保各部分的债权或剩余的债权而存在；即使担保物被分割或部分灭失，其各部分或余存的担保物仍为担保全部债权而存在。确定担保物权的不可分性，旨在确保担保物权的效力。在实践中，当事人可以通过特别的约定排除或限制这种不可分性。这种特别约定因为改变了担保物权的通常属性，故只有经过登记才能对抗第三人。

（三）物上代位性

担保物权的物上代位性，是指因担保物灭失、毁损而获得赔偿金、补偿金或保险金的，该赔偿金、补偿金或保险金成为担保物的代位物，权利人有权就其行使担保物权。法律之所以确立担保物权的物上代位性，是因为设立担保物权就是为了通过对标的物的交换价值加以直接的支配来保障债权。所以，只要标的物的交换价值依然存在，则无论其附着在何种载体之上，仍应继续为担保物权的效力所及。

三、担保物权与用益物权的区别

用益物权与担保物权是他物权的两大种类，具有相当多的共性，例如，都是支配权，都是绝对权等。但是，作为两种不同的物权制度，用益物权与担保物权有以下重要区别。

（一）基本属性不同

担保物权以确实支配担保物的交换价值为内容，并以确保债务的清偿即债权的实现为目的，因此担保物权的基本属性是价值权。② 与担保物权相对应的用益物权则以占有标的物并支配其使用价值为内容，因此用益物权的基本属性为实体权。价值权与实体权相对应，是德国民法学者在比较担保物权、用益物权、债权这三种民事财产权之后创造的概念。债权以实现给付价值为目的，属于纯粹意义的价值权。用益物权以取得标的物的

---

① 我妻荣．债权在近代法中的优越地位．王书江，张雷，译．北京：中国大百科全书出版社，1999：54.

② 谢在全．民法物权论：中册．3版．台北：三民书局，2004：357.

使用价值为目的，属于实体权。而担保物权作为以利用标的物所保有的交换价值为目的的权利，与所有权、用益物权和债权都不相同，是具有价值权性质的权利。

（二）内容不同

用益物权的目的在于取得他人之物的使用价值，权利人只有通过对他人所有之物加以实际占有，才能实现其使用、收益的目的，因此，用益物权以对标的物的实际占有和使用、收益为主要内容。担保物权的目的是通过在法律上或事实上对他人所有之物的交换价值加以控制来担保债权的实现，故担保物权不以对他人之物的占有、使用、收益为内容，而以对标的物之交换价值的控制及就该标的物拍卖、变卖、变价所得价款享有优先受偿权为主要内容。

（三）标的不同

担保物权和用益物权都是他物权，但是二者的标的不同。担保物权的标的较为广泛，既可以是不动产，也可以是动产，还可以是其他财产权利。而用益物权的客体比较单一，只能是不动产，在动产上不能设立用益物权。

（四）独立程度不同

担保物权和用益物权都是独立的物权，但是二者的独立程度不同。用益物权是一种完全独立的物权，不与其他权利相伴而生，特别是不以债权的存在为前提和依据。而担保物权产生的根本目的，就在于保障债权的实现，因而担保物权与债权相伴而生，属于未独立的他物权，具有从属性特征。

（五）权利实现的时间不同

用益物权的主要内容是对他人所有的物的占有、使用和收益，因此，权利人一经取得用益物权，即实现其权利，可以对该物加以占有、使用、收益。而担保物权的目的是担保债权的实现，因而担保物权的存在本身对权利人并没有实际价值，只有当债务人届期不履行债务，或者发生当事人约定的实现担保物权的情形，权利人可以实现其担保物权，即该权利消灭时，权利人才获得了实际价值。因此，清偿期届满前的担保物权是具有附条件变价权的未成熟或未完全的物权。①

四、担保物权的产生原因与社会功能

（一）担保物权的产生原因

首先，导致出现担保物权的原因之一，是债务不履行的人身责任的松弛。在法律史上，债务人不履行债务时的责任存在一个转化过程，即从人身责任转化到经济责任。严酷的人身责任当然有担保债权的效力，但是，其严酷性与社会发展的要求不符，因此其

① 刘得宽．民法诸问题与新展望．北京：中国政法大学出版社，2002：383.

出现松弛化的转变。债务不履行的人身责任松弛的必然后果，是债权的安全性受到威胁。为保障债权的圆满实现，须进一步加强债务人的财产责任，即债务人责任物质化的加强。但是，无论是保证、违约金等以债权担保债权的方式，还是债的保全这种防止债务人的作为债权的一般担保的财产任意减少以保全债权的制度，都已经无法满足债权人的安全、快捷地实现其债权的要求，因而担保物权的产生为大势所趋。

其次，是债权的重叠化现象的出现。从近代资本主义社会到现代资本主义社会，有一个从所有权优越地位到债权优越地位的发展过程，债权在现代资本主义社会已经占据了主导地位。[①] 占据主导地位的债权已经不仅是取得物权和对物加以利用的手段，而且是现代资本主义法律生活的目的；经济价值不再暂时静止地存在于物权，而是从一个债权向另一个债权不断转化，债权重叠化现象由此产生。债权的重叠化，是指由于债权并没有排他性，因而对同一个债务人而言可能并存有同一内容的多个债权，它们之间并不存在顺序上谁先谁后的问题。[②] 同一个债务人有多个债权人，就意味着其财产要同时担保所有的债权人债权的实现。除非某个债权人有优先权，否则每一个债权人按照债权比例来平等地以债务人的财产受偿。一旦债务人无法清偿债务，债权人的债权就无从获得全部满足。在此种情况下，债权人为了保证其债权实现，便要求从债务人的作为一般担保的财产中或者他人的财产中选出一部分，使该部分财产仅担保自己的债权，而不担保其他债权人的债权，于是担保物权应运而生。

（二）担保物权的社会功能

1. 保障债权圆满实现

担保物权的基本社会功能，是保障债权的圆满实现。担保物权的产生使债权与物权相结合：当债务人不履行债务时，或者发生当事人约定的实现担保物权的情形时，债权人可以就担保物的交换价值优先受偿，实现其担保物权，就实现了债权。据此，债权的安全系数就大大得到了提高。

2. 媒介融资

担保物权的另一个重要社会功能，是媒介融资功能。企业筹措资金最为便捷的方式，是向金融机构融资，金融机构考虑到贷款的风险，通常都要求企业提供各种担保，其中设定担保物权是金融机构最乐于接受的方式。因此，企业获取融资需要以财产设定担保物权，以担保物权为手段获取融资后，因清偿责任加重，多数企业会尽快将融资转为投资，扩大生产，从而获取利润，用以清偿债务，保障债权的实现。

五、担保物权的类型

《民法典》物权编“担保物权”分编只规定了抵押权、质权和留置权这三种担保物

---

① 我妻荣．债权在近代法中的优越地位．王书江，张雷，译．北京：中国大百科全书出版社，1999：232.

② 郑玉波．民法物权．台北：三民书局，1999：198.

权，但是，在第388条规定了“其他具有担保功能的合同”，从而增强了物权法定原则的弹性，扩大了担保物权的范围，具有重大价值。[①] 对此，《最高人民法院关于适用〈中华人民共和国民法典〉有关担保制度的解释》（以下简称《担保司法解释》）第1条规定：因抵押、质押、留置、保证等担保发生的纠纷，适用本解释。所有权保留买卖、融资租赁、保理等涉及担保功能发生的纠纷，适用本解释的有关规定。其中的“等”字包括让与担保、保证金以及优先权等非典型担保。

（一）法定担保物权与约定担保物权

依据担保物权的发生原因不同，可以将担保物权分为法定担保物权与约定担保物权。前者是因符合法律规定的构成要件而产生的担保物权，例如留置权及优先权等；而后者是通过当事人之间设定物权的意思表示而设定的担保物权，例如抵押权、质权、所有权保留等。

法律规定某种担保物权是法定物权，一般是基于一些现实需要以及对社会政策的价值考虑。例如，法律之所以规定在保管合同、加工承揽合同中债权人享有留置权，原因在于：一是债权的标的物已经为债权人占有，在这种现实基础上，即使法律不规定债权人享有留置权，实践中也有债权人通过留置债务人的物品而迫使债务人屈服的可能，法律因势利导，将其规定为担保物权。二是在保管合同、加工承揽合同中，债权人通常以自己的行为而使标的物保值增值，为了维护公平并鼓励财富创造，法律也应当对此种债权给予更多的保护，规定留置权为法定担保物权。

约定担保物权是基于当事人的物权意思表示而设定的，当事人的考虑因素又多种多样，因而约定担保物权更具灵活性，更能适应社会的需要，既具有较强的融资功能，也具有较强的担保功能。

（二）留置性担保物权与优先清偿性担保物权

依担保物权的法律效力不同，可将担保物权分为留置性担保物权和优先清偿性担保物权。担保物权的主要法律效力，一是留置财产，二是优先清偿。在债权受全部清偿前，担保物权人有权留置标的物，以迫使债务人清偿债务。这样的担保物权就是留置性担保物权。优先清偿效力是担保物权得以发挥其债权担保作用的利器，以担保物权的优先清偿效力作为基本内容的担保物权，是优先清偿性担保物权。

前者以留置权、保证金为典型代表，后者以抵押权为典型代表；此外，还有兼具留置效力与优先清偿效力的担保物权，如质权。

（三）占有担保物权与非占有担保物权

以是否转移担保标的物的占有为标准，可以将担保物权分为占有担保物权和非占有担保物权。占有担保物权系以将标的物转移给债权人占有为其成立和存续要件的担保物权，质权、留置权属于这种担保物权。非占有担保物权是不以将标的物转移给债权人占

---

① 杨立新．物权法定缓和的绝处逢生与继续完善．上海政法学院学报，2021（1）．

有为条件，而担保人仍可继续用益担保标的物的担保物权，抵押权属于这种担保物权。

非占有担保物权的标的物仍在担保人手中，因而担保权人对于就担保标的物如何用益，原则上无权干预和过问。正因为如此，非占有担保物权之担保物的交换价值和用益价值仍具完全的意义，但是，对担保权人而言，其无法控制这种担保物的价值。因此，在选择设立非占有担保物权时，应当对此加以特别注意。

（四）典型担保物权与非典型担保物权

此种分类是依据担保是否属于民法已有规定的类型为标准作出的。在我国，典型担保物权就是法律已有规定的担保物权，即抵押权、质权、留置权。非典型担保物权是因社会经济生活的发展而产生的一些新型的担保物权，但是现行法律对它们没有具体规定，它们在实践中已经实际存在并发挥作用。

第二节 担保物权的一般规则

一、担保物权的设立

《民法典》“物权”编第十六章对担保物权的一般规则作了规定，这些规定，是担保物权中具有共性的规则，对抵押权、质权、留置权，乃至于对所有权保留、让与担保和优先权，都具有适用的价值。

（一）设立条件

按照《民法典》第 387 条的规定，债权人在借贷、买卖等民事活动中，为保障实现其债权，需要担保的，可以依照《民法典》和其他法律的规定设立担保物权。据此，设立担保物权的条件是：第一，在借贷、买卖等民事活动中，债权人的债权有不能实现的可能；第二，债权人为了避免出现债务人不履行对自己的债务，有设置担保物权以保障其债权实现的必要，该必要完全是债权人自己的判断；第三，由于物权法定原则的约束，当事人应当依照法律的规定设立担保物权。

（二）设立担保物权的担保合同

设立担保物权，应当订立担保合同。《民法典》第 388 条规定：设立担保物权，应当依照本法和其他法律的规定订立担保合同。担保合同包括抵押合同、质押合同和其他具有担保功能的合同。担保合同是主债权债务合同的从合同。可见，订立担保合同应当依照《民法典》“合同”编的规定进行。担保合同的当事人是债权人和担保人，担保人可以是债务人，也可以是第三人。

对于担保合同的具体问题，《担保司法解释》第 2、3 条规定了以下几种具体情形。

1. 担保合同从属于主合同

担保合同不具有独立性，具有从属性，从属于主合同。其具体表现是：第一，当事人在担保合同中约定担保合同的效力独立于主合同，或者约定担保人对主合同无效的法律后果承担担保责任的，该有关担保独立性的约定无效。第二，主合同有效的，有关担保独立性的约定无效不影响担保合同的效力；主合同无效的，应当认定担保合同无效，但是法律另有规定的除外。

因金融机构开立的独立保函发生纠纷的，适用《最高人民法院关于审理独立保函纠纷案件若干问题的规定》，不适用上述规则。

2. 对担保合同不适用违约责任条款

对担保合同不应当适用违约责任条款，因为担保合同的担保人之义务就是代为清偿，即使违约，仍然是代为清偿。因此，《担保司法解释》第3条规定，当事人对担保责任的承担约定专门的违约责任，或者约定的担保责任范围超出债务人应当承担的责任范围，担保人主张仅在债务人应当承担的责任范围内承担责任的，就是有法律根据的，理由充分，应予支持。

担保人承担的责任超出债务人应当承担的责任范围，担保人向债务人追偿，债务人主张仅在其应当承担的责任范围内承担责任的，是完全有法律根据的，因为债务人当然不承担超出其责任范围的责任，依法应予支持；担保人承担的责任超出债务人应当承担责任范围的，实际上使债权人不当得利了，因而担保人请求债权人返还超出部分的，依法应予以支持。

（三）担保人的资格和权利保护

《民法典》没有明确规定担保人的资格，但是，有些民事主体是不具有担保人的资格的。《担保司法解释》对担保人的资格作了具体规定。

1. 一般担保人的资格

（1）机关法人没有担保资格。《担保司法解释》第5条规定，机关法人提供担保的，应当认定担保合同无效，但是经国务院批准为使用外国政府或者国际经济组织贷款进行转贷的除外。

（2）居民委员会、村民委员会提供担保的，应当认定担保合同无效，但是，依法代行村集体经济组织职能的村民委员会依照村民委员会组织法规定的讨论决定程序对外提供担保的除外。

（3）以公益为目的的非营利性学校、幼儿园、医疗机构、养老机构等，原则上没有担保资格，但是在一定条件下，是可以提供担保的。因此，《担保司法解释》第6条规定，上述单位提供担保的，应当认定担保合同无效。相反的是，上述单位如果有下列情形之一，可以提供担保：第一，在购入或者以融资租赁方式承租教育设施、医疗卫生设施、养老服务设施或其他公益设施时，出卖人、出租人为担保价款或者租金实现而在该公益设施上保留所有权。第二，以教育设施、医疗卫生设施、养老服务设施和其他公益设施以外的不动产、动产或者财产权利设立担保物权。这是因为，以公益为目的的单位提供上述担保，不会损害公益目的，反而会为融资带来便利。

（4）登记为营利法人的学校、幼儿园、医疗机构、养老机构。它们具有法人资格，它们提供担保，符合法律规定的担保资格。当事人以其不具有担保资格为由主张担保合同无效的，不予支持。

2. 公司提供担保的效力问题

公司具有担保资格，可以为自己或者他人提供担保。由于公司提供担保涉及多方的利益，因而存在较多影响公司提供之担保的效力问题。

（1）法定代表人超越权限对外提供之担保的效力。

依照《担保司法解释》第7条的规定，公司的法定代表人违反公司法关于公司对外担保决议程序的规定，超越权限，代表公司与相对人订立担保合同的，属于超越权限实施民事法律行为，应当依照《民法典》第61条和第504条等规定处理：第一，相对人善意的，担保合同对公司发生效力。相对人请求公司承担担保责任的，人民法院应予支持。第二，相对人非善意的，担保合同对公司不发生效力。相对人请求公司承担赔偿责任的，参照适用《担保司法解释》第17条的有关规定。

法定代表人超越权限提供担保造成公司损失，公司请求法定代表人承担赔偿责任的，人民法院应予支持，法定代表人应当承担赔偿责任。

相对人善意，是指相对人在订立担保合同时不知道且不应当知道法定代表人超越权限。相对人有证据证明已对公司决议进行了合理审查的，应当认定其构成善意，但是公司有证据证明相对人知道或者应当知道决议系伪造、变造的除外。

（2）不需公司决议的对外担保。

有些公司由于其自身的属性，在对外提供担保时，不需公司决议。《担保司法解释》第8条规定，有下列情形之一，公司以其未依照公司法关于公司对外担保的规定作出决议为由主张不承担担保责任的，不予支持：一是金融机构开立保函或者担保公司提供担保。它们都是专业的担保企业，提供保函或者提供担保无须公司决议。二是公司为其全资子公司开展经营活动提供担保，因二者具有密切的利益关联关系，所以无须公司决议。三是担保合同经单独或者共同持有公司三分之二以上对担保事项有表决权的股东签字同意，原因是这些股东具有足够数额的表决权，即使公司进行决议，也是如此效果。

上市公司对外提供担保，不适用上述规则。

（3）相对人与上市公司签订的担保合同的效力。

相对人与上市公司签订的担保合同的效力，应当依据相对人是否根据上市公司公开披露的关于担保事项已经董事会或者股东大会决议通过的信息订立合同来确定。对此，《担保司法解释》第9条规定：第一，相对人根据上市公司公开披露的关于担保事项已经董事会或者股东大会决议通过的信息，与上市公司订立担保合同，相对人主张担保合同对上市公司发生效力并由上市公司承担担保责任的，应得到支持，即担保合同有效。第二，相对人未根据上市公司公开披露的关于担保事项已经董事会或者股东大会决议通过的信息，与上市公司订立担保合同，上市公司主张担保合同对其不发生效力且不承担担保责任或者赔偿责任的，应得到支持，即担保合同无效。第三，相对人与上市公司已公开披露的控股子公司订立的担保合同，或者相对人与其股票在国务院批准的其他全国性证券交易场所交易的公司订立的担保合同，适用前述规定。这是因为：于前者母子公司之间具有关联关系，于后者相对人是专业证券交易机构。

（4）一人有限公司为其股东提供的担保的效力。

一人有限公司的股东只有一人，且股东承担有限责任，因而一人有限公司为自己的股东提供担保具有特殊性。《担保司法解释》第 10 条规定：一人有限责任公司为其股东提供担保，公司以违反公司法关于公司对外担保决议程序的规定为由主张不承担担保责任，是没有理由的，不予支持。公司因承担担保责任导致无法清偿其他债务，提供担保时的股东不能证明公司财产独立于自己的财产，其他债权人请求该股东承担连带责任的，符合法律规定，应予支持。

（5）公司的分支机构提供的担保的效力。

公司的分支机构不具有独立的民事主体地位，原则上没有担保人的资格，其对外提供的担保原则上没有效力，但是有例外，《担保司法解释》第 11 条规定：

第一，公司的分支机构未经公司股东会或者董事会决议以自己的名义对外提供担保，相对人请求公司或者其分支机构承担担保责任的，不予支持，但是，相对人不知道且不应当知道分支机构对外提供担保未经公司决议程序的除外。这符合《民法典》第 85 条后段的规定。

第二，金融机构的分支机构在其营业执照记载的经营范围内开立保函，或者经有权从事担保业务的上级机构授权开立保函，金融机构或者其分支机构以违反公司法关于公司对外担保决议程序的规定为由主张不承担担保责任的，不予支持，这样的担保合同有效。金融机构的分支机构未经金融机构授权提供保函之外的担保，金融机构或者其分支机构主张不承担担保责任的，应予支持，这样的担保合同原则上是无效的，但是，相对人不知道且不应当知道分支机构对外提供担保未经金融机构授权的除外。

第三，担保公司的分支机构未经担保公司授权对外提供担保，担保公司或者其分支机构主张不承担担保责任的，应予支持，但是相对人不知道且不应当知道分支机构对外提供担保未经担保公司授权的除外。

第四，公司的分支机构对外提供担保，相对人非善意，请求公司承担赔偿责任的，参照《担保司法解释》第 17 条的有关规定处理，承担赔偿责任。

（6）公司法定代表人以公司名义加入债务准用的规则。

法定代表人依照《民法典》第 552 条的规定以公司名义加入债务的，依照《担保司法解释》第 12 条的规定，在认定该行为的效力时，可以参照该司法解释关于公司为他人提供担保的有关规则处理。

3. 担保物权的受托持有

受托持有是担保法上的概念，是指在担保合同范围内，担保合同的当事人把有效设立的担保物权登记在他人的名下，由他人持有担保物的权属。在受托持有的情况下，担保合同设立的担保物权或者其他担保方式，并不受受托持有的影响。《担保司法解释》第 4 条规定，有下列情形之一，当事人将担保物权登记在他人名下，债务人不履行到期债务或者发生当事人约定的实现担保物权的情形，债权人或者其受托人主张就该财产优先受偿的，依法予以支持：一是为债券持有人提供的担保物权登记在债券受托管理人名下，二是为委托贷款人提供的担保物权登记在受托人名下，三是担保人知道债权人与他人之间存在委托关系的其他情形。

4. 对担保人的权利保护

在担保合同中，为他人的债权提供物上担保的第三人，其法律地位与保证人相当。在这种情况下，第三人作为担保物权的担保人，在承担了担保责任后，对债务人取得追偿权，有权向债务人主张清偿责任。如果担保合同无效，担保人在承担了赔偿责任后，也对债务人取得追偿权。对此，《担保司法解释》第 20 条规定，提供物权担保的第三人有权依照《民法典》第 695 条第 1 款、第 696 条第 1 款、第 697 条第 2 款、第 699 条、第 700 条、第 701 条、第 702 条的规定，主张对自己的追偿权依法予以保护。

（1）依照《民法典》第 695 条第 1 款的规定，债权人和债务人未经保证人书面同意，协商变更主债权债务合同的内容，减轻债务的，保证人仍对变更后的债务承担保证责任；加重债务的，保证人对加重的部分不承担保证责任。

（2）依照《民法典》第 696 条第 1 款的规定，债权人转让全部或者部分债权，未通知保证人的，该转让对保证人不发生效力。

（3）依照《民法典》第 697 条第 2 款的规定，第三人加入债务的，保证人的保证责任不受影响。

依照《民法典》第 699 条的规定，多个保证人按照保证合同约定的份额承担保证责任，没有约定的，债权人可以请求任何一个保证人在其保证范围内承担保证责任。

（4）依照《民法典》第 700 条的规定，保证人承担保证责任后，除当事人另有约定外，有权在其承担保证责任的范围内向债务人追偿，享有债权人对债务人的权利，但是不得损害债权人的利益。

（5）依照《民法典》第 701 条的规定，保证人可以主张债务人对债权人的抗辩。债务人放弃抗辩的，保证人仍然有权向债权人主张抗辩。

（6）依照《民法典》第 702 条的规定，债务人对债权人享有抵销权或者撤销权的，保证人可以在相应范围内拒绝承担保证责任。同样，为债务人提供担保物权的担保人，基于债务人对债权人享有的抵销权和撤销权，当然也可以在相应范围内拒绝承担担保责任。

对于上述保证人享有的权利，第三人作为物权担保人，也都享有。

（四）共同担保

1. 共同担保的类型及共同担保的责任分担规则

对于共同担保的类型和共同担保的责任分担，《担保司法解释》第 13 条依据三种不同情况，分别规定了不同的规则：

（1）有责任分担约定的连带共同担保责任的分担。同一债务有两个以上第三人提供担保，担保人之间约定了相互追偿及分担份额，承担了担保责任的担保人请求其他担保人按照约定分担份额的，应予支持。担保人之间约定承担连带共同担保，或者约定相互追偿但是未约定分担份额的，各担保人按照比例分担向债务人不能追偿的部分。

（2）没有约定责任分担的连带共同担保责任的分担。同一债务有两个以上第三人提供担保，担保人之间未对相互追偿作出约定且未约定承担连带共同担保责任，但是各担保人在同一份合同书上签字、盖章或者按指印，承担了担保责任的担保人请求其他担保人按照比例分担向债务人不能追偿部分的，应予支持。

（3）按份责任的共同担保责任。除前两种情形外，承担了担保责任的担保人请求其他担保人分担向债务人不能追偿部分的，不予支持。这就是说，担保人之间未对承担担保责任后的责任分担问题作出约定，且不构成连带共同担保的，各担保人应承担按份的共同担保责任。

2. 共同担保人之一受让债权对其他担保人的法律效果

当两个以上的第三人对同一个债权提供担保时，构成共同担保。在共同担保关系存续期间，共同担保人之一受让了被担保的债权，就成了被担保的债权的债权人。在这种情况下，共同担保关系发生了变化，共同担保人之一的身份由担保人变成了债权人。从这个意义上说，这个担保人其实就放弃了在自己受让的债权范围内自己享有的担保权利，自己给自己的债权担保。这种担保是没有效力的。因此，《担保司法解释》第 14 条规定：同一债务有两个以上第三人提供担保，担保人受让债权的，应当认定该行为系承担担保责任。受让债权的担保人作为债权人请求其他担保人承担担保责任的，不予支持；该担保人请求其他担保人分担相应份额的，依照共同担保责任分担的规定处理。

（五）借新还旧之债的担保效力

借新还旧也叫以新抵旧、债权更新、债务更改、债务更替，是指合同当事人之间订立新合同而使旧合同消灭的合同法制度。合同之债更新的实质，是以消灭旧债为目的而设立新债，也就是说，旧贷款到期无法清偿，债务人向债权人借贷新债，以清偿旧债。借新还旧之债的风险较高，为其提供担保风险更大，故在法律适用上更应慎重。对此《担保司法解释》第 16 条规定的规则是：

（1）旧贷的担保人不承担新贷的担保责任。主合同当事人协议以新贷偿还旧贷，债权人请求旧贷的担保人承担担保责任的，不予支持。

（2）新贷的担保人如何承担担保责任应当区分情况确定。债权人请求新贷的担保人承担担保责任的，应当区分具体情况，按照下列规则处理：第一，新贷与旧贷的担保人相同的，说明旧贷的担保人愿意继续为新贷承担担保责任，因此，应予支持；第二，新贷与旧贷的担保人不同，或者旧贷无担保新贷有担保的，不予支持，但是债权人有证据证明新贷的担保人提供担保时对以新贷偿还旧贷的事实知道或者应当知道的除外。对第二种情形的处理方法，主要是考虑新贷的担保人对借新还旧是否知情：如果知情，则新贷的担保人当然要对新贷提供担保；如果不知情或者不应当知道借新还旧的事实，则存在骗保的可能，因而不予支持。

（3）为新贷提供担保的旧贷的物的担保人的旧贷登记未注销的效力。主合同当事人协议以新贷偿还旧贷，旧贷的物的担保人在登记尚未注销的情形下同意继续为新贷提供担保，在订立新的贷款合同前又以该担保财产为其他债权人设立担保物权，其他债权人主张其担保物权在顺位上优先于新贷债权人的，理由不成立，因为为旧贷提供担保的担保物权没有注销而继续为新贷提供担保的，旧贷的担保物权的效力应从旧贷的担保物权登记之日开始，中间没有中断，登记的时间在先，效力优先，所以不予支持。

（六）担保合同无效的后果

担保合同是从合同，其效力依附于被担保的主合同。主合同无效的，担保合同无效；主合同有效，从合同无效的，从合同也无效。

确定担保合同无效的法律后果，应当依照《民法典》第 388 条第 2 款的规定，实行过错责任原则，由有过错的一方当事人承担责任。在实践中，担保合同无效，多数是因为债务人、担保人和债权人存在过错，因此，该款规定：担保合同被确认无效后，债务人、担保人、债权人有过错的，应当根据其过错各自承担相应的民事责任。

《担保司法解释》依据《民法典》的上述规定，详细规定了担保合同无效的法律后果。

1. 担保合同无效时的损害赔偿责任

（1）主合同有效而第三人提供担保的合同无效。《担保司法解释》第 17 条规定的担保合同无效的赔偿责任的确定规则是，主合同有效而第三人提供担保的合同无效的，应当区分不同情形确定担保人的赔偿责任：第一，债权人与担保人均有过错的，担保人承担的赔偿责任不应超过债务人不能清偿部分的 1/2；第二，担保人有过错而债权人无过错的，担保人对债务人不能清偿的部分承担赔偿责任；第三，债权人有过错而担保人无过错的，担保人不承担赔偿责任。这其实就是按照过错责任原则确定赔偿责任。

（2）主合同无效导致第三人提供担保的合同无效。对此，如果担保人无过错，则其就不承担赔偿责任；如果担保人有过错，则其承担的赔偿责任不应超过债务人不能清偿部分的 1/3。

2. 担保人承担赔偿责任后的追偿权

担保人承担了赔偿责任后，取得对债务人的追偿权，应当将责任后果归之于债务人。故《担保司法解释》第 18 条规定，承担了担保责任或者赔偿责任的担保人，在其承担责任的范围内向债务人追偿的，是依法行使追偿权，应予支持。

在同一债权中，既有债务人自己提供的物的担保，又有第三人提供的担保的，承担了担保责任或者赔偿责任的第三人，取得债权人对债务人的追偿权，可以向债务人追偿，而不因为债务人也是担保人而有所改变。故承担了担保责任或者赔偿责任的担保人主张行使债权人对债务人享有的担保物权的，应予支持。

（七）反担保

第三人为债务人向债权人提供担保后，如果第三人对于自己承担担保责任后追偿权的安全有顾虑，可以要求债务人提供反担保。对此，《民法典》第 387 条第 2 款作了原则性的规定。

反担保也叫作求偿担保，是第三人为债务人向债权人提供担保，担保人为实现将来承担担保责任后对债务人的追偿权而设定的担保。

反担保是债务人对担保人提供的担保，其建立的基础是本担保。在反担保关系中，原担保人为本担保人，提供反担保的人为反担保人，反担保人可以是债务人本人，也可以是债务人和本担保人以外的第三人。

反担保的意义在于：在本担保中，为债务人向债权人提供担保的第三人，在债务人届期不履行债务时，或者发生当事人约定的实现担保物权的情形时，须依合同约定或者法律规定承担担保责任，以自己的财产代为债务的清偿；代偿债务后，该担保人即成为债务人的债权人，有权就其代债务人向债权人清偿的债务向债务人追偿。正像债权人因担忧债务人的清偿能力而要求债务人或第三人为债务的履行提供担保一样，担保人为了自身的利益安全，为了避免其对债务人的追偿权成为既得权后有不能实现的风险，可以要求债务人或债务人以外的人向其提供反担保，以保障其在承担担保责任后向债务人追偿损失的权利的实现。

与本担保相比较，反担保具有以下几个显著特点：一是反担保的担保对象不是原来的债权，而是本担保人的追偿权；二是反担保合同的当事人不是担保人和债权人，而是本担保人和债务人或者债务人提供的第三人，即反担保人；三是反担保合同从属于担保人与债权人间的担保合同，是担保合同的从合同而不是主合同的从合同；四是担保人在取得对债务人的追偿权后，债务人不对担保人的损失履行清偿义务时，反担保人对本担保人负代为清偿责任。

1. 反担保的形式

反担保的形式有以下几种。

（1）保证反担保。

保证反担保又称信用反担保、求偿保证，是实践中较常采用的一种反担保方式。保证反担保包括一般责任保证与连带责任保证，但由于债务人已经清偿能力不足，故本担保人通常要求提供连带责任保证，而不是一般责任保证。

（2）抵押反担保。

抵押反担保是反担保人以抵押的方式提供反担保。债务人对本担保人不履行被追偿的债务时，或者发生当事人约定的实现抵押权的情形时，本担保人有权依法以该抵押财产折价或者以拍卖、变卖该财产的价款优先受偿。

（3）质押反担保。

质押反担保是反担保人以质押方式提供的反担保。债务人对本担保人不履行被追偿的债务时，或者发生当事人约定的实现质权的情形时，本担保人有权依法以该动产或权利折价或者以拍卖、变卖的价款优先受偿。

如果反担保人是由债务人之外的第三人充任的，则该反担保人在承担反担保责任后，取得对债务人的再追偿权，因而可能发生反担保人要求债务人提供再反担保的情况。事实上，再反担保也是反担保，仍然遵守反担保的规则。

上述三种反担保中，抵押反担保和质押反担保仅适用《民法典》“物权”编的规定，保证反担保还要适用《民法典》“合同”编有关保证的规定。

2. 反担保人的担保责任与反担保合同无效的责任

反担保的责任，分为反担保人的担保责任与反担保合同无效的责任。对此，《担保司法解释》第19条作了规定。

（1）反担保人的担保责任。担保合同无效，担保人要依照有关规定承担赔偿责任，反担保合同约定的反担保条款发挥作用。承担了赔偿责任的担保人按照反担保合同的约定，在其承担赔偿责任的范围内请求反担保人承担担保责任的，反担保人必须承担反担保责任。

（2）反担保合同无效的责任。反担保合同无效的，也是依照过错责任原则确定责任。对此，《担保司法解释》第 17 条规定了具体规则，应当按照这些规则来处理。当事人仅以担保合同无效为由主张反担保合同无效的，不予支持。

（八）有关担保的程序问题

《担保司法解释》第 21～24 条规定了有关担保的程序问题。

1. 担保合同的仲裁条款

合同中的仲裁条款具有排除法院管辖的效力，因此，主合同或者担保合同约定了仲裁条款的，法院对约定了仲裁条款的合同的当事人之间的纠纷无管辖权。在这个原则之下，第一，债权人一并起诉债务人和担保人的，应当根据主合同确定管辖法院。第二，债权人依法可以单独起诉担保人且仅起诉担保人的，应当根据担保合同确定管辖法院。

2. 在破产程序中的担保问题

（1）担保债务的停止计息。在法院受理债务人破产案件后，债权人请求担保人承担担保责任，担保人主张担保债务自法院受理破产申请之日起停止计息的，对担保人的主张应予支持。

（2）申报破产债权后由担保人承担担保责任。在法院受理债务人破产案件后，债权人在破产程序中申报了债权，之后又向法院提起诉讼，请求担保人承担担保责任的，依法予以支持。

担保人清偿债权人的全部债权后，可以代替债权人在破产程序中受偿；在债权人的债权获全部清偿前，担保人不得代替债权人在破产程序中受偿，但是有权就债权人通过破产分配和实现担保债权等方式获得的清偿总额中超出债权的部分，在其承担担保责任的范围内请求债权人返还。

债权人在债务人破产程序中未获全部清偿，请求担保人继续承担担保责任的，应予支持。担保人承担担保责任后，向和解协议或者重整计划执行完毕后的债务人追偿的，不予支持。

（3）债权人疏于履行义务致使担保人不能预先行使追偿权。债权人知道或者应当知道债务人破产，既未申报债权也未通知担保人，致使担保人不能预先行使追偿权的，担保人就该债权在破产程序中可能受偿的范围内免除担保责任，但是担保人因自身过错未预先行使追偿权的除外。

二、担保物权的效力范围

（一）担保物权的一般效力范围

对担保物权的一般效力范围，《民法典》第 389 条作出了一般性规定：担保物权的担保范围包括主债权及其利息、违约金、损害赔偿金、保管担保财产和实现担保物权的费用。当事人另有约定的，按照其约定。这里规定的担保效力范围是一般的范围，其中某些项对某些担保物权并不适用，例如，于不承担保管担保财产责任的抵押权就不存在保管担保财产的费用的问题。

1. 被担保的最高债权额的确定

最高额担保的效力，包括最高额抵押、最高额质押、最高额保证的效力，都存在最高债权额范围的界定问题。《担保司法解释》第 15 条规定，最高额担保中的最高债权额，是指包括主债权及其利息、违约金、损害赔偿金、保管担保财产的费用、实现债权或者实现担保物权的费用等在内的全部债权。如果对于最高债权额的范围，当事人另有约定，则应当依照当事人的约定确定。此外，登记的最高债权额与当事人约定的最高债权额不一致的，法院应当依据登记的最高债权额确定债权人优先受偿的范围。

2. 担保财产权属不明、有争议或者被查封、扣押、监管的物权担保

关于就权属不明的财产、权属有争议的财产，以及被查封、扣押或者监管的财产设置的抵押，其效力如何，《担保司法解释》第 37 条规定：第一，当事人以所有权、使用权不明或者有争议的财产抵押，经审查构成无权处分的，应当依照《民法典》第 311 条关于善意取得的规定处理，当事人可以善意取得抵押权。第二，当事人以依法被查封或者扣押的财产抵押，抵押权人请求行使抵押权，经审查查封或者扣押措施已经解除的，应予支持。抵押人以抵押权设立时财产被查封或者扣押为由主张抵押合同无效的，不予支持。第三，以依法被监管的财产抵押的，适用前述规定。

3. 担保财产的不可分性

担保物权具有不可分性，主要表现在担保物权的效力不可分。担保物权的效力不可分，表现在担保物权担保债权的全部并及于担保财产的全部，因而使担保财产不可分，即在主债权部分受偿后，担保物权人仍可以就未受偿的部分债权对担保财产全部行使担保物权。即使被担保物权担保的债权部分已经消灭，全部担保财产仍然处于担保状态。因此，《担保司法解释》第 38 条规定：第一，主债权未受全部清偿，担保物权人主张就担保财产的全部行使担保物权的，应予支持，但是留置权人行使留置权的，应当依照《民法典》第 450 条关于留置财产为可分物的特殊规定处理，留置财产的价值应当相当于债务的金额。第二，担保财产被分割或者部分转让，担保物权人主张就分割或者转让后的担保财产行使担保物权的，应予支持，但是法律或者司法解释另有规定的除外。

4. 被担保债权的不可分性

担保物权的不可分性是担保物权的基本属性，具体表现在以下四个方面：一是债权未受全部清偿的，担保物权人可以就担保物的全部行使担保物权。二是主债权被分割或部分转让的，各债权人可就其享有的债权份额行使担保物权。三是主债务被分割或者部分转让的，担保人仍以其担保物担保数个债务人履行债务；但是，第三人提供担保，债权人许可债务人转让债务未经担保人书面同意的，担保人对未经其同意转让的债务，可主张不再承担担保责任。四是担保物被分割或部分转让，担保物权人可就分割或转让后的抵押物行使担保物权。

上述第二点和第三点内容，就是被担保物权保障的主债权的不可分性。对此，《担保司法解释》第 39 条规定，主债权被分割或者部分转让，各债权人主张就其享有的债权份额行使担保物权的，因为主债权仍然具有不可分性，各债权人就其享有的债权份额行使担保物权，法院应予支持，但是法律另有规定或者当事人另有约定的除外。主债务被分割或者部分转移，债务人自己提供物的担保，债权人请求以该担保财产担保全部债务履行的，应予支持，因为担保人仍然以其担保物权担保数个债务人的债务履行；除外的是，第三人提供物的担保，主张对未经其书面同意转移的债务不再承担担保责任的，应予支持。

（二）抵押权的效力及于抵押物的从物

在担保法中，应该按照民法的“从随主”原则确定抵押物的主从关系。对主物设置抵押权，抵押权的效力当然及于从物。尽管在设置抵押权时，仅登记了抵押权的主物，并没有登记从物，但从物也跟随主物的抵押权设置，成为抵押财产，对主债权提供担保，保障主债权的实现。对于抵押权的效力是否及于抵押物的从物，《担保司法解释》第 40 条规定：从物产生于抵押权依法设立前，抵押权人主张抵押权的效力及于从物的，应予支持，但是当事人另有约定的除外。从物产生于抵押权依法设立后，抵押权人主张抵押权的效力及于从物的，不予支持，但是在抵押权实现时可以一并处分。

（三）抵押权的效力及于添附物

抵押权设立后，对设置抵押权的抵押财产经添附而成的新物也发生效力。由于对抵押财产的添附是使抵押财产与第三人享有所有权的物或者第三人的行为结合在一起而成为一个新物，所有权发生新的变化，因而，抵押权对经过添附的抵押财产的效力的规则，有所不同。《担保司法解释》第 41 条规定的规则是：第一，抵押权依法设立后，抵押财产被添附，添附物归第三人所有，抵押权人主张抵押权的效力及于补偿金的，应予支持。第二，抵押权依法设立后，抵押财产被添附，抵押人对添附物享有所有权，抵押权人主张抵押权的效力及于添附物的，应予支持，但是添附导致抵押财产价值增加的，抵押权的效力不及于价值增加的部分。第三，抵押权依法设立后，抵押人与第三人因添附成为添附物的共有人，抵押权人主张抵押权的效力及于抵押人对共有物享有的份额的，应予支持。

（四）担保物权效力及于担保财产的代位物

担保物权的担保效力及于担保财产的代位物。《民法典》第 390 条规定：担保期间，担保财产毁损、灭失或者被征收等，担保物权人可以就获得的保险金、赔偿金或者补偿金等优先受偿。被担保债权的履行期限未届满的，也可以提存该保险金、赔偿金或者补偿金等。因为这些保险金、赔偿金和补偿金是担保财产毁损、灭失或者被征收的代位物，是担保财产的另一种表现形式，所以担保物权的担保效力当然及于该代位物。由于这些代位物都是金钱形式，因而，可以直接由债权人提前优先受偿，或者提存，待履行期届满时优先受偿。对于抵押物的代位物求偿的顺位，《担保司法解释》第 42 条规定：抵押权依法设立后，抵押财产毁损、灭失或者被征收等，抵押权人请求按照原抵押权的顺位就保险金、赔偿金或者补偿金等优先受偿的，应予支持。此外，如果给付义务人已经向抵押人给付了保险金、赔偿金或者补偿金，抵押权人请求给付义务人向其给付保险金、赔偿金或者补偿金的，不予支持，但是给付义务人接到抵押权人要求向其给付的通知后仍然向抵押人给付的除外。在程序上，抵押权人请求给付义务人向其给付保险金、赔偿金或者补偿金的，可以通知抵押人作为第三人参加诉讼。

（五）约定禁止转让或者限制转让抵押财产的效力

《民法典》第406条规定：抵押期间，抵押人可以转让抵押财产。当事人另有约定的，按照其约定。对于当事人禁止转让或者限制转让抵押财产的约定究竟怎样确定其效力？《担保司法解释》第43条规定：

（1）当事人约定禁止或者限制转让抵押财产，但是未将约定登记，抵押人违反约定转让抵押财产，抵押权人请求确认转让合同无效的，因约定未经登记，尚不具有约束第三人的效力，因此，不予支持，转让合同有效。抵押财产已经交付或者登记，抵押权人请求确认转让不发生物权效力的，不予支持，但是，抵押权人有证据证明受让人知道的，受让人为非善意，因而不发生物权变动效力。抵押权人请求抵押人承担违约责任的，抵押人确实构成违约，应当承担违约责任，依法予以支持。

（2）当事人约定禁止或者限制转让抵押财产且已经将约定登记，抵押人违反约定转让抵押财产，抵押权人请求确认转让合同无效的，抵押合同的效力不受影响，不予支持；抵押财产已经交付或者登记，抵押权人主张转让不发生物权效力的，应予支持，因为抵押权仍然跟随抵押财产的移转而转移；但是，受让人代替债务人清偿债务导致抵押权消灭的，抵押权人的抵押权消灭。

（六）不同担保形式之间的关系

在各种不同的担保形式之间，其效力应当怎样确定，历来是实践中的一个难题。对此，《民法典》第392条规定了基本的规则，这就是：被担保的债权既有物的担保又有人的担保的，债务人不履行到期债务或者发生当事人约定的实现担保物权的情形，债权人应当按照约定实现债权。没有约定或者约定不明确，债务人自己提供物的担保的，债权人应当先就该物的担保实现债权；第三人提供物的担保的，债权人可以就物的担保实现债权，也可以要求保证人承担保证责任。提供担保的第三人在承担担保责任后，有权向债务人追偿。

按照这一规定，具体的规则是：第一，如果在原来的合同中已经约定了如何处理，应当按照约定实现债权。对此，任何一方都不会也不应有异议。第二，当事人事先没有约定或者约定不明确，如果是债务人提供物的担保，那么债务人的物的担保优先，债权人应当就该物的担保实现债权。对于清偿不足的部分，第三人作为保证人，承担补充的担保责任。第三，当事人事先没有约定或者约定不明确，如果是第三人提供物的担保，因物的担保和人的担保处于同等地位，故由债权人选择，可以就物的担保实现债权，也可以要求保证人承担保证责任。第四，提供担保的第三人承担了担保责任的，取得向债务人的追偿权，可以向债务人追偿，补偿自己因承担担保责任遭受的损失。

三、担保物权消灭原因的几个具体情形

依照《民法典》第393条的规定，担保物权消灭的原因有以下几种：一是主债权消灭；二是担保物权实现；三是债权人放弃担保物权；四是法律规定的导致担保物权消灭的其他情形，如担保财产灭失等。其中涉及的几种具体情形如下。

（一）主债权诉讼时效期间届满的后果

关于主债权诉讼时效期间届满的法律后果，《担保司法解释》第44条规定了具体的确定办法：

第一，主债权诉讼时效期间届满后，抵押权人主张行使抵押权的，不予支持；抵押人以主债权诉讼时效期间届满为由，主张不承担担保责任的，应予支持。主债权诉讼时效期间届满前，债权人仅对债务人提起诉讼，经法院判决或者调解后未在民事诉讼法规定的申请执行时效期间内对债务人申请强制执行，但向抵押人主张行使抵押权的，不予支持。

第二，主债权诉讼时效期间届满后，财产被留置的债务人或者对留置财产享有所有权的第三人请求债权人返还留置财产的，不予支持。债务人或者第三人请求拍卖、变卖留置财产并以所得价款清偿债务的，应予支持。

第三，关于主债权诉讼时效期间届满的法律后果，于以登记作为公示方式的权利质权，参照适用上述第一点；于动产质权、以交付权利凭证作为公示方式的权利质权，参照适用上述第二点。

（二）当事人约定自行实现担保物权的效力

对于实现担保物权的方法，原则上采用诉讼方式、执行方式或者仲裁方式，但是，当事人也可以约定自行实现担保物权。对此《担保司法解释》第45条第1款规定：当事人约定当债务人不履行到期债务或者发生当事人约定的实现担保物权的情形，担保物权人有权将担保财产自行拍卖、变卖并就所得的价款优先受偿的，该约定有效。因担保人的原因导致担保物权人无法自行对担保财产进行拍卖、变卖，担保物权人请求担保人承担因此增加的费用的，应予支持。

（三）实现担保物权案件程序与仲裁条款的冲突协调

实现担保物权，可以按照民事诉讼法的规定，直接采用实现担保物权案件的方式进行，而不必经过诉讼方式。如果担保合同中同时又约定了仲裁程序的，会发生实现担保物权案件程序与仲裁程序的冲突。对此，《担保司法解释》第45条第2款规定了如下协调方法：

当事人依照民事诉讼法有关"实现担保物权案件"的规定，申请拍卖、变卖担保财产，被申请人以担保合同约定了仲裁条款为由主张驳回申请的，法院经审查后，应当按

照以下情形分别处理：第一，当事人对担保物权无实质性争议且实现担保物权的条件已经成就的，应当裁定准许拍卖、变卖担保财产；第二，当事人对实现担保物权有部分实质性争议的，可以就无争议的部分裁定准许拍卖、变卖担保财产，并告知可以就有争议的部分申请仲裁；第三，当事人对实现担保物权有实质性争议的，应裁定驳回申请，并告知可以向仲裁机构申请仲裁。

债权人以诉讼方式请求实现担保物权的，应当以债务人和担保人为共同被告。

四、动产和权利担保的具体问题

（一）动产和权利担保合同中的概括性描述

动产或者权利担保合同的设立采取登记对抗主义，在担保合同成立之后，即使没有进行登记，抵押权和质权也成立，只是不具有对抗善意第三人的效力，因此，对于动产或者权利担保合同中的抵押财产和质押财产、权利就存在概括性描述的问题。所谓概括性描述，是与确定性描述、具体性描述对称的概念，是指把事物的共同特点归结在一起，加以简明、扼要的说明，而不作具体的说明。由于准许和倡导担保合同对担保财产、权利进行概括性描述，就存在被概括性描述的担保财产、权利是否能够特定化的问题，所以应当确定依据对担保财产、权利的概括性描述能够合理识别担保财产、权利的标准。《担保司法解释》第53条正是以对特定担保财产、权利是否可以合理识别为标准，确定了以下规则：当事人在动产、权利担保合同中对担保财产、权利进行了概括性描述，如依据相关描述足以合理识别担保财产、权利，应当认定担保合同成立。

（二）动产抵押权未办理登记的效力

动产抵押权设立后，可以办理登记。《担保司法解释》第54条规定，动产抵押合同订立后未办理抵押登记的，动产抵押权的效力按照下列情形分别处理：一是抵押人转让抵押财产，受让人占有抵押财产后，抵押权人向受让人请求行使抵押权的，不予支持，但是抵押权人能够举证证明受让人知道或者应当知道已经订立抵押合同的除外；二是抵押人将抵押财产出租给他人并移转占有，抵押权人行使抵押权的，租赁关系不受影响，但是抵押权人能够举证证明承租人知道或者应当知道已经订立抵押合同的除外；三是抵押人的其他债权人向法院申请保全或者执行抵押财产，法院已经作出财产保全裁定或者采取执行措施，抵押权人主张就抵押财产优先受偿的，不予支持；四是抵押人破产，抵押权人主张就抵押财产优先受偿的，不予支持。

（三）动产抵押中债权人、出质人与监管人的三方协议的效力

《担保司法解释》第55条规定：债权人、出质人与监管人订立三方协议，出质人以通过对一定数量、品种等的概括性描述能够确定范围的货物为债务的履行提供担保，当事人有证据证明监管人系受债权人的委托监管并实际控制该货物的，应当认定质权于监管人实际控制货物之日起设立。监管人违反约定向出质人或者其他人放货，或者因保管

不善导致货物毁损灭失，债权人请求监管人承担违约责任的，依法予以支持。

在前述情形下，当事人有证据证明监管人系受出质人委托监管该货物，或者虽然受债权人委托但是未实际履行监管职责，导致货物仍由出质人实际控制的，应当认定质权未设立。债权人可以基于质押合同的约定请求出质人承担违约责任，但是不得超过质权有效设立时出质人应当承担的责任范围。监管人未履行监管职责，债权人请求监管人承担责任的，依法予以支持。

（四）动产担保中正常经营活动的买受人和出卖人

《担保司法解释》第56条对于《民法典》第406条规定的抵押人转让抵押财产的效力规定，确定了抵押权人的抵押权不得对抗正常经营活动的买受人的原则，即买受人在出卖人正常经营活动中通过支付合理对价取得已经设立担保物权的动产，担保物权人请求就该动产优先受偿的，不予支持。因此，抵押人在对动产设置了抵押权后，转让自己的设置了抵押的动产的，只要受让人是正常经营活动的买受人，抵押权人就不得对其取得的动产主张行使抵押权。《担保司法解释》对正常经营活动的出卖人也作了具体规定。

1. 正常经营活动的买受人

买受人在出卖人的正常经营活动中通过支付合理对价取得已被设立担保物权的动产，担保物权人请求就该动产优先受偿的，不予支持，但是有下列情形之一的，不是正常经营活动的买受人：一是购买商品的数量明显超过一般买受人，二是购买出卖人的生产设备，三是订立买卖合同的目的在于担保出卖人或者第三人履行债务，四是买受人与出卖人存在直接或者间接的控制关系，五是买受人应当查询抵押登记而未查询的其他情形。

2. 正常经营活动的出卖人

正常经营活动的出卖人，是指其经营活动属于其营业执照明确记载的经营范围，且持续销售同类商品的出卖人。

前述担保物权人，是指其抵押已经办理登记的抵押权人、所有权保留买卖的出卖人、融资租赁合同的出租人。

《问题与思考》

1. 引读案例思考

王某将于某的存款单质押给郑某，向郑某借款，但存款单没有背书。后郑某和于某均向银行要求支付存款。

请结合本章内容思考：

（1）用存款单向郑某质押，成立质权吗？

（2）以存款单设立的质权是何种性质的质权？

（3）如果你自己作为本案的法官，对本案应当如何处理？

参考分析意见：

在本案中，王某请于某帮助吸储，于某委托王某代办存款，王某取得的存款单是于某的财产权利，于某对该存款单享有所有权和存款单上的债权。王某未经于某同意，擅自将于某的存款单质押给郑某向郑某借款，这是王某的不诚信行为，是无权处分。以存款单设立的质权，是权利质权，不是动产质权。按照存款单质权发生效力的规定，出质人和质权人应当以书面形式订立质权合同，出质人应当在合同约定的期限内将权利凭证交付质权人，质权合同自权利凭证交付之日起生效。存款单质权的设立是要式行为，须出质人和质权人订立书面合同。王某和郑某没有订立书面质权合同，也没有在存款单上进行背书，因此，不符合质权设定的规则，不发生设立质权的效力。

在王某借款后逾期未能偿还借款的情况下，郑某作为“质权人”，持存款单向银行要求提前支取5万元存款，以清偿王某欠自己的债务。由于王某并没有取得该存款单的质权，因而其请求是没有法律根据的。于某得知后，要求银行向自己支付存款，在遭到银行拒付后向法院起诉，以自己是存款单的合法所有权人为由，要求银行向自己支付5万元存款，理由充分，法院应当予以支持。

2. 重点题

(1) 担保物权的概念应当如何界定?

(2) 担保物权和用益物权的联系与区别是什么?

(3)《民法典》规定的担保物权有哪些基本规则?

3. 法考题

反担保。

4. 考研题

(1) 担保物权的特征。

(2) 反担保的性质。

第十三章

抵押权

重点知识

1. 抵押权：概念、特征、取得、内容、实现
2. 抵押财产
3. 抵押权登记
4. 抵押权对抵押人的效力
5. 抵押权的行使期间
6. 抵押权的顺位
7. 浮动抵押
8. 最高额抵押权

引读案例

甲公司因引进设备需要资金，向乙银行申请贷款 500 万元，以其价值 1 000 万元的厂房抵押，办理了抵押权登记。嗣后，甲公司又向丙银行借款 300 万元，也用该厂房抵押，也办理了抵押权登记。贷款到期后，甲公司不能偿还借款，乙、丙银行分别向法院提起诉讼，请求拍卖甲公司抵押的厂房以还款。

第一节　抵押权与抵押财产

一、抵押权

(一) 抵押权的概念

抵押权，是指债权人对于债务人或者第三人不转移占有而为债权提供担保的抵押财产，当债务人不履行债务或者发生当事人约定的实现抵押权的情形时，依法享有的就该财产变价款优先受偿的担保物权。《民法典》第 394 条规定：为担保债务的履行，债务人

或者第三人不转移财产的占有，将该财产抵押给债权人的，债务人不履行到期债务或者发生当事人约定的实现抵押权的情形，债权人有权就该财产优先受偿。

在抵押权法律关系中，提供担保财产的债务人或者第三人为抵押人；享有抵押权的债权人为抵押权人；抵押人提供的担保财产为抵押财产，也被称为抵押物。

上述抵押权概念为狭义概念。广义的抵押权概念还包括其他特殊抵押权，如船舶抵押权、航空器抵押权等。在我国《海商法》《民用航空法》等对这些抵押权作了特别规定，与狭义抵押权的概念和规则有所区别。

（二）抵押权的法律特征

1. 抵押权的性质属于担保物权

抵押权是在财产所有权之上再设置的他物权，用以担保债权的实现，故其性质属于担保物权，不失其物权属性，权利人对抵押财产具有支配效力与优先效力。

2. 抵押权的标的物是债务人或者第三人的不动产、动产或者权利

抵押权在产生之初，仅能在不动产上设定，在动产上设定的担保物权是质权。在现代社会生活中，许多动产在价值上并不逊于不动产，因而法律认可在某些特定的动产上可以设定抵押权，甚至在不动产权利或者特许物权，例如建设用地使用权，荒山、荒沟、荒丘、荒滩等荒地的土地使用权等上也可以设定抵押权。这些不动产、动产或者权利的提供者，可以是债务人，也可以是债权关系以外的第三人。

3. 不需要移转抵押权的标的物的占有

抵押权的设立不以移转标的物的占有为必要，这一点是抵押权与质权、留置权等担保物权的显著区别。抵押权的成立与存续不需要移转标的物的占有，抵押人仍然可以占有标的物而予以使用、收益、处分，从而有利于抵押人发挥物的效用；同时，抵押权人也不负保存标的物的义务并能取得完全的担保权，从而对抵押权人也有利益。

4. 抵押权的价值功能在于就抵押财产所卖得的价金优先受偿

抵押权的价值功能在于被担保债权的优先受偿性，具体表现在：第一，与债务人的普通债权人相比，抵押权人有权就抵押财产卖得的价金优先于普通债权人受清偿。第二，与债务人的其他抵押权人相比，抵押权已登记的，其所担保的债权按照抵押权登记的先后顺序受清偿；顺序相同的，按照债权比例受清偿。第三，抵押合同自签订之日起生效，抵押权已登记的，其所担保的债权按照登记的先后顺序受清偿；无须登记的，已登记的抵押权优先于未登记的抵押权，均未登记的，其所担保的债权按照债权比例受清偿。第四，债务人破产时，抵押权人享有别除权，仍然可以就抵押财产卖得的价金优先受偿。抵押权人优先受偿的范围，以抵押财产的变价款为限，如果抵押财产的变价款不足以清偿所担保的债权，则债权人就未清偿的部分对债务人的其他财产无优先受偿的效力，与其他债权人一起平均受偿。

（三）抵押权的特别属性

1. 从属性

抵押权的从属性是基于其所担保的债权而言的，具体表现是：第一，成立上的从属性，即抵押权的成立，一般以债权的成立为前提。如果债权不存在，则抵押权也不成立。因此，当抵押权所担保的债权不成立、无效或被撤销之时，抵押权也无从发生。在解释上认为，只要抵押权实现时有被担保的债权存在即可。第二，转移上的从属性，即抵押权因债权的转移而转移。抵押权需附随于其所担保的债权，才能通过让与成为其他债权的担保，抵押权不得与债权分离而单独转让或者作为其他债权的担保。第三，消灭上的从属性，即抵押权一般因债权的消灭而消灭。抵押权所担保的债权如因分割、清偿、提存、免除、混同等而全部消灭时，抵押权也随之消灭。

应当注意的是，随着抵押权制度的发展，在最高额抵押中，抵押权的成立并不以债权的成立为前提；在当事人有特别约定时，债权转让并不必然导致抵押权转让。

2. 不可分性

抵押权的不可分性表现在：第一，抵押财产的全部担保债权的各部；第二，抵押财产的各部担保债权的全部。这就是说，享有抵押权的债权人有权就抵押财产的全部行使抵押权，无论抵押财产被分割或一部分灭失，还是抵押权担保的债权被分割、让与或部分清偿，对抵押权都不产生影响。

3. 物上代位性

抵押权的物上代位性，是指抵押人因抵押物灭失、毁损而获得赔偿金、补偿金或保险金时，该赔偿金、补偿金或保险金成为抵押权标的物的代替物，抵押权人有权对其行使抵押权。此处因抵押财产灭失、毁损所获得的赔偿金、补偿金或保险金被称为“代位物”或“代偿物”。

（四）抵押权的分类

1. 普通抵押权和特殊抵押权

依据确立抵押权的法律依据不同，抵押权可被分为普通抵押权与特殊抵押权。

普通抵押权就是《民法典》规定的一般抵押权。特殊抵押权是与普通抵押权相比具有特殊性的抵押权，例如最高额抵押权等。

特殊抵押权的特殊性表现为：（1）发生原因特殊，如法定抵押权。普通抵押权是依据当事人之间的合意而设定的，而法定抵押权是基于法律的规定而产生的。（2）标的物特殊，如权利抵押权、财团抵押权、共同抵押权、动产抵押权等。普通抵押权，其标的物为不动产，而前述四种抵押权的标的物较特殊。（3）其他情形特殊，例如最高额抵押权、证券抵押权。

《民法典》规定的特殊抵押权有以下几种：

（1）共同抵押权，即为了担保同一债权在数个不动产、动产或权利上设定的抵押权。这数个不动产、动产或权利可以是分别属于同一个人的，也可以是分别属于不同人的。

（2）浮动抵押权，即抵押人以其所有的全部财产为标的物而设立的抵押权。其特点是，抵押财产既包括抵押人现有的财产，也包括抵押人将来取得的财产。

（3）最高额抵押权，即为担保债务履行，债务人或者第三人以抵押财产为在一定期间为发生的债权设定的抵押权。《民法典》“物权”编用一节专门规定了最高额抵押权。

2. 不动产抵押权、动产抵押权和权利抵押权

依据抵押权的抵押财产的不同，抵押权可以被分为以下三种类型。

（1）不动产抵押权，即以不动产为标的物而设定的抵押权。这是《民法典》规定的最主要的抵押权，也就是普通的抵押权。

（2）动产抵押权，即以动产为标的物而设定的抵押权。《民法典》第 395 条第 1 款第 4、6、7 项以及第 5 项的部分内容规定了动产抵押权。

（3）权利抵押权，即以不动产的物权作为抵押客体而设定的抵押权。依据《民法典》第 395 条的规定，能够作为抵押财产的权利，主要是建设用地使用权和海域使用权等。

二、抵押财产

（一）抵押财产的概念

抵押财产，也称为抵押权的标的物或者抵押物，是指被设置了抵押权的不动产、动产或者其他财产权利。《民法典》第 394 条第 2 款后段规定："提供担保的财产为抵押财产。"

《民法典》第 395 条和第 399 条详细规定了允许抵押的财产范围与禁止抵押的财产范围。

（二）允许抵押的财产范围

1. 法定的抵押财产

法定的抵押财产包括：（1）建筑物和其他土地附着物；（2）建设用地使用权；（3）海域使用权；（4）生产设备、原材料、半成品、产品；（5）正在建造的建筑物、船舶、航空器；（6）交通运输工具；（7）法律、行政法规未禁止抵押的其他财产。

2. 学理上的抵押财产分类

依照学理，允许抵押的财产可以被分为以下三类：

（1）不动产。允许抵押的不动产包括房屋、厂房、林木、没有收割的农作物及其他地上附着物，还包括正在建造的建筑物。

（2）动产。允许抵押的动产主要包括生产设备、原材料、产品、航空器、船舶（包括在建）、交通工具，以及家具、家用电器、金银珠宝及其制品等。

（3）权利。以权利作为抵押财产必须符合两个条件：首先，只有不动产上的用益物权以及特别法确立的特许物权才能用于抵押。其次，依据物权法定原则，不动产上的用益物权以及特别法确立的物权只有在法律允许抵押时才能用于抵押。符合这样条件的权利有建设用地使用权和海域使用权等。

（三）禁止抵押的财产范围

基于对公共利益、社会政策等的考虑，法律禁止抵押的财产范围比较大。《民法典》

第 399 条规定禁止将以下财产抵押：（1）土地所有权；（2）宅基地、自留地、自留山等集体所有土地的使用权，但法律规定可以抵押的除外；（3）学校、幼儿园、医疗机构等以公益为目的成立的非营利法人的教育设施、医疗卫生设施和其他公益设施；（4）所有权、使用权不明或者有争议的财产；（5）依法被查封、扣押、监管的财产；（6）法律、行政法规规定不得抵押的其他财产。

（四）抵押财产的特别规定

1. 建筑物与其建设用地使用权一并抵押

以建筑物抵押的，该建筑物占用范围内的建设用地使用权一并抵押；以建设用地使用权抵押的，该土地上的建筑物一并抵押。抵押人未按照上述规定一并抵押的，未抵押的财产被视为一并抵押。这样规定的目的在于体现和维护“房随地走”和“地随房走”的原则。《民法典》第 397 条明确规定了这一原则，以避免出现纠纷。

对此，《担保司法解释》第 51 条规定的具体规则是：

（1）当事人仅以建设用地使用权抵押，债权人主张抵押权的效力及于土地上已有的建筑物以及正在建造的建筑物已完成部分的，应予支持。债权人主张抵押权的效力及于正在建造的建筑物的续建部分以及新增建筑物的，不予支持。

（2）当事人以正在建造的建筑物抵押，抵押权的效力范围限于已办理抵押登记的部分。当事人按照担保合同的约定，主张抵押权的效力及于续建部分、新增建筑物以及规划中尚未建造的建筑物的，不予支持。

（3）抵押人将建设用地使用权、土地上的建筑物或者正在建造的建筑物分别抵押给不同债权人的，应当根据抵押登记的时间先后确定清偿顺序。

2. 未确定财产的浮动抵押

《民法典》第 396 条规定：经当事人书面协议，企业、个体工商户、农业生产经营者可以将现有的以及将有的动产设立浮动抵押，债务人不能履行债务时，债权人有权就约定实现抵押权时的动产优先受偿。这种抵押财产在抵押权设定时，还是未确定的财产。

3. 乡（镇）、村企业的建设用地使用权不得单独抵押

《民法典》第 398 条规定，乡镇、村企业的建设用地使用权不得单独抵押。以乡镇、村企业的厂房等建筑物抵押的，其占用范围内的建设用地使用权一并抵押。

4. 以违法的建筑物抵押的效力

《担保司法解释》第 49 条规定，以违法的建筑物抵押的，抵押合同无效，但是在一审法庭辩论终结前已经办理合法手续的除外。抵押合同无效的法律后果，依照该解释第 17 条的有关规定处理。当事人以建设用地使用权依法设立抵押，抵押人以土地上存在违法的建筑物为由主张抵押合同无效的，不予支持。

5. 以划拨的建设用地使用权抵押

《担保司法解释》第 50 条规定：抵押人以划拨建设用地上的建筑物抵押，当事人以该建设用地使用权不能抵押或者未办理批准手续为由主张抵押合同无效或者不生效的，不予支持。抵押权依法实现时，拍卖、变卖建筑物所得的价款，应当优先用于补缴建设用地使用权出让金。当事人将以划拨方式取得的建设用地使用权抵押，抵押人以未办理批准手续为由主张抵押合同无效或者不生效的，不予支持。已经依法办理抵押权登记，抵押权人主张行使抵押权的，应予支持。抵押权依法实现时所得的价款，参照前述有关规定处理。

第二节　抵押权的取得和登记

一、抵押权的取得

抵押权的取得可以分为基于法律行为取得和非基于法律行为取得两种。

（一）基于法律行为取得

基于法律行为取得抵押权分为抵押权设立与抵押权转让两种。

1. 抵押权设立

抵押权设立是取得抵押权最为常见的方式，即债权人与债务人之间通过抵押合同或者遗嘱设定抵押权。基于法律行为取得的抵押权也被称为约定抵押或意定抵押。

按照《民法典》第 400 条的规定，设立抵押权，当事人应当采用书面形式订立抵押合同。抵押合同应当包括的内容为：（1）被担保债权的种类和数额；（2）债务人履行债务的期限；（3）抵押财产的名称、数量等情况；（4）担保的范围。抵押合同不完全具备上述内容的，可以补正。

2. 抵押权转让

抵押权转让的，受让人取得抵押权。《民法典》第 407 条规定：抵押权不得与债权分离而单独转让或者作为其他债权的担保。债权转让的，担保该债权的抵押权一并转让，但是法律另有规定或者当事人另有约定的除外。因此，在债权人向他人转让债权时，该债权的抵押权随同该债权一并转让，受让人因此而同时取得抵押权。

（二）非基于法律行为取得

非基于法律行为取得抵押权包括两种：（1）基于法律的规定而取得抵押权，即法定抵押权；（2）通过继承而取得抵押权。

二、抵押权登记

（一）抵押权登记的概念与功能

抵押权登记，是指依据财产权利人的申请，登记机关将与在该财产上设定抵押权相关的事项记载于登记簿上的事实。

抵押权登记的基本功能是：第一，保障交易安全。通过抵押权登记，将物上是否设定了抵押权的状态向外界加以展示，由此，不仅节省交易成本，而且能够有效地避免抵押权人与其他利害关系人发生利益冲突，维护交易安全。第二，强化担保效力。在抵押权经过登记而成立的情况下，法律认为第三人已经知晓抵押权的存在，因而使抵押权对债权的担保功能得到进一步强化。第三，有助于预防纠纷与解决纠纷。抵押权登记簿的存在既可以事先预防各类冲突，还可以为法院审理案件提供确实的证据。

（二）在我国抵押权登记的效力

1. 抵押权登记的一般效力

抵押权登记的一般效力，是指登记与否对于当事人设定抵押权的行为所发挥的作用，包括两个方面。（1）不办理登记时当事人设定抵押权行为的法律后果，分为登记成立要件主义和登记对抗要件主义。在前者，登记被认为是抵押权的特别成立要件或者生效要件；在后者，抵押权依当事人的意思表示即能成立，无须办理登记，未办理登记则抵押权不能对抗第三人。（2）办理登记后当事人设定抵押权行为的法律后果，包括：一是公示效力，即办理抵押权登记后能够将抵押权的设定向外界加以展示。对此，登记成立要件主义立法例与登记对抗要件主义立法例都是承认的，差别仅仅在于登记对抗要件主义认为登记的公示能够达到自愿强制的后果。二是公信效力，抵押权登记依法完成后，产生绝对效力，即使登记簿上所记载的权利并不存在，或者其内容与实际权利的内容不符，对于因信赖登记簿所展现出来的抵押权而以之为标的进行交易的人，法律上依然承认其进行的物权交易具有与真实物权存在时相同的法律效果。

2.《民法典》对抵押权登记之效力的规定

《民法典》将当事人不办理抵押权登记的法律后果区分为两种不同情形。

（1）不办理登记则抵押合同无法产生抵押权设定的法律效果。依据《民法典》第402条的规定，以建筑物和其他土地附着物、建设用地使用权、海域使用权、正在建造的建筑物抵押的，应当办理抵押权登记，抵押权自登记时发生效力。这是采取登记成立要件主义，也被称为绝对登记或役权登记。

（2）不办理登记，抵押权依然成立但是不能对抗第三人。依据《民法典》第403条的规定，以动产抵押的，抵押权自抵押合同生效时设立；未经登记，不得对抗善意第三人。这种规定采取的是登记对抗要件主义，也被称为相对登记主义。

3.《担保司法解释》对抵押权登记的特别规定

（1）对于未办理抵押权登记的后果，该司法解释第46条规定了以下三个规则：一是，抵押人办理抵押权登记手续的义务。不动产抵押合同生效后未办理抵押权登记手续，债权人请求抵押人办理抵押权登记手续的，符合法律规定，应予支持。二是，出于不可归责于抵押人的原因不能办理抵押权登记的后果。抵押财产因不可归责于抵押人自身的原因灭失或者被征收等，导致不能办理抵押权登记，债权人请求抵押人在约定的担保范围内承担责任的，不予支持；但是，抵押人已经获得保险金、赔偿金或者补偿金等，债权人请求抵押人在其所获金额范围内承担赔偿责任的，符合抵押权的效力及于抵押财产的代位物的规则，依法予以支持。三是，可归责于抵押人的原因导致不能办理抵押权登记的后果。因抵押人转让抵押财产或者其他可归责于抵押人自身的原因导致不能办理抵押权登记，债权人请求抵押人在约定的担保范围内承担责任的，依法予以支持，但是不得超过抵押权能够设立时抵押人应当承担的责任范围。

（2）不动产登记簿的登记与抵押合同的约定不一致。该司法解释第 47 条规定，不动产登记簿就抵押财产、被担保的债权范围等所作的记载与抵押合同的约定不一致的，应当根据登记簿的记载确定抵押财产、被担保的债权范围等事项。这是因为，在进行抵押权登记时，原本登记的抵押权、抵押财产、被担保的债权范围等，应该与抵押合同约定的内容相一致。但是，抵押合同记载的关于抵押财产、被担保的债权范围，与抵押权登记中登记的抵押财产和被担保的债权范围等不一致，是可能出现的。一旦出现了这种情况，双方当事人可能会根据抵押合同或者抵押权登记簿上的记载，各执一词，提出自己的主张，争执不下，形成纠纷。在这种情况下，只能参照《民法典》第 217 条关于“不动产权属证书记载的事项，应当与不动产登记簿一致；记载不一致的，除有证据证明不动产登记簿确有错误外，以不动产登记簿为准”的规定，确认不动产登记簿登记的事项有效。

（3）抵押权登记错误的损害赔偿。对于登记部门的原因导致不能办理抵押权登记的后果，《民法典》并没有规定，但是，可以参照不动产物权登记部门登记错误的损害赔偿规则来处理这个问题。所以，《担保司法解释》第 48 条规定，当事人申请办理抵押权登记手续时，因登记机构的过错致使其不能办理抵押权登记，当事人请求登记机构承担赔偿责任的，依法予以支持。

4. 抵押权预告登记的效力

对抵押权也可以进行预告登记。对此，《民法典》没有作出具体规定。《担保司法解释》第 52 条规定：

（1）当事人办理抵押权预告登记后，预告登记权利人请求就抵押财产优先受偿，经审查存在尚未办理建筑物所有权首次登记、预告登记的财产与办理建筑物所有权首次登记时的财产不一致、抵押权预告登记已经失效等情形，导致不具备办理抵押权登记条件的，不予支持；经审查已经办理建筑物所有权首次登记，且不存在预告登记失效等情形的，应予支持，并应当认定抵押权自预告登记之日起设立。

（2）当事人办理了抵押权预告登记，抵押人破产，经审查抵押财产属于破产财产，预告登记权利人主张就抵押财产优先受偿的，应当在法院受理破产申请时抵押财产的价值范围内予以支持，但是在法院受理破产申请前一年内，债务人对没有财产担保的债务设立抵押权预告登记的除外。

第三节 抵押权的效力

一、抵押权对担保债权的效力

（一）抵押权对担保债权的效力的概念

抵押权对担保债权的效力，是抵押权所担保的债权范围，是指抵押权担保的债权以及其涉及的其他债权利益。就抵押权人而言，该范围是指抵押权人实现抵押权时能够优先受清偿的范围；就债务人、抵押人或取得抵押财产的第三人而言，该范围则是为使抵押权消灭所必须清偿的债务范围。

《民法典》第 389 条规定：担保物权的担保范围包括主债权及其利息、违约金、损害赔偿金、保管担保财产和实现担保物权的费用。当事人另有约定的，按照其约定。

（二）抵押权对担保债权的具体效力范围

1. 主债权

依据抵押权特定原则，即抵押权的标的物与被担保的债权都须特定的原则，主债权当然是抵押权所担保的主要对象。主债权就是依当事人之间的主合同产生的不包括约定利息、违约金或损害赔偿金在内的初始债权。当事人在抵押合同中应当就被担保的主债权的种类、数额以及债务人为何人作出约定，并在抵押权设定登记时一并加以登记。

2. 利息

利息是指比照原本数额及其存续期间，依据一定比率计算，以金钱或者其他代替物为给付的法定孳息。[①] 对此，可以分为限制主义和无限制主义。

以法国、日本为代表的限制主义认为，无论是利息、定期金还是损害赔偿金，是否在担保范围内都有一定的限制。以德国、瑞士为代表的无限制主义认为，抵押权担保债权所生的利息是抵押权的效力当然所及的；但是对债权的利息率作了一定的限制。

在我国《民法典》第 389 条虽然没有对抵押权所担保的利息范围作出限制，但是在实际上存在一定的限制，如对贷款的利率以及自然人借款利率都有限制性规定等，超过规定的利率的贷款利息不在担保范围之内。

3. 违约金与损害赔偿金

违约金与损害赔偿金也是抵押权担保的范围。违约金在抵押合同订立之时可以确定。损害赔偿金则事先很难确定，不能进行登记，只有在仲裁或者诉讼中才能确定。确定后，损害赔偿金应当在抵押权担保范围内。

4. 实现抵押权的费用

实现抵押权的费用，是指抵押权人因实现抵押权而支出的费用。不论采取拍卖、变卖还是折价方式，也不论是当事人自行协商决定抵押权的实现方式，还是通过诉讼的方式实现抵押权，抵押权人都会因此而支付一定的费用。这种费用在抵押权担保范围之内。

5. 保全抵押权的费用

根据《民法典》第 408 条的规定，抵押人的行为足以使抵押财产价值减少的，抵押权人可以保全抵押权。而抵押权人保全抵押权时必定会产生一定的费用，保全抵押权的费用在符合以下条件时，无论当事人是否约定，都应当被计入抵押权担保的债权范围：

---

① 郑玉波．民商法问题研究：一．台北：作者自版，1991：175.

（1）是为保全抵押权、防止抵押财产价值减损所支出的；（2）是合理的，即确属为保全抵押权而不得不支付的费用。

二、抵押权对抵押财产的效力

（一）抵押权对抵押财产的效力的概念

抵押权对抵押财产的效力，就是抵押权的效力所及标的物的范围，是指当抵押权人实现抵押权时可以就哪些财产进行折价或拍卖、变卖，并优先受偿。

抵押权作为通过支配标的物的交换价值来确保债务清偿的价值权，其标的物的范围与所有权标的物的范围应当是同一的。为了维护抵押权标的物的经济效用和交换价值，同时兼顾双方当事人的利益，标的物以外的其他物或者权利，在一定条件下也应当被纳入抵押权标的物的范围。

（二）抵押权对抵押财产的具体效力范围

1. 从物

依照“从随主”原则，对主物的权利应当及于从物。但是，抵押权的效力是否及于抵押财产的从物，牵涉登记制度，故而不能一概而论，须区分不同的情况处理。

首先，对于抵押权设定之前为抵押财产的从物者，抵押权设定后效力是否及于该物，规则是，抵押权设定前为抵押财产的从物的，抵押权的效力及于抵押财产的从物。关于该从物是否必须与主物一起在登记簿上加以记载，虽有一定争议，但是，占主导地位的观点认为，抵押权效力的扩张并非基于当事人的自由意思，而是基于法律的规定，因此该物只要在抵押权设定之时仍然属于从物，则无须登记也为抵押权的效力所及。[①] 只是第三人在抵押权设定前就从物取得的权利不受抵押权的影响。

其次，对于抵押权设定后才成为抵押财产的从物者，抵押权的效力是否及于该物，法律没有明文规定。本书认为，鉴于我国目前信用危机的现实情况，为强化抵押权的效力，保障抵押权人的合法权益，应当采取肯定说，即抵押权设定之后才成为抵押财产的从物的，抵押权的效力亦及于该物。

2. 添附物

就抵押财产的添附在抵押制度中产生的法律后果，有三个解决办法：第一，附合、混合或者加工使抵押财产的所有权为第三人所有的，抵押权的效力及于补偿金；第二，抵押财产所有权人为附合物、混合物或者加工物的所有权人的，抵押权的效力及于附合物、混合物或者加工物；第三，第三人与抵押财产的所有权人为附合物、混合物或者加工物的共有人的，抵押权的效力及于抵押人对共有物享有的份额。

---

① 郑玉波．民商法问题研究：二．台北：作者自版，1984：136．史尚宽．物权法论．台北：荣泰印书馆，1979：279．

3. 从权利

尽管从权利与主权利的关系和从物与主物之关系存在一定的区别，例如从物具有自己独立的经济上的价值却没有自己独立的效用，从物的效用只有在与主物搭配之时才能发挥，而从权利可以具有自己独立的效用，并非与主权利搭配才能发挥，但是就主权利或其所属标的物设定抵押时，抵押权的效力也及于其从权利。

4. 孳息

设定抵押权之后，抵押人对抵押财产并没有丧失所有权，对抵押财产的天然孳息仍然有权收取。抵押人有权处分该天然孳息，即出卖给第三人。因此，抵押权原则上不及于天然孳息，只有在符合特定条件即抵押财产被扣押后才及于抵押财产所生的自然孳息。《民法典》第 412 条第 1 款规定，债务人不履行到期债务或者发生当事人约定的实现抵押权的情形，致使抵押财产被人民法院依法扣押的，自扣押之日起，抵押权人有权收取该抵押财产的天然孳息或者法定孳息。但是，如果抵押权人未通知应当清偿法定孳息的义务人，则除外。抵押权人收取的上述孳息，应当先充抵收取孳息的费用。

5. 抵押财产的代位物

按照《民法典》第 390 条的规定，对于抵押财产的代位物，即抵押财产因毁损、灭失或者被征收等获得的保险金、赔偿金或补偿金等，抵押权人可以优先受偿。因此，抵押财产的代位物也是抵押财产。

6. 增建物

《民法典》第 417 条规定，建设用地使用权抵押后，该土地上新增的建筑物不属于抵押财产。该建设用地使用权实现抵押权时，应当将该土地上新增的建筑物与建设用地使用权一并处分，但是，对于处分新增建筑物所得的价款，抵押权人无权优先受偿。

三、抵押权对抵押权人的效力

抵押权对抵押权人的效力，是指抵押权人所享有的具体权利。这些具体权利有如下几项。

（一）保全抵押权的权利

《民法典》第 408 条规定，抵押人的行为足以使抵押财产价值减少的，抵押权人有权要求抵押人停止其行为。抵押财产价值减少的，抵押权人有权要求恢复抵押财产的价值，或者提供与减少的价值相应的担保。抵押人不恢复抵押财产的价值，也不提供担保的，抵押权人有权要求债务人提前清偿债务。

这一规则包括了保全抵押权的以下两种方法。

1. 防止抵押财产价值减少请求权

当抵押人的行为可能使抵押财产毁损或者价值明显减少时，抵押权人有权要求抵押人停止该造成抵押财产毁损或者价值明显减少的行为。

2. 恢复抵押财产价值或增加担保请求权

抵押权人在抵押财产毁损或者价值明显减少时，有权请求抵押人恢复抵押财产的价值或增加担保。

这两个请求权的关系是：首先，恢复抵押财产价值请求权赋予抵押权人的是防止抵押财产毁损或者价值减少的权利，是在抵押财产尚未毁损或者价值未明显减少时而设；其次，如果抵押财产价值明显减少后果已经实际发生了，则法律不能无动于衷，为保障抵押权人的权益，须再提供相应的救济措施，这就是增加担保请求权。

（二）处分权

抵押权人有权对其享有的抵押权进行处分。这种处分包括抵押权的转让、作为债权的担保、抛弃等。

1. 抵押权的转让

抵押权具有转让的可能性，但是，由于抵押权是从属于主债权的权利，因而依据抵押权的从属性，抵押权必须随同其所担保的主债权一并转让。《民法典》第 407 条明确规定，抵押权不得与债权分离而单独转让。

2. 将抵押权作为债权的担保

将抵押权作为债权担保的办法是：将该抵押权连同其所担保的债权一并作为其他债权的担保物权的标的，即成立附随抵押权的债权质权。享有附随抵押权的债权质权的人为实现其债权，对质权的标的物即受让的债权有收取的权利，同时，还可以行使抵押权来保证其债权的实现。行使抵押权必须符合以下两个条件：(1) 债务人届期不履行债务，或者发生当事人约定的实现抵押权的情形；(2) 质权人行使作为质权标的的债权时，该债权无法获得实现。

3. 抵押权的抛弃

抵押权人可以任意处分其抵押权，这是其自由行使权利的表现，除非这种处分危及第三人的利益。《民法典》第 409 条第 1 款规定：抵押权人可以放弃抵押权或者抵押权的顺位。抵押权人与抵押人可以协议变更抵押权顺位以及被担保的债权数额等内容。但是，抵押权的变更未经其他抵押权人书面同意的，不得对其他抵押权人产生不利影响。

对于危及第三人利益的抵押权抛弃，《民法典》第 409 条第 2 款规定，债务人以自己的财产设定抵押，抵押权人放弃该抵押权、抵押权顺位或者变更抵押权的，其他担保人在抵押权人丧失优先受偿权益的范围内免除担保责任，但是其他担保人承诺仍然提供担保的除外。理由是，债权人放弃物的担保可能对保证人的利益造成损害。

（三）顺位权

1. 抵押权顺位标准及相应法律效果

抵押权的顺位，也被称为抵押权的次序、顺序，是指抵押人因担保两个或两个以上的债权，就同一财产设定两个或两个以上的抵押权时，各抵押权之间优先受偿的先后次序。[①] 简言之，就是在同一抵押财产上多个抵押权之间的顺位关系。

① 谢在全．民法物权论：下册．北京：中国政法大学出版社，1999：614.

依《民法典》第 414 条，以同一财产向两个以上的债权人抵押的，拍卖、变卖抵押财产所得的价款的清偿顺位有以下三种情况：

（1）抵押权都已经登记的，按照登记的先后顺序清偿债权；顺序相同的，按照债权比例清偿债权。如果抵押登记的日期是在同一天的，则抵押权实现的顺序相同。当事人于同一天在不同的法定登记部门办理抵押权登记，也视为顺序相同。

（2）抵押权已经登记的先于未登记的清偿。已经登记的优先受偿；没有登记的，只能后于经过登记的抵押权实现，以剩余的抵押财产清偿其所担保的债权。

（3）抵押权未登记的，经抵押权担保的债权仍然是平等债权，不具有对抗效力，无优先受偿权，仍按照债权比例受偿。

2. 抵押权顺序固定主义与抵押权顺序升进主义

对于顺序在先的抵押权因实现抵押权以外的原因而消灭时，顺序在后的抵押权是否依次升进，德国、瑞士民法采取了顺序不升进的固定主义，法国与日本则采取了顺序当然升进的升进主义。

顺序固定主义的要旨是，抵押权确立后其顺序固定不变，即使先顺位的抵押权所担保的债权因得到清偿或其他原因而消灭，后顺位的抵押权仍保持原来的顺序，抵押权人也只能按照该顺序获得清偿。顺序升进主义的要旨是，抵押权设立之后，其顺序可以因一定的原因而发生变更，在先顺序的抵押权人的债权因获得清偿或其他原因而消灭以后，顺序在后的抵押权的顺序自动上升，后顺序抵押权人的抵押权在顺序上相继取代前顺序的抵押权，获得前顺序抵押权的顺序。采取抵押权顺序固定主义侧重于保护抵押人与抵押人的普通债权人的利益，当抵押人是债务人之外的第三人时更是如此。采取抵押权顺序升进主义侧重保护的则是抵押权人的利益。

我国采取顺序升进主义。依据《民法典》第 393 条第 1 项，抵押权与其所担保的债权同时存在，被担保的主债权消灭之后，抵押权也随之消灭。当在先抵押权所担保的债权因清偿等原因而消灭后，从属于该债权的抵押权也随之消灭。既然在先的抵押权已经消灭，当在后的抵押权实现时，必然是在后的抵押权取代了在先抵押权的位置。

3. 抵押权人的顺位权的让与、变更与抛弃

抵押权人的顺位权，是指抵押权人依其顺序所能获得分配受偿金额的权利。为了使抵押权人能更充分地利用这种交换价值，从而达到抵押权人投下的金融资本在多数债权人间仍有灵活周转的余地，并使多数债权人有相互调整其复杂的利害关系的手段的目的，《民法典》第 409 条规定了抵押权人的顺位权的让与、变更和抛弃规则，即抵押权人可以放弃抵押权或者抵押权的顺位。抵押权人与抵押人可以协议变更抵押权顺位以及被担保的债权数额等内容，但抵押权的变更，未经其他抵押权人书面同意，不得对其产生不利影响。债务人以自己的财产设定抵押，抵押权人放弃该抵押权、抵押权顺位或者变更抵押权的，其他担保人在抵押权人丧失优先受偿利益的范围内免除担保责任，但其他担保人承诺仍然提供担保的除外。

抵押权人的顺位权让与，是指为后顺序抵押权人的利益，同一抵押财产上顺位在先的抵押权人将其抵押权先顺位让与给后顺位抵押权人。抵押权人的顺位权让与的要件是：

(1) 当事人须是同一抵押财产上的顺位不同的抵押权人。(2) 让与人和受让人须就顺位权让与达成意思表示的一致，但是，该让与顺位权的合同无须得到债务人、抵押人或其他抵押权人的同意。(3) 如果抵押权经过登记，该顺位权让与须办理变更登记。

抵押权人的顺位权让与的效力只能在顺位权让与的当事人之间产生，在让与顺位权后，各抵押权人抵押权的归属与顺位都没有变动，仅仅抵押财产拍卖所得价款的分配顺位在当事人间发生变动，由受让人取得较让与人优先的分配次序。让与人与受让人仍保有原抵押权及顺位，受让人获得受让顺位的利益，仍以让与人的抵押权存在及让与人获得分配为前提。

抵押权人的顺位权的抛弃与变更，基本上采用相同的处理方法。但是抵押权顺位的变更所产生的是绝对效力，这与抵押权顺位的抛弃和让与仅产生相对效力不同。因此，在抵押权顺位发生变更的情况下：首先，须在同一抵押财产上的所有不同顺位的抵押权人之间达成合意；其次，此种变更由于可能危及就顺位发生变更的抵押权享有法律利益的其他人，因而除须经过各个抵押权人的同意之外，还须经过这些利害关系人的同意。此外，变更抵押权顺位还应当办理抵押权变更登记。

四、抵押权对抵押人的效力

抵押人作为抵押财产的所有权人，依然可以享有对抵押财产进行使用、收益与处分的权利。不过，抵押人的所有权由于是设置了负担的所有权，因而受到抵押权的制约。

（一）出租抵押财产的权利

在抵押关系存续期间，抵押人可以出租抵押财产。《民法典》第 405 条规定：抵押权设立前，抵押财产已经出租并转移占有的，原租赁关系不受该抵押权的影响。在对抵押权设立之前将抵押财产出租，租赁关系不受抵押权影响的条件是：第一，订立抵押合同前抵押财产已被出租；第二，租赁合同关系成立并且已经转移租赁物占有。在抵押权设立之前仅成立了租赁关系，但是，抵押财产并未被承租人占有的，不受"抵押不破租赁"的限制。之所以《民法典》在《物权法》第 190 条之规定的基础上，新增转移占有作为要件，是因为租赁之所以能物权化，取得对抗的效力，正是因为其支撑要素是承租人对租赁物的有权占有，依据缺乏该要素的租赁合同所能成立的就是普通的债，不能对抗抵押权。

（二）转让抵押财产的权利

对于在抵押关系存续期间，抵押人转让抵押财产的，《民法典》第 406 条作出了新规定。在抵押关系存续期间抵押财产转让的规则是：第一，在抵押关系存续期间，抵押人转让抵押财产的，并不被禁止。第二，如果当事人对此另有约定，按照其约定。第三，在抵押关系存续期间，抵押人将抵押财产转让的，抵押权不受影响，即抵押财产是设有抵押权负担的财产，进行转让后，抵押权随着所有权的转让而转让，取得抵押财产的受让人在取得所有权的同时，也负有抵押人所负担的义务，受到抵押权的约束。第四，抵押权人能够证明抵押财产转让可能损害抵押权的，可以请求抵押人将转让所得的价款向抵押权人提前清偿债务或者提存。转让的价款超过债权数额的部分，归抵押人所有，不足部分由债务人清偿。

（三）在抵押财产上多次设定抵押权的权利

财产被抵押后，该财产的价值大于所担保债权的余额部分，可以再次用于抵押。这种抵押也被叫作再抵押或复合抵押、重复抵押。再抵押是指抵押人为担保数个债权以同一财产设定抵押，导致同一抵押财产上存在数个抵押权的情形。再抵押的限制是：数个抵押权所担保的债权总额不得超出抵押财产的总价值。这就是禁止超额抵押规则。

超额抵押，是指抵押人以同一抵押财产为一个或几个债权设定抵押，这些抵押权所担保的债权总额大于抵押财产的总价值的情形。禁止超额抵押表现在两个方面：第一，单独抵押时，抵押权所担保的债权总额不得超出其抵押财产的价值；第二，重复抵押时，抵押财产的价值不得大于所担保债权的余额部分。

违反禁止超额抵押规则的后果是超出的部分不具有优先受偿的效力。所以，在实现抵押权时，被担保的债权超出抵押财产之总价值的部分只能作为一般债权，不具有优先受偿的效力。

（四）在抵押财产上设定用益物权的权利

不动产抵押人作为所有权人，有权在抵押的不动产上设定用益物权。但是，在我国现行法律框架下，土地只能归属于国家或者集体且禁止抵押，加之现行法认可的用益物权多为从土地所有权派生出来的各类土地使用权，因而在我国不动产抵押人基本上无法在抵押财产上设定用益物权，唯一的例外是在抵押的房屋上可以设定典权。

五、抵押权对其他权利的效力

（一）抵押权对租赁权的效力

出租抵押财产，或者以出租物设置抵押，就会导致在同一财产上同时出现租赁权和抵押权。如果抵押权人尚未行使抵押权，则承租人保有租赁物（抵押财产）的使用价值而抵押权人支配抵押财产的交换价值，两者相安无事。但是，如果抵押权人行使抵押权，要将抵押财产折价，或以拍卖、变卖抵押财产所得价款优先受偿，则必然发生抵押权与租赁权的冲突。协调这一冲突的规则是，抵押权人有权请求实现抵押权，租赁合同对抵押财产的受让人不具有约束力。

（二）抵押权对留置权的效力

1. 冲突表现

依据《民法典》的规定，对于因仓储合同、保管合同、运输合同、加工承揽合同、行纪合同而发生的债权，债务人不履行债务的，债权人享有留置权。如果留置物是动产，而在该动产上又设置了动产抵押权，则会发生动产抵押权与留置权的冲突。动产抵押权与留置权的冲突存在以下两种情形：

（1）抵押财产被留置。如动产所有权人以动产为某一债权人设定抵押权后，又与他人订立仓储合同、保管合同、运输合同、加工承揽合同或者行纪合同，由于抵押人未履行由该合同而产生的债务，因而债权人留置该抵押财产，于是在同一财产之上产生了留置权和抵押权。

（2）留置物被抵押。如双方当事人以某动产为标的物订立仓储合同、保管合同、运输合同、加工承揽合同或行纪合同，由于债务人届期未履行债务，因而其动产被债权人留置，其后，债务人又以被留置的动产向他人设定抵押权，则在同一财产上同时存在抵押权和留置权。

2. 协调规则

无论是抵押财产被留置还是留置物被抵押，协调的规则都是：在同一财产之上抵押权与留置权并存时，留置权人优先于抵押权人受偿。理由是：第一，留置权为法定担保物权，法定担保物权应当优先于约定担保物权即抵押权；第二，各国海商法实践都承认留置权具有对抗抵押权的优先效力；第三，留置权一般是因留置权人就标的物提供了材料或劳务但未得到适当补偿而产生的，为了保证留置权人就标的物提供材料或劳务而使标的物增加的价值能被收回，应当承认留置权优先。[①]

（三）抵押权对质权的效力

由于我国立法承认动产抵押，因而抵押财产被质押或质押财产被抵押的情形都可能发生。

《民法典》第 415 条规定：同一财产既设立抵押权又设立质权的，拍卖、变卖该财产所得的价款按照登记、交付的时间先后确定清偿顺序。这是对抵押权与质权之关系规定的规则。原《最高人民法院关于适用〈中华人民共和国担保法〉若干问题的解释》第 79 条第 1 款曾作出了完全不同的规定，即“同一财产法定登记的抵押权与质权并存时，抵押权人优先于质权人受偿”。对此争议颇多。有学者认为，应当按照担保物权设立的时间先后来确定清偿顺序，即明确时间在前权利优先的规则，即通过物权设立的时间来确定权利的优先效力。[②] 有学者持有不同的意见，认为担保物权的优先性来源于公示，因而应当采取公示在前权利优先的规定。[③] 于同一财产既设立抵押权又设立质权的，清偿顺序是：对于拍卖、变卖该财产所得的价款，按照登记、交付的时间先后确定清偿顺序。这一规则十分简单，即不论是抵押权还是质权，先看公示的时间。不论是登记成立的还是交付成立的，只要是公示在先的权利，就优先受清偿。

（四）抵押权对税收优先权的效力

税收优先权也是担保物权。当纳税人以自己的财产为他人设定了抵押权，同时又拖

---

① 许明月．抵押权制度研究．北京：法律出版社，1998：304.

② 王利明．我国民法典物权编中担保物权制度的发展与完善．法学评论，2017（3）：8.

③ 邹海林．论《民法典各分编（草案）》“担保物权”的制度完善．比较法研究，2019（2）：42.

欠国家税收时，会因现有财产不足以同时清偿抵押权所担保的债权和应向国家缴纳的税款而发生税收优先权与抵押权、质权甚至留置权之间的冲突。在抵押权等担保物权与税收优先权发生冲突时，其协调规则是设置或者产生在先的权利优先。对此，《税收征收管理法》第 45 条第 1 款规定：税务机关征收税款，税收优先于无担保债权，法律另有规定的除外；纳税人欠缴的税款发生在纳税人以其财产设定抵押、质押或者纳税人的财产被留置之前的，税收应当先于抵押权、质权、留置权执行。

第四节 特殊抵押

一、共同抵押权

（一）共同抵押权的概念和特征

1. 共同抵押权的概念

共同抵押权，也被称为总括抵押权或聚合抵押权，是指为担保同一个债权而在数个/项不动产、动产或权利上设定的抵押权。这数个/项不动产、动产或权利可以分别属于同一个人，也可以分别属于不同人。例如，债务人甲为担保所欠乙的 300 万元债务，提供丙、丁的各值 200 万元的两宗土地设定抵押权。[①]《民法典》第 395 条第 2 款规定："抵押人可以将前款所列财产一并抵押。"

2. 共同抵押权的特征

（1）共同抵押权所担保的是同一债权。同一债权是指债权发生原因相同，其债权人和债务人均属同一，给付内容必属相同。

（2）共同抵押权的抵押财产为复数。提供抵押的是数项财产而非一项财产，但是，这数项财产并非集合物而是各自独立的财产。

（3）共同抵押权的抵押财产对所担保的债权各负全部的担保责任。这一责任酷似连带债务，因而学者又将共同抵押叫作"连带抵押"或"物上连带担保"。但是，连带债务中的连带属于人的连带，是一种多数债务人之债，而共同抵押权中的连带则为物的连带，属于物权关系。连带债务中负连带责任的人都是债务人，而共同抵押权中负连带责任的物既可以是债务人所有的物，也可以是第三人所有的物。可见，共同抵押权与连带债务存在明显差别，不能简单适用连带债务的规则于共同抵押权。

（二）共同抵押权的性质和作用

1. 共同抵押权的性质

对共同抵押权的性质，存在不同的认识。第一种观点认为，一物一权是物权法的基

---

① 谢在全．民法物权论：下册．3 版．台北：三民书局，2004：190.

本原则，既然作为共同抵押权标的物的是各自独立的数项财产，只能分别于其上成立相应数量的多个抵押权。[①] 第二种观点认为，尽管共同抵押权的标的物是数项独立的财产，但是抵押权只有一个，这是“一物一权”原则的例外。[②] 第三种观点认为，共同抵押权可以是以数个不动产一并设定的单一抵押权，也可以是以数个不动产分别设定的数个抵押权。[③]

在我国目前区别不同的抵押财产在不同的登记机关办理登记，因而至少从外表及观念来看，共同抵押权是由数个抵押权担保同一个债权，而不是由一个有着多个标的物的抵押权担保同一个债权。因此，共同抵押权的性质是在数项财产上成立的数个抵押权的集合。

2. 共同抵押权的作用

共同抵押权的主要作用是：第一，将多项财产的交换价值加以累积，以便更有效地确保债权受清偿。这种情形大多发生在抵押人所提供的一项抵押财产的交换价值无法确保债权受清偿时。第二，分散抵押财产的危险。尽管单就每一项抵押财产而言，其价值都足以确保债权的受偿，但是，单个标的物常会因发生毁损、灭失或市场因素而减少价值，最终可能出现无法满足担保债权受偿的情形。为分散风险，加大债权受清偿的保障力度，共同抵押权提供多项抵押财产来共同担保同一债权。

（三）共同抵押权的类型

依据对共同抵押权人的自由选择权是加以保障还是加以限制的标准，可以将共同抵押权分为自由选择权保障主义的共同抵押权与自由选择权限制主义的共同抵押权。[④] 自由选择权，是指共同抵押权人在实现其抵押权时自由选择以哪一项抵押财产来清偿其债权的全部或一部的权利。

1. 自由选择权保障主义的共同抵押权

自由选择权保障主义的共同抵押权，是指对共同抵押权人的自由选择权加以保障的一类共同抵押权。德国民法采这种立法例。自由选择权保障主义的共同抵押权的立法理由在于抵押权的不可分性[⑤]，有利于最大限度地维护抵押权人的利益。

2. 自由选择权限制主义的共同抵押权

自由选择权限制主义的共同抵押权，是指对共同抵押权人的自由选择权作出了限制的一类共同抵押权。瑞士民法采这种立法例。自由选择权限制主义的共同抵押权对于维护抵押人以及抵押人的普通债权人的合法利益极为有利。

至于我国对共同抵押权采取何种立法例，《民法典》未予明确，司法实践认为，我国

---

① 史尚宽．物权法论．台北：荣泰印书馆，1979：318．谢在全．民法物权论：下册．北京：中国政法大学出版社，1999：743.

② 黄右昌．民法诠解：物权编：下．上海：商务印书馆，1947：28．谢在全．民法物权论：下册．北京：中国政法大学出版社，1999：743.

③ 郑玉波．共同抵押之研究//郑玉波．民商法问题研究：四．台北：作者自版，1984：126.

④ 谢在全．共同抵押权之研究：民法物权编修正草案评释．法令月刊（10）.

⑤ 黄右昌．民法诠解：物权编：下．上海：商务印书馆，1947：28.

的共同抵押权属于自由选择权保障主义的共同抵押权。

（四）共同抵押权的效力规则

共同抵押权的效力因不同的抵押财产所承担的担保份额是否确定而有所不同。依据各项抵押财产所担保的债权份额是否被限定了，可将共同抵押权的效力规则分为以下两种。

1. 已约定各项抵押财产所担保的债权份额的共同抵押权的效力规则

如果同一抵押人与抵押权人就抵押人提供的各项抵押财产所担保的债权份额作出了约定，或者数个抵押人分别与抵押权人就其提供的抵押财产担保的债权份额作出了约定，则当债务人届期不履行债务时，抵押权人虽然仍可以将全部抵押财产予以拍卖或者变卖，但是，应算清各项抵押财产的变价款，并依照约定就各项抵押财产的变价款优先受偿。当在某项共同抵押财产上存在先顺位的抵押权时，在计算该抵押财产的价值时，应当扣除该先顺位抵押权所担保的债权额，因为只有扣除先顺位抵押权所担保的债权额后剩余的该抵押财产的价值才属于共同抵押权人有权支配的抵押财产价值。[①]

应当看到的是，这种已经约定了各项抵押财产所担保的债权份额的共同抵押权情形下，债权人已无选择的余地，实际上就是每一个标的物分别担保债权的一部分，因而它已经不是真正的共同抵押权。但是，抵押人就抵押财产担保的债权份额与抵押权人进行约定，不仅有利于保护该抵押财产上后顺位抵押权人的利益，也有利于保护其普通债权人的利益。

2. 未约定各项抵押财产所担保的债权份额的共同抵押权的效力规则

如果同一抵押人对其提供的各项抵押财产担保的债权份额，或者不同的抵押人对其各自提供的抵押财产担保的债权份额，没有与抵押权人作出约定或者约定不明，当债务人届期不履行债务时，存在两个问题：一是抵押权人是否能够或者必须将各项抵押财产一并拍卖；二是当抵押财产由不同的抵押人提供时，各个抵押人应当承担的债权份额应当如何确定。

对第一个问题，采取的办法是分担主义，也叫分割主义，是指在共同抵押权成立之时或成立之后，按照所有抵押财产的总价格与各项抵押财产单项价格的比例，将债权加以分割，使各项抵押财产按各自相应比例担保债权。如果在某项抵押财产上存在比共同抵押权顺序靠后的抵押权，则将上述各项抵押财产担保各自相应比例的债权从该抵押财产的价格中扣除后的剩余部分，作为该后顺位抵押权人优先受偿的范围。分担主义可以被分为强制分担主义与任意分担主义：前者是指债权人无权决定是否进行分割，而是由法律明确规定必须分割及分割的方法；后者是指是否分割以及分割的比例由债权人自行决定。

解决第二个问题的方法是优先负担主义，即在共同抵押权人实现抵押权时，规定只能某一特定抵押财产优先于其他抵押财产清偿被担保债权，不足的部分才能依次由其他

---

① 谢在全．共同抵押权之研究：民法物权编修正草案评释．法令月刊（10）．

抵押财产加以满足。这种规定的好处在于：能够有效地平衡债务人与物上保证人之间的利益，尽量避免物上保证人与债务人之间发生求偿关系，防止发生新的纠纷，防止损害物上保证人的普通债权人以及就其所提供抵押财产享有后顺位抵押权的人的合法利益。

二、浮动抵押权

（一）浮动抵押权的概念和特征

1. 浮动抵押权的概念

浮动抵押权，是指抵押人以其所有的全部财产（包括现有的以及将有的财产）为标的物而设立的抵押权。《民法典》第 396 条规定：企业、个体工商户、农业生产经营者可以将现有的以及将有的生产设备、原材料、半成品、产品抵押，债务人不履行到期债务或者发生当事人约定的实现抵押权的情形，债权人有权就抵押财产确定时的动产优先受偿。

2. 浮动抵押权的法律特征

（1）浮动抵押权的标的物是抵押人的全部财产。这些财产既包括抵押人现有的财产，也包括抵押人将来取得的财产。这种财产应当是动产。

（2）在浮动抵押权实现前，标的物处于变动之中，抵押财产的数额是不能固定和具体明确的。

（3）浮动抵押权设定后，在抵押权实现前，抵押人仍得利用抵押财产继续进行生产经营活动，其财产的进出并不受限制。

（二）浮动抵押权的适用范围

浮动抵押权具有使抵押人利用其财产自由经营的特点（对抵押人来说，在抵押权实现前可以自由进行经营）但是对抵押权人有所不利。这是浮动抵押权的缺陷，因为在抵押权实现之前，抵押人的财产是不断变化的，如果抵押人的财产状况恶化，抵押权人就不能从抵押财产的价值中完全受偿。因此，对浮动抵押权的适用范围应当进行适当限制。

设定浮动抵押权的前提是，企业、个体工商户和农业生产经营者向银行借款或者发行公司债券。这是因为在它们向银行贷款或者发行公司债券时，作为债权人的银行无论是从人力、物力、财力还是专业技术上，对于抵押人对财产的经营运用都具有更强的监督管理能力；而发行公司债券有着更严格的要求。因此，在向银行借款或者发行公司债券时，它们的全部财产就是浮动抵押财产，可以设定浮动抵押权。

（三）浮动抵押权的设定和确定

1. 浮动抵押权的设定

当事人设定浮动抵押权，应当签订书面抵押合同，同时，按照《民法典》第 403 条的规定，应当办理登记，抵押权自抵押合同生效时设立，未经登记，不得对抗善意第三人。但是，浮动抵押权具有特殊性，即使是办理了登记的，也不得对抗正常经营活动中已支付合理价款并取得抵押财产的买受人。

2. 浮动抵押权的确定

浮动抵押权的特点就是其担保物的不特定性，因此，在抵押权实现时，应当按照《民法典》第411条的规定，将其确定，才能保障抵押权的实现。

浮动抵押权在出现以下情形时确定：(1) 债务履行期限届满，债权未实现；(2) 抵押人被宣告破产或者被解散清算；(3) 当事人约定的实现抵押权的情形；(4) 严重影响债权实现的其他情形。

浮动抵押财产一经确定，就成为特定的抵押财产，不得再进行流转。

(四)浮动抵押权的效力和实现

1. 浮动抵押权的一般效力

浮动抵押权的特点之一是，抵押人可以就其财产进行经营活动，为收益和处分。只有在浮动抵押权确定时，抵押人的全部财产才成为确定的抵押财产。因此，浮动抵押权的效力及于浮动抵押权确定时抵押人所有的或者有权处分的全部财产。为了防止抵押人恶意实施损害抵押权人利益的行为，浮动抵押权成立后，抵押人在经营过程中处分的财产，不属于抵押财产；但是，抵押人为逃避债务而处分自己的财产的，抵押权人享有撤销权，可以请求撤销该处分行为。

2. 浮动抵押权对其他担保物权的效力

在抵押人的财产上同时存在法定担保物权的，浮动抵押权不能对抗法定担保物权，因此，法定担保物权人优先于浮动抵押权人受偿。

在同一财产上存在数个浮动抵押权的，各浮动抵押权的顺位依成立先后确定，前一顺位抵押权人优先于后一顺位抵押权人受偿。于同一日登记成立的浮动抵押权顺位相同，各个抵押权人按照其债权比例受偿。

当事人设定浮动抵押权时，对以财产设定抵押权有约定的，按照其约定。

为了保障浮动抵押权人的权利，浮动抵押权人可以对抵押人的经营活动进行监督，具体的监督方式、办法和内容，由当事人约定。

3. 中间价款超级优先权

《民法典》第416条规定：动产抵押担保的主债权是抵押物的价款，标的物交付后十日内办理抵押登记的，该抵押权人优先于抵押物买受人的其他担保物权人受偿，但是留置权人除外。这是关于浮动抵押中间价款超级优先权的规定。

在动产抵押，特别是浮动抵押中，抵押财产在抵押过程中，只要没有被确定，都可以增加或者减少，无须经过任何附加手续。在抵押的动产中，流入抵押财产的特定动产将成为抵押财产，流出的动产将“移出”抵押财产。流入抵押财产的特定动产如果是设有抵押权的，流入抵押财产时又自动负担浮动抵押权的，则会在同一个物上有两个并存的抵押权，因而产生两个抵押权的顺位问题。[①] 移出抵押财产的特定动产，尽管负担浮动

① 董学立．浮动抵押的财产变动与效力限制．法学研究，2010 (1)：65.

抵押权，但是由于担保的债权没有确定，因而浮动抵押中的担保财产。对后者，法律没有规定，但是从逻辑上可以推出这个结论。

流入浮动抵押财产的特定动产在其流入前设有抵押权，流入后负担浮动抵押权的，则发生同一物上存在的两个抵押权的顺位问题，其中具有优先权的抵押权被称为“购买价金担保权”或者“中间价款超级优先权”。其规则是：第一，动产抵押担保的主债权数额是抵押物的价款，即流入的特定动产已经设定的抵押权担保的是该主债权，其担保数额是该抵押物的价款。第二，如果在该标的物交付后10日内办理了抵押权登记，则该抵押权就具有了中间价款超级优先权，其即使设立时间在后，也享有最优先的顺位。第三，该中间价款超级优先权的优先顺位对抗的是原来存在的浮动抵押权人的抵押权，即具有中间价款超级优先权的抵押权的抵押财产，尽管也负担了浮动抵押权，但是中间价款超级优先权使该抵押权人，相较于抵押物买受人的其他担保物权人，包括浮动抵押权人，能够最优先受偿。第四，留置权人除外。买受人即浮动抵押人所担保的其他担保物权不包括留置权，因为留置权是法定担保物权，并非约定担保物权，因而具有中间价款超级优先权的抵押权的优先效力不能对抗留置权。

对于浮动抵押和动产抵押的中间价款超级优先权，《担保司法解释》第57条规定，担保人在设立动产浮动抵押并办理抵押权登记后又购入或者以融资租赁方式承租新的动产，下列权利人为担保价款债权或者租金的实现而订立担保合同，并在该动产交付后10日内办理登记，主张其权利优先于在先设立的浮动抵押权的，应予支持：一是在该动产上设立抵押权或者保留所有权的出卖人，二是为价款支付提供融资而在该动产上设立抵押权的债权人，三是以融资租赁方式出租该动产的出租人。

动产抵押也在《民法典》第416条的规制范围内。买受人取得动产但是未付清价款，或者承租人以融资租赁方式占有租赁物但是未付清全部租金，又以标的物为他人设立担保物权，《担保司法解释》第57条第1款所列权利人为担保价款债权或者租金的实现而订立担保合同，并在该动产交付后10日内办理登记，主张其权利优先于买受人为他人设立的担保物权的，应予支持。

如果同一动产上存在多个中间价款超级优先权，应当按照登记的时间先后确定清偿顺序。

4. 浮动抵押权的实现

浮动抵押权的实现，自抵押权人向人民法院提出实现抵押权的申请，人民法院作出浮动抵押权实现的决定时开始。人民法院作出浮动抵押权实现的决定后应当予以公告，并同时发布查封抵押人的总财产的公告。

人民法院作出实现浮动抵押权的决定后，抵押人的全部财产由财产管理人管理，财产管理人应当向在抵押人住所地办理浮动抵押权登记的机关申请进行浮动抵押权实现开始的登记。财产管理人由人民法院在听取浮动抵押权实现申请人的意见后选任。

未办理上述登记的，人民法院对抵押人总财产的查封不得对抗第三人。

除此之外，浮动抵押权的实现与其他抵押权的实现相比，没有特别之处，应当按照一般抵押权实现的方式实现。

三、最高额抵押权

（一）最高额抵押权的概念

最高额抵押权，是指为担保债务的履行，债务人或者第三人以抵押财产对一定期间内将要发生的债权提供担保，债务人未履行债务时，抵押权人有权在最高债权额限度内就该财产优先受偿的特殊抵押权。《民法典》第420条第1款规定的就是最高额抵押权。

从民事权利的角度来看，最高额抵押权是对债权人一定范围内的不特定的债权，预定一个最高的限额，由债务人或第三人提供抵押财产予以担保的特殊抵押权。① 例如，甲公司向承包为期5年的大型工程的乙建筑公司销售水泥，双方订立了一份5年期限的水泥连续供应合同。为担保乙公司对甲公司各笔货款的清偿，乙公司提供一栋大楼设定抵押权于甲公司，最高限额为5 000万元。甲公司享有的这种抵押权就是最高额抵押权。

（二）最高额抵押权的法律特征

1. 最高额抵押权是为一定范围内连续发生的不特定债权提供担保的抵押权

最高额抵押权也以担保债权的圆满实现为目的，但是，一般抵押权所担保的债权在量和质上都是限定的，量的限定就是对抵押权担保的范围进行的限定，质的限定是对抵押权所担保的债权的发生原因进行的限定。而最高额抵押权是为一定范围内连续发生的不特定的债权提供抵押，与普通抵押权在对抵押财产交换价值限定方面的差异是：在量的方面，最高额抵押权划定一个担保债权的上限，在该上限内予以担保；在质的方面，最高额抵押权所担保的债权必须是在一定期间内连续发生的债权。在这两个方面，最高额抵押权都存在既特定又不特定的特点。

2. 最高额抵押权并不从属于特定的债权

由于最高额抵押权所担保的债权并未特定而是将来的债权，因而最高额抵押权并不从属于特定的债权，而是从属于在一定期限内不断引发债权的基础法律关系。即使该基础法律关系所产生的债权在一定期间内连续发生，最高额抵押权也不受其影响。即使基础法律关系所产生的债权因清偿、抵销等原因归于消灭，实际的债权额为零，由于最高额抵押权是为担保将来可能发生的不特定债权而存在的，因而它也并不消灭。

3. 最高额抵押权在最高债权额限度内为担保

最高债权额限度，是指抵押权人基于最高额抵押权所能够优先受清偿的债权的最高数额。最高债权额是抵押权人能够优先受清偿的债权的最高数额，而不是最高额抵押权所实际担保的债权数额，更不是债务人必须清偿的债权数额。在最高额抵押权实现之前，唯一能确定的数字就是抵押人与抵押权人约定的最高债权额限度，因此，当最高额抵押权所担保的债权到期，抵押权人实现其权利时，如果实际发生的债权余额高于最高数额，

① 谢在全．民法物权论：下册．北京：中国政法大学出版社，1999：711.

以最高数额为限，超过部分不具有先受偿的效力；如果实际发生的债权余额低于最高数额，以实际发生的债权余额为限，就抵押财产优先受偿。

4. 最高额抵押权对所担保的债权的从属性具有特殊性

最高额抵押权作为一种特殊抵押权，所担保的债权在最高额抵押权设立时并不一定现实存在，也没有特定。最高额抵押权只是从属于产生各个具体债权的基础法律关系，可以与具体的债权相分离而独立存在，并不随着每一个具体债权的转让或消灭而转让或消灭。这具体表现在：存在上的从属性的特殊性表现在最高额抵押权成立在先，债权产生在后；处分上的从属性的特殊性表现在，最高额抵押权并不随着某一具体债权的转让而转让；消灭上的从属性的特殊性表现为，某一具体债权的消灭，并不意味着最高额抵押权所担保债权的全部消灭，最高额抵押权所担保的也并不是某一特定的债权。

（三）最高额抵押权的设立及效力

1. 最高额抵押权的设立

最高额抵押权和普通抵押权在设立的程序与设立的内容上基本相同，但是还存在以下差别。

第一，最高额抵押权须为当事人能在一定期间内连续交易的合同法律关系中产生的不特定的债权而设立。这种连续交易的合同法律关系可以被称为继续性法律关系。不是针对继续性法律关系，不能设立最高额抵押权。与浮动抵押权相比，二者最大的区别在于，最高额抵押权所担保的债权不确定，而浮动抵押权的抵押财产不确定。

第二，由于最高额抵押权担保的是不特定的债权，因而在设定最高额抵押权的合同中应当包括最高债权额度。如果设定最高额抵押权的合同没有约定最高债权额度，则该合同将无法成立。

2. 最高额抵押权的特殊效力

最高额抵押权的特殊效力主要表现在担保的债权范围、抵押权的转让、抵押合同条款的变更三方面。

（1）最高额抵押权所担保的债权范围。普通抵押权所担保的债权范围包括主债权及利息、违约金、损害赔偿金和实现抵押权的费用，但最高额抵押权所担保的债权在抵押权设立时并没有确定，具体的数额，只是确定了一个最高债权额以及一定的期间。在最高额抵押权所担保的债权确定之前，债权的数额可以随时增减变动，即使债权一度为零，也不影响最高额抵押权的效力，其仍对此后发生的新的债权具有担保效力。这就是最高额抵押权担保债权的新陈代谢规则。[①] 由此可见，最高额抵押权所担保的债权仅以现在及将来的债权为限。但是，《民法典》第 420 条第 2 款规定，最高额抵押权设立前已经存在的债权，经当事人同意，可以转入最高额抵押权担保的债权范围。这是特例，必须由当事人协商一致。

---

① 王昱之．最高限额抵押权所担保债权之确定//郑玉波．民法物权论文选辑：下册．台北：五南图书出版公司，1985：768.

（2）最高额抵押权的转让。普通抵押权可以随同被担保的债权一起转让，法律并不加以限制。但是，最高额抵押权的转让具有特殊性，《民法典》第 421 条规定，最高额抵押权担保的债权确定前，部分债权转让的，最高额抵押权不得转让，但是当事人另有约定的除外。

（3）最高额抵押合同条款的变更。对设定最高额抵押权的抵押合同条款在抵押关系存续期间可以进行变更。这种变更仅指对最高额抵押合同所独具条款的变更。最高额抵押合同独有的条款主要是三项：确定债权的期间、债权范围和最高债权额条款。按照《民法典》第 422 条的规定，最高额抵押权担保的债权确定前，抵押权人与抵押人可以通过协议变更债权确定的期间、债权范围以及最高债权额。但是，变更的内容不得对其他抵押权人产生不利影响。就最高额抵押合同所独具的这三种条款而言，如果允许最高额抵押合同的当事人随意变更，且这种变更能够对抗顺序在后的抵押权人，将会对后顺位抵押权人或其他利害关系人的合法权益造成损害。因此，就这三项内容的变更，除需当事人的合意外，还要办理登记，才能对抗顺序在后的抵押权人。

（四）最高额抵押权担保债权的确定

1. 最高额抵押权担保债权确定的概念

最高额抵押权担保债权的确定，是指最高额抵押权所担保的一定范围内的不特定债权，因一定事由的发生而归于具体、特定。

最高额抵押权设立确定制度的主要理由是：第一，优先受偿的债权及金额有确定的必要；第二，保护利害关系人的利益。

2. 最高额抵押权担保债权确定的事由

各国民法对最高额抵押权担保的债权规定了不同的确定事由，大抵可被归纳为两类：一是担保债权已无发生的可能，二是抵押权人实现抵押权或抵押财产被查封。在我国《民法典》第 423 条规定，下列情形出现时，抵押权人的债权确定：（1）约定的债权确定期限届满；（2）没有约定债权确定期限或者约定不明确，抵押权人或者抵押人自最高额抵押权设立之日起满 2 年请求确定债权；（3）新的债权不可能发生；（4）抵押权人知道或者应当知道抵押财产被查封、扣押；（5）债务人、抵押人被宣告破产或者解散；（6）法律规定债权确定的其他情形。

3. 最高额抵押权担保的债权被确定后的效力

最高额抵押权担保的债权被确定之后，发生下列效力：

第一，只有在确定时已经发生的主债权才属于抵押权担保的范围，确定之后产生的债权即使来源于基础法律关系，也不属于抵押权担保的范围。至于确定时已经存在的被担保主债权的利息、违约金、损害赔偿金，只有在确定时已经发生而且与主债权的合计数额没有超过最高债权额时，才可以被列入最高额抵押权担保的债权范围。

第二，一旦最高额抵押权担保的债权确定，无论出于何种原因，担保债权的流动性均丧失，该抵押权所担保的不特定债权均变为特定债权。这时，最高额抵押权与普通抵押权完全相同。

（五）最高额抵押权的实现

最高额抵押权的实现，除与普通抵押权的实现相同的情形以外，还应注意以下两点：

第一，最高额抵押权所担保的不特定债权确定后，债权已届清偿期的，最高额抵押权人可以根据普通抵押权规定行使其抵押权。债权已届清偿期，是指最高额抵押所担保的一系列债权中任何一个债权已届清偿期。

第二，债权确定时，如果实际发生的债权余额高于最高数额，以最高数额为限，超过部分不具有优先受偿的效力；如果实际发生的债权余额低于最高数额，以实际发生的债权余额为限，对抵押财产优先受偿。如果在抵押财产上存在两个以上抵押权，最高额抵押权与普通抵押权一样，依据法律规定的清偿顺序实现。

第五节　抵押权的实现

一、抵押权实现概述

（一）抵押权实现的概念

抵押权实现，是指债务履行期届满，债务人未履行债务，或者发生当事人约定的实现抵押权的情形时，依法处理抵押财产而使债权获得清偿。

抵押权实现在本质上是抵押权人的权利而非义务，因而当抵押权人要求债务人清偿债务时，债务人不能以应先行使抵押权为抗辩，并不得强行以抵押财产清偿债务。

（二）抵押权实现的条件

债务履行期届满，债权未受清偿，或者发生当事人约定的实现抵押权情形的，抵押权人可以与抵押人通过协议以抵押财产折价或者以拍卖、变卖该抵押财产所得的价款优先受偿。抵押权实现的条件是：(1) 抵押权有效存在；(2) 债务人不履行到期债务，或者发生当事人约定的实现抵押权的情形；(3) 债权人的债权未受清偿。具备以上三个条件的，抵押权人可以实现其抵押权。

（三）抵押权实现的程序

根据《民法典》第410条的规定，债务履行期届满抵押权人未受清偿，或者发生当事人约定的实现抵押权情形的，实现抵押权的程序有如下两种。

1. 协议实现

具备抵押权实现的条件的，抵押权人可以与抵押人通过协议，以抵押财产折价，或者以拍卖、变卖该抵押财产所得的价款优先清偿债务。如果双方当事人的协议损害了其他债权人的利益，则其他债权人可以行使撤销权，请求法院撤销该协议。

2. 诉讼实现

抵押权人和抵押人协议实现抵押权不成的，抵押权人可以向法院提起诉讼，由法院判决或者调解拍卖、变卖抵押财产，实现抵押权。

（四）流押无效

流押，也被称为流押契约、抵押财产代偿条款或流抵契约，是指抵押权人与抵押人约定，当债务人届期不履行债务时，抵押权人有权直接取得抵押财产的所有权。对流押条款的效力，《民法典》第401条规定：抵押权人在债务履行期限届满前，与抵押人约定债务人不履行到期债务时抵押财产归债权人所有的，只能依法就抵押财产优先受偿。即使在抵押合同中约定了流押条款，也并非一律无效，只是其后果只能与普通抵押权的相同，即依法就抵押财产优先受偿而已。

在实践中，以下约定也被认为属于流押契约：（1）在借款合同中，订有清偿期限届至借款人不还款时，贷款人可以将抵押财产自行加以变卖的约定。（2）抵押权人在债权清偿期届满后与债务人另订延期清偿的合同，在该合同中附有的延展的期限内如果仍未能清偿，就将抵押财产交给债权人经营的约定。（3）债务人以所负担的债务额作为某项不动产的出售价，与债权人订立一个不动产买卖合同，但并不移转该不动产的占有，只是达成了在一定的期限内清偿债务以赎回该财产的约定。此种合同虽然在形式上是买卖合同，但实际上是就原有债务设定抵押权的合同，只不过将回赎期间作为清偿期间罢了。

二、抵押权实现的方法与抵押财产变价款的分配

（一）抵押权实现的方法

依照《民法典》第410条的规定，抵押权实现的具体方法包括对抵押财产进行折价、拍卖和变卖三种方式。

具体以何种方式实现抵押权，首先由当事人决定。抵押合同中对抵押权的实现方式有约定的，应依其约定。抵押合同中没有约定的，在抵押权实现时，抵押权人可与抵押人协商确定实现抵押权的方法；达不成协议的，抵押权人可以向法院起诉，由法院裁决以何种方式实现抵押权。

1. 以抵押财产折价

以抵押财产折价，是指在抵押权实现时，抵押权人与抵押人协议，或者协议不成时经由法院判决，按照抵押财产自身的品质、参考市场价格折算为价款，把抵押财产所有权转移给抵押权人，实现抵押权的抵押权实现方式。

以抵押财产折价可以先由当事人协商决定。如果双方协商不成，则抵押权人可以向法院起诉，抵押权人获得胜诉判决后，由法院在不经拍卖、变卖的情况下直接将抵押人的抵押财产作价交抵押权人抵偿债务：对不足以清偿的债务，债务人应当继续清偿；清偿后剩余部分，应当返还抵押人。

2. 拍卖抵押财产

拍卖抵押财产，是指通过拍卖程序将抵押财产变价，以其变价款清偿债权。

抵押权人与抵押人就抵押财产拍卖协商一致的，可以自行委托拍卖机构进行拍卖。当事人如果就抵押财产拍卖没有达成一致，则只能申请法院依据《民事诉讼法》以及最高人民法院有关司法解释的规定进行强制拍卖。

3. 变卖抵押财产

变卖抵押财产，是指以一般的买卖方式出卖抵押财产，以其变价款清偿债权的方式。

从性质来说，变卖与拍卖都属于买卖方式，但是两者存在很大区别。拍卖是特殊的商品流通方式，它不像一般的买卖那样自由交易，而是以公开竞价的方式将特定的物品或财产权利转让给最高应价的竞买人。因此，拍卖的公开性更强、透明度更高。变卖则是对标的物进行换价的一种较拍卖更为简易的方式，它不需要经过竞价，而是由当事人或法院直接将标的物以相当的、合理的价格出卖。

当事人可以通过协商方式将抵押财产变卖。协商不成的，抵押权人可以向法院起诉，在获胜诉判决后通过法院的强制执行程序将抵押财产拍卖或变卖。法院一般是以拍卖为原则而以变卖为例外。

（二）抵押财产折价、拍卖或变卖后变价款的分配顺序

《民法典》第 413 条规定，抵押财产折价或者拍卖、变卖后，其价款超过债权数额的部分归抵押人所有，不足部分由债务人清偿。司法实践认为，以抵押财产折价或者拍卖、变卖该抵押财产的价款低于抵押权设定时约定价值的，应当按照抵押财产实现的价值进行清偿。不足以清偿的剩余部分，由债务人清偿，抵押人对剩余的债权不再承担担保责任。此时剩余的债权作为普通债权与其他普通债权处于平等受偿地位。

如果抵押财产的折价或者拍卖、变卖是由当事人通过协商进行的，则抵押权人与抵押人之间可以就该抵押财产折价、拍卖或变卖后所得价款的分配顺序问题作出约定。如果当事人没有约定，则应按照下列顺序分配：首先，抵偿实现抵押权的费用，即将抵押财产折价或拍卖、变卖抵押财产的花费，包括诉讼费、保全费、鉴定费、评估费、拍卖费等；其次，抵偿主债权的利息；最后，抵偿主债权。

（三）物上保证人的代位追偿权

《民法典》第 392 条后段规定："提供担保的第三人承担担保责任后，有权向债务人追偿。"这种追偿权就是物上保证人的代位追偿权。

抵押人是第三人而非债务人的，抵押权人实现抵押权后，抵押人即物上保证人会因此失去抵押财产的所有权。为了防止失去抵押财产的所有权，物上保证人可以作出两种选择：其一，在抵押财产拍卖时参与竞买；其二，代替债务人履行债务以阻止抵押权人实现抵押权。[①] 前一种选择并不能确保物上保证人不失去抵押财产，因为其他竞买人可能

---

① 郑玉波．民法物权．台北：作者自版，1979：156.

出价更高；而后一种选择最为可靠：当物上保证人代替债务人履行债务时，就产生了一个人的代位，即物上保证人取代了债权人的地位而对债务人享有债权。

如果物上保证人不愿意代替债务人履行债务，则因抵押权的实现其将失去抵押财产的所有权。此时也相当于发生了物上保证人替债务人履行债务的效果，即物的代位。

1. 物上保证人代替债务人履行债务而获得代位追偿权

《民法典》没有规定物上保证人可以代替债务人履行债务，但是，由于物上保证人代替债务人履行债务属于并存的债务承担，既不会由此导致债务人脱离债的关系，也没有对债权人的利益造成任何损害，因而应当肯定物上保证人享有此种权利。物上保证人行使此种代替债务人履行债务的权利时，不需要征得债权人的同意，只需要由债务人或物上保证人即抵押人向债权人发出债务承担的通知即可。

在物上保证人为债务人履行债务之后，债权人即抵押权人对债务人所享有的请求权在其受偿的范围内移转给物上保证人。这种债权的移转是法定的债权移转，无须债权人与物上保证人之间的合意。对于这种人的代位所应注意的是，这种法定债权的移转发生在债权人受偿的范围内，其意义在于：一是如果物上保证人仅清偿部分债务，则仅该受偿部分的债权移转；二是物上保证人行使权利，不得有害于抵押权人（债权人）的利益。①

2. 因抵押权的实现物上保证人获得代位追偿权

抵押权人实现抵押权，导致物上保证人丧失对抵押财产的所有权时，债务人的债务在债权已因抵押财产的折价、拍卖或变卖而在受清偿的范围内归于消灭，因此债务人获得了利益，而为债务人提供抵押担保的物上保证人遭受了损失。法律为了平衡两者的关系，准许为债务人提供抵押担保的第三人在抵押权人实现抵押权后向债务人追偿。

问题与思考

1. 引读案例思考

甲公司分别向乙银行和丙银行贷款，先后用该公司的厂房向乙银行和丙银行抵押。

请结合本章内容思考：

（1）甲公司分别设立的两个抵押权是否都成立？

（2）相对于一般债权，两个银行享有的抵押权具有何种法律效力？

（3）乙银行和丙银行享有的抵押权有先后顺序的区别，这在法律上有何意义？

（4）对本案应当如何处理？

参考分析意见：

在本案中，乙银行和丙银行分别从债务人即甲公司的同一项财产上取得了两个抵押权，乙银行和丙银行作为债权人，取得了债务人甲公司不转移占有而为债权提供担保的抵押财产的权利，当债务人不履行债务，或者发生当事人约定的实现抵押权的情形时，

① 谢在全．民法物权论：下册．北京：中国政法大学出版社，1999：678－679.

乙银行和丙银行依法享有就该物变价款优先受偿的权利。这个权利就是抵押权，其性质是担保物权。经过抵押权担保的债权，相对于其他一般债权而言，具有优先受偿的效力。没有受抵押权等担保的债权，只能在有担保的债权实现之后，作为平等债权，就剩余财产平均受偿。

本案的特殊之处是，甲公司在同一个抵押财产上设立了两个不同的抵押权，两个抵押权都成立，分别为乙银行和丙银行的债权提供担保。由于乙银行与丙银行在该抵押财产上设立抵押权的时间不同，因而，存在抵押权的设定顺序问题。按照抵押权的实现规则，先设立的抵押权优先受偿，后设立的抵押权在先设立的抵押权实现之后受偿。本案的实际情况是，乙银行和丙银行取得的抵押权都是不动产抵押权，都经过登记，因此都是有效的抵押权。债务人甲公司已经不能履行债务，实现抵押权的条件发生了，因此两个抵押权人都有权行使抵押权，拍卖、变卖抵押人的抵押财产以清偿债务。乙银行的抵押权设定在先，故乙银行享有顺位利益，因而，乙银行应当优先于丙银行受偿，在乙银行的债权受到完全清偿之后，剩余的抵押财产变价款则由丙银行优先于其他没有担保物权担保的一般债权的债权人受偿。

2. 重点题

(1) 抵押权的概念是什么？具有哪些特征？

(2) 哪些财产可以抵押？哪些财产不能抵押？

(3) 简述抵押权的取得和消灭。

(4) 抵押权具有哪些效力？

(5) 抵押权如何实现？

(6) 最高额抵押权和浮动抵押权的区别是什么？

3. 法考题

(1) 抵押权的顺位。

(2) 浮动抵押权。

(3) 抵押权的取得。

(4) 抵押权登记。

(5) 抵押物的转让。

(6) 抵押权的放弃。

4. 考研题

(1) 流押条款。

(2) 抵押权的内容。

(3) 最高额抵押权。

第十四章

质　权

重点知识

1. 质权：概念、特征、取得、类型
2. 质押财产
3. 动产质权：取得、特征、效力、消灭
4. 权利质权：概念、特征、效力、消灭
5. 应收账款质权
6. 转质权
7. 流质契约的禁止

引读案例

甲银行、乙银行和丙公司在同一城市。丙公司与甲银行签订了一份金额为400万元的质权担保借款合同，质押财产为丙公司价值600万元的动产。合同签订后，丙公司将质押财产转移给甲银行占有。嗣后，丙公司与乙银行签订一份金额为280万元的借款、抵押合同，抵押物也为丙公司的上述动产，并办理了抵押权登记。合同到期后，丙公司无法向甲银行和乙银行偿还债务，甲银行和乙银行均要求以丙公司提供的该担保财产优先清偿债务，从而引发纠纷。

第一节　质权概述

一、质权的概念和特征

（一）质权的概念

质权，是指债务人或第三人将特定的财产交由债权人占有，或者以财产权利为标的，作为债权的担保，当债务人不履行债务或者发生当事人约定的实现质权的情形时，债权人有权以该财产/财产权利折价或以拍卖、变卖所得价款优先受偿的担保物权。

债务人或者第三人交由债权人占有的特定财产/财产权利，叫质押财产，也叫质押物；债权人是质权人，提供质押财产出质的人是出质人。

（二）质权的特征

1. 质权是为了担保债权的实现而设立的担保物权

质权以担保债权的实现为目的，与所担保的债权之间具有从属关系，被担保的债权为主权利，而质权为从权利，因此，质权具有从属性，表现在质权以主债权的存在为前提，因主债权的转让而转让，因主债权的消灭而消灭。

2. 质权只能在债务人或者第三人提供的特定财产或者财产权利上设定

质权是在债务人或者第三人提供的特定的财产或财产权利上设定的，质权的标的物只能是动产或者可让与的权利，而不能是不动产。不动产只能作为抵押权的标的物。

3. 动产质权以债权人占有债务人或第三人提供的动产为必要条件

动产质权的设定以质权人占有质押财产为生效要件，当事人之间设定动产质权时必须转移标的物的占有，即由质权人占有质押财产。这是质权与抵押权的重要区别。即使设定权利质权，也需要交付权利凭证或者进行登记质权才能成立。

4. 动产质权人在债务人履行债务前对质押财产享有留置的权利

由于动产质权以移转标的物的占有为要件，质权人得占有标的物，因而在质权所担保的主债权受清偿前，质权人得留置质押财产而拒绝质押财产所有权人的返还请求。债务人不履行债务或者发生当事人约定的实现质权的情形的，质权人有权对质押财产的变价款享有优先受偿的权利。

二、质权的分类

质权主要有以下几种分类方式。

（一）动产质权与权利质权

依照质权标的物的性质不同，质权可被分为动产质权与权利质权。《民法典》采用的就是这种分类："物权"编第十八章分为两节，第一节是动产质权，第二节是权利质权，这是法定分类。

动产质权是指债务人或者第三人以动产为标的物设立的质权。

权利质权是指债务人或者第三人以可让与的债权或者其他权利为标的物所设定的质权。

（二）意定质权与法定质权

依照质权产生方式的不同，可以将质权分为意定质权与法定质权。

意定质权是指当事人通过法律行为所设定的质权。在我国《民法典》规定的质权是指通过质权合同设定的质权，是意定质权。

法定质权是指依照法律的规定而直接产生的质权，我国现行法中不存在法定质权。

（三）占有质权、用益质权和归属质权

依照质权内容的不同，质权可以被分为占有质权、用益质权和归属质权。

占有质权是质权人对质权标的物仅可以占有，原则上不得使用、收益的质权。民法上的动产质权大体上属于这种质权。

用益质权是质权人对质权标的物不仅可以占有，而且可以使用、收益的质权。其中又分为销偿质权和利息质权（利质）。于销偿质权以质权标的物的收益冲抵债权的原本，其可能因债权的抵充完毕而消灭。法国的不动产质权属于这种质权。于利息质权以收益抵充债权的利息，其不可能因债权的抵充完毕而消灭。日本的不动产质权属于这种质权。

归属质权是质权人可以取得质权标的物的所有权以抵充债权的质权，因而又被叫作流质。[①] 流质为《民法典》第 428 条所禁止："质权人在债务履行期限届满前，与出质人约定债务人不履行到期债务时质押财产归债权人所有的，只能依法就质押财产优先受偿。"

（四）民事质权、商事质权和营业质权

依照质权适用的法律的不同，质权可被分为民事质权、商事质权和营业质权。

民事质权是指适用民法的质权。民法上的动产质权和权利质权属于这种质权。

商事质权是指适用商事法的质权。我国民法采民商合一制，因此在我国不存在商事质权。

营业质权是指以质押借贷为营业而适用当铺业管理规则的特殊质权。营业质权也被称为质当、押当或者典当，是债务人将一定的财产（当物或质押财产）交付于债权人（从事营业质业务的当铺）作担保，向债权人为金钱借贷，在一定期限（回赎期）内，债务人清偿债务后可取回担保物；期限届满而债务人不能清偿债务的，担保物即归债权人所有，或者由债权人以其价值优先受偿。[②]

三、质权的属性

质权具有从属性、不可分性和物上代位性。

质权的从属性，是指质权的设定旨在担保债权的实现，质权具有从属于主债权的特性。质权的产生、移转或者消灭均从属于主债权的产生、移转或者消灭。

质权的不可分性，是指质押财产以其全部担保债权的各部，质押财产的各部担保债权的全部。质权不因质押财产的分割、部分灭失或让与而受影响，也不因被担保债权的分割、部分清偿或让与而受影响。

---

① 谢在全．民法物权论：下册．3 版．台北：三民书局，2004：240.

② 刘保玉．物权法．上海：上海人民出版社，2003：385－386.

质权的物上代位性，是指质押财产因灭失、毁损、征用而获得保险金、赔偿金、补偿金时，该保险金、赔偿金、补偿金成为质押财产的代位物，质权人有权对保险金、赔偿金、补偿金行使质权。

第二节　动产质权

一、动产质权的概念与特征

（一）动产质权的概念

动产质权，是指债务人或者第三人将其动产移交债权人占有，将该动产作为债权的担保，当债务人不履行债务或者发生当事人约定的实现质权的情形时，债权人以该动产折价或者以拍卖、变卖该动产的价款优先受偿的质权。《民法典》第 425 条规定：为担保债务的履行，债务人或者第三人将其动产出质给债权人占有的，债务人不履行到期债务或者发生当事人约定的实现质权的情形，债权人有权就该动产优先受偿。

（二）动产质权的特征

1. 动产质权是以他人的动产为标的物设定的质权

动产质权的标的物为动产，且须属于债务人或者第三人所有。其标的物不能是权利。据此，可以将动产质权与权利质权相区别。

2. 动产质权以质权人占有作为质押财产的动产为必要条件

动产质权以移转动产的占有为生效要件，其原因在于：与不动产物权变动不同的是，动产物权的变动以占有为公示要件，且质权须通过留置效力发挥其担保主债权实现的功能。质押财产的交付即其占有的移转，并不局限于现实的移转占有。

二、动产质权的取得

（一）基于法律行为而取得动产质权

基于法律行为而取得动产质权，是指当事人通过质权合同或者遗嘱设定动产质权。在实践中最为常见的就是通过质权合同设定动产质权。

1. 质权合同的形式与内容

质权合同为要式合同。《民法典》第 427 条规定：“设立质权，当事人应当采用书面形式订立质押合同。”“质押合同一般包括下列条款：（一）被担保债权的种类和数额；（二）债务人履行债务的期限；（三）质押财产的名称、数量等情况；（四）担保的范围；（五）质押财产交付的时间、方式。”第 428 条规定，质权合同约定流质不发生预期后果。

2. 作为质权标的物的动产的条件

对质押财产，《民法典》第426条仅规定“法律、行政法规禁止转让的动产不得出质”，没有规定质押财产的具体条件。一般认为，作为质权标的物的动产须符合以下几项条件：（1）该动产须为特定物。这是由于物权的标的物需要具有特定性。（2）该动产须为独立物。这也是物权的标的物必须具有独立性的必然结果。（3）该动产必须是法律上允许流通的动产。以法律、法规禁止流通的动产或者禁止转让的动产设定质权担保的，质权合同无效。如果当事人以法律、法规限制流通的动产设定质权，在实现债权时，应当按照有关法律、法规的规定对该动产进行处理。

如果质权合同中对质押财产的约定不明，或者约定的出质财产与实际移交的财产不一致，应当以实际交付占有的财产为准。

3. 质押财产的交付

依照《民法典》第429条的规定，质权自出质人交付质押财产时设立。质权人应占有质押财产，即出质人应将质押财产的占有移转给质权人，不局限于现实的移转占有，也包括简易交付或指示交付，但出质人不得以占有改定的方式继续占有标的物。这是因为动产质权以占有为公示要件，如果出质人代质权人占有质押财产，则无法将该动产上所设立的质权加以公示；同时，若出质人仍直接占有质押财产，质权人将无法对质押财产加以留置，质权的留置效力将无法实现。因此，出质人代质权人占有质押财产的，质权合同不生效。

如果债务人或者第三人未按质权合同约定的时间移交质押财产，由此给质权人造成损失的，出质人应当根据其过错承担赔偿责任。

（二）非基于法律行为而取得动产质权

1. 依继承取得质权

动产质权属于财产权，当质权人死亡时，其所享有的主债权以及担保该债权的动产质权可由继承人通过继承取得，无论继承人是否占有质押财产。

2. 依善意取得取得质权

质权的设定属于对物或者财产权利的处分行为，出质人对标的物应当具有处分权。当出质人以其无权处分的财产设定质权时，应按照动产的善意取得制度对债权人予以保护而使其善意取得动产质权。

动产质权的善意取得须具备以下要件。

（1）出质人对质押财产没有处分权。出质人如果对质押财产享有处分权，自然可以该物设定质权，不存在善意取得的可能。

（2）出质人实际占有出质的物。出质人如果不占有质押财产，则显然不可能产生交易中的对方当事人误信其具有处分权的事实，自然无法适用善意取得制度。

（3）作为质押财产的动产不能是法律禁止流通的动产。以法律限制流通的动产出质的，只要出质人与质权人均属于国家法律允许持有此类物品的主体，则在他们之间也可以适用善意取得制度。

（4）出质人已将质押财产交付给质权人，质权人已经占有质押财产。同样，这种交付除现实交付之外，还包括简易交付与指示交付，但不包括占有改定。

（5）质权人在占有质押财产时为善意。质权人善意即为其不知道或者不应当知道出质人对质押财产没有处分权。质权人如果明知出质人没有处分权，或者出于重大过失而没有了解到出质人无处分权的情况，则不构成善意。

善意取得动产质权，与通过其他方式取得其他动产质权发生同样的效果。

三、动产质权的效力

（一）动产质权对所担保的债权的效力

依照《民法典》第389条的规定，质权担保的范围包括主债权及其利息、违约金、损害赔偿金、保管质押财产和实现质权的费用，质权合同另有约定的，按照约定。理论上还认为，因质押财产的隐蔽瑕疵而发生的损害赔偿，也在动产质权所担保的债权范围内。①

（二）动产质权对质权标的物的效力

作为质押财产的动产为质权的效力所及。此外，为了维护质押财产的经济效用与其交换价值，同时兼顾双方当事人的利益，对质押财产以外的其他物，在一定条件下也应纳入质权效力所及的标的物范围。这些物包括以下几种。

1. 质押财产的从物

动产质权的效力及于质押财产的从物。但是，从物未随同质押财产移交质权人占有的，质权的效力不及于从物。

2. 孳息

《民法典》第430条规定，质权人有权收取质押财产的孳息，但是合同另有约定的除外。此处所说孳息，不仅包括天然孳息，也包括法定孳息。质权人收取质押财产的孳息后，应当首先充抵收取孳息的费用。

3. 添附物

因附合、混合或者加工而使质押财产的所有权为第三人所有的，质权的效力及于补偿金；质押财产所有权人为附合物、混合物或者加工物的所有权人的，质权的效力及于附合物、混合物或者加工物；第三人与质押财产所有权人为附合物、混合物或者加工物的共有人的，质权的效力及于出质人对共有物享有的份额。

4. 代位物

质权因质押财产灭失而消灭。但因质押财产灭失、毁损、被征收所得的保险金、赔

① 史尚宽．物权法论．台北：荣泰印书馆，1979：355. 谢在全．民法物权论：下册．北京：中国政法大学出版社，1999：772－773.

偿金、补偿金等，是质押财产的代位物，应当作为质押财产。

（三）动产质权对出质人的效力

1. 出质人的权利

（1）质押财产的收益权。由于出质人须将质押财产的占有移转给质权人，因而原则上出质人对质押财产没有使用、收益的权利。不过，依照《民法典》第 430 条第 1 款的规定，质权人有权收取质押财产的孳息，但是合同另有约定的除外。

（2）质押财产的处分权。虽然出质人须将质押财产移交债权人占有，但是，出质人将质押财产移交债权人占有并不导致其丧失对质押财产的所有权。在动产上设定质权后，出质人仍然有权处分该动产。不过，此种处分仅指法律上的处分而非事实上的处分，因为出质人在丧失对质押财产的占有之后已经无法对质押财产进行事实上的处分，况且此种处分也会损害质权人的利益。

（3）物上保证人的代位权。当出质人是主债务人之外的第三人时，他为物上保证人，在代债务人清偿债务之后或因质权的实现而丧失质押财产的所有权后，享有代位权，得向债务人追偿。

（4）保全质押财产的权利。尽管出质人在其财产上设置了质权，但这不会改变质押财产仍然属于出质人所有的事实。在质押财产为质权人占有的情况下，如果质权人对质押财产保管不当，质押财产有毁损、灭失的危险，则出质人享有保全质押财产的权利。《民法典》第 432 条第 2 款规定，质权人的行为可能使质押财产毁损、灭失的，出质人可以请求质权人将质押财产提存，或者请求提前清偿债务并返还质押财产。

2. 出质人的义务

当因质押财产存在隐蔽瑕疵而质权人遭受损害时，出质人应承担赔偿责任；但是，质权人在质押财产移交时明知质押财产有瑕疵而接受的除外。

（四）动产质权对质权人的效力

1. 质权人的权利

（1）留置质押财产的权利。

质权人在其债权获得全部清偿之前，有权留置质押财产。在质权人的债权获得满足前，无论是出质人还是质押财产的第三取得人请求其交付质押财产，质权人都可以拒绝，继续留置质押财产，并以质押财产的全部担保权利。

（2）优先受偿的权利。

当债务人不履行到期债务或者发生当事人约定的实现质权的情形时，质权人有权将作为质押财产的动产折价或者以拍卖、变卖该动产的价款优先受偿。质权人的优先受偿权体现在：首先，质权人较债务人的一般债权人优先受偿。其次，出质人破产时，质权人有别除权，质押财产不能被列入破产财产。最后，即使质押财产被查封或扣押，也不影响质权人的优先受偿权。即使人民法院对质押财产采取查封、扣押措施，质押财产被拍卖、变卖后所得价款，也应当由质权人优先受偿后，余额部分才可以用于清偿申请执行人的债权。

（3）收取孳息的权利。

质权人有权收取质押财产的孳息，但是合同另有约定的除外。需要注意的是，质权人收取孳息的权利是基于当事人意思推测扩张质押财产范围的结果，质权人不是在行使用益权，原因在于质权是担保物权。①

（4）转质权。

转质，是指质权人为了担保自己的或者他人的债务，将质押财产向第三人再次设定新的质权。《民法典》第434条规定：质权人在质权存续期间，未经出质人同意转质，造成质押财产毁损、灭失的，应当承担赔偿责任。尽管条文没有明确规定转质，但是，转质是条文的应有之义。

转质有两类：一是责任转质，即质权人于质权存续期间，无须经过出质人的同意，而以质押财产为第三人设定质权；二是承诺转质，即质权人在获得出质人的同意后，为了担保自己或者他人的债务而以质押财产向第三人设定质权，也即质权人在得到质押财产所有权人的处分承诺后，为担保自己的或他人的债务于其占有的质押财产上设定比自己享有的质权更为优先的一个新的质权。

传统民法认为，承诺转质与责任转质的差异是：第一，承诺转质须经过出质人的同意，而责任转质无须经过出质人的同意，质权人是以自己的责任转质的。第二，承诺转质中，由于转质权并非基于质权人的质权而设定的，因而转质权所担保的债权范围及债务清偿期不受原质权所担保的债权范围及债务清偿期的限制。但是责任转质不允许如此。第三，承诺转质中由于出质人承诺了质权人的转质，因而质权人的责任不因转质而加重。但是，责任转质中，对于质押财产因转质所遭受的不可抗力造成的损害，质权人必须承担责任。第四，承诺转质是基于出质人的同意而产生的，转质权并非基于原质权所设定的，因此，即使原质权因主债权获偿或者其他原因而消灭，转质权也不受影响。但是，在责任转质中原质权消灭时，转质权也消灭。第五，在承诺转质中，只要质权人的债务已届清偿期，即便原质权尚未具备实现条件，转质权人也可以直接行使转质权。但是在责任转质中，必须原质权与转质权的实现条件同时具备，转质权人才能实现转质权。

对上述两种转质类型，《民法典》第434条是承认的，规则是：在责任转质中，即未经出质人同意而转质，造成质押财产毁损、灭失的，质权人应当承担民事责任。在承诺转质中，即出质人同意转质的，转质成立，对于质押财产的毁损灭失，应当按照约定处理。

转质的后果是：第一，转质权担保的债权范围，应当在原质权所担保的债权范围之内，超过的部分不具有优先受偿的效力。第二，转质权的效力优于原质权的效力。

（5）质权受侵害后的请求权。

质权具有对世的效力。质权人占有质押财产，享有占有权。因此，对质押财产，无论受到出质人还是第三人的侵害，质权人都享有三类请求权：一是物权请求权，质权人基于占有而行使占有人的停止侵害、排除妨害以及返还原物请求权。二是侵权损害赔偿请求权，由此获得的损害赔偿金应当作为质押财产的代位物，为质权的效力所及。三是

① 黄右昌．民法诠解：物权编：下．上海：商务印书馆，1947：51.

不当得利返还请求权，质权人有权就加害人因侵害质押财产而获得的不当得利请求返还。

（6）质权保全权。

质权保全权也被叫作质押财产变价权，质权人在质押财产有损坏或者价值明显减少的危险，足以危害质权人的权利时，有权要求出质人提供相应的担保。出质人拒不提供担保的，质权人有权将质押财产变价，以保全其债权。《民法典》第433条规定：因不可归责于质权人的事由可能使质押财产毁损或者价值明显减少，足以危害质权人权利的，质权人有权请求出质人提供相应的担保；出质人不提供的，质权人可以拍卖、变卖质押财产，并与出质人协议将拍卖、变卖所得的价款提前清偿债务或者提存。

质权保全权的行使规则是：第一，质权人不能直接将质押财产加以拍卖或变卖，而须先要求出质人提供相应的担保，出质人提供了担保的，质权人不得行使物上代位权。第二，出质人拒不提供担保的，质权人才能行使物上代位权，拍卖、变卖质押财产。质权人可以自行拍卖、变卖质押财产，无须出质人同意。第三，质权人就拍卖或变卖质押财产获得的价金，应当与出质人协商，作出选择：或者将价金用于提前清偿质权人的债权，或者将价金提存，在债务履行期届满之时质权人再行使质权。

2. 质权人的义务

（1）保管质押财产的义务。《民法典》第432条第1款规定："质权人负有妥善保管质押财产的义务；因保管不善致使质押财产毁损、灭失的，应当承担赔偿责任。"妥善保管义务，就是以善良管理人的注意义务加以保管。质权人之所以要承担最高的注意义务，是因为占有质押财产并不是为了出质人的利益，而是为了确保实现自己的债权，即为了自己的利益。质权人违反保管质押财产的善良管理人的注意义务，造成质押财产受损害的，应承担损害赔偿责任。对质权人的过错，应当由出质人依客观标准证明：有过错则承担责任，无过错则不承担责任。质押财产因不可抗力而遭受损害的，质权人无须承担责任。

（2）返还质押财产的义务。《民法典》第436条第1款规定：债务人履行债务或者出质人提前清偿所担保的债权的，质权人应当返还质押财产。债务人于债务履行期届满时履行了债务或者出质人提前清偿了所担保的债权的，质权当然消灭，质权人因此丧失了占有质押财产的根据，应将质押财产返还。质押财产的返还以出质人为相对人。

（五）动产质权对其他担保物权的效力

1. 动产质权对动产抵押权的效力

动产质权对动产抵押权的效力规则是：第一，在同一财产上，法定登记的抵押权与质权并存时，抵押权人优先于质权人受偿。第二，对无须办理登记即可成立的抵押权，仍然必须按照权利设定的先后并考虑其他因素加以判定：一是当动产上先设定抵押权后设定质权时，抵押权已经登记的，抵押权人优先于质权人受偿；二是先成立的抵押权未经登记的，不能对抗善意第三人，因此，除非证明质权人知道或者应当知道质押财产上已经先设定了抵押权，否则抵押权不能对抗质权。第三，当动产上先设定质权后设定抵押权时，该抵押权无论是否办理了登记，都不能对抗设定在先的质权。

2. 动产质权对留置权的效力

动产质权与留置权的冲突可以发生在以下两种情形当中。

（1）质押财产被留置。债权人取得动产质权后，将质押财产交予第三人保管，当作为寄存人的债权人没有按照保管合同的约定支付保管费以及其他费用时，保管人对该质押财产享有留置权。于此情形，留置权具有优先于质权的效力[①]，留置权人优先于质权人受偿。

（2）留置物被质押。转移动产质权的质押财产的占有可以采用指示交付方式，于此情形出质人在其已经成为留置权标的物的动产上依然可以设定质权。由于留置权产生在先，对此，应当依照时间优先即效力优先的原则处理：留置权优先于质权。留置权人擅自以留置物为其债权人设定质权，该债权人善意取得该留置物上的质权的，即使作为留置权人的出质人具有过错，也应当认为留置权优先于质权。

3. 动产质权对动产质权的效力

设立动产质权时可以采用指示交付的方法交付质押财产，因此就同一动产能够成立数个质权。对此，应当按照时间优先即效力优先的原则处理，先成立的质权优先于后成立的质权。

四、动产质权的实现和消灭

（一）动产质权的实现

动产质权的实现，是指质权所担保的债权已届清偿期，债务人未履行债务，或者当事人约定的实现质权的情形出现，质权人与出质人协议以质押财产折价，或依法拍卖、变卖质押财产并就所得的价款优先受偿的行为。

依照《民法典》第 436 条第 2 款的规定，动产质权实现的条件有：（1）动产质权有效存在；（2）债务人不履行到期债务，或者发生当事人约定的实现质权的情形；（3）作为质权人的主债权人未受清偿。

出质人请求质权人及时行使权利，而质权人怠于行使权利造成损害的，依照《民法典》第 437 条第 2 款的规定，质权人就由此造成的损失应当承担赔偿责任。

动产质权实现的方法有三种：折价、拍卖与变卖。其中拍卖是主要方法。对于质押财产拍卖、变卖的变价款，质权人有权优先受偿。以质押财产折价或者将质押财产拍卖、变卖后，其价款超过债权数额的部分归出质人所有，不足部分由债务人清偿。

（二）动产质权的消灭

除担保物权的共同消灭原因，如混同、抛弃、没收等，会导致动产质权消灭之外，以下几项原因也会导致动产质权消灭。

1. 质押财产返还

动产质权以质押财产的占有作为生效要件与存续要件，当质权人将质押财产返还给

① 史尚宽．物权法论．台北：荣泰印书馆，1979：361.

出质人时，其已经丧失对质押财产的占有，故无法通过占有向外界展示动产上存在的质权，为防止第三人蒙受不测的损害，质权归于消灭。

返还质押财产，是指质权人基于自己的意思而将质押财产的事实上的占有移转给出质人。至于移转占有的原因，在所不问。倘若质权人非基于自己的意思而丧失对质押财产的占有，如质押财产被偷盗、抢夺等，则质权不会因此而消灭，质权人可以向非法占有人请求停止侵害、恢复原状、返还质押财产。

2. 质押财产灭失

物权可因标的物的灭失而归于消灭，动产质权作为一种担保物权，自然也可因质押财产的灭失而消灭。

灭失，应当仅指绝对灭失，不包括相对灭失。因质押财产灭失而获得的保险金、赔偿金、补偿金作为质押财产的代位物，仍为质权的效力所及。

3. 质权人丧失质押财产的占有，无法请求返还

当质权人非基于自己的意思而丧失质押财产的占有时，质权人可以行使基于占有的物权请求权，请求返还质押财产。当占有质押财产之人无法返还质押财产时，例如质押财产为他人善意取得等，质权消灭。此时，质权人有权请求侵害人承担损害赔偿责任，由此获得的赔偿金成为质押财产的代位物，为质权的效力所及。

五、最高额质权

《民法典》第 439 条规定：“出质人与质权人可以协议设立最高额质权。”“最高额质权除适用本节有关规定外，参照适用本编第十七章第二节的有关规定。”按照这一规定，关于最高额抵押权的法律规定可以适用于最高额质权。设立最高额质权，是在质押财产的价值范围内，对一定时期内发生的连续性交易关系进行担保。具体的规则应当参照关于质权的规定和关于最高额抵押权的规定确定。

第三节 权利质权

一、权利质权的概念与特征

（一）权利质权的概念

权利质权，是指以依法可转让的债权或者其他财产权利为标的设定的质权。

（二）权利质权的特征

1. 权利质权的属性是质权

权利质权的基本属性是质权。尽管有的学者对此有不同认识，如认为，由商标权、专利权和著作权设立的质权只需办理登记，权利质权人与抵押权人一样，只是取得了对标的在法律上的控制力，因而该质权更近似于抵押权，但更多的权利质权的设定需要移转权利凭证，例如票据、存单、仓单、提单，依此，权利质权人与动产质权人一样，也取得了对标的在事实上的控制力，所以，权利质权与动产质权基本相同。况且我国法律历来将权利质权与动产质权共同规定在质权中，因此，将权利质权的基本属性认定为质权，符合现行立法的本旨。

2. 权利质权是以所有权以外的财产权利为标的的质权

权利质权与动产质权最大的区别在于，前者以某种权利为标的，而后者仅以动产为标的。能够作为权利质权标的的权利须符合以下几项条件。

（1）仅以财产权利为限。自然人、法人、非法人组织享有的人格权和身份权不得作为权利质权的标的。

（2）须是依法可以转让的财产权利。如果作为质押财产的财产权利不具有可转让性，则质权人的优先受偿权就无法实现。不可转让的财产权利主要包括两种：一是依其性质不可转让的财产权利。这类权利主要是指基于抚养关系、赡养关系、扶养关系、继承关系产生的给付请求权，以及劳动报酬、退休金、养老金、抚恤金、安置费、人寿保险金、人身伤害赔偿金请求权等。二是法律明确禁止转让的财产权利。

（3）须是不违背现行法的规定及权利质权性质的财产权利。不能设质的财产权利包括三种：一是不动产上的物权，主要是建设用地使用权、土地承包经营权、宅基地使用权，以及特许物权，如海域使用权、捕捞权、采矿权、取水权等。二是动产所有权。由于动产质权的实质是以动产所有权作为质权的标的，因而动产所有权不能作为权利质权的客体。三是动产质权与动产抵押权，也不能用于设置权利质权。

3. 权利质权的设定以登记或者权利凭证的交付为生效要件

动产质权的设定只以动产的交付为生效要件，而权利质权的设定则须依照标的的不同性质确定不同生效要件。对于已经证券化的财产权，如汇票、支票、本票、债券、存款单、仓单、提单上的权利，由于其已经具有与动产相类似的法律地位，因而可以将交付作为其权利质权的生效要件。对于那些尚未证券化的权利，如依法可以转让的注册商标专用权、专利权、著作权中的财产权，由于其不具有实体性的形式，因而无法交付，必须通过登记加以公示，以表明权利质权的产生与消灭。

二、权利质权的种类及设定要件

由于权利质权准用动产质权的规定，因而其取得方式大体上与动产质权的相同，即包括基于法律行为如质权合同或遗嘱而取得、基于法律行为以外的事实而取得如善意取得等。通过质权合同设定权利质权，是最常见、最重要的方式。由于权利质权最大的特点在于其标的的特殊性，因而，以下依照《民法典》第 440 条以及相关条文的规定，分别说明各类权利质权的设定要件。

（一）有价证券质权

《民法典》第 441 条第一句和第 442 条分别规定：“以汇票、本票、支票、债券、存款单、仓单、提单出质的，质权自权利凭证交付质权人时设立；没有权利凭证的，质权自办理出质登记时设立。”“汇票、本票、支票、债券、存款单、仓单、提单的兑现日期或者提货日期先于主债权到期的，质权人可以兑现或者提货，并与出质人协议将兑现的价款或者提取的货物提前清偿债务或者提存。”按照上述规定，能作为权利质权标的的有价证券包括下述五类有价证券。

1. 票据

汇票、本票和支票上都可以设立质权。《票据法》规定了四类不得转让的票据：第一，出票人禁止转让的票据。第二，背书人禁止转让的票据。第三，记载了“委托收款”字样的票据。第四，被拒绝承兑、被拒绝付款或者超过付款提示期限的票据。以上述四类不得转让的票据设定的质权无效。

以汇票、本票、支票出质的，出质人和质权人应当以书面形式订立质权合同，出质人在合同约定的期限内将票据交付质权人，质权合同自票据交付之日起生效。至于票据出质时是否应当背书记载“质押”字样，司法实践认为，质押背书仅为票据质权的对抗要件而非生效要件。① 对此，《民法典》第 441 条已经作出明确规定：票据权利质权自权利凭证交付质权人时起发生效力。

由于汇票具有特殊性，以其设置质权有特别的要求，因此，《担保司法解释》第 58 条特别规定，以汇票出质，当事人以背书记载“质押”字样并在汇票上签章，汇票已经交付质权人的，人民法院应当认定质权自汇票交付质权人时设立。

2. 债券

债券是债权凭证，具有可偿还性、收益性、可流通性、安全性等特点，因此可用以设立质权。

以债券出质的，出质人和质权人应当以书面形式订立质权合同，出质人应当在合同约定的期限内将债券交付质权人。按照《民法典》第 441 条的规定，债券质权合同自债券交付之日起生效。

3. 存款单

存款单也叫存单，是由银行等储蓄机构开具的证明自身与存款人之间存在储蓄法律关系的凭证。可以设定质权的存款单主要是指各类定期存款单，因为活期存款可以随时存取，没有必要设定质权。

以存款单出质的，出质人和质权人应当以书面形式订立质权合同，出质人应当在合同约定的期限内将存款单交付质权人，质权合同自存款单交付之日起生效。

依照《最高人民法院关于审理存单纠纷案件的若干规定》第 8 条，在以以下几类存单设定质权的情形下，质权无效：

---

① 最高人民法院民事审判第二庭．经济审判指导与参考：第 4 卷．北京：法律出版社，2001：83－86.

（1）存单持有人以伪造、变造的虚假存单质押的，质权合同无效。接受虚假存单质押的当事人如以该存单已被质押为由起诉金融机构，要求兑付存款优先受偿的，人民法院应当判决驳回其诉讼请求，并告知其可另案起诉出质人。

（2）存单持有人以金融机构开具的没有实际存款或与实际存款不符的存单设立质权，以骗取或占用他人财产的，该质押关系无效。接受存单质押的人起诉的，以该存单持有人与开具存单的金融机构为共同被告。利用存单骗取或占用他人财产的存单持有人对侵犯他人财产权承担赔偿责任；开具存单的金融机构有过错，致他人财产权受损的，对所造成的损失承担连带赔偿责任。接受存单质押的人在审查存单的真实性方面有重大过失的，开具存单的金融机构仅对所造成的损失承担补充赔偿责任。明知存单虚假而接受存单质押的，开具存单的金融机构不承担民事赔偿责任。但是，以金融机构核押的存单出质的，即使存单系伪造、变造、虚开的，质权合同均有效，金融机构应当依法向质权人兑付存单所记载的款项。存单的核押，是指质权人将存单质押的情况告知金融机构，并就存单的真实性向金融机构咨询，金融机构对存单的真实性予以确认并在存单上或者以其他方式签章的行为。① 虽然以存单设定质权时无须经过核押，但是核押由于是防止金融诈骗与保障金融机构及质权人合法权益的重要方法，因而在实践中具有重要意义。

4. 仓单

仓单是仓库营业人应寄托人的请求所填发的有价证券，是提取仓储物的凭证。存货人或者仓单持有人在仓单上背书并经保管人签字或者盖章的，可以转让提取仓储物的权利。因此，仓单可用以设立质权。尽管仓单具有物权的属性，是物权性的有价证券，但是，以仓单设的质权，仍然是权利质权。

依照《民法典》的规定，以仓单为标的设定质权时，出质人应当在合同约定的期限内，将仓单交付质权人，质权合同自仓单交付之日起生效。

依照《民法典》第 910 条后段，存货人或者仓单持有人在仓单上背书并经保管人签名或者盖章的，可以转让提取仓储物的权利。对于以仓单质押时是否也要以质押背书并交付作为质权合同的生效要件，理论上存在争议，《民法典》第 441 条没有明文规定。由于仓单是记名证券，且质权人在实现仓单质权时必然要提取仓储物，将其变价并优先受偿，因而单纯的交付仓单本身并不足以保证质权人实现仓单质权。因此，仓单质权的设立以仓单交付为生效要件，但是，未经质押背书的，不能对抗善意第三人。

《担保司法解释》第 59 条特别规定了以仓单设置质权的要件和设立时间，即存货人或者仓单持有人在仓单上以背书记载“质押”字样，并经保管人签章，仓单已经被交付质权人的，应当认定质权自仓单被交付质权人时设立。对于以并非权利凭证的仓单出质的，依法可以办理出质登记的，仓单质权自办理出质登记时设立。

此外，关于以仓单设质的顺序问题，《担保司法解释》第 59 条规定：第一，如果出质人既以仓单出质，又以仓储物设立担保的，按照公示的先后确定清偿顺序；难以确定先后的，按照债权比例清偿。第二，保管人为同一货物签发多份仓单，出质人在多份仓单上设立多个质权的，按照公示的先后确定清偿顺序；难以确定先后的，按照债权比例

① 最高人民法院经济审判庭．经济审判指导与参考：第 2 卷．北京：法律出版社，2000：141－142.

清偿。第三，存在前两种情形，债权人举证证明其损失系由出质人与保管人的共同行为所致，请求出质人与保管人承担连带赔偿责任的，应予支持。

5. 提单

提单是指用以证明海上货物运输合同和货物已经由承运人接收或者装船，以及承运人保证据以交付货物的单证。提单中载明的向记名人交付货物或者按照指示人的指示交付货物或者向提单持有人交付货物的条款，构成承运人据以交付货物的保证。以提单设立质权的，发生设立质权的后果。

以提单为标的设定质权时，出质人与质权人应当订立书面质权合同，出质人应当在合同约定的期限内将提单交付质权人，质权合同自提单交付之日起生效。同时，依照《海商法》第79条的规定，记名提单不得转让；指示提单经过记名背书或者空白背书转让；不记名提单，无须背书即可转让。因此，能够作为权利质权标的的提单只有指示提单和不记名提单两种。提单质权均以交付为生效要件，但是，不记名提单未经质押背书的，不能对抗善意第三人。

跟单信用证交易中的提单担保，与质押相似。《担保司法解释》第60条规定，在跟单信用证交易中，开证行与开证申请人之间约定以提单作为担保的，应当依照《民法典》关于质权的有关规定处理。据此，在跟单信用证交易中，开证行依据其与开证申请人之间的约定或者跟单信用证的惯例持有提单，开证申请人未按照约定付款赎单，开证行主张对提单项下货物优先受偿的，相当于主张行使质权，因而人民法院应予支持；反之，开证行主张对提单项下货物享有所有权的，类似于流质，因而人民法院应不予支持。在跟单信用证交易中，开证行依据其与开证申请人之间的约定或者跟单信用证的惯例，通过转让提单或者提单项下货物取得价款后，开证申请人请求返还超出债权部分的，人民法院应予支持。上述情形不影响合法持有提单的开证行以提单持有人身份主张运输合同项下的权利，开证行仍然可以享有运输合同中的提单项下的权利。

（二）基金份额、股权质权

《民法典》第443条规定：以基金份额、股权出质的，质权自办理出质登记时设立。基金份额是指基金管理人向不特定的投资者发行的，表示持有人对基金享有资产所有权、收益分配权和其他相关权利，并承担相应义务的凭证。股权是由股份、股票来表彰的，股权质权也就表现为以股份、股票质押。①

基金份额、上市公司股票质权的设立，须经证券登记结算机构登记后生效。证券登记结算机构是为证券交易提供集中的登记、托管与结算服务的机构，是不以营利为目的的法人。目前，我国的证券登记结算机构就是中国证券登记结算有限责任公司，下设深圳分公司和上海分公司。基金份额的登记结算适用《证券登记结算管理办法》的规定。

以非上市公司的股权出质的，或者以有限责任公司的股份出质的，按照《民法典》第443条的规定，质权自办理出质登记时设立。

---

① 王利明．中国民法典草案建议稿及说明．北京：中国法制出版社，2004：429.

（三）知识产权质权

《民法典》第 444 条规定：以注册商标专用权、专利权、著作权等知识产权中的财产权出质的，质权自办理出质登记时设立。将知识产权中的财产权出质后，出质人不得转让或者许可他人使用，但是出质人与质权人协商同意的除外。出质人转让或者许可他人使用出质的知识产权中的财产权所得的价款，应当用于向质权人提前清偿债务或者提存。

（四）应收账款质权

应收账款质权也叫不动产收益权质权，是将不动产的收益权作为质押的标的所设立的质权。《民法典》第 445 条规定：以应收账款出质的，质权自办理出质登记时设立。应收账款出质后，不得转让，但是出质人与质权人协商同意的除外。出质人转让应收账款所得的价款，应当向质权人提前清偿债务或者提存。

《民法典》对应收账款质权的规则规定得比较简单，《担保司法解释》第 61 条作了以下详细规定。

（1）以现有的应收账款出质，应收账款债务人向质权人确认应收账款的真实性后，又以应收账款不存在或者已经消灭为由主张不承担责任的，人民法院不予支持，债务人应当继续承担质权项下的义务。

（2）以现有的应收账款出质，应收账款债务人未确认应收账款的真实性，质权人以应收账款债务人为被告，请求就应收账款优先受偿，能够举证证明办理出质登记时应收账款真实存在的，人民法院应予支持；质权人不能举证证明办理出质登记时应收账款真实存在，仅以已经办理出质登记为由，请求就应收账款优先受偿的，人民法院不予支持。

（3）以现有的应收账款出质，应收账款债务人已经向应收账款债权人履行了债务，质权人请求应收账款债务人履行债务的，人民法院不予支持，但是应收账款债务人接到质权人要求向其履行的通知后，仍然向应收账款债权人履行的除外。

（4）以基础设施和公用事业项目收益权、提供服务或者劳务产生的债权以及其他将有的应收账款出质，当事人为应收账款设立特定账户，发生法定或者约定的质权实现事由时，质权人请求就该特定账户内的款项优先受偿的，人民法院应予支持；特定账户内的款项不足以清偿债务，或者未设立特定账户，质权人请求折价或者拍卖、变卖项目收益权等将有的应收账款，并以所得的价款优先受偿的，人民法院依法应予支持。

（五）其他权利质权

《民法典》第 440 条第 7 项关于“法律、行政法规规定可以出质的其他财产权利”的规定，是关于权利质权标的范围的兜底性规定。其中最重要的就是，可以将一般债权作为质权的标的，设立权利质权。

1. 以一般债权设立质权的，应当尊重当事人的意愿

一般债权是指没有证券化的债权。这些债权并不通过像债券、票据那样以商业性权利凭证的形式加以展现，而主要通过合同书形式加以表现。由于一般债权质权不通过具有公示与公信力的权利证书加以表彰，因而质权人对标的的控制力弱，质权担保主债权的功能也非常低。如果当事人自愿以一般债权设定质权，司法机关应尊重当事人的意愿。

2. 一般债权质权的设定要求

以一般债权设定质权时，当事人应订立书面质权合同。此外，有债权证书的，应当将债权证书交付质权人。债权证书是证明债权存在的书面凭证，主要是借据、欠条、公证书、合同书等。债权证书没有被交付给质权人的，也并不导致质权无效。

以一般债权设定质权也属于对债权的处分，在本质上和债权让与相同。《民法典》“合同”编规定，债权让与时债权人应当通知债务人，否则对债务人不发生效力。同样，在以一般债权设定质权时，出质人应当将债权设质的情况告知债务人，否则质权将无效。只有这样，才能维护一般债权质权的公示、公信力。

三、权利质权的效力

（一）权利质权对所担保的债权和质押标的的效力

1. 权利质权对所担保的债权的效力

权利质权对债权的担保范围，大体与动产质权的担保范围相似，但是，第一，有些权利质权的设定并不需要移转占有，只需办理登记即可。第二，即使有些权利质权的设定需要移转权利凭证，也不存在支出标的物保管费用的问题。因此，权利质权担保的债权范围仅包括主债权、利息、违约金、损害赔偿金以及实现质权的费用。

2. 权利质权对质押标的的效力

就权利质权效力所及标的的范围而言，应当准用关于动产质权的有关法律规定。但是，由于权利质权的标的特殊，因而权利质权对质押标的的效力与动产质权的存在以下差别。

（1）股权质权效力所及的标的范围。

股权、股票会产生法定孳息，例如现金红利、股息、红股、转增股等，依照《民法典》第 430 条第 1 款的规定，权利质权人有权收取该权利所生的孳息，除非质权合同对此另有约定，因此，当质权人与出质人未对出质的股票、股权所生孳息的收取作出约定时，质权人有权加以收取。

（2）代位物。

动产质权标的物因灭失、毁损或者被征收而获得的保险金、赔偿金或者补偿金，为质押财产的代位物，为动产质权的效力所及。但权利质权标的的代位物问题较为复杂。

第一，权利质权的标的属于无形财产，不存在毁损的可能。有些权利即使必须附在票据之上，也并不因该票据的毁损而消灭，权利人可以通过挂失支付、公示催告等特定方式重新获得票据权利，由此重新获得的票据权利与先前的票据权利具有同一性而非代位物，因此，其仍然是质权的标的。

第二，权利质权标的灭失的情形多种多样，有时因权利的灭失所获得的财产既非赔偿金也非保险金，而是权利的内容。例如，公司股东将股权质押后不久，公司宣告破产，股东享有在公司破产后的剩余财产索取权，行使该权利获得的财产并不是股权的代位物，而是股权的内容之一，仍然是质权的标的物。

第三，在被出质的股权因公司的合并或者分立而被注销后，所配发的新股或者现金，属于该股权的代位物，为权利质权的效力所及。

第四，在知识产权法领域存在著作权、专利权的强制使用与强制许可问题。因著作权、专利权的强制使用或者强制许可而获得的报酬、使用费，属于代位物，为权利质权的效力所及。

（二）权利质权对出质人的效力

1. 出质人的权利

质权人不能尽善良管理人的注意义务保管质押的权利凭证而可能致其灭失或毁损的，出质人有权要求质权人将该权利凭证提存，也有权提前清偿债权而消灭权利质权，以取回设质的权利凭证。

此外，权利质权设定后，不论质押物是否有灭失或毁损的危险，出质人均有权提前清偿所担保的债权以消灭权利质权。权利质权因出质人提前清偿债权而消灭的，出质人有权取回质押的权利凭证或者注销质押登记。

出质人非为债务人，而以自己的财产权利设质的，该物上保证人也有权代债务人提前清偿债权以消灭权利质权，以取回质押的权利凭证或注销质押登记。

2. 出质人的义务

出质人在将其享有的权利出质之后，并未丧失对该权利的处分权，但是，由于该权利已经成为质权的标的，如果仍然允许出质人随意加以处分，必然危害质权人对该标的之交换价值的支配权，权利质权所具有的担保功能将丧失殆尽。因此，法律上通常都对出质人处分质押物的权利加以限制。由于权利质权的标的是权利，出质人完全可以通过法律行为使该权利消灭，质权人对质押物的控制力比较弱，因而，在权利质权中对出质人处分权的限制应当加强。法律通常禁止出质人在未经质权人同意的情况下通过法律行为将质押的权利加以消灭。

在我国虽《民法典》未作这种规定，但是，仍应依照权利的不同而对出质人的处分权进行相应限制。

第一，股权出质后，不得转让，但经出质人与质权人协商同意，可以转让。对于出质人转让股票所得的价款应当向质权人提前清偿债务或者提存。

第二，以依法可以转让的注册商标专用权或者专利权、著作权中的财产权出质的，出质人不得转让或者许可他人使用，但经出质人与质权人协商同意，可以转让或者许可他人使用。出质人所得的转让费、许可使用费，应当用于向质权人提前清偿债务或者提存。出质人未经质权人同意而转让或者许可他人使用已出质权利的，应当被认定无效，因此给质权人或者第三人造成损失的，由出质人承担民事责任。

（三）权利质权对质权人的效力

《民法典》第446条规定权利质权准用动产质权的有关规定，因而权利质权人的权利、义务基本上与动产质权人的相同，例如，权利质权人享有占有或者留置权利凭证的权利、收取质押财产孳息的权利、变价质押财产的权利以及优先受偿的权利。权利质权设定后，质权人负有妥善保管质押财产和返还质押财产的义务。其特殊之处在于以下几点。

1. 股票质权人保全股票价值的权利

股票市场瞬息万变，质权人在接受股票质权时将面临的一个严峻的问题就是由于股票的价格经常变动，因而股票质权的担保功能极有可能因股票价格在质权存续期间内急剧下跌而受损。这时，质权人出于保全质押财产价值的考虑，会有将股票变现的冲动。出质人考虑到股票在下跌后可能会大幅上扬，因此又会拒绝质权人的此种要求。依照《民法典》第443条第2款的规定，以基金份额、股权出质后，不得转让，但是出质人与质权人协商同意的除外。出质人转让基金份额、股权所得的价款，应当用以向质权人提前清偿债务或者提存。

2. 禁止质权人转让标的

质权人就质押财产享有的权利仅为质权而非所有权，因而质权人也不得随意将作为质押财产的股票进行转让。此外，以票据、债券、存款单、仓单、提单出质，质权人再转让的，转让无效。

出质人对已经质押的注册商标专用权以及专利权、著作权中的财产权的转让和许可他人使用也受到限制，不得转让或者许可他人使用，仅在当事人协商同意时才可以转让和许可他人使用。限制的原因在于，以注册商标专用权、专利权以及著作权中的财产权设定的质权发生效力的条件是办理登记，出质人无须也无法转让权利凭证，所以出质人完全有可能将这些已经被用于设定质权的权利再次转让或者许可他人使用。此种转让或许可他人使用很可能导致质押财产价值的下降，有害于抵押权人的合法权益，所以必须加以限制。

3. 禁止质权人转质

在动产质权中，质权人享有转质权。但是，由于票据、债券、存款单、仓单、提单等多属于记名证券，质权人无法进行承诺转质，因而，司法实践中的做法是，以票据、债券、存款单、仓单、提单出质，质权人进行转质的，认定转质无效。

四、权利质权的实现

（一）权利质权的实现及其一般方法

权利质权的实现，是指当质权所担保的主债权已届清偿期而债务人不履行债务时，或者发生当事人约定的实现质权的情形时，质权人依法以质押的权利变价，并就其价款优先受偿的行为。

动产质权实现的一般方法有三种，即协议以质押财产折价或拍卖、变卖。而权利质权的标的属于权利而非动产，因而在不同的权利上设定的质权实现的方法比动产质权的实现方法复杂。此外，由于作为权利质权标的的债权存在清偿期限，同时权利质权所担保的债权也存在清偿期限，因而两者的清偿常常会存在时间差。加之这两项债权的种类又不相同，导致权利质权的实现方法更为复杂。

（二）两种具体的权利质权的实现

1. 有价证券质权的实现

出质人以票据、债券、存款单、仓单、提单等有价证券设立质权的，如果这些有价证券可以随时用于兑现或者提货，抑或兑现日期或提货日期与质权所担保的主债权的清偿日期相同，那质权的实现就不存在问题。然而，实践中还会出现以下情形：

（1）被质押的有价证券上所载明的兑现日期或者提货日期早于质权所担保的主债权的清偿日期。于此情形，质权人可以在债务履行期届满前兑现或者提货，并与出质人协议将兑现的价款或者提取的货物提前清偿债务或者提存。

（2）被质押的有价证券上所载明的兑现日期或者提货日期晚于质权所担保的主债权的清偿日期。于此情形，质权人只能在兑现或者提货日期届满时兑现款项或者提取货物。

2. 一般债权质权的实现问题

作为质押财产的债权的清偿日期先于质权所担保的主债权的清偿日期的，质权人所享有的主债权在此时仅为期待权，债务人是否履行债务无从得知。质权人既不能要求债务人提前履行其债务，又不得直接实现质权。然而，作为质押财产的债权的履行期限已届至，此时如果出质人因此受领给付就必然使质押财产消灭，倘若不受领则又发生受领迟延。于此情形，质权人可以在债务履行期届满前，要求作为质押财产的债权的债务人履行债务，并与出质人协议将所获得的给付用于提前清偿债务或者提存。

作为质押财产的债权的清偿日期晚于质权所担保的主债权的清偿日期，主债权清偿期先届至，而作为质押财产的债权的清偿期尚未届至的，质权人不享有直接收取权。作为质押财产的债权的债务人的期限利益仍然应当受到保护。因为质权人在接受出质人以此种债权质押时就已经知道了作为质押财产的债权的清偿日期晚于主债权的清偿日期，所以质权人应当承受这一后果。

问题与思考

1. 引读案例思考

丙公司将自己的动产向甲银行设置质权，交付了质押财产后，又向乙银行提供抵押，并经过登记。

请结合本章内容思考：

（1）质权设立的要件是什么？

（2）质权的效力是什么？

（3）在同一财产上既设立质权又设立抵押权的，其效力如何？

（4）对这样的纠纷案件应当如何处理？

参考分析意见：

在本案中，丙公司与甲银行签订质权担保借款合同，质押财产为丙公司的动产，质押财产的占有已经转移，符合质权设立的要求，质权合同生效，甲银行取得质权。质权的效力就在于担保其所担保的债权的实现，使该债权优先于其他没有设定担保的债权受偿。本案中质权具有这样的效力。

合同签订后，丙公司又对该质押财产设定抵押权，为其与乙银行签订的借款合同担保，并办理了抵押权登记，乙银行取得抵押权。丙公司无法向甲银行和乙银行偿还债务，甲银行和乙银行均要求以丙公司所担保的自有动产优先清偿债务，引发纠纷。对此，应当依照动产质权与动产抵押权的效力规则处理：(1) 在同一财产上，法定登记的抵押权与质权并存时，抵押权人优先于质权人受偿。(2) 对无须办理登记即可成立的抵押权，仍然须按照权利设定的前后并考虑其他因素加以判定：一是当动产上先设定抵押权后设定质权时，如果就抵押权已经登记，则抵押权人优先于质权人受偿；二是如果先成立的抵押权未经登记，则其不能对抗善意第三人。此时，除非证明质权人知道或者应当知道质押财产上已经先设定了抵押权，否则抵押权不能对抗质权。(3) 当动产上先设定质权后设定抵押权时，无论就该抵押权是否办理了登记，抵押权都不能对抗设定在先的质权。

本案中发生冲突的是动产质权与动产抵押权。按照“当动产上先设定质权后设定抵押权时，无论就该抵押权是否办理登记，都不能对抗设定在先的质权”的规则，因本案属于先设定质权后设定抵押权，所以该抵押权不能对抗设定在先的质权。法官审理这一案件，应当判决甲银行优先受偿，就剩余部分，乙银行受偿。

2. 重点题

(1) 质权的概念和特征是什么？

(2) 简述动产质权的设立、效力和实现的规则。

(3) 简述权利质权的设立、效力和实现的规则。

(4) 质权的实现方法是什么？

3. 法考题

(1) 动产质权的取得。

(2) 动产质权的效力。

(3) 权利质权的特征。

(4) 转质权。

4. 考研题

(1) 流质契约的禁止。

(2) 对应收账款权利质权的认识。

第十五章

留置权

重点知识

1. 留置权：概念、特征、取得、内容
2. 留置财产
3. 留置权的一次效力和二次效力

引读案例

锅炉安装工程队（以下简称安装队）为A造纸厂安装锅炉一台，工程总造价10万元。为降低工程造价，A造纸厂从B造纸厂购买旧锅炉安装，B造纸厂隐瞒了该锅炉报废的事实。安装完毕验收时，A造纸厂发现该锅炉是一台报废锅炉，要求安装队赔偿损失，被安装队拒绝，便将安装队停放在工地的车辆、工具及辅助物资留置。安装队起诉要求A造纸厂赔偿损失，A造纸厂以行使留置权抗辩，并反诉安装队赔偿损失。

第一节　留置权概述

一、留置权的概念、特征和作用

（一）留置权的概念

留置权，是指债权人依债权占有属于债务人的动产，债务人未按照约定的期限履行债务时，债权人有权依法留置该财产，以该财产折价或者以拍卖、变卖该财产的价款优先受偿的法定担保物权。《民法典》第447条规定：债务人不履行到期债务，债权人可以留置已经合法占有的债务人的动产，并有权就该动产优先受偿。

在留置权法律关系中，留置债务人财产的债权人叫留置权人，被留置的财产是留置财产，也叫留置物。

关于留置权概念的界定，有广义和狭义两种不同主张。狭义的留置权概念是指债权人按照合同的约定占有债务人的财产，可以在其债权未受清偿时将该项财产留置，并于不履行债务超过一定期限时依法以留置财产折价，或者拍卖、变卖财产，从价款中优先得到偿还的权利。[①] 前文所作的定义为广义概念。《民法典》第447条的规定，并未强调留置权仅适用于合同之债，而是一般地提到债权人和债务人，因此，对留置权概念的界定，应当采取广义概念，留置权的适用范围应为一切债权，而非仅为合同之债。

（二）留置权的特征

1. 留置权的性质为他物权

确认留置权的性质为物权抑或债权，是两种对立的立法例。我国法采取与德国法、法国法的立场，自民国民法时就承认留置权的物权性质，后《民法通则》亦沿此制。留置权的物权性，表现在它直接以物为标的物，具有物权的排他性特征，是他物权，即以他人之物而发生的物权，因而是限制性物权。

2. 留置权是法定担保物权

留置权是法定担保物权，这使其区别于抵押权和质权。抵押权与质权都是担保物权，但都是约定的权利，当事人双方须订立抵押合同或质押合同才能产生这两种担保物权。留置权则不同：首先，当事人自己不能约定留置权，当法律规定的条件具备时，留置权自己产生；其次，留置权的适用范围也由法律规定。

3. 留置权是二次发生效力的物权

留置权与其他担保物权的另一不同之处，是其二次发生效力。留置权产生后，发生前后两次效力：第一次效力发生在留置权产生之时，债权人即留置权人于其债权受清偿前可以留置债务人的财产，以促使债务人履行其义务。留置权人对留置财产享有继续占有的权利，并享有物上请求权，至债务人履行债务时，该效力终止。第二次效力是在第一次效力发生之后，留置权人于债务人超过规定的宽限期仍不履行其义务时，可以依法以留置财产折价，或以拍卖、变卖的变价款优先受偿。留置权的二次发生效力特征，使其成为独特的他物权。

4. 留置权是不可分物权

留置权的不可分性，是指留置权的效力就债权的全部及于留置财产的全部。它表现为：一是留置权所担保的是债权的全部，而不是可分割的债权的一部分；二是留置权人可以对留置财产的全部行使权利，而不是对可分割留置财产的一部分行使权利。因此，债权的分割及部分清偿、留置财产的分割等，均不影响留置权的效力。只要债权未受全部清偿，留置权人就可以对留置财产的全部行使权利。[②] 如果债权人占有的动产为可分物，则为公平起见，债权人留置的留置财产的价值应当相当于债务的金额，而不是占有物的全部。

---

① 佟柔．中国法学大辞典·民法学卷．北京：中国检察出版社，1995：431.

② 房绍坤．论留置权．法学评论，1992（5）.

5. 留置权为从权利

留置权是所担保债权的从权利，具有从属性，依主权利的存在而存在，依主权利的消灭而消灭。同时，留置权在优先受偿上也具有从属性，只在主债权的范围内享有优先受偿权。如果留置财产的价值大于主债权价值，则应将多余部分返还债务人；如果留置财产的价值小于主债权价值，则不足部分不存在优先受偿权而属于平等债权。

（三）留置权的作用

留置权的作用是担保债权。与其他担保物权相比留置权的这种担保作用更具单纯性，因为：抵押权与质权都是当事人主动设定的，除具有债权担保作用之外，还具有融通资金的作用；而留置权是被动发生的，仅具有债权担保一项作用，不能起到融通资金的作用。

留置权的担保作用来自三个方面。

第一，留置权的担保作用首先源于对债务人所有的动产的留置并保持持续占有。留置权以债权人对债务人的与债权关联的动产的占有为前提，留置的意义，就是继续占有该动产，以对抗债务人对该物行使权利。这种权利就是物权，即在债务人的财产上设置的担保物权。只要债务人不履行债务，债权人就有权保持这种对抗状态。可见，留置权中的持续占有权是对抗债务人的权利，具有强制债务人履行债务以实现债权的作用。

第二，留置权的担保作用还源于对债务人的留置财产的变价权。变价权是留置权的重要权利之一，变价包括以留置财产折价、变卖、拍卖。变价权就是按照变价的上述三种方式，将留置财产变成价款，或者直接以物折价。这种权利对抗的是债务人的所有权，使债务人不得对留置财产行使所有权，并且准许留置权人对留置财产进行处分，为实现债权做物资准备。

第三，留置权的担保作用还来源于留置权的优先受偿权。按照法律规定，留置权人在留置期限届至时，可以留置财产的变价款优先受偿。这一权利对抗的是债务人其他债权人的债权，使留置权人的债权优于债务人其他债权人的债权，具有优先受偿的特权。只有在满足留置权人的债权要求之后，就其剩余部分，其他债权人才可以请求清偿。当留置权与抵押权或者质权发生冲突时，按照《民法典》第 456 条的规定，留置权人优先受偿。因此，留置权即使与其他担保物权相比较，也具有优先受偿性。

二、留置权和其他权利的联系与区别

（一）留置权与同时履行抗辩权

留置权与同时履行抗辩权很相似，其区别如下。

1. 性质不同

同时履行抗辩权的性质不是物权，是债权的从权利。留置权不是债权性的权利，是他物权，是担保物权。

2. 适用范围不同

同时履行抗辩权适用于双务合同的场合：当事人双方基于交换关系相互负担给付义务，双方的义务不仅基于同一法律关系发生，而且互为等价，因而当一方不履行义务时，另一方得拒绝履行请求。留置权也适用于双务合同，但是，须基于合同一方当事人占有他方的动产，因而在双务合同中，同时履行抗辩权的适用范围较留置权的适用范围为宽。但是，在理论上说，留置权不仅适用于双务合同，还适用于其他债权，如不当得利之债的债权等。

3. 标的不同

同时履行抗辩权拒绝给付的标的物不以物为限，也可以是行为。留置权可以留置的标的物仅以物为限，且须与债权相关联。

4. 目的不同

同时履行抗辩权的目的在于促使双方交换履行，不因为对方当事人提供相当担保而消灭，因此，同时履行抗辩权不具有担保目的。留置权的目的在于担保债权，故留置权发生之后，如果债务人对债务履行另行提供相当担保，则留置权归于消灭。

5. 效力不同

同时履行抗辩权的效力仅及于双方当事人，不及于合同以外的第三人；其只能针对合同的对方当事人的债权请求权行使。留置权的效力是物权效力，既可以对抗债务人，也可以对抗合同之外的任何第三人。留置权可以针对任何第三人对留置财产的物权请求权和债务人其他债权人的债权请求权。

（二）留置权与抵销权

通说认为，留置权与抵销权均源于罗马法上的恶意抗辩权，是法律基于公平观念所确认的民法制度。这两种制度所要避免的，正是当当事人之间存在相互对立的债务时，仅一方履行而不顾他方是否履行的不公正现象。但是，留置权与抵销权是两种不同性质的权利，二者的区别如下。

1. 性质不同

留置权的性质是法定担保物权，留置权在双方当事人履行债务前，仅有暂时的留置标的物的效力，即使有变价权，也只是可以将留置财产抵价、拍卖、变卖，就其变价款优先受偿，并不能直接使相互间的债务终局消灭。抵销权具有债权性质，是指双方当事人之间有对待债务且为相同种类时，可以相互抵销，避免交换给付。这是清偿的特殊方法，具有终局地使相互间的债权债务消灭的效力。

2. 效力不同

留置权有对标的物的支配权能，具有支配留置财产的效力。抵销权为形成权，因抵销权的行使，当事人之间的对待债务于等额上消灭。

3. 依据的债权不同

留置权是因当事人之间关于物的交付债务与基于该物所生的债务的对立而发生的，

对立的两个债务于一个债权债务关系，即双务合同下，即使是两个债务，其债务的性质也不相同。抵销权依据的是两个债权法律关系，是依当事人之间有同种债务的对待给付而发生的，两种对待债务的性质必须相同。

4. 目的不同

留置权的目的在于确保债权的实现。抵销权的目的在于避免交换给付引起的劳务费用的浪费。

第二节　留置权的成立要件

一、留置权成立要件概述

留置权的成立，就是留置权的发生、留置权的原始取得。留置权是法定担保物权，当具备一定条件时，依照法律规定成立并发生效力；不能依当事人的约定产生。

按照《民法典》的规定，留置权的成立要件分为积极要件和消极要件。

二、留置权成立的积极要件

留置权成立的积极要件，是留置权成立应当具备的事实，包括以下三项。

（一）须债权人合法占有债务人的动产

债权人占有债务人的动产，是留置权成立的最基本的要件。占有的要件，是某人依其自己的意思对某物予以控制，包括占有心素和占有体素。占有不同于持有。于债权人持有某物，不能成立留置权。例如，保姆对主人家的财产不是占有，而是持有；工人对工厂的劳动工具、产品亦为持有。如果主人对保姆、工厂对工人怠于履行给付报酬义务，保姆、工人不能因其持有对方的财产而享有留置权。

占有，一般应为债权人占有，但是，不以自己直接占有为限，债权人以第三人为占有媒介时，就其占有物仍可成立留置权。例如债权人将其占有的债务人的财产交给第三人保管时，债权人虽未直接占有该财产，仍符合成立留置权所需之占有的条件。

债权人占有的占有应为债务人之占有。债务人对该动产究竟是所有、经营还是占有，并不明确。关于“债务人的动产”这一概念，本书认为，债务人的动产包括以下动产：（1）债务人所有的动产；（2）债务人合法占有的动产。

作为留置权标的的物无须具有可让与性。不具有可让与性的动产亦为留置权的标的物，实现留置权时，于不可让与物以该物折价清偿，也能实现留置权。

（二）须债权的发生与该动产有牵连关系

债权人占有的债务人的动产，须与其债权的发生有牵连关系，才可成立留置权。

关于何为有牵连关系，有两种主要学说。一是债权与债权有关联说，认为只要留置权人对对方当事人的债权与对方当事人对留置权人的债权是基于同一法律关系，即双务合同中的对待给付关系，则为有关联关系。二是债权与物有牵连说，认为债权人的债权与其占有的物之间有牵连时，才能成立留置权。通常认为，以留置财产为债权发生的原因时，就认其有牵连性。

《民法典》第 448 条规定：债权人留置的动产，应当与债权属于同一法律关系，但是企业之间留置的除外。据此，当债权与债务都是因债权人取得占有的债权而发生，即债权人的权利与债务人的请求交付标的物的权利是基于同一法律事实而发生时，认为债权的发生与动产有牵连关系。可见，判断债权与物之间是否有牵连关系时，只有债权人是依合同占有债务人之物者，才为有直接原因，始成立留置权，否则，没有留置权的发生。只有企业之间行使留置权的，才可以采取间接原因说，不必因直接原因而占有。

具体考察这一要件是否成立，应看依合同占有的物是否为债权发生的原因。是原因的，无论是直接原因还是间接原因，均为有牵连关系。如果债权、债务与所据以取得占有的合同没有因果关系，就不发生留置权。

《担保司法解释》第 62 条规定了留置财产为同一法律关系的具体效力。第一，债务人不履行到期债务，债权人因同一法律关系留置合法占有的第三人的动产，并主张就该留置财产优先受偿的，应予支持。第三人以该留置财产并非债务人的财产为由请求返还的，不予支持。第二，企业之间留置的动产与债权并非存于同一法律关系，债务人以该债权不属于企业持续经营中发生的债权为由请求债权人返还留置财产的，应予支持。第三，企业之间留置的动产与债权并非存于同一法律关系，债权人留置第三人的财产，第三人请求债权人返还留置财产的，应予支持。

（三）须债权已届清偿期且债务人未履行债务

债权已届清偿期，是留置权成立的必要的积极要件。它要求留置权的成立须债权已届清偿期。债权人交付占有标的物的义务已到履行期时，如果债权人虽占有债务人的动产，但其债权未届清偿期，不能成立留置权。只有在债权已届清偿期，债务人仍不履行债务时，债权人才可以留置债务人的动产。

在债务人无支付能力时，如果债务人的债务未到履行期，成立紧急留置权的，则留置权也可以成立。确立紧急留置权的目的，在于在债务人无支付能力时，如果因债权未到清偿期而否认债权人对已占有的债务人的财产可享有留置权，则有失公平，不足以保护债权人的利益。

在债务人以同时履行抗辩权对抗债权人时，不能成立留置权。理由是，如果合同约定双方应同时履行债务，债权人未履行其义务，债务人也不履行其义务，则不能认为债务的不履行超过了约定期限，不能成立留置权。在这种情况下，双方应当同时履行。如果债务人不履行给付加工费的义务，而债权人拒绝给付加工物以留置，则债务人以同时履行抗辩权对抗不能成立，留置权成立。

三、留置权成立的消极要件

留置权成立的消极要件，是留置权成立的否定条件，即虽然具备留置权成立的上述积极要件，但因消极要件的存在，留置权不能成立。留置权成立的消极要件虽然有多项，但只要具备其中之一，即发生否定留置权的效果。

留置权成立的消极要件通常有以下五项。

（一）须当事人事先无不得留置的约定

《民法典》第449条规定："法律规定或者当事人约定不得留置的动产，不得留置。"当事人在合同中约定不得留置某物的，对于该物不再成立留置权，债权人不得就该物行使留置权。如果当事人事先有此约定，债权人仍留置不得留置的物，则构成债的不履行，债权人应负违约责任。

当事人关于不得留置物的约定，应当以书面形式作出；虽无书面约定，但是双方当事人均承认该口头约定的，亦可认其效力，发生不得留置该物的效果。这种约定应就物而作出，如果一个合同有数项标的物，当事人仅就其中一项或数项标的物为约定，则仅对该一项或数项标的物发生不得留置的效果。如果当事人笼统约定该合同的标的物不得留置，则发生全部标的物不得留置的效果。

（二）须留置债务人的财产不违反公序良俗

《民法典》第449条应被解释为违反公序和良俗的留置不发生留置效力的法律根据，依据是《民法典》第153条第2款的规定。违反这一规定的，留置权不成立。例如，对债务人生活上的必需品，债权人如留置会直接影响债务人的生活，违背善良风俗，故债权人不得留置。又如，定作人定作之物关乎国计民生，债权人如因债务人未按约定交付加工费而留置的，为违背公共秩序，故债权人也不得留置。

（三）须留置财产与债权人所承担的义务不相抵触

债权人所承担的义务，是指债权人依双方的约定或法律规定应承担的他种义务。例如，承运人将货物运送到指定地点的义务，即为这类他种义务；在运送途中因债务人未交费用而将货物留置、不予托运的，即为留置财产与债权人承担的义务相抵触，留置权不成立。

（四）须留置财产与对方交付财产前或交付财产时所为指示不相抵触

债务人于交付财产给债权人之时或者之前，明确指示债权人于履行义务后将标的物交还给债务人的，债权人不得留置。这一消极要件与当事人事先无不得留置的约定的消极要件相似，其区别是，本要件要求对于债务人的指示，债权人予以认可，且约定的内容是交付；而约定不得留置是双方合意，且不得留置标的物的内容为明示。例如，甲托修理部修理电冰箱，明确表示，电冰箱修好后要试用一个月，那么，修理部修好后，应将电冰箱交付甲，不得以甲未交付修理费而留置电冰箱。对此，修理部应采用其他担保形式要求担保，不得以留置该物而为担保。

（五）对动产的占有须非因侵权行为而取得

留置权的成立，以对债务人的动产的占有为前提，但其占有必须是合法占有，且债权与物的占有有牵连。如果债权人是因侵权行为而占有他人的动产，则不发生留置权。

四、留置权的继受取得

留置权的继受取得，是指留置权通过让与而取得。

留置权可否继受取得，取决于留置权有无让与性。通说认为，留置权是一种财产权，其归属、行使均无专属性，所以具有让与性。少数学者主张留置权不能让与。

完全肯定留置权与其他财产权一样可以自由让与，是不正确的；完全否定留置权的让与性，亦非正确。从理论上说，留置权为无专属性的财产权，可以移转，但是，留置权产生的特殊性也使其不能完全自由让与。留置权只能与主债权一同转移，即债权人将其对债务人享有的债权让与时，其享有的留置权应一同转移。如果债权人死亡或者消灭，其享有的债权由其继承人继承或者由承受其权利的法人承受，则留置权一并随之由后者继承或承受。如果债权人合并或分立，其主债权和留置权亦一并移转给新成立的法人。

第三节　留置权的效力

一、留置权的一般效力范围

留置权的一般效力范围，包括留置权担保的债权的范围和留置权标的物的范围两个方面，是留置权对担保的债权及留置财产所发生效力的范围。

（一）留置权担保的债权范围

留置权担保的债权范围，原则上应与担保物权担保的债权范围相同，是与留置财产有牵连的一切债权，包括原债权、债权的利息、实现留置权的费用、留置财产保管费用以及因留置财产瑕疵而产生的损害赔偿金等内容。对此，应当适用《民法典》第389条关于“担保物权的担保范围包括主债权及其利息、违约金、损害赔偿金、保管担保财产和实现担保物权的费用。当事人另有约定的，按照其约定”的规定。

1. 主债权

主债权即留置权据以发生的债权。留置权据以发生的合同多为双务合同，因而留置权担保的主债权是负有交付留置财产义务的一方当事人享有的债权。这一被担保的债权，应是债权的全部，不能只是其中一部分。

2. 主债权的利息

主债权的利息作为被担保的债权的组成部分，包括主债权在合同履行期以内的利息和迟延履行的利息。对有的主债权当事人约定在履行期内不担保利息，只担保迟延履行的利息。

3. 违约金

债务人不履行给付义务，为违反合同的行为，债务人应承担违约金责任，该违约金在留置权的担保范围内。有约定违约金的，依约定计算；未约定违约金的，依法定违约金的计算方法计算。

4. 损害赔偿金

损害赔偿金，包括债务人不履行债务给债权人造成损失的赔偿金和因留置财产有瑕疵而受损害的赔偿金，都在留置权的担保范围之内。

5. 留置财产的保管费用

债权人留置债务人的财产，对留置财产进行保管，应收取合理的保管费用。该保管费用应属留置权担保的范围。

6. 实现留置权的费用

留置权人实现留置权须实施一系列行为，需要支出费用，该费用应从留置财产的变价款中支出，故该项费用亦属留置权担保范围。其具体内容包括变价申请费、评估费，拍卖、变卖费用，以及其他一切必要费用。

（二）留置权标的物的范围

留置权的标的物就是留置财产。关于留置权对留置财产的效力范围，法律无明文规定，在解释上认为包括主物、从物、孳息和代位物。

1. 留置财产的主物

留置财产的主物，是留置权的标的物，留置权对其发生效力。主物为单一的独立物，留置权的效力及于主物的全部，不可分割。主物为数个独立物的，留置权以担保的债权范围为限，对一个或数个独立物发生效力，并不对全部的债的标的物发生效力。债权人只需留置与所担保的债权范围相适应的标的物，不必将全部标的物予以留置。《民法典》第450条规定："留置财产为可分物的，留置财产的价值应当相当于债务的金额。"

2. 留置财产的从物

留置权的效力及于留置财产的从物，是一般原则，但是有以下例外情况：一是，债权人只占有留置财产的主物而未依合同占有其从物时，不得对其从物予以占有后再予以留置，即留置权的效力不及于未经占有的留置物的从物。二是，债权人依合同既占有留置财产的主物又占有其从物时，如果主物、从物不可分离，则留置权的效力及于留置财产的全部，包括主物和从物；如果主物和从物可以分离且分离不影响其价值，则只可按其被担保的债权价值，留置其中的主物或从物，不可留置其全部。

3. 留置财产的孳息

留置财产在留置期间发生孳息的，留置权人可以收取留置财产的孳息，因而留置财产的孳息也是留置权效力所及的范围。留置权人收取的孳息首先应充抵收取孳息的费用，如有剩余，可以用于偿付留置财产保管费用、利息、违约金乃至债权。如果留置财产的孳息已经能够满足债权人的全部债权要求，则应消灭留置权，将留置财产返还债务人。不过，因留置财产的孳息足以满足全部债权要求而消灭留置权的情况较为少见。

4. 留置财产的代位物

留置财产的代位物是否为留置权的效力所及，决定于留置权是否包括优先受偿权。例如，日本民法仅承认留置权的留置性而认为其无优先受偿性，因而留置权的效力不及于留置财产的代位物。在我国《民法典》第447条明文规定留置权包括优先受偿权，且将其规定为留置权的基本权能，因而留置权的效力及于留置财产的代位物。

二、留置权对留置权人的效力

留置权人是留置权的权利主体，留置权发生后，首先对留置权人发生效力，使其享有留置权包括的各项权利以及承担相应的义务。

（一）留置权人的权利

留置权人的权利包括以下内容。

1. 留置财产占有权

留置权人对留置财产的占有权，是其依据该物依合同产生的占有权而享有的继续权利。这两种占有权先后相继，其区别在于，前者产生的基础是留置权，后者产生的基础是原合同。虽然占有持续不断，但是，占有权的动因因留置权的发生而于其发生时产生了性质的变化。

留置财产的占有权是持续的，使留置权人得以保持对留置财产的持续占有，直至留置权消灭或留置权实现。在此期间内，留置权的占有权不得被剥夺。

留置财产占有权包括两个方面的内容：一方面，对抗债务人即留置财产的所有权人或原占有人；另一方面，对抗该合同关系以外的第三人。留置财产占有权对抗债务人，是指在债权人的债权受清偿前，债权人可以拒绝债务人的一切返还请求。这是占有权的相对效力。留置权人行使留置财产占有权这一权能，不构成返还义务的迟延履行。如果留置财产为可分物，留置权人拒不返还其价值超过债权额的部分的财产的，构成返还义务的迟延履行或不履行，而不是行使留置权的正当行为，构成违约。留置财产占有权对抗该合同关系以外的第三人是指，任何第三人都不得侵占该留置财产，不得剥夺留置权人对留置财产的占有。这是留置财产占有权的对外效力、绝对效力。发生这种效力的依据是留置权的物权性质：留置权人作为他物权的权利主体，享有该占有的权利，任何第三人都负有不得侵害的义务。当留置财产受到侵害时，留置权人享有物上请求权，可以请求法院保护；当留置权被非法侵夺时，留置权人得请求返还原物，以回复占有。因此而回复占有的，留置权人的占有为未丧失，留置权再生。

2. 留置财产孳息收取权

《民法典》第452条规定："留置权人有权收取留置财产的孳息。""前款规定的孳息应当先充抵收取孳息的费用。"留置权人在其占有留置财产期间，对留置财产的孳息有收取的权利。关于这种权利是基于留置财产占有权而发生，还是基于留置权的效力而发生，有不同主张，通说采后一种主张，因而又将留置财产孳息收取权称为留置财产孳息留置权。留置权人只能以收取的孳息优先受清偿，而不能直接取得孳息的所有权。

留置财产孳息收取权的作用与留置权的一样，担保债权的实现。孳息如果为金钱，在充抵收取孳息的费用后，可直接充抵债务。留置财产的孳息抵充债权的顺序为，先抵偿收取孳息的费用，次及利息，最后是原债权。

以留置财产的孳息充抵债务应于何时进行？有的认为应于留置权实现时进行，有的认为应于孳息收取时进行。本书认为，该种孳息不属于留置财产的原物，以其充抵债务不必待留置权实现时一并进行，故采后一种主张。

留置权人用留置财产的孳息充抵债权，实际上是为债务人的利益行使权利，对债务人有利，因而留置权人的这项权利实际上也是义务。为此，留置权人应以善良管理人的注意为之，对留置财产的孳息进行妥善管理。未尽该种注意义务，怠于收取孳息，造成债务人损失的，留置权人应对债务人负损害赔偿责任。

3. 留置财产必要的使用权

留置权人对留置财产，原则上只能占有、扣留，并无使用的权利。但是，在下述两种情形下，留置权人有对留置财产的使用权。

（1）为保管留置财产所必要的使用。如对留置的车、船、机械，为防止锈蚀而进行适度运转，是适法行为。必要使用为事实问题，应依具体情况而定。在主观上应限于以保存为目的，不得以积极取得物的收益为目的。当必要的使用产生收益时，留置权人应收取，并按照处理留置财产孳息的方法处理。这种情况下，既不构成不当得利，也不构成侵权行为。

（2）经债务人同意而为使用。留置财产所有权人作为债务人，为发挥留置财产的效能，使其产生收益，而与留置权人协议，由留置权人对留置财产为使用的，留置权人可以对留置财产进行使用，享有合法的使用权。使用的范围，包括自己直接使用、出租和为自己设定担保。对此种使用产生的收益，应按照处理留置财产孳息的办法处理。

上述第一种对留置财产的使用无须债务人同意，第二种使用则须债务人同意。

4. 必要费用偿还请求权

留置权人因保管留置财产支出的必要费用，是为债务人的利益支出的，因此，这种费用应由债务人承担，留置权人对此有返还请求权。必要费用在留置权的担保范围内，可于债权受偿时一并受偿，或者在实现留置权时一并优先受偿。

保管的必要费用，是为保存、管理所不可缺的费用，包括保管费、维修费、养护费、搬运费等。其标准，应依支出时的客观标准而定，不能以留置权人的主观认识为标准。

5. 留置财产变价权

留置权人对留置财产享有变价权。该变价权不是产生于留置权产生之时，而是产生于留置权实现之时，即留置权的第二次效力发生之时。如果留置权没有包括变价权在内，留置权的第二次效力就不能发生，其优先受偿权就没有发生的基础，留置权的担保作用也就不能最终体现出来。

关于留置财产变价权的行使，《民法典》第 453 条后段规定：“债务人逾期未履行的，留置权人可以与债务人协议以留置财产折价，也可以就拍卖、变卖留置财产所得的价款优先受偿。”“留置财产折价或者变卖的，应当参照市场价格。”依此规定，在我国关于留置财产变价权的行使，采协商方式和依法自行行使方式，由当事人选择。采折价方式的，由留置权人与债务人协商，议定所折价值；采拍卖、变卖方式的，须依法进行，经过公告并经法定部门拍卖、变卖。当然，留置权人也可以向法院起诉，依法变价后优先受偿。

6. 优先受偿权

优先受偿权是担保物权共同的基本权利，是最终体现留置权担保作用的权利。《民法典》承认留置权的优先受偿权，确认留置权之于抵押权和质权的优先受偿权。

优先受偿权是留置权第二次效力中的最后一项权利，是保障留置权人之债权的根本手段。如果仅采用留置方法作为实现留置权的基本方法，虽然可以促使债务人履行债务，但是，如果债务人拒不清偿，留置权人虽可继续留置，却得不到留置财产的所有权，也不能增加财富、获得清偿，因而没有强制性、有效的担保作用。在变卖权的基础上，确认留置权人的优先受偿权，可以保障留置权人之债权的实现。

优先受偿权的核心是，赋予担保债权以特殊的地位，使该债权优于债务人的其他债权人的债权。留置财产的变价款先用于满足被担保的债权。其他债权则为平等债权，须被担保的债权受偿后，才能平均受偿。即使在留置财产上设有抵押权或者质权，留置权也具有优先受偿的效力，待留置权实现后，抵押权人或质权人才可以行使抵押权或者质权。优先受偿的范围应以留置财产的变价款为限，超过该变价款部分的债权，无优先受偿权，仍为平等债权而平均受偿。

（二）留置权人的义务

1. 留置财产的保管义务

《民法典》第451条规定：“留置权人负有妥善保管留置财产的义务；因保管不善致使留置财产毁损、灭失的，应当承担赔偿责任。”这一条文规定的就是留置权人于留置期间对留置财产负有保管义务和损害赔偿责任。

留置权人对留置财产的保管义务产生于留置权产生之时，但是，从严格的意义上说，这种保管义务是留置权产生之前，债权人对该物的保管义务的延续。债权人在依债权占有该物时就负有保管义务，当债权人行使留置权时，这种基于合同产生的保管义务就转化为基于担保物权而产生的保管义务；前者为债权义务，后者为物权义务。保管义务贯穿于留置期间，直至留置权消灭时，这种物权义务才消灭。事实上，保管义务实际延续至留置财产交还之时，因为从留置权消灭到留置财产交还还有一段期间，在这个短暂的期间，留置权人仍负有对留置财产的保管义务。

留置权人于对留置财产的保管应负善良管理人的注意义务。也有人认为，除不可抗力的原因之外，留置权人均应对保管不善而造成的留置财产损失负赔偿责任。① 这两种意见的区别是，留置权人对留置财产意外事变所致损害是否承担责任，即留置权人对留置财产的保管是否负无过失责任。就一般保管而言，有偿保管的保管人应负善良管理人的

---

① 王美娟，等．留置权初探．中国法学，1992（1）．

注意义务，无偿保管者应负与处理自己事务同一的注意义务，只有对另加保价的保管、寄托、运送、邮寄等，保管人才承担意外事变所致损害的赔偿责任和不可抗力所致损害的赔偿责任。本书认为，留置权人保管留置财产实为有偿保管，但是非保价保管，留置权人应负善良管理人的注意是符合民法要求的，留置权人不应对意外事变和不可抗力负责。留置权人在保管留置财产期间，如怠于为必要的注意造成留置财产灭失、毁损，应向债务人负赔偿责任。

留置权人于对留置财产的保管是否有过失，应依客观标准判断。留置权人有无过错，由其自己举证证明，对债务人提起的留置财产损害之诉实行过错推定、举证责任倒置。

债权人依合同占有标的物时为无偿行为，如无偿保管合同。债权人因保管标的物的瑕疵而受损害，为索取赔偿金而留置保管物的，留置权人的注意义务仍应为善良管理人的注意义务。理由是，无论留置权人在留置前占有合同标的物时负何种注意义务，只要其依留置权而留置该物，该注意义务均转化为物权上的保管义务，其注意义务即为善良管理人的注意义务，判断其有无过失应以此为标准。

留置权人保管留置财产，应自己为之。但是，为保管留置财产须由债务人协助时，债务人应予以协助。债务人如果不应留置权人的请求予以协助，对因此而造成的留置财产的毁损、灭失，不得请求留置权人承担损害赔偿责任。

2. 不得擅自使用、利用留置财产的义务

与留置权人的必要使用留置财产的权利相对应，留置权人负不得擅自使用留置财产的义务。《民法典》对此未设明文，但是在学理上和实务中可借鉴域外立法作此解释。

留置权人未经债务人同意而擅自使用、利用留置财产，构成对应负义务的违反。致损害发生的，留置权人应负损害赔偿责任。此种责任亦为过错责任，留置权人如无过错，不负赔偿责任。

3. 返还留置财产的义务

留置权消灭时，留置权人丧失对留置财产的占有权，应将留置财产返还于债务人。这种返还义务是给付合同标的物的义务，因为留置权一经消灭，留置权人即为债务人，应负给付合同标的物的义务，必须履行。违背这一义务，债务人（原留置权人）为非法占有，应负民事责任。

三、留置权对债务人的效力

（一）债务人

债务人是留置权的义务主体，是留置权所担保的债权债务关系的债务人，因其不履行给付义务，留置权人依法留置依该合同由其占有的合同标的物，所以，在留置权法律关系中，债务人也称为被留置人。

债务人可以是留置财产的所有权人，也可以是对留置财产合法占有的人。因此，留置权产生以后，除对留置权人发生法律效力外，还对债务人发生法律效力。

（二）留置权对债务人的具体效力

1. 债务人仍享有留置财产的原有权利

留置财产被留置以后，债务人并不丧失对留置财产的原有权利。留置财产所有权人仍对留置财产享有所有权，留置财产合法占有人仍对留置财产享有相应的权利。债务人依其权限范围可以处分留置财产，或出卖，或赠与，或作其他转让，但是，留置权并不因此受影响，留置权仍对留置财产发生效力，并不消灭，留置财产也不转移占有，只是留置权人与留置财产的受让人之间产生留置权法律关系，受让人成为新的债务人。

原债务人与受让人转让留置财产的权属的，受让人成为新的债务人，成为留置权法律关系的当事人，原债务人是否还为债务人，应依原债务人与新债务人之间的约定。如果双方约定转移债务，且留置权人同意，则受让人成为债务人，应当承担对债权人的债务。作相反约定，不转移债务的，受让人成为债务人，原债务人仍为债务人；未作明确约定的，推定为不转移债务，债权人与债务人之间原债权债务关系仍然存在，在债务人履行债务后，债权人向受让人履行给付留置财产的义务，或者债权人向债务人履行，再由债务人交付给受让人。如果债务人逾期不履行义务，则由留置权人实现留置权，优先受偿，剩余部分或者不足部分，或者由受让人承担，或者由债务人承担，最后由受让人和债务人进行结算。

2. 债务人行使留置财产的权利受到限制

留置权成立后，债务人对留置财产的权利虽仍然存在，但是受到限制。首先，受到限制的是占有、使用、收益权。债务人丧失对留置财产的占有，也无法使用。这两项权能受到完全限制。收益的权能部分受限制，因为留置财产的孳息、经债务人承诺的使用而发生的收益，均由留置权人收取，但是权属仍归债务人。其次，受限制的是出质权。从理论上说，债务人如果是留置财产的所有权人，则有权将留置财产出质设定质权，但是，质权以质押财产的占有为要件，故虽债务人可以将其对留置权人的返还请求权让与质权人，使其取得间接占有而使质权成立，但是，该项返还请求权已因留置权的存在而不完整，自不会有人愿意接受而成立质权，因而出质权受到限制。最后，债务人的租赁权受到限制。债务人可以把留置财产出租，与承租人签订租赁合同，但是，由于无法交付租赁物，因而不能使租赁合同生效。

3. 不得干扰、阻碍留置权人行使留置权

留置财产被留置以后，债务人有两种选择：或者及时清偿债务而要求返还留置财产，或者承认留置权人的留置，待其将留置财产变价后优先受偿。债务人无论作何种选择，都须尊重留置权人行使留置权的事实，不得干扰、阻碍留置权人行使权利，必要时需予以协助。

债务人不履行这一义务，盗回、抢回或损坏留置财产的，构成侵害留置权的侵权行为，债务人应当承担侵权责任，赔偿留置权人的损失。债务人不履行必要的协助义务，造成留置财产损坏或留置权人损失的，也应当承担赔偿责任。盗、抢留置财产而使留置

权人丧失占有的，不构成留置权人对留置财产的占有的中断，债务人应承担恢复留置财产占有的义务，应将留置财产返还留置权人，或者提供相应的担保。

4. 偿付因留置财产支出的必要费用

留置财产被留置后，由于其所有权等权属未变，因而对于留置权人保管、维护留置财产的一切费用，债务人均应承担。由此，留置权人与债务人之间产生新的债权债务关系，并且受留置权的担保。同时，债务人对留置财产的隐蔽瑕疵负有责任，由此而致留置权人以及他人损失的，应承担赔偿责任。上述费用以必要为限，对于超出必要范围的额外支出，债务人不予负担。

四、留置权对其他担保物权的效力

《民法典》第 456 条规定："同一动产上已经设立抵押权或者质权，该动产又被留置的，留置权人优先受偿。"这一规定确立了留置权的效力优先于其他担保物权之效力的规则。例如，冯某系养鸡专业户，因改建鸡舍和引进良种而需资金，向陈某借款 10 万元，以自己的一辆价值 10 万元的汽车作抵押。双方立有抵押字据，但是未登记。因经营亏损，冯某无力清偿债务。在抵押期间，冯某用于抵押的汽车因肇事损坏，冯某找蒋某修理，因无力支付修理费，该汽车被蒋某留置。陈某和蒋某均向法院起诉，就该汽车主张优先受偿。在该案中，尽管冯某将自己的汽车抵押给陈某，陈某享有抵押权，但是在修理该汽车时，该抵押财产即汽车被蒋某留置。按照《民法典》确立的这一规则，蒋某享有的留置权的效力优先于陈某之抵押权的效力，蒋某应当优先受清偿。

五、留置权的实现

（一）留置权实现的意义

留置权的实现，也叫留置权的实行，是指留置权的第二次效力的实现。

留置权两次发生效力的作用虽然都是担保债权实现，但是具体作用不同。留置权的第一次效力，作用在于促使债务人履行债务，并非以留置财产清偿债务的效力。留置权的第二次效力，作用在于当债务人于债权人留置标的物后一定的期限内仍不履行其债务时，留置权人得以留置财产的变价优先受偿。留置权的第二次效力是其根本的、最终的效力，其作用是使债权人的债权得到实现。

（二）留置权实现的程序和条件

留置权的实现必须经过一定的程序和具备一定的条件。《民法典》第 453 条前段规定：留置权人与债务人应当约定留置财产后的债务履行期限；没有约定或者约定不明确的，留置权人应当给债务人 60 日以上履行债务的期限，但是鲜活易腐等不易保管的动产除外。债务人逾期未履行的，留置权人可以与债务人协议以留置财产折价，也可以就拍卖、变卖留置财产所得的价款优先受偿。留置财产折价或者变卖的，应当参照市场价格。《民法典》第454条还规定：债务人可以请求留置权人在债务履行期限届满后行使留置权；留置权人不行使的，债务人可以请求法院拍卖、变卖留置财产。按照这些规定，实现留置权须经过的必要程序和具备的相当条件主要包括宽限期、通知义务和变价、受偿。

1. 确定留置财产后的履行债务宽限期

债权人一经留置依债权占有的债务人的财产，应当立即确定宽限期。宽限期的确定有两种办法：一是由当事人双方事先在合同中约定，约定的期限不得少于60天。二是当事人双方在合同中没有事先约定宽限期，债权人在留置财产后，应自行确定一个宽限期，但是亦不得少于60天。我国关于宽限期的规定较短，如果约定或自定的宽限期超过60天，则依其约定或自定；如果约定或自定的宽限期不足60天，则约定或自定无效，应依法定的60天的期限执行。

2. 对债务人的通知义务

债权人留置合同标的物以后，应当立即通知债务人。通知的内容：一是已将合同标的物留置，二是告知债务人宽限期，三是催告债务人在宽限期内履行债务。债权人未通知债务人上述内容的，不得实现留置权。如果债权人无法通知债务人，应由债权人证明，属实者，仍按法定的宽限期办理，宽限期届满，债权人可以实现留置权。双方当事人在合同中已经事先定有宽限期的，债权人不承担通知义务，期满即可实现留置权。

宽限期应于债权人通知留置之日起计算。具体计算方法，分为发信主义和到达主义。本书认为应当采取到达主义，债务人只有接此通知，才能在宽限期内清偿债务，以发生催告清偿的作用。

3. 留置财产变价、受偿

债务人在宽限期届满后仍不履行债务，也不另行提供担保的，即具备了留置权实现的条件，留置权人可以对留置财产变价、受偿。如果债务人在宽限期届满前履行了债务，或者另行提供了担保，则留置权消灭，不得再实行留置权。

（三）留置权实现的方式

依照我国民法典的规定，留置权的实现方式有两种，即折价、通过拍卖或者变卖而变价。当事人协商一致折价的，可依约定办理；当事人约定折价不成，则须采变价方式。当事人约定变价的，也应准许。

拍卖、变卖留置财产，无必要由法院审查留置权，由法院执行。如果当事人对留置权的实现并无争议，法院没有必要过问。当事人就此提出异议并诉至法院的，法院应依法处理。

留置权人最终实现留置权，是以处分留置财产的变价款和留置财产的折价款额，优先偿付债权。应统一计算出债权的总额。按照《民法典》第455条的规定，留置财产折价或者拍卖、变卖后，其价款超过债权数额的部分归债务人所有，不足部分由债务人清偿。但是，剩余债权因已无担保，成为普通债权，并无优先受偿权。

第四节　留置权的消灭原因

一、留置权消灭原因概述

（一）留置权消灭的概念和类型

留置权的消灭，是指留置权成立后至留置权实现前，留置权因一定原因的出现而不复存在。

留置权的消灭分两种：一是永久消灭。一经消灭，永不再产生。二是相对消灭。留置权消灭后还会依法再产生。

（二）留置权消灭的原因

留置权的消灭，与其他担保物权的消灭不同。如抵押权、质权一经实现，便可以消灭抵押权和质权。由于留置权的实现是留置权第二次效力的实现，因而留置权的实现作为留置权消灭的原因，与留置权消灭的一般原因不完全一样。

《民法典》在担保物权的消灭中规定了担保物权消灭的一般原因，同时还在第 457 条规定了留置权消灭的特别原因，即对留置财产丧失占有和留置权人接受债务人另行提供的担保。因此，留置权的消灭原因包括物权消灭的共同原因、担保物权消灭的共同原因和留置权消灭的特别原因。

（三）留置权消灭的效力

留置权消灭的效力，是消灭留置权法律关系，留置权人和债务人丧失这种法律身份，仍成为债权人和债务人。留置权消灭的效力与其他担保物权消灭的效力不同的是，质权、抵押权消灭，主要的后果是返还质押财产、抵押财产，而留置权消灭不发生返还留置财产的后果，产生的是承担原债的给付标的物的后果。留置权消灭以后，还产生其他具体的法律后果。

二、留置权因物权消灭的共同原因而消灭

留置权是物权，当物权消灭的共同原因出现时，留置权消灭。

（一）标的物灭失

标的物灭失是一切物权消灭的共同原因，所有的物权都会因标的物灭失而消灭。留置财产灭失，留置权必然消灭。

留置财产灭失的结果由谁承担，应区分情况。若留置财产灭失系留置权人的过失所致，则留置权人应承担赔偿责任，赔偿额中应扣除债务额。若留置财产灭失系债务人的过失所致，则债务人不得请求赔偿，并应当继续履行债务。若留置财产灭失系第三人的

过失所致，则赔偿金应由债权人留置并优先受偿。若留置财产灭失系意外事件或者不可抗力所致，则债务人不负赔偿责任，但是仍应履行债务。

（二）标的物被征用

物权标的物被征用，该物权消灭。留置权同样如此。不过，留置财产为动产，被征用的可能性很小。留置财产被征用以后，国家给予的补偿，应当优先用于偿付留置财产担保的债权，有剩余的，归还债务人；不足部分，由债务人另行清偿。

（三）留置权与所有权混同

他物权与所有权混同，是他物权消灭的共同原因。留置权与所有权混同，留置权也消灭，因为债权人不能留置自己的财产以担保债权。例如，债务人将留置财产的所有权转让给留置权人的，留置权即因混同而消灭。发生这种混同后，若债权人与债务人之间对其债权债务关系作出约定，则依其约定处理债权债务关系即可。

三、留置权因担保物权消灭的共同原因而消灭

担保物权消灭的共同原因，也是留置权消灭的原因。《民法典》第393条列举了三种导致担保物权消灭的共同原因，都能导致留置权的消灭。

（一）担保物权担保的主债权消灭

担保物权是主债权的从权利，随主权利的消灭而消灭。若留置权担保的债权消灭，如债权已被清偿、债权已被抛弃等，则留置权即随担保的债权的消灭而消灭。

关于债权诉讼时效届满，留置权是否消灭，有两种对立的观点。肯定说主张，留置权的行使不妨碍债权诉讼时效的进行，故债权因诉讼时效消灭时，留置权也随之消灭。日本学者多采此主张。否定说主张，以抵押权、质权或留置权担保的债权，虽经时效消灭，债权人仍得就其抵押财产、质押财产或留置财产受偿，即留置权并不因债权诉讼时效的完成而消灭。我国台湾地区学者多采此主张。本书认为，依照《民法典》的基本原则，在司法上应采否定说的主张。理由是：第一，诉讼时效完成，债权并非全部消灭，只是成为自然债权，债务人享有抗辩权，债务人行使抗辩权的，可以对抗债权人的债权主张。就债权人而言，仍为权利人，只是这种权利变为自然权利。债权的从权利即留置权当然也不会消灭。第二，债权诉讼时效的起算与留置权实现之间有一个时间差，即宽限期，如果留置权本身也受诉讼时效约束的话，不可能同时产生二者诉讼时效届满的后果。

（二）担保物权实现

担保物权实现，是担保物权消灭的共同原因。留置权实现以后，留置权也消灭。但是，留置权实现作为其消灭的原因，与导致留置权消灭的其他原因不同，因为留置权消灭的原因，是指留置权发生至留置权实现之间使留置权不复存在的事实，其后果是留置权不能发生第二次效力。因而，在这里虽然也把留置权实现作为其消灭的原因之一，但该原因与留置权消灭的一般原因意义不同。

（三）担保物权被放弃

权利主体可以放弃自己的权利，并发生消灭该权利的法律后果。留置权人也可以抛弃留置权，这是单方法律行为，依留置权人一方的意思表示成立。只要留置权人向债务人作出抛弃留置权的意思表示，留置权即消灭。至于对合同标的物如何处置，须双方协商；无约定的，仍依原债权债务关系处理。

四、留置权消灭的特别原因

留置权消灭的特别原因，是只能引起留置权消灭的特殊事实，既不可适用于其他担保物权，更不能适用于其他物权。

（一）留置权人对留置财产丧失占有

《民法典》第457条规定，留置权人对留置财产占有的丧失为留置权消灭的原因。留置财产的占有丧失，是指留置权人不再继续占有留置财产；不仅指丧失其直接占有，而且指丧失其间接占有。如果留置权人将留置物的自己占有，改为以占有媒介人为直接占有，以自己为间接占有，则其占有仍为继续而不为丧失，留置权并不消灭。[①]

留置权人对留置财产的占有的丧失，包括其占有被他人侵夺和留置权人自己放弃占有。

他人侵夺留置财产导致留置权人丧失占有而消灭留置权，与质权人对质押财产丧失占有而消灭质权相同。但是，对质押财产丧失占有而消灭质权与对留置财产丧失占有而消灭留置权的不同之处是：质权有追及效力，质权人在其对质押财产的占有被侵夺后，有权请求返还质押财产，因而质权并不随对质押财产的占有的丧失而立即消灭，只有在质权人不能请求或者不请求返还质押财产时，质权才归于消灭。留置权无此追及效力，对留置财产丧失占有的，留置权立即消灭。留置权人不能基于留置权而请求不法侵占者返还标的物，只能依保护占有的规定请求返还标的物。

留置权人放弃对留置财产的占有，如将留置财产返回债务人、转让给他人等，均消灭留置权，其中，如未经债务人同意将留置财产转让给他人，则为侵权行为。

对留置财产丧失占有后重新恢复占有的，可以有条件地恢复留置权。在留置权因留置财产被他人侵夺，丧失占有而消灭时，其效力是相对的。债权人如果依保护占有的规定请求返还该物并恢复占有，则于该物返还时留置权再生。留置权人自己放弃对留置财产的占有，消灭留置权的，当其再取得该物的占有时，如果留置权人知有留置权的存在而放弃其物，则为留置权的抛弃，留置权终局消灭；留置权人如果不知有留置权的存在而返还其物，如不知占有物与债权有关联关系或应知而不知法律上可成立留置权而返还其物，则因明显无抛弃留置权的意思，就其物有留置权再生的可能。留置权的再生，须具备留置权成立的其他要件：（1）留置财产所有权人受其物的返还前非为债务人（例如于依善意取得留置权的情形），或债务人受留置财产的返还后将它让与第三人时，其后债权人虽再取得该物的占有，但是不得就该物再享留置权；（2）于商人间因营业关系而认

---

① 郭明瑞．担保法原理与实务．北京：中国方正出版社，1995：349．

为有关联关系发生的留置权，债权人再取得返还物的占有之际，须仍有商人的资格，而且其占有须因营业关系而取得。[1]

（二）债务人另行提供担保

留置权成立以后，留置财产被债权人留置，债务人无法对该物行使权利，留置财产无法被利用。这显然不利于发挥物的效用。同时，就一般情况而言，留置财产的价值大于债务人债务的价值，对债务人更为不利。为平衡这种双方当事人之间的利益关系，保障债权人的债权实现，也保障债务人不遭受更大损失，法律准许在债务人另行提供债权担保的情况下，债权人返还留置财产给债务人，使留置权消灭。这实际上是将债权人的债权的留置权担保改换为另一种担保。债权人的债权经由另一种担保形式受到切实的担保的，债权人可以放弃留置权。

债务人另行提供的担保在形式上包括物保和人保，其必要条件是留置权人接受。留置权人不接受的，债务人无论提供何种担保，均不发生留置权消灭的后果；反之，只要留置权人认为对其债权的担保有效而予以接受，不论债务人提供何种担保，都发生留置权消灭的后果。

债务人另行提供担保能为留置权人接受的条件，是另行提供的担保与留置权人的利益相当，标准为与留置财产所担保的债权范围相当。这是因为，留置财产的价值往往与债权价值不相等，担保债权的范围是最准确的，且符合债权担保的目的。

债务人另行提供担保时不必非以消灭留置权为目的才能消灭留置权，只要提供的担保足以充分保障债权人的债权，就发生留置权消灭的后果。

债权人另行提供担保消灭留置权的效力是终局的，不能仅为留置权一时消灭。

（三）债权清偿期延缓

债权清偿期延缓以后，留置权消灭。对此，《民法典》未作明文规定。但是理论和实践认为，债务人超过约定期限不履行债务，是留置权成立的要件，既然债权清偿期已经延缓，就不能视为债务人超过约定期限不履行债务，因而留置权成立的要件发生欠缺，留置权消灭。

债权清偿期延缓导致的留置权消灭，是相对消灭，这种已消灭的留置权可以再生。在债权清偿期延缓后，延缓后的清偿期又届满时，具备留置权成立要件的，留置权再生。这种再生的留置权，是一种新的留置权，其宽限期、实现的时间等均应重新计算，与已消灭的留置权无关。

问题与思考

1. 引读案例思考

A造纸厂提供从B造纸厂处购买的报废的锅炉，由锅炉安装工程队安装，未能通过

---

① 史尚宽．物权法论．台北：荣泰印书馆，1979.

验收。据此，A造纸厂拒绝的锅炉安装工程队支付报酬，A造纸厂遂将安装队的施工车辆、工具等留置。

请结合本章内容思考：(1) A造纸厂留置安装队的车辆等财产，成立留置权吗？(2) 成立或者不成立留置权的理由何在？(3) 对本案纠纷应当如何处理？

参考分析意见：

在本案中，A造纸厂作为债权人，不能成立留置权。理由是：第一，A造纸厂对债务人安装队的车辆、工具及辅助物资没有合法占有。安装队承建锅炉安装工程，工地当然是在债权人的范围之内。但是，安装队根据合同约定承担的义务，是安装锅炉的劳务，而车辆、工具等是安装队的财产，所有权归安装队，占有权也在安装队，不能因为安装队在A造纸厂工作而使它对这些车辆、工具等丧失了占有权。A造纸厂将上述物资均予扣留，没有合法根据，构成非法侵害安装队的财产所有权，属于侵权行为，占有非法。因此，A造纸厂不具有成立留置权的主要要件。第二，A造纸厂留置的法律根据不当。《民法典》第448条规定，债权人留置的动产，应当与债权属于同一法律关系。A造纸厂本是安装锅炉合同中的债务人，因为它尚有工程费没有结算，但是，它的留置理由是锅炉报废所造成的损失，但这个损失是B造纸厂的欺诈行为造成的，债务人不是安装队。A造纸厂与安装队、A造纸厂与B造纸厂之间，成立两个法律关系，因此，A造纸厂无权留置没有造成该损失的安装队的车辆、工具等物。第三，安装队的动产与该债权债务的产生没有关联。安装队的上述物品，是动产，可以成为留置的标的物，但是，这些动产与侵权损害赔偿法律关系没有关联：首先，该合同关系的发生，与劳动工具没有关联，即安装锅炉合同不是因劳动工具而发生的；该锅炉是合同产生的根据，但它又是不动产附属设施，不得留置。其次，欺诈的侵权行为之债，更不是因工具而发生。所以，这些动产与债权的发生毫无关联，不得成为留置的标的物。

A造纸厂对安装队的财产实施的行为是非法占有的侵权行为，其应承担返还原物的责任，对于造成的损失、损坏，应承担赔偿责任。至于B造纸厂的侵权行为，由于是A造纸厂主张采用B造纸厂的旧锅炉，是一道看样订购，并由A造纸厂申请取得安装许可证的，安装队对造成的损失不承担责任，故A造纸厂对B造纸厂享有赔偿损失请求权。

2. 重点题

(1) 留置权的概念是什么？具有哪些特征？

(2) 留置权成立须具备哪些要件？

(3) 留置权的效力范围应当如何确定？

(4) 简述留置权的实现方法。

(5) 简述留置权的消灭原因。

3. 法考题

留置权的法律特征。

4. 考研题

留置权效力的特殊性。

第十六章
非典型担保物权

重点知识

1. 优先权的性质
2. 优先权的效力
3. 所有权保留的设定
4. 所有权保留的效力
5. 让与担保的效力
6. 后让与担保的法律依据

引读案例

A房地产公司因建设工程融资，约定向自然人B、C借款1 304万元，借期为1年；商定不签订书面借款合同。为了担保债务清偿，双方签订低价的“商品房预售合同”，以均价850元/平方米（当时当地同等房屋的单价为1 500元/平方米）购房151套房屋，价款为1 304万元，约定：A公司只要按期归还本息，即解除商品房买卖合同；如不能按期归还本息，则立即履行商品房买卖合同，A公司向B和C交付151套商品房。A到期清偿欠款，B和C拒绝受领，主张A履行商品房买卖合同、交付151套商品房。

第一节 优先权

一、优先权概述

（一）优先权的概念

优先权也称先取特权，是指特定的债权人依据法律的规定而享有的就债务人的总财产或特定财产，优先于其他债权人而受清偿的权利。[①] 在债务人不特定的总财产上成立的

① 谢怀栻．外国民商法精要．北京：法律出版社，2002：158.

优先权是一般优先权，在债务人特定动产或不动产上成立的优先权是特别优先权。[①]

（二）优先权的沿革

优先权起源于罗马法上的优先索取权。创设这种权利，一是为了维护社会正义，二是应事实的需要。为此，罗马法设立了种类繁多的优先权，例如，被监护人或被保佐人的损害赔偿优先权、国库对纳税人的税款给付优先权、丧葬费用优先权和妻之嫁资返还优先权等。[②]

罗马法上的优先权被近世大陆法系国家的民事立法接受，形成了比较广泛的优先权制度，但是，对优先权的性质、种类和效力有不同看法，形成不同的立法例。法国民法在继受罗马法优先权的基础上，逐渐把财产划归清偿某些债权，从而使优先权从原来的债权之间的分类变成为物的担保制度[③]，优先权从此具有了担保物权的性质。日本民法继受了法国民法上的优先权，称为先取特权。德国民法不规定优先权，只是将优先作为特定债权具有的一种特殊效力，即优先受偿效力，认为某些特种债权被赋予优先效力的实质在于破除债权平等原则，赋予该等债权以优先受偿效力，但是，该特种债权不过是推行社会政策和考虑社会公益的结果，其债权性质并不发生改变，因此，优先受偿的权利只是特种债权的效力之一，并非一种独立的担保物权。

（三）优先权的性质

对优先权的性质认识不同。特种债权说认为，优先权并非一种独立的担保物权，不过是立法政策对特种债权的特殊保护，而特种债权主要是指工资、生活费、司法费用、抚养费用等支付关系，它基于公法关系、劳动法关系、婚姻家庭法关系产生，并非基于民法上的债权关系而产生。[④] 担保物权说则认为，优先权是独立的法定担保物权，既不是优先受偿效力或特殊债权的受偿顺序，也与抵押权等担保物权具有明显区别。[⑤]

认定优先权是独立的法定担保物权的理由是：第一，优先权基于社会生活实际需要而产生。其意义在于，基于对社会政策、公平观念等的各种考虑，通过明确某些需要特殊保护的债权优先于其他债权受清偿，对债权平等原则加以突破。第二，我国法律已经将某些优先权规定为法定担保物权。如《海商法》第 22 条、第 25 条第 1 款规定的船舶优先权，《民用航空法》第 19 条、第 22 条规定的民用航空器优先权，《税收征收管理法》第 45 条第 1 款规定的税收优先权，《民法典》第 807 条规定的建筑工程承包人的建设工程价款优先权等。第三，优先权的性质功能、产生、内容以及消灭的原因等，都决定了其为独立的法定担保物权，而非单纯的优先受偿效力或者债权受偿顺序。

---

① 申卫星．物权立法应设立优先权制度//王利明．物权法专题研究：下册．长春：吉林人民出版社，2001：414.

② 陈本寒．担保物权法比较研究．武汉：武汉大学出版社，2004：341.

③ 沈达明．法国·德国担保法．北京：中国法制出版社，2000：91.

④ 董开军．担保物权的基本分类及我国的立法选择．法律科学，1992（1）.

⑤ 王利明．物权法论．修订 2 版．北京：中国政法大学出版社，2008：720.

（四）优先权的法律特征

1. 优先权是一种他物权

优先权具有优先受偿性、支配性、排他性和追及性，这些性质说明，它是一种物权而不是一种债权，存在的基础是债务人的总财产或者特定财产。它不是债权人就自己的财产所设立的物权，因而它的性质是他物权。

2. 优先权是一种担保物权

用益物权和担保物权都是他物权，最基本的区别在于，用益物权的基本属性在于它对他人财产的用益性，而担保物权的基本属性在于对他人财产的代位性和保证性。优先权作为他物权，从属于其所担保的债权而存在，其目的就是保证特定债权的实现。

3. 优先权是一种法定担保物权

优先权与留置权都是法定担保物权，但是，优先权的法定性更强烈：首先，优先权的产生要依据法律的明确规定，哪些债权的权利人能够享有优先权必须依据法律的明确规定确定，当事人不得约定设立优先权；其次，优先权的效力要依据法律的明确规定确定，即优先权担保的债权范围、优先权之效力所及标的物的范围，以及优先权之间、优先权与其他担保物权之间的顺位，都须依据法律的明确规定确定，当事人不能自由约定。

4. 优先权是无须公示即产生的担保物权

物权公示原则是物权法中的一项基本原则，但是优先权例外，它属于无须公示仅依法律规定就能产生的担保物权，无须交付，也无须登记。由于优先权欠缺公示性，因而在很大程度上优先权将会对其他权利人，尤其是那些有担保债权的债权人的利益造成损害，必须加以补救：（1）对受偿顺序严格限制。一般优先权应先就债务人的动产受偿，于不足部分才能就债务人的不动产受偿；以债务人的不动产受偿时，应先就无担保的不动产受偿，于不足部分才能就有担保的不动产受偿。（2）对担保范围的限制。工资优先权、丧葬费用优先权、债务人生活费用优先权等是出于人道主义，为保护人的基本生存权而设的，如果担保范围过大，就会严重损害其他债权人的利益，有滥施慈善之嫌，故应对其担保范围加以限制。（3）对权利行使期限进行必要限制，否则会使权利长期处于不稳定的状态，影响优先权的积极作用。（4）以善意取得制度限制动产优先权的追及效力：作为优先权标的物的动产被第三人善意取得时，优先权人对该动产没有追及权。（5）用登记制度对就不动产行使的优先权加以限制，例如，虽然一般优先权未就不动产进行登记，亦不妨以之对抗无特别担保的债权。

二、优先权的类型

（一）优先权的一般分类

1. 民法上的优先权与特别法上的优先权

根据规定优先权的法律不同，优先权被分为民法上的优先权和特别法上的优先权。

民法上的优先权，是指由民法规定的优先权，如《民法典》第 807 条规定的建设工程价款优先权。特别法上的优先权，是指由民法之外的单行法律确规定的优先权，主要包括海商法规定的船舶优先权、民用航空法规定的民用航空器优先权、税法规定的税收优先权等。

2. 一般优先权与特殊优先权

依据优先权的标的物不同，优先权被分为一般优先权与特殊优先权。一般优先权是指就债务人的总财产优先受偿的优先权，如雇员的工资债权就债务人的总资产优先受偿。特殊优先权包括三种：一是司法费用优先权；二是民事优先权，包括为了债务人的利益设立的优先权、为了债权人的利益而设立的优先权；三是国库优先权，是指为了维护国库收入而设立的优先权，如税收优先权。

3. 优先于所有债权的优先权和优先于普通债权的优先权

依据优先权的优先效力的不同，优先权可以被分为优先于所有债权的优先权和优先于普通债权的优先权。前一种优先权的效力最强，其担保的债权不仅优先于普通的债权受清偿，而且优先于那些享有担保物权的债权而受清偿。后一种优先权所担保的债权只能优先于没有担保的债权受清偿，不能优先于享有担保物权的债权受清偿。

4. 动产优先权和不动产优先权

依据特殊优先权的标的物的不同，优先权可以被分为动产优先权和不动产优先权。动产优先权，是就债务人的特定动产优先受偿的优先权，如旅店主人就旅客所欠食宿费可以以旅客的行李优先受偿。不动产优先权，是就债务人的特定不动产优先受偿的优先权，如建设工程承包人的建设工程价款优先权。

（二）我国的优先权种类

1. 职工工资债权和劳动保险费用优先权

依据《企业破产法》第 113 条的规定，在破产财产优先清偿破产费用和共益债务后，清偿职工工资债权和社会保险费用以及所欠税款，优先于普通债权受清偿。

2. 建筑工程承包人的建设工程价款优先权

《民法典》第 807 条规定了建设工程价款优先权。在审理房地产纠纷案件和办理执行案件中，法院应当依此规定，认定建筑工程承包人的价款受偿权优于抵押权和其他债权。[①] 此种优先权属于民法上的优先权。

3. 船舶优先权

船舶优先权，是指海事请求人依照《海商法》的有关规定，向船舶所有权人、光船承租人、船舶经营人提出海事请求，对产生该海事请求的船舶具有优先受偿的权利。《海商法》第 22 条、第 25 条第 1 款在船舶优先权中明确规定了船长、船员以及在船上工作的其他在编人员依据劳动法律、行政法规或者劳动合同所产生的工资、其他劳动报酬、

---

① 参见最高人民法院《关于审理建设工程施工合同纠纷案件适用法律问题的解释（一）》第 36 条。

船员遣返费用和社会保险费用等债权具有优先于船舶留置权受偿的效力。

4. 民用航空器优先权

民用航空器优先权，是指债权人依照《民用航空法》的有关规定，向民用航空器所有权人、承租人提出赔偿请求，对产生该赔偿请求的民用航空器享有优先受偿的权利。《民用航空法》第 19 条、第 22 条在民用航空器优先权中明确规定援救该民用航空器的报酬债权以及保管、维护该民用航空器必需的费用债权，具有优先于民用航空器抵押权的效力。

5. 税收优先权

税收优先权，是指纳税人未缴纳的税收与其他未偿债权同时存在，且其剩余财产不足以清偿全部债权时，税收可以排除其他债权而优先受清偿的权利。《税收征收管理法》第 45 条第 1 款对这种优先权作了规定。《民法典》第 1159 条关于“分割遗产，应当清偿被继承人依法应当缴纳的税款和债务”的规定，确认了遗产分割中的税款请求权优先于被继承人的债权人的债权请求权，是税收优先权。

三、优先权的效力

（一）优先权担保的债权范围

优先权所担保的债权范围主要包括主债权、利息、违约金、损害赔偿金以及优先权人因保全和实现优先权所支出的费用。对此，应当原则上适用《民法典》第 389 条规定的担保物权所担保的一般范围的规定。

优先权是法定担保物权，不同的优先权所担保的债权范围须依据法律的明确规定确定。对不同性质的优先权担保的债权范围作不同的规定，是因为优先权是无须公示即产生的物权，如果不对它担保的债权范围予以限制，将会对交易安全造成威胁；同时，优先权的立法目的在于基于对社会政策以及公平的考量对某种利益予以优先保护，对利益保护的程度不同，决定了不同的优先权担保的债权范围不同。

（二）优先权的顺位

在同一动产或不动产上能够同时产生数个优先权，在数个优先权中存在顺位的区别。

1. 一般优先权之间的顺位

一般优先权之间的顺位通常由法律作出明确规定，不需要法官进行判断，例如：破产费用，应当从破产财产中优先拨付。在破产财产优先拨付破产费用后，其他优先权的顺序是：(1) 破产人所欠职工的工资和医疗、伤残补助、抚恤费用，所欠的应当划入职工个人账户的基本养老保险、基本医疗保险费用，以及法律、行政法规规定应当支付给职工的补偿金；(2) 破产人欠缴的除前述规定以外的社会保险费用和破产人所欠税款；(3) 普通破产债权。破产财产不足以清偿同一顺序的优先权担保的债权的，按照比例分配。

在一般优先权中，税收优先权是否优先于民法上的优先权。依据《税收征收管理法》

第45条第1款的规定，只要纳税人欠缴的税款发生在其他担保物权产生之前，税收权就优先于抵押权等担保物权。这种规定是不正确的，违背了国家不与人民争利的原则，公法性的债权并不必然优先于私法性的债权。此外，纳税人是否在抵押权等担保物权设定或产生之前欠缴税款无法为担保物权人知悉，故这种规定也不利于交易安全。

2. 特殊优先权之间的顺位

特殊优先权之间的顺位包括以下两类情形。

（1）性质相同的特殊优先权之间的顺位。在性质相同的特殊优先权之间，受偿的顺位是：第一，对于基于设定质权的理由创设的优先权，其顺位应当依照权利成立的先后顺序确定。第二，对于基于债务人财产增值的理由创设的优先权，解决其顺位的方法是“时间优先，权利优先”。第三，对于基于保值（保存费用）的理由创设的优先权，解决其顺位的原则是“时间在后，权利优先”，即时间在后的优先权先于时间在先的优先权受偿。因为如果没有在后的保值行为，在先的保值行为发生的债权不可能就现存的财产行使优先权。这一点最鲜明地体现在海难救助中：如果不规定时间在后的海难救助费用优先权先于时间在先的海难救助费用优先权，人们就不会踊跃地对海难进行救助。

（2）性质不同的特殊优先权之间的顺位。性质不同的特殊优先权发生冲突时，受偿顺位是：首先，最后保存费用优先权；其次，基于设定质权的理由而创设的优先权，但是限于善意债权人；再次，保存费用优先权；最后，基于债务人财产增值的理由创设的优先权。

3. 一般优先权与特殊优先权之间的顺位

一般优先权应当优先于特殊优先权受偿。因为一般优先权实现的价值大于特殊优先权所实现的价值，且一般优先权通常维护的都是公共利益以及债权人的共同利益，或者是债权人的生存权，或者是保护劳动者的合法权益的社会政策，而特殊优先权主要维护的是债权人或债务人的个人利益，从价值衡量的角度，应当得出一般优先权优先于特殊优先权的结论。

（三）优先权与其他担保物权的冲突

1. 优先权与质权

一般优先权以债务人的动产、不动产以及其他财产的总和为其标的物，而动产优先权专以动产为标的物，因此，在同一动产上可能出现一般优先权或动产优先权与质权的冲突。

（1）一般优先权与质权的冲突。一般优先权与质权冲突时，原则上质权应当优先于一般优先权，但是法律另有规定时相反。

（2）动产优先权与质权的冲突。动产优先权中第一顺位的优先权旅店住宿费优先权、运送人优先权等与质权发生冲突时，二者处于同一顺位。其理由在于，此等动产优先权是基于当事人的意思推测对作为标的物的动产有担保的默示，与质权应当等量齐观，而不应有差别待遇。当动产质权与上述第一顺位之外的动产优先权冲突时，原则上质权优先于动产优先权，但是以下两种情形例外：一是质权人在取得债权时已经知道存在动产优先权，二是动产优先权为质权人保存了质押财产。

2. 优先权与抵押权

一般优先权以债务人的动产、不动产以及其他财产的总和为其标的物，而不动产优先权专以不动产为标的物，因此，在同一不动产上也会如在同一动产上那样出现一般优先权或不动产优先权与抵押权的冲突。

（1）一般优先权与抵押权的冲突。一种观点认为，此时应当按照登记以及登记的时间顺序确定优先性；另一种观点认为，无论一般优先权是否登记，均应优先于抵押权。本书赞同第一种观点：尽管一般优先权的立法目的在于维护一种较私人利益更高层次的社会公共利益或者推行一定的社会政策，但是，由于一般优先权无须公示即可产生，出于维护交易安全和强化公示原则的要求，除非法律另有规定（如《海商法》第 25 条第 1 款、《民用航空法》第 22 条），对一般优先权与抵押权之冲突的解决，应当按照登记与否加以确定。

（2）不动产优先权与抵押权的冲突。不动产优先权经过登记的，可以先于抵押权行使。

3. 优先权与留置权

动产优先权和一般优先权会与留置权发生冲突。在一般优先权与留置权冲突时，一般优先权应当先于留置权。当动产优先权与留置权发生冲突时，除非法律另有规定，留置权人先于动产优先权人受偿。

第二节　所有权保留

一、所有权保留概述

（一）所有权保留的概念

所有权保留，是指在转移财产所有权的商品交易中，根据法律规定或者当事人约定，所有权人转移财产占有于对方当事人，而保留对该财产的所有权，待对方当事人交付价金或者完成特定条件时，所有权才发生转移的担保物权。《民法典》第 641 条规定：“当事人可以在买卖合同中约定买受人未履行支付价款或者其他义务的，标的物的所有权属于出卖人。”“出卖人对标的物保留的所有权，未经登记，不得对抗善意第三人。”

（二）所有权保留的特征

1. 所有权保留是以权利为担保内容的物权

传统的债权担保依担保内容可分为两种：一是人保，二是物保。所有权保留既不是人保，也不是物保，而是以担保物的权利为担保内容，在债权人所享有的权利上设定担保，从而突破了担保的传统方式，是新型的担保方式。

2. 所有权保留提供的担保具有消极性

一般的债权担保都是债务人积极提供担保。在所有权保留中，债务人不必积极提供担保，只要消极地不取得已交付的标的物所有权，直接在标的物的所有权上设定担保，将该所有权保留在出让标的物的人手中，就完成了担保。因此，所有权保留的担保方式更为便捷和易行。

3. 所有权保留的担保效力更多地体现为事后救济

传统的债权担保都是建立在交易的有效性上的，无效合同之上根本不成立担保。在所有权保留中，其担保产生的条件不成就时，发生所有权不转移的效力，从而直接影响作为担保存在基础的交易合同的效力。因此，所有权保留的担保效力更具有事后救济的性质。

（三）所有权保留的性质和意义

1. 所有权保留的性质

所有权保留是一种非典型的担保物权，其担保的内容不是物而是权利，但是，这种权利是所有权，其实质还是物的担保，是物的所有权的担保。它通过保留出卖的标的物的所有权，实现对标的物的价款的担保，因而是特殊的担保物权。

2. 所有权保留的沿革和意义

所有权保留制度起源甚早，在罗马法上就存在类似制度，《德国民法典》第 455 条确认了所有权保留制度：动产的出卖人在支付价金前保留所有权的，在产生疑问时，应认为，所有权的转让是以支付全部价金为其推迟生效条件，并在买受人对支付价金有迟延时，有权解除合同。在债法改革后，所有权保留被规定在该第 449 条。

近代各国民法典都确认所有权保留，在现代社会通行分期付款的买卖方式后，所有权保留具有更广泛的应用范围，因而被普遍承认，成为全世界都认可的担保形式。

所有权保留的意义在于，通过所有权保留而确保出卖人对买受人主张未偿价款的受偿权：第一，买受人不依约定偿付价款时，出卖人可以解除合同，或者本其所保留的所有权取回标的物；第二，对买受人的其他债权人而言，保留所有权可以使出卖人基于所有权而获得优先权，这使其担保功能表现最为显著。[①]

二、所有权保留的成立和登记

（一）所有权保留的适用范围

所有权保留担保形式适用的范围，是转移动产所有权的场合。所有权保留一般在买卖、互易等领域中适用，尤其是在分期付款和赊销中，具有广泛的适用价值。《最高人民法院关于审理买卖合同纠纷案件适用法律问题的解释》第 25 条规定，买卖合同当事人主

---

① 王泽鉴．民法学说与判例研究：第 1 册．北京：中国政法大学出版社，1998：127.

张《民法典》第 641 条关于买卖标的物所有权保留的规定适用于不动产的，不予支持。依此所有权保留只适用于动产买卖。

分期付款买卖的广泛应用，为暂时不具备消费条件的消费者提供了提前消费的空间，但是，分期付款买卖具有极大的风险，出卖人的利益不能得到充分保障。通过所有权保留这一担保形式，出卖人将出卖的标的物的所有权保留在自己手中，一旦发生价款难以追回的风险，出卖人可以行使自己的所有权，取回标的物。

（二）所有权保留的成立

所有权保留的成立，是通过合同当事人在合同中约定所有权保留条款实现的。当事人可以在买卖合同中或者另行订立所有权保留合同，约定交付标的物而不交付标的物的所有权。

所有权保留条款是要式合同，应当对所有权保留予以明示。在特殊情况下，根据合同的内容和交易习惯能确定所有权保留的，也可以确认这种担保形式。例如，在分期付款买卖合同中尽管没有约定所有权保留条款，但是，根据交易方式和交易习惯，仍然可以认定其为所有权保留。

（三）所有权保留的登记

所有权保留这一担保形式的最大缺陷在于缺乏公示性，第三人难以知悉标的物的权属状态。当卖方或者买方违反合同义务而将标的物的所有权让与第三人，或者在标的物上为第三人设定担保时，需要采取办法来平衡买方、卖方以及第三人之间的利益关系。各国对所有权保留的登记采取三种不同立场：一是登记生效主义，二是登记对抗主义，三是不登记主义。

《合同法》对所有权保留的登记没有作出规定。《民法典》第 641 条第 2 款采用登记对抗主义，规定：未经登记，不得对抗善意第三人。言外之意，所有权保留一经登记，即可对抗善意第三人，不再适用善意取得的规定。对所有权保留不登记的后果是，承认第三人的善意取得，所有权保留没有对抗效力。

三、所有权保留的效力

（一）出卖人的取回权

所有权保留成立后的法律效力，表现为出卖人的取回权和买受人的期待权。

1. 取回权及其行使条件

出卖人的取回权，是指在所有权保留中，出卖人享有的当买受人有特定违约行为，损害出卖人的合法权益时，从买受人处取回标的物的权利。《担保司法解释》第 64 条规定："在所有权保留买卖中，出卖人依法有权取回标的物，但是与买受人协商不成，当事人请求参照民事诉讼法'实现担保物权案件'的有关规定，拍卖、变卖标的物的，人民法院应予准许。""出卖人请求取回标的物，符合民法典第六百四十二条规定的，人民法院应予支持；买受人以抗辩或者反诉的方式主张拍卖、变卖标的物，并在扣除买受人未支付的价款以及必要费用后返还剩余款项的，人民法院应当一并处理。”

关于取回权的性质，有解除效力说、附法定期限解除合同说和就物求偿说三种观点，以解除效力说最为妥当，符合所有权保留取回权的实际情况。

《民法典》第642条规定了取回权及行使取回权的条件，即当事人约定出卖人保留合同标的物的所有权，在标的物所有权转移前，买受人有下列情形之一，造成出卖人损害的，除当事人另有约定外，出卖人有权取回标的物：

（1）未按约定支付价款，经催告后在合理期限内仍未支付的。所有权保留的基本功能就在于担保买卖合同的买受人依约付款。买受人不按照约定支付价款，且经过催告后在合理期限内仍未支付的，符合取回权的行使条件，出卖人可以行使取回权。

（2）未按约定完成特定条件的。买卖合同约定特定条件，买受人在约定的期限内没有按照约定完成特定条件的，也符合取回权的行使条件，出卖人可以行使取回权。

（3）将标的物出卖、出质或者作出其他不当处分的。在所有权保留过程中，买受人将买卖标的物出卖、出质或者进行其他不当处分的，从根本上损害了出卖人的利益，因此符合取回权的行使条件，出卖人可以行使取回权。

2. 禁止取回的条件

《最高人民法院关于审理买卖合同纠纷案件适用法律问题的解释》第26条规定了两种禁止取回权行使的条件。

（1）买受人已经支付标的物总价款的75%以上。这时，买受人的主要义务已经履行，故出卖人不得再行使取回权。对于剩余25%的价款出卖人可以通过诉讼等方式，请求买受人继续履行债务，所有权保留不再发生担保作用。

（2）符合第三人善意取得的条件。在所有权保留期间，买受人将买卖标的物出卖、出质或者作出其他不当处分，而再买受人、质权人、受让人等第三人取得转让标的物符合《民法典》第311条规定的善意取得构成要件的，第三人取得标的物的所有权或者其他物权，原出卖人不得主张取回权，对其损失应当向原买受人请求赔偿。这一规则对经过登记的所有权保留不具有效力，因对它不适用善意取得规定。

3. 取回权行使后买受人的回赎权

出卖人行使取回权后，并不当然发生合同解除的法律后果，买受人可以在法律规定的回赎期内，履行价款的偿付义务，或者完成特定条件或者停止对标的物的处分，从而可以重新占有标的物，回到双方当事人的交易上来。因此，出卖人应当返还取回的标的物，重新进行交易。对此，《民法典》第643条第1款规定：“出卖人依据前条第一款的规定取回标的物后，买受人在双方约定或者出卖人指定的合理回赎期限内，消除出卖人取回标的物的事由的，可以请求回赎标的物。”

4. 放弃回赎权的另行出卖

《民法典》第643条第2款规定，买受人在回赎期限内没有回赎标的物的，出卖人可以合理价格出卖标的物，出卖所得价款扣除买受人未支付的价款及必要费用后仍有剩余的，应当返还买受人；不足部分由买受人清偿。

买受人放弃回赎权可以采用明示方式，也可以采取默示方式。买受人在回赎期内没有回赎标的物，就是采用默示方式放弃回赎权。

对另行出卖的变价款的处置方式是，依下列次序扣除：（1）取回和保管费用；（2）再交易费用；（3）利息；（4）未清偿的价款。变价款在扣除上述费用之后仍有剩余的，应返还原买受人。变价款在清偿上述费用后仍有不足，出卖人要求原买受人清偿的，原买受人应当予以清偿；出卖人起诉到法院的，法院应予支持。原买受人如果有确切的抗辩事由，例如有证据证明出卖人另行出卖的价格明显低于市场价格，则其抗辩成立，对出卖人请求继续清偿的，法院应不予支持。

（二）买受人的期待权

买受人的期待权，是指买受人在取得出卖的标的物的所有权前，享有期待实现买卖标的物的所有权的权利。因此，期待权是指具备取得权利的要件、受到法律保护的具有权利性质的一种法律地位。

通说认为，买受人期待权的性质属于物权期待权，是指买受人占有买卖标的物，并且已经事实上对标的物行使占有、使用、收益的权利，只是没有完全完成买卖合同约定的义务，没有实际取得所有权，但是又享有对所有权的期待，只要完成了约定的条件，买受人就可以实现所有权。

法律对买受人的期待权予以保护表现在三个方面：第一，买受人完成了约定的条件，就享有取得标的物的所有权的权利，任何人不得剥夺这一权利。第二，经过登记的所有权保留买卖中，买受人的期待权具有对抗第三人的效力，出卖人将标的物让与第三人的行为，并不妨碍买受人于条件完成时取得标的物的所有权，造成买受人损失的，出卖人承担赔偿责任。第三，第三人非法侵夺买受人占有的标的物或者第三人的侵害致标的物毁损、灭失的，买受人可以基于其从所有权保留买卖合同中取得的直接占有人的身份，请求第三人承担侵权民事责任。

四、当事人破产

（一）出卖人破产

在所有权保留中，出卖人在价款全部受清偿前破产的，不应将标的物作为出卖人的破产财产，破产管理人不得主张取回标的物，买受人一旦依约完成约定条件，即取得标的物的所有权；破产管理人只能将出卖人已经得到的价款以及买受人没有清偿的价款作为破产债权，列入破产财产范围。

（二）买受人破产

在所有权保留中，买受人在价款没有全部受清偿之前破产的，分为两种情形：一是买受人决定继续履行合同，未到期的价款应当被视为已经到期，买受人一经给付，即应扣除期限利益，买受人取得所有权。二是买受人拒绝履行合同或者解除合同，出卖人有权取回标的物，并可就此造成的损失请求买受人予以赔偿，属于破产债务。无论出现何种情形，买受人破产后，该买卖标的物都不得作为破产财产。

第三节 让与担保

一、让与担保概述

（一）让与担保制度的发展与确立

1. 让与担保制度的发展

让与担保制度可以溯源于古罗马法上的信托制度。该制度的发展肇始于转移担保物所有权的担保，经不断演变，形成了后世的转移担保物的占有但不转移所有权的质权担保，以及不转移担保物的占有而只转移权利证书的抵押制度，而转移担保物的所有权的让与担保则逐渐弱化，基本消亡。

在19世纪经济发达时期，人们对融资担保表现出了极大的需求，使让与担保重现于民法社会并发挥了重大作用。当时，为了满足经济发展对不转移占有的担保的需要，当事人便通过所谓的“买卖”行为来实现担保的目的，即双方当事人缔结附买回权的买卖合同，允许卖方利用租赁或者使用借贷的名义，以占有改定的方式继续占有使用担保物。这样，动产标的物并未转移占有，原所有权人不仅可以继续使用该标的物，而且以此为担保获得了相应的贷款，在按期归还贷款后，买方将标的物的所有权再返还给卖方。这种担保方式出现后，德国法院以规避法律关于禁止设立动产抵押的规定为由认为其无效，但在1880年的一个判决中，确认这种买卖行为有效、担保关系无效。1890年的一个判决认为，以占有改定的方式进行的交付，是上级地方法院所承认的动产转移的方式；为担保目的而将动产所有权让与，则为通说和帝国法院判例所承认的行为。由此通过判例承认了让与担保的合法存在。[①] 此后，各国重新建立了让与担保制度。

2. 让与担保制度的确立

随着社会经济的发展，肯定让与担保制度的主张越来越占主流。学者主张，让与担保是当事人为了达到保障清偿债务的经济目的，依照让与担保合同将担保标的物的权利转移于债权人即担保权人的非典型担保。面对立法没有明文规定让与担保的现实，学者解释道：第一，它并非创设法律没有规定的担保物权，不违反物权法定主义；第二，就担保物的权利转移而言，当事人为担保债务的清偿，确实有转移标的物权利的意思，不属于通谋的意思表示；第三，让与担保的设定，使担保物权取得标的物的受偿权，并不以担保权人取得担保物的占有为内容，况且在债务人不履行债务时，担保权人并非确定地取得担保物的所有权，而是以担保物的变价或者估价清偿债务，即须进行清算担保权人方可受偿，因此，也不存在规避法律禁止流质契约的问题。正因为如此，没有理由反

① 陈本寒．担保物权法比较研究．武汉：武汉大学出版社，2003：361－362．

对让与担保制度在司法实务中的确立，让与担保就是以让与担保物的所有权等权利的形式担保债权的实现，不违反法律规定和公序良俗，当事人对此可以自由约定。

（二）让与担保的概念

让与担保，是指债务人或者第三人为担保债权人的债权，将担保标的物的所有权等权利转移于债权人，于债务清偿后，债权人将担保标的物的物权返还于债务人或者第三人；于债务不履行时，债权人得就该标的物的物权优先受偿的担保物权。

在让与担保中，提供让与担保权利的债务人或第三人为设定人，接受让与担保权利的债权人为担保权人，设定让与担保的财产为担保物。

我国《民法典》没有规定让与担保制度，但是在实践中应用让与担保的情形较多。根据这种实际情况，《担保司法解释》第 68 条规定了让与担保的一般规则："债务人或者第三人与债权人约定将财产形式上转移至债权人名下，债务人不履行到期债务，债权人有权对财产折价或者以拍卖、变卖该财产所得价款偿还债务的，人民法院应当认定该约定有效。当事人已经完成财产权利变动的公示，债务人不履行到期债务，债权人请求参照民法典关于担保物权的有关规定就该财产优先受偿的，人民法院应予支持。""债务人或者第三人与债权人约定将财产形式上转移至债权人名下，债务人不履行到期债务，财产归债权人所有的，人民法院应当认定该约定无效，但是不影响当事人有关提供担保的意思表示的效力。当事人已经完成财产权利变动的公示，债务人不履行到期债务，债权人请求对该财产享有所有权的，人民法院不予支持；债权人请求参照民法典关于担保物权的规定对财产折价或者以拍卖、变卖该财产所得的价款优先受偿的，人民法院应予支持；债务人履行债务后请求返还财产，或者请求对财产折价或者以拍卖、变卖所得的价款清偿债务的，人民法院应予支持。""债务人与债权人约定将财产转移至债权人名下，在一定期间后再由债务人或者其指定的第三人以交易本金加上溢价款回购，债务人到期不履行回购义务，财产归债权人所有的，人民法院应当参照第二款规定处理。回购对象自始不存在的，人民法院应当依照民法典第一百四十六条第二款的规定，按照其实际构成的法律关系处理。"第 69 条规定："股东以将其股权转移至债权人名下的方式为债务履行提供担保，公司或者公司的债权人以股东未履行或者未全面履行出资义务、抽逃出资等为由，请求作为名义股东的债权人与股东承担连带责任的，人民法院不予支持。"

《民法典》第 388 条规定："担保合同包括抵押合同、质押合同和其他具有担保功能的合同。"其中"其他具有担保功能的合同"的规定，为让与担保的设定提供了法律依据。

（三）让与担保的法律特征

1. 让与担保是转移担保标的物之权利的担保物权

设定让与担保，是将设定人对担保标的物的权利转移给担保权人，成立担保物权，担保权人对担保物享有所有权等权利。因此，让与担保与抵押权和质权不同。设定抵押权时，抵押财产的权利证书由抵押权人占有，但是抵押财产的所有权仍然为抵押人享有。设定质权时，质押财产虽然转移由质权人占有，但是质押财产的所有权等权利仍然为出质人享有。也即设定这两种担保物权，都不转移担保物的所有权等权利。

2. 让与担保是在债权人与债务人之间的债权债务关系基础上成立的担保物权

让与担保的目的在于担保债务的清偿，通过将担保物的所有权等权利转移于债权人，债权人取得担保物的所有权等权利的方式担保债权的实现。因此，债权债务关系先于让与担保存在，是让与担保成立的基础。在此基础上设定的让与担保，具有从属于债权的属性，而不是独立于债权关系而存在。

3. 让与担保是保障债权实现的担保物权

让与担保下担保物的权利转移，不是为了使权利终局地归属于担保权人，也不是为了担保权人的用益，只是为了担保债权的实现。债务不履行时，担保权人有权就该标的物的价值优先受偿。因此，让与担保设定后，虽然担保权人享有了担保物的权利，并不能对担保物进行用益，而只是为了担保其债权而享有该权利。

4. 让与担保是在债务履行完毕时须返还担保物的权利的担保物权

让与担保设定之后，债权人取得担保物的所有权或者其他权利，并不是为了取得所有权等权利，因此，在债务人已经清偿债务，债权得到实现时，债权人应当将受让与的担保物的权利返还担保人，使担保人取得担保物的权利。

二、让与担保的设定

（一）可以设定让与担保的标的物

让与担保是将担保物的权利转移给债权人以担保债务的清偿的担保物权，故让与担保的标的物具有可转让性即可。让与担保的标的物的范围包括一切可以依法转让的动产和不动产以及财产权利，不具有可转让性的动产或不动产不能作为让与担保的标的物。

对下列财产可以设定让与担保：（1）设定人的动产、不动产；（2）设定人的用益物权；（3）设定人依法拥有的汇票、支票、本票、债券、存款单、仓单、提单，依法可以转让的股权、股票，依法可以转让的知识产权中的财产权利；（4）计算机软件的财产权，等等。

集合动产也可以作为让与担保的担保物。集合动产是以内容不断有增减变动的动产为集合物的客体，例如商店内的全部商品，制造厂库存的商品或生产原料等多数流动的动产。以此为客体成立的让与担保，就是集合物让与担保。①

（二）让与担保的设定等

1. 让与担保的设定方式

设定让与担保应当采用法律行为的方式，通过订立让与担保合同的方式，确定让与担保法律关系。债权人依照法律行为取得让与担保权，应当与让与担保标的物或者权利

---

① 谢在全．民法物权论：下册．台北：新学林出版股份有限责任公司，2010：434.

的所有权人等权利人订立书面让与担保合同，确立债权人与设定人的权利和义务。

2. 让与担保合同的内容

让与担保合同应当具有以下内容：（1）让与担保的当事人，包括让与担保设定人，取得让与担保的担保权人的姓名或者名称以及住所；（2）被担保债权的种类、性质、数额；（3）担保标的物（或者权利）的名称、种类、数量、状况和处所等；（4）对担保标的物（或者权利）的评价；（5）对担保标的物（或者权利）的占有、管领、收益以及有关费用的负担；（6）让与担保权的期限；（7）让与担保权的消灭条件；（8）当事人解决争议的方式；（9）双方当事人约定的其他事项。

让与担保的设定人是债务人或者第三人。债务人或者第三人应当以其所有的动产或者不动产以及其他财产权利设定让与担保，对不属于自己的财产或者财产权利不能设定让与担保。

3. 让与担保的生效条件

让与担保的设定人应当转移担保标的物的物权给债权人，否则不发生让与担保的效力。

让与担保以转移担保物的所有权等物权为担保手段，让与担保合同成立并生效后，应当将担保物的所有权或者其他权利的变动进行公示。按照《民法典》第208条的规定，设定让与担保的标的物是动产的，应当以交付为所有权转移的标志。设定让与担保的标的物为不动产的，应当以登记为物权变动的标志。具体要求如下。

（1）以动产为担保标的物设定让与担保的，应以占有改定的方式移转财产所有权。作为担保物的动产仍然由设定人占有，担保权人则对标的物实行间接占有，所有权的转移方式是占有改定。如果以船舶、民用航空器的所有权设定让与担保，则应当办理让与担保的标的物所有权的转移登记，未经登记，不能对抗第三人。

（2）以不动产为担保标的物设定让与担保的，担保权人和设定人应就标的物所有权的转移进行登记，让与担保自担保物的所有权转移登记时起发生效力。登记应当办理以下事项：一是设定人和担保权人的姓名（名称）和住所；二是担保物的性质、种类、状况、所有权的权属；三是所担保的债权额、利息率、受偿期限；四是所有权转移登记的申请日期和登记日期等。登记之后，担保物仍然由设定人占有，担保权人只享有权利，而不占有担保标的物。

（3）以权利设定让与担保的，应以各种权利的转让方式完成权利的让与。如果有权利证书，应当将权利证书交付担保权人占有。以票据设定让与担保的，应当通过背书转让的方式将票据交付于担保权人。以股票等证券设定让与担保的，应当将股票等证券交付担保权人。

三、让与担保的效力

（一）让与担保所担保的债权范围和效力范围

1. 让与担保所担保的债权范围

让与担保所担保的债权范围，应当参照《民法典》第389条关于担保物权担保范围的一般规定确定：首先，原始债权及其利息。让与担保对所担保的债权及其利息进行担保。其次，与原始债权相关的内容。如果当事人没有明确约定，让与担保对于原始债权人行使因不能发生而产生的损害赔偿请求权、担保权人行使担保物所有权等的费用，都发生效力，这些费用都在担保范围内。

2. 让与担保的效力范围

让与担保的效力及于担保物、担保物的从物和孳息以及其他利益。

首先，让与担保的效力及于担保物本身。让与担保让渡的是担保物的所有权或其他权利，担保物本身必然受其效力支配。担保物的所有权已经由担保权人所享有，故担保人不再享有担保物的所有权或者其他权利。

其次，让与担保的效力及于担保物的从物。依照“从随主”原则，从物或从权利随主物或主权利的变动而变动。担保物为主物并附有从物时，除非设定人和担保权人另有约定，否则从物随主物的所有权等权利转移而转移于担保权人，属于被担保债权受偿的标的物。但是，在让与担保设定后，在设定人占有担保物期间，设定人取得的具有担保物从物性质的物，不构成担保物的从物，其所有权不能为担保权人所享有，不在让与担保的效力范围内。

再次，让与担保的效力及于担保物所产生的孳息，包括天然孳息和法定孳息。这是因为，担保物的物权等已经由担保权人享有，担保物所产生的孳息当然属于担保权人，同在担保效力的范围内。

最后，让与担保的效力及于担保物的代位物。在让与担保之中，担保物的所有权等已经转移给担保权人，担保物在担保期间所受到的损失，应当是担保权人的损失。在此期间，因担保物的灭失、毁损、被征收等而取得的保险金、赔偿金或者补偿金，构成担保物的代位物，受到担保效力的支配。

（二）对担保物的利用和保管

1. 对担保物的利用

在让与担保期间，对担保物的利用应当依照让与担保当事人的意思表示确定，有约定的，依照约定办理；没有约定的，准许设定人利用，但无须支付费用。这是因为，让与担保的目的在于以转移担保物的所有权等权利担保债权的受偿，并不在意对担保物的利用，因而让与担保不是用益物权，且让与担保不以担保权人占有担保物为前提，原则上由设定人占有、利用担保物。

2. 对担保物的保管

对担保物的保管，由双方当事人约定。没有约定的，按照担保物由谁占有予以确定：由设定人占有的，设定人负有保管责任；由担保权人占有的，担保权人负有保管责任。

违反保管义务造成担保物损害的，应当向对方承担赔偿责任。设定人造成损害的，损害赔偿的范围以所担保的债权为限；担保权人造成损害的，损害赔偿范围以担保物的损失为准。

（三）设定人的返还请求权

让与担保的目的在于担保债权。当债务人的债务已届清偿期，债务人已经清偿债务时，让与担保的作用已经完成，没有继续存在的必要，担保权人应当将担保物的所有权或其他权利返还设定人。由此，设定人可以请求返还担保物的所有权或者其他权利，恢复自己对担保物的支配。

（四）让与担保与第三人以及担保权人、设定人的债权人的关系

1. 让与担保与第三人的关系

在债权的受偿期届至前，让与担保的标的物系由担保权人处分时，因担保权人在法律上系所有权人或其他权利人，所以，无论标的物是动产还是不动产，第三人是善意的还是恶意的，第三人均取得所有权或其他权利。担保权人就该标的物设定物权的，适用同样的规则。

让与担保成立后，标的物所有权或其他权利已转移于担保权人，设定人已无处分权。当担保物是不动产时，登记的所有权人或其他权利人是担保权人，所以，事实上不可能由设定人处分，而由第三人取得所有权或者或其他权利。当担保物是动产时，假如设定人予以处分，则第三人为善意取得，第三人可取得担保物的所有权或者其他权利。

2. 让与担保与担保权人的债权人的关系

担保权人的债权人对标的物请求强制执行时，因该标的物在法律上系担保物，担保权人的债权人无法对第三人提出强制执行的异议之诉，故对其诉求法院无法支持。即使担保物为动产且由设定人占有，担保权人的债权人对担保物请求强制执行的，也难以获得支持。

担保权人破产时，担保权人的财产成为破产财产，因担保标的物在法律上属于担保权人所有，故对设定人并无取回权可言。

3. 让与担保与设定人的债权人的关系

设定人的债权人对担保物请求强制执行的，如果担保物是不动产，则由于登记上的所有权人或其他权利人为担保权人，因而设定人的债权人对该不动产不得申请强制执行。如果担保物是动产，且由设定人占有时，则设定人的债权人可以申请强制执行。这时，担保权人为法律上的所有权人，可以基于其本权而提出第三人异议之诉。

若设定人破产，则如果担保物在其占有下，担保权人可以享有并行使取回权。

（五）股权让与担保的担保权人承担责任规则

股权让与担保也是让与担保，其基本规则与财产权的让与担保基本规则是一样的。其特殊之处是，以股权作为让与担保的担保财产。在股权让与担保中，由于让与的是股权，担保权人取得股权，就成为名义上的股东。关于在即公司发生民事责任时，名义股东是否要承担责任，存在争议。《担保司法解释》第 69 条规定：“股东以将其股权转移至债权人名下的方式为债务履行提供担保，公司或者公司的债权人以股东未履行或者未全

面履行出资义务、抽逃出资等为由，请求作为名义股东的债权人与股东承担连带责任的，人民法院不予支持。”

这一司法解释规定了股权让与担保。其主要规定的是股权让与担保的担保权人（债权人）不承担在未履行出资义务、抽逃资金发生时与股东的连带责任。

为担保债权的实现，债务人将自己的股权让与债权人，并进行股权过户。当债权实现时，债权人将股权返还给债务人；当债务人不能履行债务或者符合约定的实现担保物权的情形时，通过折价、变卖、拍卖方式处置股权，债权人就其变价款优先受偿的，就产生责任承担问题。

构成股权让与担保，担保权人虽然是经过登记的股东，但只是名义股东，并非真正的股东，因而，其真实身份相当于代持人，不得行使股东权利，也不负担股东义务，当然另有约定的除外。也就是说担保人（实际股东）以将其股权转移至担保权人（名义股东）名下的方式为债务履行提供担保，公司或者公司的债权人以实际股东未履行或者未全面履行出资义务、抽逃出资等为由，请求作为名义股东的债权人与股东承担连带责任的，由于该债权人只是名义股东，不承担股东义务，也不享有股东权利，因此法院不予支持。这些责任，仍然由担保人即实际股东承担。

四、让与担保的实行和消灭

（一）让与担保的实行

在被担保的债务已届清偿期债务人没有清偿债务时，担保权人可以行使让与担保权，以取得标的物的交换价值而实现其债权。具体的实行方式有两种。

1. 变价担保物取偿

变价担保物取偿是指担保权人将担保物出售取得担保物的价金，以其价金清偿债权。变价一般应当采用拍卖方式，也可以采用变卖的方式，但不得损害让与担保设定人和其他利害关系人的利益。这种方式也被称为处分清算型方式。

2. 估价取得担保物

估价取得担保物是指担保权人以公平的方式对担保物进行估价，以其估价额替代变价担保物的金额清偿债权。以估价方式取得担保物，应当清算担保物的价额和债权额，超过债权额的部分，应当返还给让与担保设定人。以这种方式实行让与担保权的，除非双方当事人有明确约定，债权人必须通知设定人，否则不发生债权人确定地取得担保物所有权的效果。这种方式也被称为归属清算型方式。

无论采用上述两种方式中的哪一种，担保权人在行使让与担保权时均负有清算义务。担保物变卖的价额超过担保债权数额的，担保权人应当将该超过部分的金额交还设定人。如果采用的是估价取得担保物方式，担保物估价所得的价额超过担保债权数额的，就该超过部分，担保权人负返还设定人的义务。

（二）让与担保的消灭

让与担保的消灭存在下列情形。

1. 让与担保因被担保的债权消灭而消灭

让与担保权是从权利，是从属于债权的担保物权。当被担保的债权因清偿、抵销等原因而消灭时，让与担保即失去其存在的目的，让与担保当然消灭。这时，担保物由担保权人占有的，设定人有权请求返还担保物及其所有权等权利。如果担保物是不动产，并且已经登记，则设定人有权请求担保权人进行所有权等权利转移的登记，恢复自己的权利。

2. 让与担保因担保物所有权等权利的消灭而消灭

在让与担保存续期间，以担保物的所有权设定让与担保的，则担保物的所有权消灭，例如担保物混同、灭失、被征收以及权利人进行处分，让与担保权随之消灭；以其他财产权利设定让与担保的，则其他财产权利消灭，让与担保亦消灭。

3. 让与担保因让与担保的实行而消灭

担保权人行使让与担保权之后，让与担保的任务已经完成，让与担保当然消灭。

第四节　后让与担保

一、后让与担保的性质与效力

（一）后让与担保的性质

我国司法实践中存在以商品房买卖合同为借贷合同进行担保的新型担保形式，这是一种正在形成的习惯法上的非典型担保物权。这种和让与担保相似的新型担保物权，和让与担保的产生背景、发展过程基本一致，应当确认这种非典型担保物权，对其进行规范，为企业的融资发挥担保作用，更好地为经济发展服务。自 2021 年 1 月 1 日起施行的最高人民法院《关于审理民间借贷案件适用法律若干问题的规定》（以下简称《民间借贷司法解释》）第 23 条确认了这种担保物权的效力，规定了具体适用方法。

将以商品房买卖合同设置的担保和让与担保相比较，用商品房买卖合同担保是债务人为担保债权人的债权实现，用商品房买卖合同的方式，约定如果债务人不履行债务，则将商品房买卖合同约定的房产转让给债权人即担保权人，担保权人就该买卖标的物的价值优先受偿以实现债权。让与担保和后让与担保的区别在于：一个是将约定的担保物的所有权等权利先让与债权人，于债务清偿后将担保物的所有权等权利再转移给债务人，另一个是约定将担保标的物的所有权拟转让给债权人，在债务人不履行债务时，即转让所有权以清偿债务。换言之，让与担保是以先转让的所有权等权利为担保，用商品房买卖合同担保是以后转让的所有权为担保。

因此，用商品房买卖合同设置的担保是后让与担保，性质是新型担保物权。

（二）后让与担保的效力

我国实行物权法定原则，《民法典》没有明文规定物权法定原则的缓和。为避免物权法定主义过于僵化，妨碍社会发展，在法律尚未及时补充新物权种类时，若习惯形成的新物权明确合理，不违反物权法定原则的目的，能以一定的公示方法予以公示，法律应予承认。对社会生活中出现的新型担保物权，不能以僵化的观念，固守物权法定原则，应当顺势而为，确认后让与担保的担保物权效力。因此，确认后让与担保为非典型担保物权，不违反《民法典》第116条规定的物权法定原则，属于以《民法典》第388条第1款规定的“其他具有担保功能的合同”设定的担保物权。

二、后让与担保的概念和特征

（一）后让与担保的概念

后让与担保，是指债务人或者第三人为担保债权人的债权，与债权人签订不动产（商品房）买卖合同，约定将不动产买卖合同的标的物作为担保标的物，但是，权利转让并不实际履行，于债务人不能清偿债务时，将担保标的物的所有权转让给债权人，债权人据此享有的以担保标的物优先受偿的非典型担保物权。

（二）后让与担保的特征

1. 后让与担保是通过买卖合同设立的担保物权

后让与担保是为担保债权的实现，通过买卖合同设立的担保物权，主要以商品房买卖合同设立后让与担保后让与担保合同与抵押合同、质权合同、所有权保留合同以及让与担保合同是一样的。设定后让与担保的标的物是买卖合同约定转让所有权的不动产。

2. 设定后让与担保的买卖合同是担保主合同债权的从合同

在后让与担保法律关系中，买卖合同是设立后让与担保的从合同，从属于主合同。只有在主合同债务届时不清偿时，才发生履行后让与担保合同的必要。只要双方当事人设定的是后让与担保合同，设定后让与担保的不动产转让合同就永远是主合同的从合同，不会变为具有独立地位的主合同，当事人不得离开被担保的主合同而单独请求从合同的履行。

3. 后让与担保的当事人是主合同的债权人以及债务人或者第三人

接受后让与担保的债权人是主合同的债权人，同时也是从合同的债权人，即担保权人。提供担保标的物的一方当事人为后让与担保设定人，通常是主合同的债务人，也可以是第三人。

4. 后让与担保的性质是新型非典型担保物权

后让与担保是一种物的担保，而不是人的担保，也不是债权的担保，其性质属于新型非典型担保物权。和让与担保不同，在担保物权设定时，担保标的物的所有权并没有转移，双方仅约定在债务不履行时转让担保标的物的所有权。用于设定后让与担保的财产的权利在主合同履行期间并不实际转移，只有在债务履行期届至时不能履行，才转移，实现债权。

三、后让与担保的基本规则

（一）后让与担保的设定

1. 可以设定后让与担保的标的物

不动产和动产的所有权均可以用于设置后让与担保。目前通行的是以商品房所有权设置后让与担保。在商品房的地基上，实际上还有建设用地使用权，建设用地使用权也可用于设置后让与担保。

2. 后让与担保的设定方法

在实践中设定后让与担保，基本上是通过商品房买卖合同设立的。这符合担保物权应当采用法律行为的方式设立的要求，但是不规范。依照《民法典》第 388 条第 1 款前段[①]，设立后让与担保物权，应当依照设立担保物权的一般方法即订立后让与担保合同的书面方式，确定后让与担保法律关系。

（二）后让与担保合同

目前发生的后让与担保合同，均采取“商品房预售合同”的标准合同形式。在承认后让与担保为非典型担保物权后，须确定典型的后让与担保合同的基本内容，包括：(1) 后让与担保的当事人，包括后让与担保的设定人、取得后让与担保的担保权人的姓名或者名称以及住所；(2) 被担保债权的种类、性质以及担保的数额；(3) 担保标的物（或者权利）的名称、种类、数量、状况和处所等；(4) 担保标的物（或者权利）的评价；(5) 担保标的物（或者权利）的占有、管领、收益以及有关费用的负担；(6) 后让与担保权的期限；(7) 被担保债权不能受偿时，担保设定人应当将担保标的物的所有权转移给担保权人；(8) 后让与担保的消灭条件；(9) 当事人解决争议的方式；(10) 双方当事人约定的其他事项。其中主要条款，是第 2 项和第 3 项，即“被担保债权的种类、性质以及担保的数额”和“担保标的物（或者权利）的名称、种类、数量、状况和处所等”。

（三）后让与担保的生效条件与实现条件

后让与担保合同成立，即发生产生后让与担保物权的效果，债权人取得担保物权。

由于后让与担保是以主合同履行期届至债务人不履行债务时，转移担保标的物的所有权于债权人的方式，实现对债权的担保功能的，因而，后让与担保的设定人应当承诺

---

① 《民法典》第 388 条第 1 款前段规定的内容是：“设立担保物权，应当依照本法和其他法律的规定订立担保合同。”

以主合同债务履行期届至时不履行债务为担保物权实现条件。不具备实现条件的，担保权人不能行使后让与担保物权。

按照习惯法，有条件的，在以不动产（商品房）设立后让与担保物权时，应当就该担保物权在物权登记簿上进行他项权利的登记。商品房买卖合同进行预告登记的，应当视为公示。不过，即使目前的后让与担保没有进行公示，只要其具备后让与担保的特征，也应当认可后让与担保法律关系，以保护双方当事人的合法权益。

（四）后让与担保的效力

1. 对债权人的效力

后让与担保的设置目的在于担保债权的实现。债权人基于后让与担保享有担保物权，进而享有后让与担保请求权。该请求权的性质不是既得权，而是期待权，在后让与担保物权实现的条件成就时，变为既得权。担保权人可以向后让与担保的设定人行使该请求权，通过让与担保标的物的所有权实现自己的债权。

2. 对后让与担保设定人的效力

后让与担保对担保人的效力，首先在于对担保标的物的权利设置负担，即设置了担保物权。担保人应当保持对后让与担保的标的物的占有和权利，防止被他人侵占或者侵夺；其次在于债务不履行时后让与担保设定人转移担保标的物的权利于担保权人，以清偿债务。后让与担保请求权经过行使而实现，则消灭后让与担保设定人的担保义务，后让与担保设定人对债务人享有清偿担保债务的请求权，有权请求债务人承担履行后让与担保义务所产生的一切财产不利益的后果。

3. 对债务人的效力

债务人设定后让与担保的，债务人就是后让与担保设定人，对债务人发生与对后让与担保设定人相同的效力。第三人设立后让与担保的，债务人不是后让与担保设定人，则债权人行使后让与担保请求权对债务人的效力是，债权人的债权实现，消灭债务人的债务，但是，债务人对后让与担保设定人负有清偿担保债务的义务，承担后让与担保设定人因后让与担保物权的实现而产生的一切财产的不利益的后果。

4. 对第三人的效力

在后让与担保法律关系存续期间，第三人负有不得侵害和妨碍债权人享有的后让与担保物权的义务。第三人明知担保人就担保标的物设置了后让与担保物权，仍然与担保人进行交易，取得担保标的物的权利的，应当承担不利于自己的后果。

5. 担保的债权范围和标的物范围

后让与担保设定之后，担保标的物并没有转移，仍然归担保人享有并依法占有。其基本效力是担保债务的清偿，保证债权实现。

后让与担保所担保的债权范围，依照《民法典》第 389 条关于担保物权担保范围的一般规定确定：（1）主债权及其利息；（2）与主债权相关的违约金、损害赔偿金、保管担保财产和实现担保物权的费用；（3）如果当事人另有约定，则从其约定。

后让与担保的效力及于：（1）担保标的物本身；（2）担保标的物的从物；（3）担保标的物所产生的孳息，包括天然孳息和法定孳息；（4）担保标的物的代位物。

6. 担保标的物的利用和保管

在后让与担保期间，由于担保人仍然享有物权，因而，担保标的物依照担保人的意思被利用，担保人不必支付费用。后让与担保合同对担保标的物的利用有特别约定的，依照约定进行利用。

担保标的物由担保人继续保管。担保人违反保管义务造成的担保标的物损害，是担保人的损失，损害赔偿权利实现而获得的赔偿金仍属于担保物权的效力范围，继续为债权提供担保。

（五）后让与担保的行使和消灭

1. 后让与担保的行使

后让与担保所担保的债务已届清偿期，债务人没有清偿债务的，债权人即担保权人可以行使后让与担保物权，实现其债权。

后让与担保的行使方式有以下两种：

（1）转让担保标的物的所有权。后让与担保的实行和让与担保的实行相反，是在债务不能清偿时，转让担保标的物的所有权。

（2）变价担保标的物取偿或者估价取得担保标的物的所有权。后让与担保的情形，由于在担保权实现时担保标的物的权利已经转给担保权人，因而债务清偿有以下两种方式：一是变价担保标的物取偿，二是估价取得担保标的物的所有权。后让与担保合同约定流押的，不符合《民法典》关于担保物权的规定，流押条款无效，但是不影响担保的效力。

2. 后让与担保的消灭

（1）因被担保的主债权的消灭而消灭。被担保的主债权因清偿、抵销等原因而消灭时，后让与担保即失去其存在的目的，后让与担保消灭。

（2）因后让与担保物权的行使而消灭。担保权人行使后让与担保物权之后，后让与担保的任务已经完成，后让与担保当然消灭，不复存在。

（3）因担保标的物所有权的消灭而消灭。在后让与担保存续期间，如果担保标的物的所有权消灭，例如担保标的物混同、灭失、被征收以及权利人为处分行为，后让与担保随之消灭。

四、《民间借贷司法解释》第 23 条规定的法律适用规则

《民间借贷司法解释》第 23 条规定的民间借贷合同与买卖合同混合案件中，民间借贷合同是主合同，买卖合同是从合同，以买卖合同为民间借贷合同提供担保，发生争议的，应当以民间借贷合同为主合同，以买卖合同为从合同。因此，民间借贷合同与买卖合同混合纠纷的真实法律关系，性质是后让与担保。

要正确处理民间借贷合同与买卖合同混合即后让与担保这类案件，须先正确认定事实。这类案件争议的钱款只有一个，通常出借人主张为购房款，借款人主张为借款，认定时须依靠证据。有三种情形：第一，能够证明民间借贷合同和买卖合同都存在，并且买卖合同是为民间借贷合同提供担保的，应当认定该事实；第二，民间借贷合同被证明不成立，或者证据不足，而能够证明买卖合同存在的，应当认定为买卖合同争议，不认可民间借贷合同成立的事实；第三，能够认定双方争议的民间借贷合同与买卖合同的价款是同一笔钱款，确定当事人之间存在民间借贷合同和买卖合同的事实的，可以认定买卖合同是民间借贷合同的担保。

认定为后让与担保的，应当适用《民法典》关于担保物权的一般规定。《民间借贷司法解释》第 23 条第 2 款关于“按照民间借贷法律关系审理作出的判决生效后，借款人不履行生效判决确定的金钱债务，出借人可以申请拍卖买卖合同标的物，以偿还债务。就拍卖所得的价款与应偿还借款本息之间的差额，借款人或者出借人有权主张返还或者补偿”的规定，与《民法典》第 413 条关于“抵押财产折价或者拍卖、变卖后，其价款超过债权数额的部分归抵押人所有，不足部分由债务人清偿”的规定，意旨是一致的。

目前司法实践中发生争议的后让与担保纠纷，基本上都源于对担保关系进行公示。对此，一方面，当事人在订立合同时应当明确约定后让与担保的性质，尽量想办法进行公示。另一方面，法官在审理案件过程中，对于就后让与担保有一定的公示方法的，应当认定其有优先受偿的效力；对于没有任何公示方法的，不能认定有优先受偿的效力。

对这类案件适用法律，应当特别注意以下三个规则：第一，借款人不履行生效判决确定的金钱债务的，出借人可以申请拍卖买卖合同标的物，以偿还债务，从而体现担保物权的作用。第二，就拍卖所得的价款与应偿还借款本息之间的差额，借款人或者出借人有权主张返还或补偿，而不能出现“流押”即以买卖合同约定的权属直接抵债的情形。第三，以买卖合同设立后让与担保物权的，被担保的借贷债权就是有担保的债权，应当遵守担保物权实现的一般性规则，具有优先受偿效力，而不能被当作一般债权。

第五节　《担保司法解释》规定的非典型担保的具体规则

一、保理与应收账款质押、债权转让的优先顺序

保理合同是《民法典》规定的典型合同，也是其他具有担保功能的合同，产生担保的效果。

《担保司法解释》第 66 条没有规定其他具体内容，只是规定了保理、应收账款质押以及债权转让的效力冲突与效力优先顺序的规则。

第一，同一应收账款同时存在保理、应收账款质押和债权转让，当事人主张参照《民法典》第 768 条的规定确定优先顺序的，应予支持。参照《民法典》第 768 条的规定，就同一应收账款重复设置保理合同后，多个保理人主张权利的，确定行使保理权利顺序的方法是：（1）登记在先权利优先，即已经登记的保理权利先于未登记的保理权利

优先受偿。(2)时间在先权利优先。多重保理合同的保理权利均已登记的，按照登记的先后顺序受偿。(3)通知在先权利优先。多重保理合同的保理权利均未登记的，由最先到达应收账款债务人的转让通知中载明的保理人优先受偿；既未登记也未通知的，按照应收账款比例受偿。

第二，对有追索权的保理，保理人以应收账款债权人或者应收账款债务人为被告提起诉讼的，法院应予受理；保理人一并起诉应收账款债权人和应收账款债务人的，法院可以受理。

第三，应收账款债权人向保理人返还保理融资款本息或者回购应收账款债权后，请求应收账款债务人向其履行应收账款债务的，法院应予支持。

二、所有权保留买卖、融资租赁合同等中善意第三人的界定

《担保司法解释》第67条规定："在所有权保留买卖、融资租赁等合同中，出卖人、出租人的所有权未经登记不得对抗的'善意第三人'的范围及其效力，参照本解释第五十四条的规定处理。"这是对所有权保留买卖、融资租赁合同等具有担保功能的合同产生的意定担保物权的效力的规定，但是未经登记不能对抗善意第三人。这个规则也适用于后让与担保。

依照该司法解释第54条的规定，其他具有担保功能的合同未经登记的效果的具体规则是：(1)所有权保留买卖、融资租赁合同、让与担保合同等签订后，未办理担保物权登记，担保人将担保财产转让、出租给他人并转移占有，担保物权人主张对该动产优先受偿的，人民法院不予支持，但是担保物权人能够举证证明受让人或者承租人恶意的除外。(2)所有权保留买卖、融资租赁、让与担保合同签订后，未办理担保物权登记，担保人的其他债权人向法院申请保全或者执行担保财产，担保物权人主张对该动产优先受偿的，人民法院不予支持。(3)所有权保留买卖、融资租赁、让与担保合同签订后，未办理担保物权登记，担保人破产，债权人主张对该担保动产优先受偿的，人民法院不予支持。

上述三个规则中的受让人、承租人、担保人的其他债权人，都是所有权保留买卖、融资租赁、让与担保等法律关系的第三人，他们在取得占有权、承租权等时，如果不存在过失，就是善意第三人，未经登记的上述担保物权不能对抗这些善意第三人。

三、不能登记或者无法定登记机构登记的担保合同的效力

《民法典》第388条增加的"其他具有担保功能的合同"概念，扩展了《民法典》规定的担保物权概念的外延，使意定担保物权不仅包括抵押合同和质押合同产生的抵押权、质押权，也包括《民法典》合同编规定的所有权保留合同、融资租赁合同、保理合同，以及其他法律没有规定的那些具有担保功能的合同，例如让与担保合同和后让与担保合同所产生的担保物权。

如果其他具有担保功能的合同虽然产生担保物权，但是，不能登记或者没有法定登

记机构进行登记，应当怎样规范？对此《担保司法解释》第63条规定：债权人与担保人订立担保合同，约定以法律、行政法规尚未规定可以担保的财产权利设立担保，当事人主张合同无效的，不予支持。当事人未在法定的登记机构依法进行登记，主张该担保具有物权效力的，不予支持。

四、融资租赁合同约定期限届满承租人未支付全部价款时的处置规则

融资租赁合同的当事人约定租赁期限届满后租赁物归承租人所有的，租赁期限届满后，租赁物应当按照约定归属于承租人，承租人应当交付全部租金，这是承租人取得租赁物所有权的必要条件。如果融资租赁的当事人约定租赁期限届满后租赁物归承租人所有，承租人支付部分租金后未支付剩余租金，则《担保司法解释》第65条规定的如下规则处理：

（1）在融资租赁合同中，承租人未按照约定支付租金，经催告后在合理期限内仍不支付，出租人请求承租人支付全部剩余租金，并以拍卖、变卖租赁物所得的价款受偿的，人民法院应予支持；当事人请求参照民事诉讼法“实现担保物权案件”的有关规定，就拍卖、变卖租赁物所得的价款优先受偿的，人民法院应予准许。

（2）出租人请求解除融资租赁合同并收回租赁物的，承租人以抗辩或者反诉的方式主张返还租赁物价值超过欠付租金以及其他费用的，应当一并处理。当事人对租赁物的价值有争议的，应当按照以下规则确定租赁物的价值：一是融资租赁合同有约定的，按照其约定；二是融资租赁合同未约定或者约定不明的，根据约定的租赁物折旧以及合同到期后租赁物的残值来确定；三是根据前两项规定的方法仍难以确定，或者当事人认为根据前两项规定的方法确定的价值严重偏离租赁物实际价值的，根据当事人的申请委托有资质的机构评估。

五、保证金

保证金，是指为担保债权实现而存入银行等金融机构作为债务履行保障的存款。对保证金，以往法律并没有进行规范，但是保证金在实践中得到普遍应用，在金融领域应用得更广泛，其种类有备用金类型的保证金、预付款类型的保证金、租赁保证金、装修保证金、定金类型的保证金、保有返还请求权的保证金、无双倍返还效力的保证金等。

《担保司法解释》第70条规定了保证金的规则，具有重要价值。

（1）债务人或者第三人为担保债务的履行，设立专门的保证金账户并由债权人实际控制，或者将其资金存入债权人设立的保证金账户，债权人主张就账户内的款项优先受偿的，人民法院应予支持。当事人以保证金账户内的款项浮动为由，主张实际控制该账户的债权人对账户内的款项不享有优先受偿权的，人民法院不予支持。

（2）在银行账户下设立的保证金分户，参照第一点的规定处理。

（3）当事人约定的保证金并非为担保债务的履行设立，或者不符合第一点、第二点规定的情形，债权人主张就保证金优先受偿的，人民法院不予支持，但是不影响当事人

依照法律的规定或者按照当事人的约定主张权利。

问题与思考

1. 引读案例思考

A 房地产公司向自然人 B 和 C 借款 1 304 万元，B 和 C 向 A 房地产公司购买 151 套商品房共 1 304 万元，成立两个合同。A 房地产公司主张商品房买卖合同是为借贷合同提供担保，B 和 C 主张不存在借贷合同，只有买卖合同。

(1) A 房地产公司主张商品房买卖合同是为借贷合同提供担保，有哪些证据证明？

(2) B 和 C 主张 1 304 万元为购房款而非借款的理由是否成立？(3) 双方的真实法律关系是什么？

参考分析意见：

本案同时存在两个合同，确定双方当事人中的哪一方当事人的主张成立，应当根据事实确定。首先，应当考虑的是，一个概括地购买 151 套房屋的买卖合同是否能够成立。商品房建设，分栋、分层、分单元，买房是要买具体的哪一个单元，而不能是买概括的若干套房，且本案当事人没有订立标准的“商品房买卖合同”，没有进行购买商品房的备案。从这些证据分析，B 和 C 的主张不能成立。其次，A 房地产公司的主张比较可信，因为存在借贷的基础，购房款与借贷款相一致。所以，从优势证据来看，本案的商品房买卖合同是为借贷合同提供担保的主张，符合优势证据规则，可信度更高，故成立后让与担保法律关系，应当依照《民间借贷司法解释》第 23 条的规定，认定借贷关系成立，商品房买卖合同是对借贷债权的担保。

2. 重点题

(1) 优先权为什么是担保物权？

(2) 债权人即所有权保留权人主张实行担保的条件是什么？

(3) 让与担保的担保效力如何确定？

(4) 将借贷合同与商品房买卖合同混合称为后让与担保有道理吗？

3. 法考题

(1) 优先权。

(2) 所有权保留。

(3) 让与担保。

4. 考研题

(1) 优先权的法律效力。

(2) 所有权保留的适用范围。

(3) 让与担保的效力。

第十七章

占　有

重点知识

1. 占有：概念、特征、性质
2. 占有的成立：占有体素、占有心素
3. 占有的分类：有权占有、无权占有
4. 占有的效力
5. 占有的保护：占有权请求权

引读案例

甲在草场发现一只走散的绵羊，领回家中饲养。乙听说此事，找到甲，声称：该只绵羊是自己家的，要领回去。甲查问乙家绵羊的特点，发现与他牵回的绵羊没有相似之处，便拒绝将绵羊交给乙。乙向法院起诉，请求判决甲返还所侵占的绵羊。在法庭上，乙没有提供充足证据证明自己是绵羊的所有权人。乙主张甲应提供其对争议绵羊具有所有权的证据，甲没有证明。法院判决甲的占有为合法占有，不构成侵权，并驳回乙的诉讼请求。

第一节　占有概述

一、占有的概念和特征

（一）占有的概念

占有，是指人对物具有事实上的管领力的一种状态。因此，《民法典》“物权”编单设第五分编，专门规定占有的规则。该法第 458 条规定：“基于合同关系等产生的占有，有关不动产或者动产的使用、收益、违约责任等，按照合同约定；合同没有约定或者约定不明确的，依照有关法律规定。”

与占有相类似的概念是持有。持有，是指对物的一种事实上的控制状态[①]，是刑法经常使用的概念，包括对物的实际占有、携有、藏有、保存或者其他方式的拥有。[②] 二者尽管均对物具有事实上的管领力，却是不同的概念，主要区别在于：一是占有可以依抽象状态而成立间接占有，持有不具有这样的效力；二是根据占有人于占有物上行使权利，推定其适法有此权利，于持有无此推定；三是占有可以转移、继承，持有不得转移、继承；四是禁止流通物不能成为占有的标的物，但是可以成为持有的标的物。据此，在民法上不应使用持有的概念。[③]

（二）占有的特征

1. 占有是一种法律保护的事实状态

占有不是一种权利，只是一种事实状态。这种事实状态就是一种对物的实际控制。《民法典》没有将这种事实状态认定为权利，却在物权编中加以规定，并对这种事实状态予以法律保护，使其具有准物权的性质。

2. 占有的对象仅限于物

占有的标的物仅限于物，对那些不因物的占有而成立的财产权只能成立“准占有”，而不是占有。物，包括动产与不动产。动产物权的公示方法是占有，不动产物权的公示方法是登记。能否将占有的规则适用于不动产，理论上有疑问，《民法典》第 458 条规定，占有的对象既包括动产，也包括不动产。应当注意的是，作为占有标的物的物并不必须是独立物，因此，一物一权原则对占有并不适用。如对房屋的一面墙壁的占有或对一宗土地的某一部分的占有，均可成立。

3. 占有是对物具有的事实上的管领力

只有一个人对物产生了事实上的管领力，才能认为此人已占有了该物。这里所称的管领力，是对物进行掌握、控制、使用、收益及处分等，简单地说，是对物具有实际的控制。判断事实上的管领力，应依据社会的一般观念决定。占有的本质在于对物的支配的事实，须有可由外部认识的具体的支配关系的存在。是否有对物的支配，不得依物理表现决定，应依时代的社会观念客观决定。社会观念上认为某人的实力及于其物时，则其该受该人的支配。[④] 判断某人对某物产生了事实上的管领力的标准有三：一是占有人与物之间具有空间上的结合关系；二是占有人与物之间具有一定时间的结合关系，即对物的事实上的支配并非一时一刻之举，而是较为稳定、确定的，具有时间上的连续性；三是占有人与物之间具有某种法律关系上的结合，占有不以占有人对标的物加以直接的支配为必要，基于某种法律关系而使他人为媒介也可构成支配，无非此种支配属于一种观念上的支配。

---

① 王利明．物权法研究．北京：中国人民大学出版社，2002：639.

② 高铭暄．新编中国刑法学．北京：中国人民大学出版社，1998：915.

③ 同①641.

④ 史尚宽．物权法论．台北：荣泰印书馆，1979：530.

二、占有的性质

（一）对占有的不同认识

各国法律都严格区分所有与占有，但是，在何为占有、占有为何种性质的问题上，意见并不一致，争论的焦点是，占有究竟为事实抑或为权利。① 从罗马法以来，各国立法例不尽相同。

在罗马法上，占有的含义是指“真正的掌握”，是一种对物的事实上的控制。在一种更准确的、更能反映其意蕴的意义上，的确可以说占有是所有权的外部形象，是所有权的事实状态。由于事实与权利相分离是非常容易和经常发生的，罗马法规定，在占有的事实状态受到特定的和严重的侵扰或侵犯的情况下，对占有的事实予以充分的法律保护，但保护的不是权利而是事实。②

《法国民法典》《德国民法典》《瑞士民法典》对占有都有相应的规定，但是，都不认其为一种权利，而是认定为一种事实状态。《德国民法典》第 854 条至第 872 条对占有作了详细规定，但是并不认其为权利，只认作事实。大陆法系的这种立法例，无疑是受罗马法的影响。尽管法律不认占有为权利而认定为事实，但是，对占有的事实状态予以完备的保护，则为通例。占有被侵夺或者被妨害的，法律均赋予占有人回复占有或除去妨害请求权。③《意大利民法典》专设一章“占有”，规定：占有是一种以行使所有权或其他物权的形式表现出来的对物的权力④，被以暴力或者秘密的方式侵夺占有的人，可以自权利被侵夺之日起 1 年内，向侵夺者提出归还占有的请求。

日本将占有认作一种权利。《日本民法典》设“占有权”专章，分 4 节，用 26 个条文对占有权作了详尽规定。日本学者认为，“占有权是认占有的事实作为法律要件所发生的物权，其效力包括：一是推定占有人具有适法的实质权利；二是占有构成取得时效的条件，作为物权变动的表象；三是占有人具有占有诉权，所以排除外来的侵害；四是占有人对本权有果实取得权和费用偿还请求权。侵害占有权，占有人可依占有诉权请求排除妨害或返还占有物”⑤。这种意见，把占有权作为侵权行为客体的内容，说得很清楚。

英美法系认为：占有权是构成财产权或财产所有权的一种权利，具有重大的法律意义。它可以产生所有权，如由占有所取得的所有权，也可以是构成所有权的权利或要素之一，还可以导致一种权利推定，即对某项财产享有实际占有权的人，被推定为对该项财产拥有所有权，因而法律保护其对该项财产的占有的权利，除非有人能够证明他对该项财产享有更高的产权。正因为如此，侵害占有权构成侵权行为。⑥

---

① 王泽鉴．民法学说与判例研究：第 3 册．台北：三民书局，1981：223.
② 彼德罗·彭梵得．罗马法教科书．北京：中国政法大学出版社，1992：270－271.
③ 参见《德国民法典》第 861 条、第 862 条。
④ 这是该法第 1140 条的内容。这里不用“权利”而用“权力”，显然不是将其作为权利看待。
⑤ 我妻荣．新版新法律学辞典．中文版．北京：中国政法大学出版社，1991：592.
⑥ 牛津法律大词典．中文版．北京：光明日报出版社，1988：703－704.

（二）我国法律对占有之性质的认定

将占有的性质认定为事实或者权利，涉及法律对占有加以保护的根据。如果认为占有是一种事实，法律将对一切占有加以保护，而不论占有人是否具有占有权，除非有人能够证明他享有比占有人更高的权利。如果认为占有是一种权利，按照权利的取得须合法的原则，凡以非法手段或者通过非法途径取得的占有，不能受到法律的承认和保护。

我国《民法典》对占有的性质好像没有明确规定，但是，将占有作为单独一个分编加以规定，并且用“占有”作为标题，没有规定占有为“权”，就已经明确表明占有是一种事实状态，而不是一种权利。

受法律保护的占有，并非一种单纯的自然现象，而是一种利益，体现着占有人的利益，因此，法律保护占有，就是保护占有人的这种民事利益，只不过法律不认为它是一种权利而已。在多数情况下，法律出于特别考虑，不把某种利益作为权利考虑，是依据社会的情势决定的，但是这并不影响对这种利益的保护。相反，如果将其作为权利加以保护，则可能反而导致对这种利益的保护不力。

占有是一种利益，应当与所有权的占有权能加以区别。占有权能是所有权的一个具体权能，表现了所有权的一部分权利内容。占有则是一种受法律保护的事实，既不是一种权利，也不是一种权利的组成部分，而是法律单独保护的具体利益，因此，占有具有比占有权能更为广泛的范围。在所有权法律关系中，占有权是所有权的一项基本权能，是所有权人或他物权人根据其享有的所有权或他物权而对物进行的一种合法的支配权利。但占有制度中的“占有”并不是指构成所有权权能之一的占有权能，而是指控制财产的一种事实。当事人占有某项财产可能具有法律根据，也可能并无法律根据，但是，为了保护财产关系的稳定，民法规定占有这一事实本身就可以产生相应的法律效果。

三、占有的功能

占有在法律上具有以下三项功能。

（一）保护功能

占有的保护功能，是指占有具有保护现实存在的状态不受第三人侵犯，从而维护法律秩序稳定的功能。占有是对物的一种事实上的控制状态，这种状态一旦存在，即应受到保护。不管这种状态是来源于合法的权利，还是占有人通过非法手段而取得的，这种事实上的支配状态构成一种重要的法律地位。占有人对物的外在的——通过空间联系的——事实上支配的可能性，以及其所具有的占有意思，在法律上被看作是真实权利状态的表达和象征。即使占有人非法占有某物，除非前权利人在其对物的占有被剥夺后立即采取自力救济措施，否则在经过一段时间后，由于非法占有人对物的支配关系具有一定程度上的稳定性，为了防止私人执法与暴力行为，法律不允许权利人以自力救济的方式解除占有人对物的占有。此种解除行为须通过司法程序由司法机关采取公共执法的方式进行。倘非如此，社会秩序将变得极不安宁、极不和平，人与人之间的关系可能受所谓的“丛林规则”[①]的调整。

占有的保护功能体现在以下两个方面。

第一，禁止任何人以私人的力量对占有的现状加以改变，以防止私人执法和暴力行为，维持社会生活的和平、稳定。如果违反占有人的意思而侵夺或妨害其占有，且其侵夺或妨害非法律所允许，则其行为应被视为法律禁止的不法行为。如果某人非法占有他人的不动产，除非该所有权人当即采取措施排除侵害，恢复占有，否则，该所有权人只能通过法院实现其返还占有请求权。

第二，通过侵权法以及不当得利法对占有给予保护。占有属于侵权责任法保护的客体，依法占有在受到侵权行为侵害时，受到侵权责任法的保护。在符合给付型不当得利或侵害型不当得利的构成要件时，占有受到不当得利法规定的保护。

正因为如此，《民法典》第 462 条第 1 款规定：“占有的不动产或者动产被侵占的，占有人有权请求返还原物；对妨害占有的行为，占有人有权请求排除妨害或者消除危险；因侵占或者妨害造成损害的，占有人有权依法请求损害赔偿。”这一规定涉及的上述两个方面的保护功能。

（二）公示功能

占有的公示功能，是指占有具有的表彰本权的作用。占有是人类法律发展史上最悠久的公示方法，占有人对某物的占有，就将他在该物上的权利向外界加以展示。这种方法体现的，就是占有制度的公示功能。应当注意的是，占有的公示功能主要是对动产而言的，而不动产物权是通过登记公示的，占有不能起到公示作用。占有的公示功能主要体现在以下三个方面。

1. 权利转移效力

权利转移的效力，是指占有的交付向外界展示了动产物权的变动。依据《民法典》第 224 条的规定，动产物权的设立和转让，自交付时发生效力，但法律另有规定的除外。

2. 权利推定效力

依据占有，可以推定占有人对占有物享有权利，而占有人无须对其权利的存在加以证明。对于该推定，只有对此有异议的人通过反证才能够推翻。

3. 善意取得效力

占有，是善意取得的主要要件，只有占有某物才能对占有的物发生善意取得的后果。如果没有占有，则无法成立善意取得。

（三）持续功能

持续功能也称继续功能，是指占有人对占有物具有继续使用的权利。在某些情况下，为了保障占有人对其占有物继续使用的利益，占有制度保护合法占有人不受所有权人的权

---

① “丛林规则”的基本原理是“弱肉强食”，强者吃次强者，次强者吃弱者，弱者吃更弱者，是自然界亘古不变的规律。

利继受人的侵犯。占有制度具有此项功能的理由，在于维护经济秩序的客观、公平。

第二节 占有的成立和分类

一、占有的成立

（一）依客观说确定占有的成立

成立占有应当具备两个条件：一是事实上的管领力，二是占有人具有占有的意思。这是占有的基本要素，即体素和心素。

围绕占有之体素和心素的问题，出现了三种不同的学说：一是主观说。1803 年德国民法学家萨维尼在《占有权》一书中指出，取得占有须同时具备体素与心素两个方面的内容，体素就是对物的事实上的管领力，而心素是指行使所有权的意思。二是客观说。1889 年，德国民法学家耶林在《占有意思论》一书中驳斥了萨维尼的观点，认为：占有不以所有的意思为必要，仅依持有该物的意思，并非所有的意思和支配的意思，也不是为自己的意思。对占有应当依客观的人与物的空间控制关系加以判断，但是，这种空间控制关系是占有人意思的反映，因此占有依符合占有人意思的空间支配关系而成立。三是纯客观说。德国民法学家贝克尔在其发表于《耶林法学年报》上的一篇论文《论占有权的变革》中提出这种观点。贝克尔认为，占有只是一种单纯的对物的事实上的支配，不以任何意思为要件，意思不过是决定是否有事实上的支配的条件而已。

我国民法学界的主流观点历来认为：占有人应当具备一种占有的意思。占有的意思是指占有人意识到自己正在占有某物。行为人如果对自己占有某物毫无意识，或者意识到或应当意识到是在为他人占有某物，则不具有占有的意思，因此，无意识的占有、占有辅助人的占有都不构成占有。[①] 此外，占有的意思并不意味着占有人应当具有为自己的利益而占有的意图，例如某人在拾得他人的遗失物后希望尽快返还原主，则尽管此时其并不具有为自己的利益而占有该物的意图，但是仍然构成占有。

（二）占有的构成

构成占有须具备体素和心素这两个要件，即主观要件和客观要件，只有这样，才能把占有和占有权能与他物权下的占有区别开来。

1. 占有的主体

在占有关系中，对物为事实上管领的人被称为占有人。由于占有是一种事实行为而非法律行为，因而法律对占有人的主体资格没有限制，任何民事主体都可以成为占有的主体，不限于完全民事行为能力人。自然人有自然的意思能力即可，不必有行为能力，

---

① 王利明．物权法论．修订 2 版．北京：中国政法大学出版社，2008：796.

因占有的行为而取得占有。在占有的继承中，不以继承人具有自然的意思能力为必要，婴儿甚至胎儿均可因继承而取得占有。[①] 法人、非法人组织的机关对占有物实施管领时，法人、非法人组织为占有人。

2. 占有的客体

占有的客体为物，且以有体物为限。按照我国《民法典》的规定，占有的对象包括动产和不动产。物的性质，无论是公物还是私物，无论是否可以成为本权的客体，无论是物的整体还是部分，无论是否为有主物，也无论是否为遗失物或者违法所得之物，均可成为占有的客体。法律禁止私人持有的物，例如枪支、弹药等，不得为占有的客体。法律禁止流通或者限制流通的物，可以成为占有的客体。物的各个构成部分，无论属于其重要部分还是非重要部分，凡可以事实上单独加以控制的，均可作为占有的客体。非以物的占有为要件的占有，为准占有。

3. 占有的客观方面

占有的客观方面即占有的体素，也就是对物具有事实上的管领。占有为社会事实，对于是否为占有应当依照社会观念斟酌外部可以认识的空间关系、时间关系和法律关系加以认定。空间关系是指占有人对物的支配须是现实的，人与物之间在空间上存在结合关系，并足以使他人认识到该物与该人的这种结合关系。在一般情况下，空间关系表现为占有人对物的直接控制，但是某物虽然并不为某人所直接控制，却并没有脱离其支配力的，也被认为具有事实上的结合关系。时间关系是指人与物的关系在时间上须有相当的持续性，使他人足以认为该物为该人在事实上所管领。仅有短暂的控制不构成占有。同时，占有也必须是现实的，过去对物支配过或将来可能支配某物，均不构成现实的占有关系。法律关系是指法律上的占有不以占有人亲自支配占有物为必要，所以可以依照某种法律关系是否存在来认定占有是否存在。

4. 占有的主观方面

占有的主观方面是占有的心素。按照客观说，占有的心素是指占有人对占有物具有占有的意思，这种占有的意思既不是对占有物的所有意思，也不是单纯的不以任何意思为要件，只要求单纯的事实上的支配的意思。因此，主观说和纯客观说均不可采。要构成占有，占有人除要有对物的事实上的管领之外，还须对物具有管领的意思，这种管领的意思应当是确定的、自觉的、有意识的，至于是为自己的利益还是为他人的利益加以管领，在所不问。

二、占有的分类

（一）有权占有与无权占有

依据占有人是不是基于本权而对物进行占有，可以将占有分为有权占有和无权占有。

---

① 梁慧星．中国物权法研究：下册．北京：法律出版社，1998：1098.

本权是指基于法律上的原因而享有的包含占有物在内的权利，如所有权、租赁权、质权、留置权等权利都是本权。占有人基于本权而对物进行的占有，为有权占有；占有人无本权而对物的占有，为无权占有。对不动产或者动产的占有，除有相反证据证明外，被推定为有权占有。

区分有权占有与无权占有的意义在于：第一，无权占有人在权利人请求返还占有物时，负有返还的义务，而有权占有人可以拒绝他人包括所有权人在内的返还请求权。第二，作为留置权成立要件的占有须是有权占有，如果是无权占有，则占有人不因此而享有留置权。

对无权占有又可以作更详细的分类，主要的分类有如下几种。

1. 善意占有与恶意占有

善意占有是指占有人不知道也不可能知道自己的占有为不法，误以为自己的占有是合法占有。如果占有他人财产的人明知或应当知道其占有无法律根据，则为恶意占有。按照《民法典》第459条的规定，无权占有被分为善意占有和恶意占有。

区分善意占有与恶意占有的意义是：第一，能否适用动产善意取得制度不同。只有善意占有人才能依据动产善意取得制度取得动产的所有权或者他物权。第二，在其他的法律效果，如占有人的责任、占有人的收益取得权、占有人的费用偿还请求权等方面，也有不同。

2. 暴力占有与和平占有

依据占有手段的不同，可以将无权占有分为暴力占有与和平占有。暴力占有是指通过暴力手段而取得的对某物的占有，如通过抢劫或抢夺而取得对他人手机的占有；和平占有则是指并非通过暴力手段取得的对某物的占有，如学生购买窃贼出售的盗赃自行车。

3. 公然占有与隐秘占有

公然占有是指以公开的方式而进行的无权占有，隐秘占有是指以秘密方式为避免他人发现而为的无权占有。

区分和平占有与暴力占有、公然占有与隐秘占有的意义在于，两者于能否适用取得时效上有所不同。于和平的、公然的占有可以适用取得时效，而于暴力的、隐秘的占有则不可适用。

（二）自主占有与他主占有

依照占有人是否具有所有的意思，占有可以被分为自主占有和他主占有。

自主占有是指占有人以所有的意思（以所有权人的名义）对物进行的占有，如所有权人对所有物的占有。非所有权人以所有权人的名义占有他人财产的，也构成自主占有，如小偷占有赃物并宣称自己为所有权人；某人误将他人的财产认为是自己的财产而加以占有的，亦属之。

他主占有是以非所有的意思（非以所有权人的名义）对物进行的占有，如保管人以保管人名义占有为他人保管的物品，承租人以承租人的名义占有租赁物等。

自主占有与他主占有的区别仅在于占有人是否具有所有的意思。占有人的占有意思存在于占有人的主观方面，且占有人的意思可能发生变化，所以，须以占有人表现于外部的意思为判定标准。由于自主占有是通过时效取得动产所有权的最主要的条件，因而，对占有人是否具有所有的意思的认定是十分重要的，其证明责任在于主张者，主张成立依占有时效取得占有者，应当负担自主占有的证明责任。

（三）直接占有与间接占有

依据占有人对占有是否具有直接的关系，可将占有分为直接占有与间接占有。

直接占有是指直接对物具有事实上的管领力的占有，即占有人与物之间具有直接的关系。间接占有是指占有人并不直接管领物，而是依据一定的法律关系而享有对物的间接的支配关系。一定的法律关系也叫作占有媒介关系，是指能够在一定的时间内就他人之物进行事实上的管领的某种法律关系。

原初意义上的占有仅指直接占有，间接占有是德国民法扩张占有概念的产物。通过此种扩张，民法上关于占有的规定原则上也能适用于间接占有，而且动产的交付可以采取占有改定的方式，从而使交易更为便捷。

间接占有必须符合以下的条件方能成立。

1. 必须存在一定的法律关系

一定的法律关系就是德国法中的占有媒介关系，包括租赁合同关系、保管合同关系、仓储合同关系等。因一定的法律关系的存在，就同一物而发生了双重占有：一是直接占有，即直接对物进行事实上的管领的占有，该占有人被称为直接占有人或占有媒介人。二是间接占有，即与物发生间接关系的占有。该占有人属于间接占有人。如在保管合同中，保管人为直接占有人，寄存人为间接占有人。

2. 一定的法律关系为暂时性存在

构成间接占有的一定的法律关系须为暂时性存在，而不是永久存在。至于时限是否事先确定，在所不问。

3. 直接占有人主观上具有为他人占有的意思

直接占有人占有占有物，并不具有为自己所有的意思，而是为间接占有人占有，承认间接占有人作为上位占有人具有更强的法律地位。如果直接占有人改变为他人占有的意思，而是为自己而占有即自主占有，间接占有就归于消灭。

4. 间接占有人对直接占有人即占有媒介人享有返还请求权

当一定法律关系有效存在时，此项请求权来源于该关系。如果一定法律关系无效，则间接占有人享有不当得利返还请求权，或者基于所有权的返还请求权。

（四）自己占有与占有辅助

自己占有是指占有人自己对物进行事实上的管领。占有辅助是指基于特定的从属关系，受他人的指示而对物进行事实上的管领。

占有辅助关系的成立以受他人指示而对物加以控制为要件，即占有人和占有辅助人之间存在命令与服从的从属关系。这种从属关系基于公法或者私法、合同或者法律而成立。至于成立的时间长短，外部可否识别，皆可不问。在占有辅助关系中，指示人为直接占有人，而对物进行事实上管领的人为占有辅助人。

占有辅助与间接占有的区别在于：占有辅助人服从他人的指示，而间接占有人无须听从他人的指示，因此，占有辅助人本身不是占有人，间接占有人属于占有人。

应当注意的是，占有辅助与代理是有区别的。代理只能适用于法律行为，于事实行为不能代理，因此不存在占有代理的情形。但是，占有辅助能够发挥占有代理的作用。

（五）单独占有与共同占有

单独占有是指一个人对物而为的占有。在单独占有中，部分占有也属于单独占有。部分占有人可以将其占有的部分转移于他人，部分占有人之间的占有彼此独立，可以相互主张占有的保护。

共同占有是指数人对一个物所进行的占有。共同占有可以被分为分别的共同占有和共有的共同占有。

1. 分别的共同占有

分别的共同占有也叫单纯的共同占有或通常的共同占有，是指各个共同占有人在不妨害其他共同占有人的情况下，可以单独地管领其物。如多人合租一套公寓，各人均可占有公用的厅堂或走廊。

2. 共有的共同占有

共有的共同占有也被称为共同的共同占有，是指多个占有人只能就占有物保有一项单独的管领力。如甲、乙二人共同将某物锁在某个保险柜中，每人一把钥匙，只有两把钥匙一起使用才能打开该保险柜。共有的共同占有无须占有人之间存在共有关系，只要求事实上的相互指示和行使占有时的相应行为。

无论是分别的共同占有还是共有的共同占有，各共同占有人均可单独对第三人或其他共同占有人请求占有的保护，但是，各个共同占有人之间就其占有物使用的范围已经作出约定的，则不能相互请求占有的保护。

（六）继续占有与非继续占有

继续占有是指对占有物为不间断的占有。非继续占有是指占有曾经中断，即占有人的占有曾因某种原因而丧失，其后又恢复对同一物的占有。

区别继续占有和非继续占有的意义，在于依时效取得物的所有权以继续占有一定期间为要件。

第三节　占有的取得、变更和消灭

一、占有的取得

占有作为一种事实，可因法律行为、事实行为以及某种自然事件而发生。法律行为诸如物权的转移与设定、买卖、租赁、借贷等，事实行为诸如建造房屋、狩取猎物、无主物的先占等，自然事件诸如果实落入邻人院内等。

就占有人直接取得的占有而言，可以把占有分为原始取得和继受取得。

（一）占有的原始取得

占有的原始取得，是指不基于他人转移占有而直接取得对某物的占有，即占有人基于事实上的管领力而原始取得占有。原始取得的行为主要是事实行为而非法律行为。凡是直接而现实地自由支配其物者，即属于对物有事实上的管领力。[①] 占有的原始取得成立应当具备两个条件：一是该占有必须是外界可识别的；二是由于占有需要具有占有的意思，所以，在一般情况下，无民事行为能力人不能原始取得占有，只能继受取得占有，但是通过事实行为取得除外。

1. 先占

先占，是指依自己的单方事实行为，先于他人取得无主物的占有。先占是取得所有权的基本前提。其要件是：（1）先占的客体为无主物。先占人开始占有时，该物不属于任何人。（2）先占人须有占有该物的意思，占有人如果是基于所有的意思而占有，则取得所有权；（3）先占人须事实上取得对该物的实际控制。

2. 侵占

侵占，是指不经原占有人许可而占有他人的占有物。侵占的方式，可以是强力取得，也可以是秘密窃取，都不具有原占有人转移占有的意思，因而属于占有的原始取得。侵占属于无权占有中的瑕疵占有。

3. 遗失物拾得

遗失物拾得，是指因原占有人的疏忽其占有物脱离了自己的占有，后为他人发现并拾得而取得占有。拾得为事实行为，是由发现和拾得两个行为结合而成的，故即使是无民事行为能力人也可以成为拾得人。

4. 其他原始取得

其他的占有原始取得，诸如生产产品、修造房屋、收取天然物的孳息等。

（二）占有的继受取得

占有的继受取得，是指当事人基于他人既存的占有转移而取得占有。其主要包括通过法律行为或者继承而取得占有。占有的继受取得分为占有让与和占有概括承受两种形式。

1. 占有让与

占有让与，是指依据原占有人让与占有的意思，受让人取得占有。构成占有让与，除需当事人之间达成占有转移的合意之外，还须有占有物的交付。

---

① 梅仲协．民法要义．北京：中国政法大学出版社，1998：623.

占有让与多基于一定的基础法律行为，诸如转移财产所有权的合同关系、转移财产使用权的合同关系、转移财产占有权的合同关系、质权的设定以及其他物权如建设用地使用权、地役权的转移等而发生。占有让与的具体规则，通常准用财产所有权让与的规则。

2. 占有概括承受

占有概括承受，是指依据某种法定事实而取得占有。其中，以因继承而取得占有为最主要的形式，另外，法人解散或者合并也会发生法人财产占有的概括承受。占有的继承，以继承开始时被继承人占有该物为要件，至于继承人是否已经占有该物，在所不问。被继承人对占有物的占有状态直接转移于继承人，即原占有是何性质，发生继承后仍然是该性质。

二、占有的变更

占有的变更，是指在不丧失占有的前提下，占有从一种类型转向另一种类型。占有的变更也叫占有状态的改变或者占有名义的改变。

比较重要的占有变更有以下几类。

（一）有权占有变为无权占有

有权占有与无权占有的区别在于占有有无本权。占有人丧失其本权后仍为占有的，有权占有变为无权占有。例如，承租人在租赁期限届满后仍拒不向出租人返还租赁物的，其有权占有变为无权占有。

在占有人的有权占有变为无权占有后，物的所有权人有权行使返还请求权，要求无权占有人返还原物。

（二）善意占有变为恶意占有

善意占有与恶意占有的区别在于占有人是否知道其占有为无权占有。在无权占有人知道或者应当知道其占有没有合法根据之时，善意占有变为恶意占有。例如，占有人于取得占有后被告知其占有物系盗赃物的，占有人的占有变为恶意占有。又如，善意占有人在本权诉讼中败诉，自判决/裁定或仲裁裁决生效之日起，其占有被视为恶意占有。至于恶意占有是否可以变更为善意占有，虽然在理论上不无可能，但是在实践中较为少见。

（三）无瑕疵占有变为瑕疵占有

无瑕疵占有和瑕疵占有的区别在于取得或者维持占有的手段不同。以和平的手段取得占有后，占有物所有权人向占有人主张物的返还请求权时，占有人明知自己为无权占有，但仍以强力手段拒绝返还的，其占有即变为瑕疵占有。

（四）他主占有变为自主占有

自主占有与他主占有的区别在于占有人是否具有为自己所有的意思。当他主占有人向使自己成为占有人的人表示了所有的意思时，他主占有成为自主占有。例如，承租人向出租人表示自己是租赁物的所有权人，则此时承租人所进行的他主占有变为自主占有。这种他主占有人所作出的表示为单方法律行为，一经作出即生效力。

三、占有的消灭

占有的消灭，是指占有人丧失对占有物的事实上的管领力。能够引起占有消灭的原因有占有物灭失、占有物被没收、占有物被征收等。

（一）直接占有的消灭

当占有人丧失了对某物的事实上的管领力时，直接占有就消灭了。这种占有消灭，一是基于占有人的意思而消灭，可因交付行为或者其他单方法律行为而发生，例如，将占有物交付于买受人，将某物赠与他人，抛弃占有物等，都是基于占有人的意思而消灭；二是非基于占有人的意思而消灭，例如，占有物被窃、遗失等，占有物被他人侵夺，占有人未能恢复其占有的，占有也消灭。

应当注意的是，虽然占有物一时性地脱离占有人的实际控制，但是，依社会的一般观念，尚不构成占有丧失的，占有不消灭。例如，因交通违法而使车辆被扣，虽然占有人丧失了占有，但是数日内能够领回的，不为占有消灭。

（二）间接占有的消灭

1. 直接占有人丧失占有

当直接占有人丧失占有时，无论丧失的原因是什么，因间接占有已经无所依附，所以间接占有归于消灭。

2. 直接占有人不承认间接占有

间接占有的确立在于直接占有人的承认。如果直接占有人已经不承认间接占有，则间接占有消灭。

3. 丧失返还请求权

间接占有人基于一定的法律关系对事实上占有其物的人享有返还请求权。如果此项请求权因期间经过或者解除条件成就而消灭，则间接占有也归于消灭。

第四节　占有的效力和保护

一、占有的效力

占有的效力，是指占有发生之后，在占有人与财产所有权人以及其他任何人之间依据法律所产生的权利和义务。因此，占有的效力就是占有的内容，包括占有人对占有的财产所享有的权利，以及其他人对该项占有负有的不得侵害的义务。此外，占有还发生特别效力。

（一）占有的权利

占有的权利反映的是占有人与非占有人之间的关系。占有作为对物的实际控制，并非只为维持占有的事实状态，而是为了实现一定的财产利益。于善意、有偿地占有某物，占有人的目的是取得该物的所有权，包括占有、使用、收益、处分的全部权能。无权占有人以自己所有的意思，善意、公开、不间断地占有他人的财产，依照占有时效的规定，经过一定的期间就可以取得该项财产的所有权。

占有的主要权利如下。

1. 使用该物的权利

财产占有人对其占有物可以使用，可以根据占有物的性能，按照该项财产的用途进行合理使用，以发挥该占有物的使用价值。

2. 就该物取得收益的权利

财产占有人使用占有物的目的，在于发挥该占有物的效益，创造新的价值，增加自己的财富，所以，收益权是占有人的一项重要权利。

善意占有人因误信自己对占有物享有使用、收益权而对其进行使用、收益的，其如果应当返还占有物，则在返还占有物的同时，有权对已经取得的收益不予返还，有权对已经进行的使用不予补偿。

依据占有形态的不同，有的占有不包括上述使用权和收益权。例如，保管人依保管合同合法占有被保管的财产，负有妥善保管的义务，但不得对该项财产使用、收益，因为保管合同只转移占有权，而不转移使用、收益权。[①]

（二）占有的义务

占有的权利虽然与所有权有所区别，但是，这种权利相对于真正的财产所有权以外的任何人，仍然具有绝对性的效力，因此，占有的义务被分为相对义务和绝对义务。

1. 占有的相对义务

占有的相对义务是财产所有权人与占有人之间的义务，财产所有权人将财产交占有人占有，如果没有法律的特别规定，在占有期内，占有权高于所有权。[②] 财产所有权人在占有期内负有维持这种占有状态的义务，财产所有权人不能任意改变财产占有人占有该财产的状态。由于财产所有权人是财产的真正主人，因而财产所有权人有权追回其所有的财产，改变占有人占有该项财产的状态。这种不得侵害合法占有权的义务是相对的，违反约定而改变占有关系者应当承担相应的民事责任。

2. 占有的绝对义务

占有的绝对义务，是指除财产所有权人以外的其他任何人，都对占有人占有财产负

---

① 佟柔．中国民法．北京：法律出版社，1990：426.

② 孟勤国．论占有、占有权能和占有权．法学研究，1985（2）.

有不得侵犯的义务，都必须维护这种占有的状态。这种义务是不作为的义务，只要不采取积极行为改变财产占有权人的占有状态，就履行了这种义务。这种义务的主体，为财产所有权人以外的任何第三人，只有在善意取得的情况下，因善意占有人即时取得财产所有权，故原财产所有权人不得追夺该项财产，也不能责令善意取得人赔偿其损失。

（三）占有的特别效力

依照法律规定，占有除发生占有的权利和占有的义务之外，还产生一些特别的效力，主要表现在下述方面。

1. 权利推定

在没有相反证据时，法律推定动产的占有人对占有物所行使的权利，就是该占有人依法享有的权利。如在无相反证据时，甲占有一电视机，法律就推定甲是该电视机的所有权人。法律这样规定，是为了保护占有的事实状态，稳定现实的占有关系。

由于不动产物权是根据不动产的登记而确定的，因而，不能推定占有不动产的人就是权利人，而只能认定不动产的登记人享有登记所确定的权利。

2. 善意取得

在无权处分他人财产的财产占有人不法将其占有的财产转让给第三人后，受让人在取得该财产时若出于善意，即依法取得该财产的所有权，原财产所有权人不得要求受让人返还财产，只能请求转让人赔偿损失。也即占有构成善意取得的，产生所有权转移的效力。

3. 占有人对返还原物请求人的权利与义务

占有人在向占有物所有权人返还原物时，根据其是善意还是恶意，具有不同的权利和义务。

（1）善意占有人的权利、义务。

当占有物因善意占有人的原因而毁损、灭失时，善意占有人以其所获得的利益为限承担赔偿责任。如果占有物因不可抗力而毁损、灭失，则善意占有人不负赔偿责任。若占有物遗失或被盗窃，善意占有人也不负赔偿责任。上述内容只适用于善意占有人为自主占有的情形。《民法典》第459条规定：“占有人因使用占有的不动产或者动产，致使该不动产或者动产受到损害的，恶意占有人应当承担赔偿责任。”第461条规定：“占有的不动产或者动产毁损、灭失，该不动产或者动产的权利人请求赔偿的，占有人应当将因毁损、灭失取得的保险金、赔偿金或者补偿金等返还给权利人；权利人的损害未得到足够弥补的，恶意占有人还应当赔偿损失。”依此规定，善意占有人不承担对不足部分的损害赔偿责任。

此外，善意占有人在返还占有物时，有权请求所有权人补偿因保存占有物而支出的必要费用和改良占有物所支出的费用。《民法典》第460条规定：“不动产或者动产被占有人占有的，权利人可以请求返还原物及其孳息；但是，应当支付善意占有人因维护该不动产或者动产支出的必要费用。”

（2）恶意占有人的权利、义务。

当占有物因恶意占有人的原因而毁损、灭失时，恶意占有人应承担全部赔偿责任。

但是，占有物因不可抗力而毁损、灭失的，恶意占有人不承担赔偿责任。恶意占有人在返还占有物时，应返还其获得的全部收益和使用费，亦不得扣除因维护占有物而支出的必要费用。占有物毁损、灭失而获得保险金、赔偿金或者补偿金，将其返还给所有权人也未能使其得到足够弥补的，恶意占有人还应当赔偿损失，仅仅在对损害的发生没有过错的情况下，不承担损害赔偿责任。

二、占有的保护

（一）占有保护的概念和种类

占有保护，是指在他人以法律所禁止的私力侵害占有时，给占有人提供的法律救济。[①]

《民法典》第462条规定："占有的不动产或者动产被侵占的，占有人有权请求返还原物；对妨害占有的行为，占有人有权请求排除妨害或者消除危险；因侵占或者妨害造成损害的，占有人有权依法请求损害赔偿。""占有人返还原物的请求权，自侵占发生之日起一年内未行使的，该请求权消灭。"这里规定的就是对占有保护的基本规则。按照这一规定，民法对占有的保护可分为物权法上的保护与债权法上的保护。物权法上的保护包括占有人的自力救济、占有保护请求权，债权法上的保护包括不当得利返还与侵权损害赔偿请求权。

（二）占有保护的原因与构成

1. 占有保护的原因行为

对占有的保护，无论是物权法上的保护还是债权法上的保护，都以占有受到侵夺或者妨害为必要。

（1）侵夺。对占有的侵夺，是指占有人对占有物的事实上的管领力，因被侵害而被持续地剥夺，侵夺人违反了占有人的意思而强行将占有物的全部或者一部分纳入自己的管领或者控制范围，如将他人的房屋霸占为己用，或者抢走他人的物品为自己所用。此外，占有辅助人未经占有人同意而擅自将自己管领的物予以抛弃的，也构成对占有的侵夺。侵夺人对占有的侵夺可以是为自己取得占有，也可以是为第三人取得占有。

（2）妨害。对占有的妨害，是指虽未剥夺占有人对占有物的全部或一部的管领力，但是妨害了占有人对占有物的管领，以致占有人的利益遭受损害，如将污水排入占有人占有的土地或者房屋中，造成权利行使的障碍。

2. 占有保护原因的构成

侵夺占有或者妨害占有须具备以下构成要件。

（1）存在侵夺占有或者妨害占有的行为。侵夺占有和妨害占有，都是作为的行为方式，都须具备外界可以察知的积极行为。如果他人实施的只是消极的行为，则不构成侵

---

① 梁慧星．中国物权法研究：下册．北京：法律出版社，1998：1132.

夺占有或者妨害占有的行为。

（2）非基于占有人的意思。侵夺占有和妨害占有，须非基于占有人的意思而为。尽管存在对占有物的“侵夺”或者“妨害”的行为，但占有人表示了同意的，则不构成对占有的侵夺或者妨害。但是，如果占有人的这种同意是在侵夺或者妨害之前作出的，则占有人可以随时撤回。同意被撤回之后，侵夺和妨害行为仍然是非基于占有人的意思而作出的。

（3）行为具有违法性。侵夺占有和妨害占有须具有行为的违法性。如果侵夺占有或者妨害占有的人具有阻却违法事由，则行为不具有违法性。正当防卫、自助行为、基于相邻关系而产生的容忍义务，或者法院依法强制执行，都不构成侵夺和妨害。

（三）占有保护的物权法救济方法

1. 自力救济

针对侵夺占有或者妨害占有的行为，法律赋予占有人自力救济的权利，即占有人有权依靠私人的力量排除侵夺或者妨害。

占有保护的自力救济包括自力防卫权和取回权。

（1）自力防卫权，是指占有人对于侵夺或者妨害其占有的行为，可以自力加以防御的权利，是正当防卫权在占有保护上的特殊表现。法律之所以承认占有人针对侵夺或者妨害其占有的行为享有自力防卫权，是因为占有现状急需保持，难以从容请求公力救济。① 因此，只有直接占有人才享有自力防卫权，间接占有人不享有该权利。就恶意占有或者其他瑕疵占有的占有人而言，虽然也有自力防卫权，但是，针对其所侵夺之物的原占有人及其辅助人行使的自力防卫权或取回权不得行使自力防卫权。应当注意的是，占有人的自力防卫权不同于刑法上的正当防卫：前者是占有人针对侵害自身财产利益的行为而进行的，后者则是针对侵害自身或者他人的人身、财产利益的行为而进行的。

（2）取回权。占有物取回权是指占有人对于已经完成的对占有物的侵夺，可以即时以自力取回占有物而回复占有的权利。就占有人的取回权而言，因占有物是动产还是不动产而存在差异。如果占有物是动产，当占有物因法律禁止的不法行为而被侵夺时，占有人可以向加害人当场或追踪以强力即时加以取回。当场，是指依据社会一般的观念，排除对占有物的侵夺而立即取回占有物所需要的最短的时间。追踪，是指加害人虽然已经离开占有人事实上管领能力所及的地方，但是仍然处于占有人尾随追赶的过程中。如果占有物是不动产，法律禁止的不法行为侵夺了占有物时，占有人可以在受侵夺后立即排除加害人的侵害，回复占有。因为不动产的占有被侵夺时，不存在侵夺人可以携带占有物逃走的情形，所以要求占有人立即实施取回权。

2. 占有保护请求权

占有保护请求权，是占有人对占有的公力救济，即请求国家有权机关通过运用国家强制力来保护其占有。

---

① 姚瑞光．民法物权论．增订版．台北：作者自版，1998：420.

（1）占有物返还请求权。当占有人的占有被侵夺时，占有人有权请求返还占有物。《民法典》第 462 条第 1 款规定，“占有的不动产或者动产被侵占的，占有人有权请求返还原物”。有权行使占有物返还请求权的人，不仅包括直接占有人，也包括间接占有人；不仅包括有权占有人，也包括无权占有人。但占有辅助人不能享有此项权利。占有物返还请求权所指向的对象是侵夺占有物的人及其继承人，但是善意的特定继承人在符合善意取得条件的情况下，其占有受到法律保护，因此该请求权不得针对他。此外，即使侵夺人对占有物享有实体的权利，如系所有权人或出租人，占有人亦得针对侵夺人行使返还请求权。

（2）排除妨害请求权。当占有人的占有被妨害时，占有人有权行使排除妨害请求权。享有排除妨害请求权的人是占有人，而相对人为妨害其占有的行为人。

（3）消除危险请求权。当占有人的占有虽未被现实地妨害，但是存在被妨害的危险时，占有人有权请求消除危险。

上述各项请求权均有一定的期间的限制，如果超过一定的期限不行使，则权利归于消灭。《民法典》第 462 条第 2 款规定了返还原物请求权的时限为 1 年，该期限为除斥期间。

（四）占有保护的债法保护方法

1. 损害赔偿请求权保护方法

占有受到侵夺或者妨害，如果已经造成占有人的财产利益损失，则成立侵权行为，占有人享有损害赔偿请求权。这种损害赔偿请求权就是对占有的债法保护方法。《民法典》第 462 条第 1 款后段规定：“因侵占或者妨害造成损害的，占有人有权依法请求损害赔偿。”

对占有是否可以成为侵权行为侵害的客体，学说上有两种不同观点。否定说以占有是一种事实状态而不是权利作为立论根据，认为侵权行为侵害的客体只能是合法的权利，占有既然是一种事实状态，就不能成为侵权行为侵害的客体。肯定说则肯定占有可以成为侵权行为侵害的客体，认为对占有之侵害，亦成立侵权行为，盖因民法上之占有并非权利，而为法律所保护之事实状态也。

本书认为，占有构成侵权行为的客体，侵害占有构成侵权行为，行为人应当承担侵权责任。至于所采取的立场，则是事实状态保护说。

可以通过行使侵权损害赔偿请求权保护占有的，只能是有权占有人和善意的无权占有人，恶意占有人不享有这项权利。

侵权损害赔偿请求权所保护的占有利益损害包括：（1）占有物本身的损害。占有物因被第三人侵夺而毁损、灭失的，第三人对占有人应负损害赔偿责任；（2）使用、收益的损害。（3）支出费用的损害。（4）责任损害，即占有物因被第三人侵夺而毁损、灭失的，第三人对回复请求权人应负损害赔偿责任。对于取得时效损害，即占有人因占有物被侵夺而时效中断，不能取得所有权而遭受的损失，占有人不得请求损害赔偿。

2. 不当得利请求权的保护方法

占有是一种利益，可以成为不当得利的客体。因侵夺占有而取得利益的，成立不当得利。为此，侵夺人应当承担返还不当利益于占有人的义务。如擅自利用他人的外墙壁悬挂广告牌而获利的，在负有回复占有人的占有的义务之外，还应当将获得的不当利益返还给外墙壁的主人。

第五节　准占有

一、准占有的概念

准占有，是指对物之外的财产权利在事实上实施占有，法律予以与占有同等保护的特殊占有。

占有的对象仅限于物，因此，某人对某种财产权利具有事实上的管领力的，不属于占有的范围。但是，由于这种对财产权利的事实上的管领力与对物的事实上的管领力没有本质区别，因而法律也相应地给予与占有同等的保护。学理与立法将此种对财产权利的占有称为准占有。准占有中的“准”字，指的是准用，即对准占有准用关于占有的规定，也可以理解为类似于占有的特殊占有。

对准占有，《民法典》没有作明文规定，但司法实践承认。

二、准占有的构成要件

准占有的构成要件如下。

1. 标的物须为法律所允许的财产权利

构成准占有须是实际占有了财产权利。关于准占有的标的物究竟是哪些权利，各国的规定存在差异，有的规定限于地役权与限制的人役权，有的限于财产权。本书认为，对我国的准占有应当适当放宽，所有的财产权利都可以成为准占有的标的物。

2. 准占有的标的物须为不以物的占有为成立要件的财产权

这些权利如抵押权、地役权、债权、著作权等。如果行使财产权利必须占有标的物，则可以直接适用关于占有的规定。只有当行使财产权利无须占有物时，才可能就该项权利本身形成准占有。

3. 须事实上对该项财产权利具有管领力

构成准占有，必须是准占有人事实上在行使该项财产权利。对“事实上”，应当就财产权利的种类、性质及外观等各种因素加以判断，通常来说，只要依据社会的一般观念，在外观上有使人误信其为真正的财产权利人的情形即可。例如，持有不记名存单或不记名支票的人，就是这些证券债权的准占有人。

三、准占有的效力及消灭

1. 准占有的效力

关于准占有的效力准用关于占有的效力的各项规定，因此，法律关于占有之效力的规定，只要是在性质上与准占有不相抵触的，如关于占有的事实推定效力、权利推定效力的规定等，皆适用于准占有。

2. 准占有的消灭

准占有因权利行使的事实消灭而消灭。权利行使的事实的消灭，可以是基于准占有人的意思，如拾得他人存折的人将存折返还给存款人；也可以基于其他事实，如抵押权被涂销登记。

问题与思考

1. 引读案例思考

甲拾得一只绵羊，乙主张该绵羊为自己所有，但是不能描述该绵羊的特点，反而主张让甲提供享有所有权的证据。请结合本章内容思考：(1) 甲对绵羊是否构成占有？(2) 甲对绵羊的占有，是何种类型的占有？(3) 作为占有人，甲对该绵羊享有何种权利？(4) 你认为法院对本案的判决对吗？

参考分析意见：

在本案中，甲把在草场发现的失散的绵羊领回家中饲养，就已经占有了这只羊。按照占有成立的条件看，甲符合占有主体的要求，是具有完全民事行为能力的自然人。占有的客体是绵羊，是有体物，符合占有客体的要求。在占有的客观方面，甲对绵羊具有事实上的管领力，实际上控制了这只绵羊。在占有的主观方面，甲作为占有人，对占有的绵羊具有占有的意思，既不是对占有物的所有意思，也不是单纯的不以任何意思为要件，只是单纯的事实上的支配。这种占有是无权占有、善意占有、和平占有、公然占有和单独占有。甲在占有该绵羊之后，就享有了占有的权利，可以使用该物，并享有就该物取得收益的权利。

乙获悉甲占有该绵羊后，声称该只绵羊是自己家的并主张领回，但是，没有举出其对该只绵羊享有所有权的充分证据，甲拒绝将绵羊交给乙是正当行为。当发生诉讼时，按照举证责任规则，乙作为原告，应当举证证明自己对争议绵羊享有所有权，但其举证不足，无法证明自己主张的事实。反之，乙让甲提供其对绵羊享有所有权的证据，则不符合举证责任规则的要求。因此，法院判决甲的占有为合法占有，不构成侵权，并驳回乙的诉讼请求，是完全正确的。

2. 重点题

(1) 占有有哪些类型？

(2) 构成占有须具备哪些要件？

（3）占有具有哪些效力？

（4）简述占有的取得、变更和消灭的规则。

（5）简述《民法典》关于保护占有的规定。

3. 法考题

（1）占有的成立。

（2）有权占有与无权占有。

（3）占有的效力。

4. 考研题

（1）占有保护请求权。

（2）有权占有与无权占有。

（3）占有的性质。

参考书目

1. 王利明．物权法论．修订 2 版．北京：中国政法大学出版社，2003
2. 王利明．物权法研究．北京：中国人民大学出版社，2002
3. 王泽鉴．民法物权：通则・所有权．北京：中国政法大学出版社，2001
4. 谢在全．民法物权论．上，中，下册．5 版．北京：中国政法大学出版社，2011
5. 梁慧星．中国物权法研究．北京：法律出版社，1998
6. 陈华彬．物权法原理．北京：国家行政学院出版社，1998
7. 陈华彬．物权法研究．香港：金桥文化出版（香港）有限公司，2001
8. 钱明星．物权法原理．北京：北京大学出版社，1994
9. 孙宪忠．德国当代物权法．北京：法律出版社，1997
10. 孙宪忠．论物权法．北京：法律出版社，2001
11. 尹田．法国物权法．北京：法律出版社，1998
12. 杨立新．共有权研究．北京：高等教育出版社，2003
13. 王轶．物权变动论．北京：中国人民大学出版社，2001
14. 崔建远．准物权研究．北京：法律出版社，2003
15. 高富平．物权法原论．北京：中国法制出版社，2001
16. 王利明．中国物权法草案建议稿及说明．北京：中国法制出版社，2001
17. 梁慧星．中国物权法草案建议稿：条文、说明、理由与参考立法例．北京：社会科学文献出版社，2000
18. 孙宪忠．中国物权法总论．北京：法律出版社，2009
19. 孙宪忠．物权法．北京：社会科学文献出版社，2005
20. 王利明，等．中国物权法教程．北京：人民法院出版社，2007
21. 何志．物权法判解研究与适用．北京：人民法院出版社，2004

22. 吴向红．典之风俗与典之法律．北京：法律出版社，2009
23. 郑冠宇．民法物权．修订2版．台北：新学林出版股份有限责任公司，2011
24. 崔建远，等．物权法．北京：清华大学出版社，2008
25. 崔建远．自然资源物权法律制度研究．北京：法律出版社，2012
26. 房绍坤．用益物权基本问题研究．北京：北京大学出版社，2006
27. 陈华彬．物权法研究．修订版．北京：法律出版社，2009
28. 陈华彬．建筑物区分所有权研究．北京：法律出版社，2007
29. 陈华彬．民法物权论．北京：中国法制出版社，2010
30. 辜明安．物权请求权制度研究．北京：法律出版社，2009
31. 陈本寒．担保物权法．武汉：武汉大学出版社，2003
32. 谢哲胜．民法物权．台北：三民书局，2008
33. 陈祥健．空间地上权研究．北京：法律出版社，2009
34. 陈小君，等．农村土地法律制度研究．北京：中国政法大学出版社，2004
35. 杨立新．物权法．北京：法律出版社，2013
36. 杨立新．中国物权法研究．北京：中国人民大学出版社，2018
37. 梁慧星，陈华彬．物权法．6版．北京：法律出版社，2016
38. 王利明．物权法研究．4版．北京：中国人民大学出版社，2016
39. 杜万华．最高人民法院物权法司法解释（一）理解与适用．北京：人民法院出版社，2016
40. 申卫星．物权法原理．2版．北京：中国人民大学出版社，2016
41. 徐涤宇，胡东海，熊剑波，张晓勇．物权法领域公私法接轨问题研究．北京：北京大学出版社，2016
42. 程啸．担保物权研究．北京：中国人民大学出版社，2017
43. 尹田．物权法．2版．北京：北京大学出版社，2017
44. 常鹏翱．物权法的展开与反思．2版．北京：北京大学出版社，2017
45. 杨立新．中国物权法研究．北京：中国人民大学出版社，2018
46. 孙宪忠．中国物权法总论．4版．北京：法律出版社，2018
47. 张双根．物权法释论．北京：北京大学出版社，2018
48. 程啸．不动产登记法研究．2版．北京：法律出版社，2018
49. 陈华彬．物权法论．北京：中国政法大学出版社，2018
50. 高圣平．担保法前沿问题与判解研究．北京：人民法院出版社，2019
51. 房绍坤．物权法的变革与完善．北京：北京大学出版社，2019
52. 丁宇翔．返还原物请求权研究：一种失当物权关系矫正技术的阐释．北京：法律出版社，2019
53. 黄泷一．物权法定原则：普遍理论与中国选择．北京：法律出版社，2019
54. 崔建远．中国民法典释评：物权编．北京：中国人民大学出版社，2020
55. 董学立．中国动产担保物权法编纂研究．北京：法律出版社，2020
56. 景光强．以物抵债疑难法律问题精释．北京：中国法制出版社，2020

图书在版编目（CIP）数据

物权法/杨立新著. --9版. --北京：中国人民大学出版社，2024.3
新编21世纪法学系列教材/曾宪义，王利明总主编
ISBN 978-7-300-32675-7

Ⅰ.①物… Ⅱ.①杨… Ⅲ.①物权法-中国-教材
Ⅳ.①D923.24

中国国家版本馆CIP数据核字（2024）第057029号

普通高等教育“十一五”国家级规划教材
司法部全国法学教材与法学优秀科研成果奖
新编21世纪法学系列教材
总主编 曾宪义 王利明
物权法（第九版）
杨立新 著
Wuquanfa

出版发行	中国人民大学出版社		
社　　址	北京中关村大街31号	邮政编码	100080
电　　话	010－62511242（总编室）		010－62511770（质管部）
	010－82501766（邮购部）		010－62514148（门市部）
	010－62515195（发行公司）		010－62515275（盗版举报）
网　　址	http://www.crup.com.cn		
经　　销	新华书店		
印　　刷	北京七色印务有限公司	版　　次	2004年9月第1版
开　　本	787 mm×1092 mm 1/16		2024年3月第9版
印　　张	23.75 插页1	印　　次	2025年6月第5次印刷
字　　数	542 000	定　　价	65.00元

《　　　　　　》※任课教师调查问卷

为了能更好地为您提供优秀的教材及良好的服务，也为了进一步提高我社法学教材出版的质量，希望您能协助我们完成本次小问卷，完成后您可以在我社网站中选择与您教学相关的 1 本教材作为今后的备选教材，我们会及时为您邮寄送达！如果您不方便邮寄，也可以申请加入我社的**法学教师 QQ 群：436438859（申请时请注明法学教师）**，然后下载本问卷填写，并发往我们指定的邮箱（cruplaw@163.com）。

邮寄地址：北京市海淀区中关村大街甲 59 号文化大厦 1202 室收

邮　　编：100080

再次感谢您在百忙中抽出时间为我们填写这份调查问卷，您的举手之劳，将使我们获益匪浅！

基本信息及联系方式：※

姓名：________ 性别：________ 课程：________

任教学校：________ 院系（所）：________

邮寄地址：________ 邮编：________

电话（办公）：________ 手机：________ 电子邮件：________

调查问卷：※

1. 您认为图书的哪类特性对您使用教材最有影响力？（　　）（可多选，按重要性排序）

　A. 各级规划教材、获奖教材　　B. 知名作者教材

　C. 完善的配套资源　　D. 自编教材

　E. 行政命令

2. 在教材配套资源中，您最需要哪些？（　　）（可多选，按重要性排序）

　A. 电子教案　　B. 教学案例

　C. 教学视频　　D. 配套习题、模拟试卷

3. 您对于本书的评价如何？（　　）

　A. 该书目前仍符合教学要求，表现不错将继续采用。

　B. 该书的配套资源需要改进，才会继续使用。

　C. 该书需要在内容或实例更新再版后才能满足我的教学，才会继续使用。

　D. 该书与同类教材差距很大，不准备继续采用了。

4. 从您的教学出发，谈谈对本书的改进建议：________

____

____

选题征集：如果您有好的选题或出版需求，欢迎您联系我们：

联系人：黄　强/宁丹丽　联系电话：010-62515955/5536

索取样书：书名：________

书号：________

备注：※ 为必填项。